Legende zur nebenstehenden Übersichtskarte

Alle hier nicht genannten Orte und Sehenswürdigkeiten finden Sie im Register ab *S. 337* auf den ›**Blauen Seiten**‹

1. Auflage 1994
Stand der aktuellen Reiseinformationen
(›**Blaue Seiten**‹): siehe Hinweis im
Impressum

HANS-GEORG PFEIFER

ZYPERN

Kultur und Geschichte,
Landschaft und Brauchtum
auf der Insel der
Aphrodite

Artemis & Winkler

Inhalt

Zyprische Blütenpracht: Bougainvilleen

›Marientod‹, Fresko in der Kirche der Panagia Phorviotissa in Asinou (S. 165)

Fränkisches Kastron La Covocle in Kouklia *(S. 151)*

Zypern von A bis Z: Limassol zwischen Apollon-Heiligtum und Zementfabrik

Mosaik, Moschee und Mönche: Larnaka, Zyperns Tor zur Welt

Treffpunkt von Orient und Okzident: Nikosia

»Winzig, sauber, bunt und schön«: Girne/Kyrenia

Von gehörnten Göttern und gekrönten Häuptern: Enkomi, Salamis, Famagusta

Reiseinformationen:

Fischer an der Küste von Agia Napa

Zypern: Ein noch nicht verlorenes Paradies

Die Insel der Aphrodite, wo die Götter Urlaub machen, steht als Synonym für Sonne, Meer, Wein und Zitrusfrüchte – und Kartoffeln! Die ganzjährig zum Urlauben geeignete Sonneninsel Zypern bietet sich Sonnenanbetern und Bildungshungrigen gleichermaßen als Ziel an. Jeder Tourist kann hier noch ›sein Paradies‹ finden.

Das Gesicht Zyperns, der Insel zwischen Orient und Okzident, hat sich unter dem Einfluß unterschiedlicher Kulturen im Laufe der Jahrtausende immer wieder gewandelt. Mögen es die Kulturen von Ras Schamra und Megiddo, Ugarit und Jericho, von Tarsos, Sidon und Tyros, von Karnak bis Alexandria, Sesklo und Athen, Rom und Konstantinopel gewesen sein, oder gar die der staufischen und fränkischen Herrscher und Fürsten, der sarazenischen Korsaren, der italienischen Stadtstaaten, der osmanischen Sultane, des von Freiheitsgedanken beseelten griechisch-orthodoxen Klerus oder die Kultur britischer Kolonialisten: Sie alle haben ihre Spuren im Antlitz der Insel hinterlassen.

Die jüngere Geschichte hingegen ist geprägt von der 1960 vollzogenen formellen Entlassung der zyprischen Gesellschaft in die Unabhängigkeit. Bis heute befindet sich Zypern im Spannungsfeld zwischen ›Enosis‹ und ›Taksim‹, den von griechischer und türkischer Seite so bezeichneten

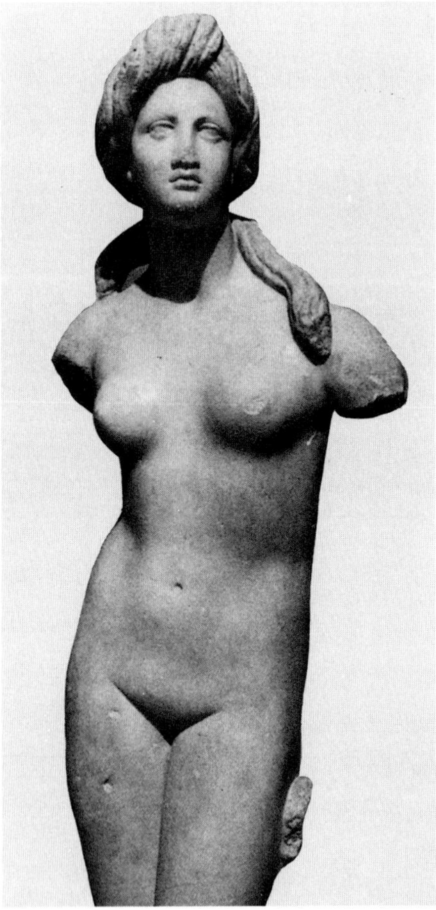

Die berühmte Aphrodite von Soli ist ebenso wie der Felsen ihrer mythischen Geburt (S. 21) ein Wahrzeichen der Insel der Göttin (Zypern-Museum in Nikosia)

und betriebenen Einverleibungsbemühungen in die jeweiligen sprachlichen Mutterländer. Aber nicht nur politische, ideologische oder religiöse Argumentation zerrt an der Unabhängigkeit des Landes, die spätestens seit 1974 schon keine solche mehr ist. Noch dem Kreis der blockfreien Staaten zugehörig und als Land mit – was seit der türkischen Invasion nur noch die Republik Zypern betrifft – relativ hohem Lebensstandard bietet sich die Insel Flüchtlingen unterschiedlicher Herkunft als Refugium an. Und nicht zuletzt hat auch der internationale Ruf als Urlaubsparadies und der stetig angewachsene Tourismus dazu beigetragen, daß das Gesicht Zyperns neue Züge hinzubekommt.

Wer betriebsame Geselligkeit auf Boulevards in Straßenrestaurants und -cafés, in Diskotheken, Night Clubs und Bouzouki-Lokalen sucht, wird sich in den touristischen Brennpunkten von Kato Paphos, Limassol, Agia Napa und Larnaka wohlfühlen. Auch der Norden bietet nicht allein mit der pittoresken Hafenszenerie Kyrenias (Girnes) Vergleichbares – türkisch geprägt. Für jegliche Wassersportart attraktive weite Sandstrände und zum Schnorcheln verleitende Steilküsten gibt es im Norden wie im Süden. Ausgedehnte Wandergebiete laden in den Höhenzügen des Pentadaktylos (Beşparmak Dağları) zu Touren durch touristisch weitgehend unerschlossene Gefilde ein, während der Troodos mit der ihm vorgelagerten Hügellandschaft und seinen Höhenluftkurorten ein vielfältigeres kulturelles Bild abgibt. Im Winter finden im Troodos auch die Skiläufer zu ihrem Vergnügen.

Mit der jeweils angestammten ortsansässigen Bewohnerschaft kommt man leicht ins Gespräch. Ganz gleich, ob man auf einen griechisch-orthodoxen, armenischen, maronitischen oder katholischen Christen, einen Juden oder türkisch-zypriotischen Moslem trifft. Fast alle Zyprioten verstehen und sprechen Englisch, in den touristischen Zentren ist auch Deutsch keine Fremdsprache mehr. Anders verhält es sich in Regionen im Inselnorden mit überwiegend anatolischen Neusiedlern. Nicht nur der ins Auge stechende Verlust des ursprünglichen zyprischen Dorfcharakters, die oft zu Scheunen und Ställen umfunktionierten Kirchen, die vielerorts nicht zu übersehende Vernachlässigung der angeeigneten Bausubstanz, sondern auch mißtrauisches oder feindseliges Verhalten der Bewohner ist für zyprische Verhältnisse befremdlich. Im touristisch erschlossenen urbanen türkisch-zypriotischen Bereich sind derlei Unannehmlichkeiten jedoch nicht zu erwarten. Hier gibt man sich offen und gesprächsbereit.

Der interessierte Urlauber erhält hier ebenso wie im Süden die Möglichkeit, das Leben der Einheimischen kennenzulernen, es mit ihnen zu teilen, ihre Feste mitzufeiern, sich in das Studium höchst diffiziler verwandtschaftlicher Verhältnisse zu vertiefen und sich letztlich auch als ein Teil derselben zu empfinden. Denn so intensiv und herzlich kann der Gast aufgenommen werden. Nur dort, wo die Gastfreundschaft mit dem Kommerz eine unheilige Allianz eingegangen ist, kann es schon einmal zu Enttäuschungen kommen. In der Regel aber sollte man der Aufforderung Folge leisten: »Kopiaste!« »Nehmt Platz, und laßt es Euch gutgehen!«

Philoxenia – die sprichwörtliche Gastfreundschaft

Man sollte sich nicht wundern, daß, betritt man ein Kaffeehaus allein, gleich mehrere Stühle bereitgestellt werden. Dies geht auf den alten Brauch zurück, dem Gast fünf Stühle zum Ausruhen seines Körpers und jedes seiner Gliedmaßen zur Verfügung zu stellen. Nie weise man eine Einladung zu einem Kaffee oder Essen zurück, doch geize man nicht mit einer Gegeneinladung. Als unhöflich gilt, aufzustehen, bevor die Tasse erkaltet ist. Überhaupt vermeide man die Verbreitung allzu großer Hektik, sie steht im Widerspruch zur mediterranen Lebensweise der Zyprioten. Dazu gehört auch, freundlich zu bleiben, sollte einmal – was allerdings selten vorkommt – organisatorisch etwas nicht in Ordnung sein. Die Geduld wird durch die umgehende Behebung des Mangels belohnt. Zuweilen wird man sich der Frage nicht erwehren können, ob eine erbrachte Dienstleistung nun als zusätzlicher Service oder als persönliche Freundlichkeit zu werten sei. In diesem Falle entscheide man sich zugunsten des letzteren und lasse die Belohnung den Kindern des Gastfreundes zukommen. Sonst ist es trotz Bedienungszuschlags auf den Rechnungen üblich, ein angemessenes Trinkgeld zu geben.

Auf Straßen und Plätzen locken mobile Händler mit Handkarren zum Kauf ihrer frischen Ware

Aus Zyperns Erde

Die auf dem 35. Meridian im östlichen Mittelmeer liegende Insel hat eine Gesamtfläche von 9251 km^2 bei einer größten Ausdehnung von 224 km in west-östlicher und etwa 100 km in nord-südlicher Richtung. Sie ist damit nach Sizilien und Sardinien die drittgrößte Mittelmeerinsel. Ihre Entfernung zu den benachbarten Küstenländern beträgt nach Norden (Türkei) 70 km, nach Osten (Syrien) 103 km und nach Süden (Ägypten) 376 km. Die etwa 700 km lange Küste ist im Norden und Nordwesten wegen ihrer ausgeprägten Kliffbildung hafenarm. Lediglich Kyrenia bildet eine Ausnahme. Von Südwesten über den Süden in den Osten der Insel breiten sich dagegen weite Buchten vor dem Hinterland aus. Hier entstanden neben dem heute relativ unbedeutenden von *Paphos* die Seehäfen von *Limassol*, *Larnaka* und *Famagusta*.

Vom **geotektonischen Aufbau** her gehört Zypern als Randzone in den Bereich der alpiden Faltung Nordsyriens und Anatoliens. Parallel zu den Faltungen des kleinasiatischen Taurus-Gebirges verlaufen auch auf Zypern die beiden großen Gebirgszüge *Beşparmak Dağları* (Pentadaktylos) und *Troodos* in westnordöstlicher Richtung. Ursprünglich waren die beiden alt-tertiären Gebirge durch einen Meeresarm getrennt, worauf die über maritimen Sedimenttafeln liegende jung-tertiäre Schotterschicht in der *Mesaoria-Ebene* zwischen den Gebirgen hindeutet. Marmor, Phylliten und Serpentine weisen die Pentadaktylos-Kette mit dem *Kyparissovouno* (1042 m) als höchster Erhebung als entstehungsgeschichtlich ältere aus. Der Troodos, der mit seinen Ausläufern fast ein Drittel der Insel bedeckt, wird von dem 1951 m hohen *Chionistra* oder *Olympos* überragt, dessen Massiv sich aus vulkanischen Magmagesteinen (Serpentin, Peridotit, Gabbro, Diorit) zusammensetzt. Seine Ausläufer werden dagegen von Diabasen bestimmt, neben denen sich Sediment- und Tuffgestein findet. Das etwa 2000 km^2 umfassende Gebirge war ursprünglich Teil der Ozeankruste (Ophiolit).

Infolge der die Erdkrustenbildung bewirkenden vulkanischen Tätigkeit wurde neben anderen **Mineralien** Kupfer von dem in die Tiefe dringenden Meerwasser aus dem Basaltgestein ausgewaschen. Als kupferhaltiges Hydrothermalwasser stieg es anschließend wieder zum Meeresboden empor und lagerte seinen Mineralgehalt als Erzschlamm ab. Die so vor mehr als 80 Mill.

Jahren entstandene Gesteinsformation wurde später über den Meeresspiegel gehoben. Von der konsequenten Erforschung der Meerwasserzirkulation, die sich im geotektonischen Gefüge des Troodos ablesen läßt, wird Aufschluß über noch nicht erschlossene Kupfervorkommen erwartet.

Ein Blick auf die Geschichte Zyperns zeigt, daß Kupfererz schon sehr früh abgebaut wurde *(S. 32)*. Es bildete damals das wichtigste Exportgut der Insel. Auf Reste antiker Grubenanlagen stieß man in der Nähe der heutigen Abbaustätten. Während vermutlich bereits in byzantinischer Zeit der Bergbau eingestellt wurde, begannen erst wieder die Briten, die Lagerstätten zu untersuchen. Von den 20er und 30er Jahren bis in die 80er Jahre unseres Jahrhunderts wurden wieder Mineralien exportiert. Kupferhaltiges und Eisenpyrit wurde zum Teil zusammen mit Schwefel und zusammen mit Terra umbra (Umber) an zahlreichen Orten abgebaut. Der Tagebau von Asbest, der die Berghänge bei Pano Amiantos im Übergangsbereich von Troodos zur Pitsilia-Region verunstaltet hat, ist erst in jüngster Zeit eingestellt worden. Auch die Chromerzminen in unmittelbarer Nähe des Olympos (Chionistra) sind nicht mehr bewirtschaftet.

Während die vor sich hin rostenden Anlagen der Erzgewinnung, -verarbeitung und -verladung dem Verfall preisgegeben sind, hat sich auf Zypern vor allem während des letzten Jahrzehnts eine neue Art volkswirtschaftlich bedeutsamer technischer Bauten etabliert: Staudämme. Zur Energieversorgung scheint die **Wasserkraft** vorerst zwar keine Rolle zu spielen, denn noch werden die unter Dampf stehenden Kraftwerke von Dekelia und Moni, das geplante bei Vasiliko und auch in Nordzypern das im Bau befindliche östlich von Kyrenia (Girne) mit fossilen Brennstoffen beheizt. Doch für die Bewässerung der landwirtschaftlich genutzten Flächen in der – bei 340 Sonnentagen im Jahr – regenarmen Region ist das Wasser von größter Bedeutung. Zu den agrarischen Hauptausfuhrgütern gehören Kartoffeln, ebenso wie Johannisbrot, Zitrusfrüchte, Weintrauben und Karotten, die in der roten Erde des Inselostens gedeihen. Weitere **Kulturpflanzen** sind Weizen und Gerste, die in den Niederungen angebaut werden, aber auch Hülsenfrüchte, Gurken, Tomaten, Artischocken und Melonen. International exportiert werden auch auf Zypern hergestellte Obst- und Gemüsekonserven, Fruchtsäfte, Weine und Spirituosen. Erzeugnisse wie Möbel, Strick-, Web- und Lederwaren oder Olivenöl und Bier bleiben vorwiegend auf dem heimischen Markt.

Flora und Fauna

Obwohl die meisten Wasserläufe der Insel Gießbäche sind, die lediglich im Frühjahr nach der kurzen regenreichen Zeit und der Schneeschmelze Wasser führen, ist dennoch nicht zu übersehen, daß Zypern über ein breit gefächertes **Vegetationsspektrum** verfügt. Annähernd 50% der Insel sind Ackerland und fast 20% bewaldet, wobei man sich natürlich nicht von der Vorstellung mitteleuropäischer Nadel-, Laub- und Mischwälder leiten lassen sollte. Nur ein Fünftel des kultivierten Bodens ist von der künstlichen Bewässerung abhängig. Umfangreiche Wiederaufforstungsaktionen sind nicht erst seit 1974 im Gange, nachdem die Bergwälder vom türkischen Bombardement dezimiert worden waren. Trotz der massiven Abholzungen der Wälder Zyperns für den Schiffs- und Bergbau seit der Antike bedecken noch immer neben der autochthonen Abart der Libanonzeder (Cedrus brevifolia) im Troodos *(Abb. S. 142)* vor allem verschiedene Arten der Kiefer (Pinus pinea, Pinus nigra, Pinus halepensis) die Berge der Insel. Als Laubbaum tritt daneben die häufig in Buschform wachsende Eiche (Quercus alnifolia) wie auch die Kermeseiche (Quercus coccifera) auf. Die Nachbarschaft der Eichen wird vom Kolchischen Erdbeerbaum (Arbutus andrachme) bevorzugt. An kleineren Pflanzen begegnen dem an der Flora Interessierten Wolfsmilchgewächse (Euphorbiaceae), Berberitzen (Berberis cretica) und Cistrosen (Cistaceae). Die Vorgebirge des Troodos – sofern sie nicht wie im Süden und Westen von Weingärten eingenommen werden – sind neben Obstplantagen (Äpfel östlich des Zentralmassivs) von Ölbaumhainen und Johannisbrotbäumen (Ceratonia siliqua-Leguminosen) bedeckt, die zuweilen regelrecht Wälder bilden. Im Frühjahr erstrahlt die Troodoslandschaft in der üppigen Pracht blühender Mandelbäume (Prunus amygdalus-Rosaceen). Vereinzelt trifft man auf Maulbeerbäume (Morus alba-Moraceen), Walnußbäume (Juglans regia-Juglandaceen), Feigenbäume (Ficus carica) und Zypressen (Cupressus sempervirens var. pyramidalis-Cupressaceen), Pappeln und Eukalyptusbäume. Gummibäume (Ficus elastica), Feigenkakteen (Opuntia ficus indica), Bananenstauden (Musa-Musaceen), diverse Zitrusfrüchte und Palmen kommen in den Niederungen der Küstenregionen vor. Auch Pfirsiche und Aprikosen werden hier angebaut. Und nicht nur hier finden sich Agaven (Agava americana), Mastixsträucher (Pistacia lentiscus), Fenchel (Ferula chiliantha), Koriander und Anis, Kichererbsen (Cicer

arietinum-Papilionaceen) und Wassermelonen (Citrullus vulgaris). Im Frühjahr sind die Wiesen übersät mit Mohn und gelben Kronenmargariten (Chrysanthemum coronarium-Compositae). Auf steinigerem Gelände wächst eine Vielfalt von Anemonen, und jede Felsritze, die ein Auskeimen ermöglicht, wird vom Persischen Alpenveilchen (Cyclamen persicum) eingenommen – was man besonders beeindruckend bei den Königsgräbern von Nea Paphos *(S. 104)* beobachten kann. Wenngleich Zierpflanzen wie Pfingstrosen (Paeonia officinalis), Oleander (Nerium oleander-Apocynaceen) und Bougainvilleen (Bougainvillea spectabilis) über die ganze Insel verbreitet vorkommen, so rahmt doch eines der prächtigsten Exemplare letztgenannter Art den Eingang des ›Bunch of Grapes Inn‹ in Pissouri *(S. 202)*. Allein der Vielfalt der auf der Insel beheimateten Orchideen wegen reisen viele Naturliebhaber nach Zypern. Zählte man die Hybriden hinzu, die sich vor allem unter den Ragwurzen (Epipactis) finden lassen, beliefe sich die Zahl auf weit über die bisher festgestellten

Bougainvillea spectabilis: Diese Pracht und farbensprühende Augenweide rahmt nicht nur den Eingang des ›Bunch of Grapes Inn‹, sondern gereicht der gesamten Insel zur Zier

44 Arten und Unterarten hinaus. Sie kommen sowohl im Beşparmak Dağları (Pentadaktylos-Gebirge), im Troodos als auch in den Vorgebirgen im Süden vor.

In erstaunlicher Vielfalt stellt sich auch Zyperns **Fauna** dar. Paläontologische Funde belegen für das Pleistozän (Eiszeit bis um 10000 v. Chr.) das Vorkommen von Flußpferden in der Nähe von Kyrenia und von Elefanten bei Paphos und Akrotiri – in zwergenhafter Ausführung allerdings. Die frühesten zyprischen Siedlungen aus der Jungsteinzeit (Chirokitia, frühes 6. Jtd. v. Chr.) geben Hinweise auf schon domestizierte Tiere. Damals bevölkerten bereits Wildschwein, -ziege und -schaf, der Zypernmufflon, die Insel. Ob diese zusammen mit Siedlern oder auf andere Weise auf Zypern heimisch geworden sind, muß unbeantwortet bleiben. Reisende des 13. und 14. Jh. berichten über die zwischenzeitlich ausgestorbene und vor nicht allzu langer Zeit zur Aufzucht wieder eingeführte Spezies eines Verwandten des Mesopotamischen Damhirsches. Sie erwähnen auch Jagdleoparden und Wildesel. Füchse und nachtaktive Jäger wie der Ägyptische Flughund kommen ebenso vor wie Nagetiere – von der Zypernspitzmaus bis zu Hasen und Langohrigel. Zu den harmloseren Gesellen der Amphibien- und Reptilienwelt zählen Frösche, Eidechsen, das Gemeine Chamäleon und diverse Schlangen, giftig sind nur die Levanteotter, die Kouphi und Saittaros.

Caretta caretta – Die Meeresschildkröte

EXKURS ▼

Eine eigene Rolle spielen die Meeresschildkröten. Der Mensch mußte sie ebenfalls unter besonderen Schutz stellen, um sie dem Appetit ihrer feindlosen Feinde zu entziehen – zu denen neben Greifvögeln und Füchsen bedauerlicherweise auch die Menschen selbst in ihrer Unvernunft und ihrem Expansionsdrang gehören. World Wildlife Fund und zyprische Fischereibehörde bemühen sich seit 1978 um die Rettung der Jungtiere, die im August und September aus den im Sand verscharrten Eiern schlüpfen. Im *Lara Project (S. 130)*, zwei geschützten Strandabschnitten an der Westküste Zyperns, wurde mittlerweile erreicht, daß sich die Zahl der gefährdeten Tiere nicht weiter durch den Raubbau der Küstenstreifen verringert.

Nicht einmal so groß wie die Fläche einer Hand: Meeresschildkröten benötigen den besonderen Schutz der Menschen, die zugleich auch zu ihren größten Feinden zählen

Es würde zu weit führen, alle der über 300 auf der Insel gezählten Vogelarten aufzuführen. Auf ihrem Flug ins Winterquartier benutzen viele Vögel Zypern als Etappenziel oder aber bleiben, wie die Flamingos am Salzsee in unmittelbarer Nachbarschaft des Flughafens von Larnaka *(S. 214)*. Auch andere Wasservögel finden sich in den Feuchtgebieten ein: verschiedene Entenarten, Gänse, Reiher, Löffler, Sichler, Wasserhühner, Möven, Strandläufer und viele weitere Watvögel. Der Wanderer, der durch Felder und Wiesen streift, erschrickt oft genug durch das plötzliche Schwirren jäh aufstiebender Rebhuhnschwärme. Und dem aufmerksamen Beobachter werden weder Wiedehopf noch die aus der eigenen Heimat bekannten Singvögel entgehen, wenn er zum Beispiel auf dem Weg zur Fontana Amorosa *(S. 137)* nach ihnen Ausschau hält. Über den Kreidefelsen der Steilküsten im Süden zwischen Limassol und Paphos und über dem Beşparmak Dağları (Pentadaktylos-Gebirge) im Norden sieht man dann Greifvögel kreisen. Geier, Adler, Falken und Eulen sorgen hier für einen naturgemäßen und umweltverträglichen Ausgleich, indem sie die Überpopulation bestimmter Tierarten verhindern. – Einst kam eine Schlangenplage über die Halbinsel Akrotiri, so zumindest weiß die Geschichte Zyperns zu berichten. Man suchte sie mittels natürlicher Feinde zu bewältigen und brachte Katzen an den Ort dieses Übels. Allerdings hatte man nicht berücksichtigt, daß auch diese sich vermehren würden. Die Bezeichnung des *Kaps Gata* (Katzenkap) zeugt noch heute von dieser Begebenheit. – Die Tatsache, daß man in Meeresnähe Fischrestaurants vorfindet, sollte nicht darüber hinwegsehen lassen, daß die Gewässer um die Insel relativ fischarm sind. Die vergleichsweise hohen Preise des Angebots sind ein Indiz dafür. Auch Süßwasserfische mußten zur Belebung des Angelsports wieder eingeführt werden. Lediglich Aale lebten noch in Diarizos und Xeros. Der Mangel an natürlichen Ressourcen zur Versorgung der Bevölkerung mit Fisch und Fleisch brachte es mit sich, daß schon vor 1974 neben Getreide-, Obst- und Gemüseanbau die Tierzucht eine immer größere Rolle einnahm. Beschränkte sich diese seit frühester Zeit auf die Zucht von Last- und Reittieren sowie eine für den dörflichen Bedarf hinreichende Geflügel-, Ziegen- und Schafzucht, so ging man jüngeren Datums zur systematischen Massentierhaltung über. Fettschwanzschafe und Rinder werden zur Milch- und Fleischversorgung gezüchtet, und auch die Schweine- und Hühnerhaltung wurde dem modernen Standard angepaßt.

Volkskunst und Kunsthandwerk

Wenngleich das künstlerische und kunsthandwerkliche Schaffen auf der Insel unter der Herrschaft der Türken (1571–1878) durch das Fehlen öffentlicher Aufträge gewisse Einbußen zu verzeichnen hatte, lebte dessen Geist dennoch quasi im Verborgenen weiter. Lediglich im Bereich der kirchlichen Kunst, die von den Türken geduldet war, ist eine Kontinuität feststellbar. Es wurden weiterhin - wenn auch nicht im früheren Umfang – Ikonen gemalt und Ikonostasen erstellt. Die **Holzschnitzerei** bildete einen der wichtigsten kunsthandwerklichen Zweige. Ikonostasen, teilweise sogar ganze Raumaustattungen von geradezu barocker Üppigkeit, mit rokokohaftem Dekor zumeist vegetabilischer Ornamentik, versetzt mit Fabelwesen, entstammen jener Zeit. Aber auch Gebrauchsgegenstände wie Truhen, Borde und Schränke entbehren nicht des hier allerdings flacher gehaltenen Reliefschmucks, dessen Wirkung durch Blattgoldauflagen und farbige Bemalung noch verstärkt wird. Neben anderen von den nordöstlichen Küsten importierten Hölzern lieferte die Insel den schnitzenden Handwerkern Kiefern- und Nußbaumholz.

Auch mit den Rohmaterialien zur **Textilverarbeitung** war Zypern genügend versorgt. Baumwolle wurde mit der Spindel und dem *Doulappin* oder *Sideropoulappon* (Spinnrocken) gesponnen und auf dem Webstuhl (*Voupha*) zu *Vamvakera* verarbeitet. Wolle lieferten die reichlich vorhandenen Schafe. Flachs wurde zur Leinengewinnung angebaut. Umfangreiche Maulbeerplantagen dienten der Seidenraupenzucht, deren wertvolles Produkt vor allem in Laphitos *(S. 266)*, Karavas und Nikosia zu dem schon von früheren Reisenden hoch gelobten Gewebe verarbeitet wurde. Handgewebt wurden unter Verwendung farbigen Garns die noch heute als Souvenier beliebten *Phithkiotika*, die nach der Ortschaft Phiti im Paphos-Distrikt benannt sind. Die bekannten *Levkaritika-Asproploumia*, fälschlicherweise als Levkaraner Spitzen bezeichnete Hohlsaumstickereien, werden ebenfalls noch heute hergestellt *(S. 210)*.

In der Textilverarbeitung verwendete geometrische Motive finden sich auch an den **Korbflechtarbeiten**. Unter diesen fallen besonders die unterschiedlich großen *Tsetos* oder *Paneri* auf. Die Muster der flachen tellerartigen Körbe aus Stroh werden aus Stoffstreifen gebildet.

Verschiedenartig eingeritzte oder eingebrannte Muster besitzen die Flaschen aus getrockneten Kürbissen (*Kolokythi* oder *Kolotsin*) und in Kornos *(S. 234)*, Phini und Laphitos *(S. 266)* hergestellte **Keramik**. Deren Formengut und Dekorfreudigkeit ist Fortsetzung einer seit vorgeschichtlicher Zeit bestehenden Tradition. »*In einer Zeit der Massenproduktion, der Plastikbehälter und Wegwerfprodukte sind Robustheit und Zeitlosigkeit der roten Tonwaren von Zypern ein willkommenes Zeichen der Besinnung auf unsere eigene Vergangenheit*«, schrieben G. London und F. Egoumenidou. Die hier formulierte Tendenz läßt sich auch auf die Kesselschmiede übertragen, deren Kupfergerät allmählich solchem aus Zink und Kunststoffen weichen mußte. Kunsthandwerkliche Metallverarbeitung obliegt noch immer »den Gold- und Silberschmieden, die in Levkara und den größeren Städten beheimatet sind. Sie stellen kirchliches Gerät sowie Objekte für den Hausgebrauch und Schmuck her.

Zypriotische **Trachten** sind mittlerweile von europäischer Kleidung verdrängt und werden meist nur noch bei folkloristischen Darbietungen oder festlichen Anlässen getragen. Neben einer Vielzahl von handgefertigten Objekten rein praktischer Natur für den alltäglichen Hausgebrauch und zur Feldbestellung findet man sie in Museen und Sammlungen, die der Volkskunst und Volkskunde einen eigenen Bereich gewidmet haben.

Brauchtum, Fest und Volksdichtung

Kaum ein Zypernbesucher wird bei seinen Streifzügen über die Insel ein *Panegyri*, ein Fest zu Ehren der Muttergottes oder eines Lokalheiligen, versäumen, wenn nach dem Gottesdienst ein jahrmarktähnliches buntes Treiben herrscht. Mehr Glück hat derjenige, der beim Besuch einer Kirche oder eines Klosters einer *Taufe* beiwohnen kann. An Fröhlichkeit und Ausgelassenheit wird der Akt der Aufnahme in die kirchliche Gemeinde wohl nur noch übertroffen durch das *Osterfest*, nachdem in der Osternacht der Ruf ›Christos anésti!‹ erschallt ist, oder durch eine *Dorfhochzeit*. Diese nimmt gleich mehrere Tage in Anspruch und wird in den ländlichen Gegenden unter Anteilnahme aller Ortsbewohner gefeiert.

Eine den Dorfsängern (*Tragudistes*) bei den Hochzeiten verwandte Gestalt ist der *Poietaris*, der nicht nur überlieferte Volkslieder wiedergibt, sondern sich daneben auch dichterisch betätigt. Die Anfänge dieser **Volksdichtung** liegen weit in der Geschichte zurück. Schon aus dem beginnenden 10. Jh. ist bekannt, daß ›umherziehende Paphlagonier‹ selbstverfaßte Gesänge über die Leiden berühmter Männer gegen Entgelt von Tür zu Tür sangen.

Die Themen heutiger Poietarides bilden sensationelle Geschehnisse der jüngsten Geschichte. Eine besondere Gruppe dieser Volksdichter tritt in der Regel bei Volksfesten auf, um sich im dichterischen Wettstreit über ein gestelltes Thema zu üben – so beim *Kataklysmos* in Larnaka. Hatten die Poietarides in früheren Zeiten auch eine Funktion als Nachrichtenüberbringer, so beschränkt sich ihr heutiges Auftreten, oft in einem Kafeineion oder auf einem Marktplatz, auf das eines Moritatensängers.

Schon im 19. Jh. entwickelte sich neben den Volksliedern und den Liedern und Gedichten der Poietarides eine neue zyprische **Lyrik**. Zusammen mit dem zyprischen Volkslied stand sie in en-

Frohsinn, Freude und Feierlichkeit: Die Taufe eines neuen Erdenbürgers gehört zu den großen Festanlässen auf Zypern

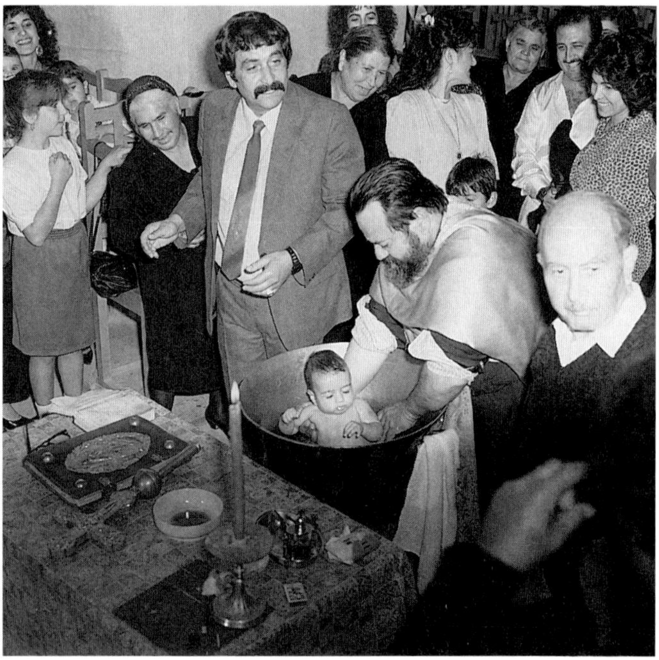

EXKURS ▼

Von der Mitgift zum Hochzeitstag

Bevor eine Hochzeit stattfinden kann, werden von den Eltern der Brautleute die Heiratsbedingungen ausgehandelt – zur Mitgift der Braut gehört gewöhnlich ein von ihren Eltern erstelltes Haus. Dann wird der Tag der Verlobung festgesetzt, an dem der Heiratsvertrag unterschrieben wird. Dieser Tag findet seinen Abschluß bereits in einer Feier. Nun können die Einladungen ausgetragen werden. Am Vortag der Hochzeit, einem Samstag, beginnen die Vorbereitungen des Festtags. Dazu gehören die Zubereitung des traditionellen Festessens und das Herrichten des Brautbetts. All dies wird unter den Klängen von Geige und Laute vollzogen. Bevor man mit der fertiggestellten Matraze zu tanzen beginnt, wird ein kleiner Junge dreimal darüber gewälzt, womit dem jungen Paar eine stattliche Zahl schöner Knaben gewünscht wird. Das Brautbad beschließt den Vortag im Hause der Braut. Auch im Hause des Bräutigams wurde bereits gefeiert. Die Handlungen am Morgen des Hochzeitstages werden wiederum von Musik begleitet. Dazu gehören das von Tänzen und Segnungen umrahmte Einkleiden von Braut und Bräutigam und dessen Rasur. Danach wird von beiden Häusern aus der Weg zur Kirche angetreten. Nachdem in Anwesenheit der Trauzeugen und Brautführer (Koumpari) vor dem Papas die Trauungsurkunde unterschrieben ist, beginnt das etwa einstündige Trauungszeremoniell in der Kirche. Anschließend setzt sich der gesamte Zug der Hochzeitsgemeinde zu Gratulation und Hochzeitsmahl in Bewegung, das im Sommer im Freien an langen Tafeln eingenommen wird. Bis in die Nacht hinein erklingt dann die Musik zu den traditionellen Tänzen.

ger Verbindung mit festlandgriechischer Dichtung, wahrte aber dennoch ihre zyprischen Wesenszüge. Hauptcharakteristikum dieser zyprischen Lyrik war ihre Sprache, der zyprische Dialekt, in dem ihre Verfasser schrieben. Zu den bekannteren Protagonisten zählte der aus Levkoniko stammende *Vassilis Michailidis* (1849–1917). Er setzte sich vor allem auseinander mit den Ereignissen der Befreiungsbewegung Zyperns im Anschluß an den griechischen Freiheitskampf von 1821. Genannt sei auch *Dimitris Lipertis* (1866–1937) aus Larnaka, dessen Texte seine Vertrautheit mit den Problemen und Eigenheiten des dörflichen und kleinstädtischen Lebens seines Landes widerspiegeln.

Inzwischen bildete sich ein Literatenkreis, der sich wohl bedingt durch das Fehlen einer eigenen zyprischen Universität zunächst an den Zentren neugriechischer Literatur, Athen und Alexandria, orientierte. Seit etwa 1920 verzeichnete jedoch auch der auf der Insel gebliebene, mit großem ideellen Einsatz arbeitende Teil der Literaturschaffenden aller Bereiche zunehmende

Publizität, die weit über die Grenzen Zyperns hinausreichte. Unter ihnen sind der Lyriker *Kostas Mondis* und der Romancier *Ekonomides Ioannis Stavrinos* zu nennen. Auf türkisch-zypriotischer Seite gehören *Taner Baybar*, *Aziz Ibrahim*, *Yasin Mehmet* und die junge Lyrikerin *Neşe Yasin* zu den auch international anerkannten Vertretern der Dichtung und Literatur.

Künstlerische Ausblicke

Nicht anders als Dichtern und Literaten erging es den bildenden Künstlern und den Filmschaffenden. Auch hier schlug sich das Fehlen einer eigenen Ausbildungsinstanz nieder. Die Maler der ersten Generation der zyprischen Moderne orientierten sich – noch im Geiste des Naturalismus griechischer oder englischer Akademien geprägt – auch an byzantinischer Kunst. Allmählich fanden Elemente europäischer Stilrichtungen der Jahrhundertwende und der nachfolgenden Jahrzehnte Eingang. Nur zögernd setzte sich die Erkenntnis durch, daß die Übernahme fremder Formensprache keinen eigenen Weg zur Moderne eröffne. Nach gelegentlich politisch propagandistisch angehauchten Themen wie ›Ethnarch Makarios und die Kämpfe Zyperns‹ zur Panzyprischen Ausstellung im Dezember 1978 besinnt man sich offenbar wieder auf einfühlsame Farbempfindung und scheut sich auch nicht, volkstümliche Elemente anklingen zu lassen. Sujets, die die jüngste Geschichte der Insel thematisieren, sind aber dennoch weiterhin aktuell.

Auch die zyprische Filmproduktion setzt sich vor allem seit den achtziger Jahren mit Fragen der geteilten Insel auseinander. Das jüngste Werk wurde im Sommer 1993 im ZDF als ›Kleines Fernsehspiel‹ ausgestrahlt. Nicht nur in seiner Tendenz, die Absurdität der Teilung aufzuzeigen, darf es als ermutigend gelten. Das Autorenteam *Niyazi Kizilyürek* und *Panikos Chrysanthou* (Regie) gaben ihrem Film den Titel: ›Zypern, unsere Liebe‹.

Die Insel der ›schaumgeborenen Göttin‹

Zur Mythologie Zyperns

Ein Überblick über die fast 8000jährige Geschichte der Insel Zypern sollte mit einem Blick auf jenen Bereich beginnen, der sich dem Auge des Besuchers zunächst entzieht: die Mythologie. Mythischer Tradition und antiker Dichtung zufolge soll nämlich einst auf Zypern, das wir im folgenden dem antiken Sprachgebrauch gemäß auch *Kypros* nennen werden, *Aphrodite*, die sagenumwobene Göttin der Liebe, dem Meer entstiegen sein. Aphrodite, die ›Schaumgeborene‹: In vielfältiger Weise ist sie mit den Geschehnissen auf der Insel verknüpft. Selbst heute noch läßt christlich-orthodoxes Brauchtum Relikte des einst die Insel beherrschenden Aphrodite-Kultes erkennen.

Doch zunächst die Sage: Aus Rache über die Verbannung der Kyklopen in den Tartaros durch Uranos war *Gaia*, die Mutter Erde, mit ihren zusammen mit *Uranos* gezeugten Kindern, den Titanen, übereingekommen, den Vater wegen dieser Tat zu strafen. Während der Herr des Himmels sich nachts mit der Mutter Erde vereinigte, überraschte ihn *Kronos*, der jüngste der Titanen und zugleich ihr Anführer, im Schlaf und entmannte ihn mit der ihm eigens zu diesem Zweck von Gaia zuvor überreichten Feuersteinsichel. *Hesiod*, der bereits eine eherne Sichel annimmt, schildert in seiner ›Theogonie‹, was diesem Geschehen folgte:

»Aber sobald er die Scham mit der stählernen Sichel geschnitten
Und sie vom Lande geworfen hinab in das brandende Weltmeer,
Trieb sie lange dahin durch die flutenden Wellen; da hob sich
Weißlicher Schaum aus unsterblichem Fleisch, es wuchs eine Jungfrau
In ihm empor, sie nahte der heiligen Insel Kythere
Erst, doch gelangte sie dann zum ringsumflossenen Kypros.
Auf stieg dort die Göttin, die hehre, herrliche; Blüten
Sproßten unter den Schritten der Füße, und Götter und Menschen
Nennen sie nun Aphrodite, weil sie aus Aphros, dem Schaume, Aufwuchs . . .
Kyprosgeborene auch, weil entsprossen der Brandung von Kypros . .«

Auch *Homer* besingt die an der Südküste Zyperns an den *Petra tou Romiou* genannten Felsen nackt, von vollendeter Schönheit dem Meer entstiegene Göttin in seinem ›6. Hymnos‹: »Singen will ich von Aphrodite, der Züchtigen, Schönen, golden Be-

kränzten. Das meerumflossene Kypros ward ganz ihr, samt seinen Zinnen, verliehn.« Die in der Nähe des Dorfes Kouklia *(S. 146)* wiederentdeckten Reste des Heiligtums wie auch Funde an anderen Orten deuten auf die zentrale Rolle des Aphrodite-Kultes auf der Insel (vgl. *S. 147*), so die sog. Aphrodite von Soli *(Abb. S. 6)* und ein Marmortorso vom Typus der knidischen Aphrodite aus dem Gebiet des späteren Nea Paphos/Ktima *(S. 100)*, die wohl am ehesten das von Hesiod und Homer besungene Ideal weiblicher Schönheit widerspiegeln.

Ist es aber erst die der griechischen Götterwelt zuzurechnende Aphrodite, die ihren Namen nach dem Element, das sie hervorgebracht hat (aphros = Schaum), erhielt, die auf Kypros verehrt wurde, oder gab es Vorläuferkulte? Nicht zuletzt die geographische Lage Zyperns als Mittlerin zwischen den Kulturkreisen der Ägäis, Anatoliens, Mesopotamiens und Ägyptens legt diese Frage nahe. Vor allem scheint ein enger Zusammenhang von Aphrodite mit den östlichen, dem syrisch-mesopotamischen Raum entstammenden Gottheiten *Ischtar* und *Astarte* zu bestehen, zumal Astarte-Heiligtümer auch für Kypros bezeugt sind. Gemeinsamkeiten von Aphrodite- und Ischtar-Kult sind ebenfalls belegt. Doch besaß Astarte-Aphrodite auf Kypros nicht ausschließlich den furchteinflößenden und kämpferischen Charakter ihrer fruchtbarkeitsbringenden Vorläuferinnen aus dem Osten, die, in einer matriarchalischen Tradition stehend, dem Typus der *Magna Mater*, der Großen Mutter-Gottheit, entsprachen. Diese galt als unsterblich, unveränderlich und allmächtig und besaß neben ihrer Eigenschaft als vegetative und animalische Lebensspenderin zugleich grausame und vernichtende Züge. Der bedeutendste Wesenszug dieser »komplexen Göttergestalt aus Aggressivität und Erotik« (Wolfgang Helck) zeigt sich jedoch in ihrem Verhältnis zu ihren Liebhabern; denn diese werden in der Regel getötet. Auch noch die spätere kyprische Astarte-Aphrodite weist diese Züge auf: Sie brachte ihre Liebhaber zwar nicht um, stiftete aber dennoch unter Göttern und Menschen viel Verwirrung und richtete zuweilen auch Unheil an.

Diese Wandlung in der Auffassung eines Götterbildes scheint eine Folge der sich während des zweiten vorchristlichen Jahrtausends ankündigenden und auch vollzogenen Verschmelzung

Petra tou Romiou – der Aphroditefelsen:
Die sagenumwobene Liebesgöttin soll einst den schäumenden Wogen an Zyperns Südküste entstiegen sein

ortsansässiger matriarchalischer und von Norden über Griechenland eindringender patriarchalisch orientierter Völkerstämme zu sein. Kypros blieb von dieser Wanderung, die sich offenbar in zwei Wellen vollzog und vom südlichen Griechenland aus auf die Inseln übergriff, nicht verschont. Mit dem Erscheinen der peloponnesischen Achäer auf Kypros schließlich und dem damit verbundenen Übergang matrilinearer sakraler Monarchie hin zu einer patrilinearen läßt sich eine allmähliche Wandlung in der mythischen Auffassung der Astarte-Aphrodite ablesen, die schließlich auch eine veränderte Auffassung in antiken literarischen Quellen und der Erscheinung im Kultbild nach sich zog.

Besonders in der Verknüpfung des Aphrodite-Mythos mit dem kyprischer Nationalheroen kommt dieser Wandlungsprozeß zum Ausdruck. *Kinyras*, Priesterkönig von Paphos und schon in Homers ›Ilias‹ als Freund der – kurze Zeit zuvor auch auf Kypros heimisch gewordenen – Achäer bezeichnet, ist einer dieser Heroen. Seine Gemahlin prahlte einst, ihre Tochter sei schöner als Aphrodite. Dies beschwor deren Zorn herauf; sie ließ *Smyrna* sich in den Vater verlieben und, als dieser einmal betrunken war, sein Nachtlager teilen. Als Kinyras später erkannte, daß er zugleich Vater und Großvater des noch ungeborenen Kindes seiner Tochter sein würde, ergriff er im Zorn sein Schwert und verfolgte Smyrna. Bevor er sie jedoch erreichen konnte, verwandelte Aphrodite Smyrna in einen Myrrhenbaum. Aus diesem fiel, als Kinyras ihn spaltete, *Adonis*. Aphrodite barg Adonis und versteckte ihn in einer Truhe, die sie *Persephone*, der Göttin der Toten, zur Aufbewahrung übergab. Persephone öffnete trotz Verbot die Truhe und war von dem Knaben so angetan, daß sie ihn in ihrem Palast aufzog. Davon erfuhr Aphrodite und verlangte den inzwischen zum Liebhaber Persephones herangereiften Jüngling zurück. *Zeus*, in diesem Streit als Schlichter angerufen, sprach Adonis beiden Göttinnen zu: Er sollte jeweils ein Drittel des Jahres bei einer der beiden Göttinnen und ein Drittel allein verbringen. Durch eine List gelang es Aphrodite jedoch, Adonis für sich allein zu gewinnen. Daraufhin wurde Adonis nach einer Version des Mythos vom von Persephone beauftragten Ares, nach einer anderen von Apollon getötet. Eines der aus der Verbindung Aphrodite und Adonis hervorgegangenen Kinder war *Golgos*, der sagenhafte Gründer der kyprischen Stadt Golgi (vgl. *S. 237*).

Betrachtet man den Kinyras-Mythos unter dem Aspekt der Wandlung von matrilinearer zu patrilinearer Monarchie, so könnte man folgendermaßen interpretieren: Kinyras als Priesterkönig hatte beschlossen, seine Regierungszeit über Gebühr hinaus zu verlängern. Er verband sich also mit dem in einer matrilinearen Ordnung folgenden Glied, seiner Tochter, die offensichtlich den Status einer Priesterin innehatte und für die Folgezeit als Königin vorgesehen war. Auf diese Weise verhinderte er den Verlust seines eigenen Königtums. Inwiefern eine solche Deutung mit historischen Ereignissen, über die wir nicht informiert sind, übereinstimmt, muß offen bleiben. Daß aber der mythische Vorgang einen solchen Wandlungsprozeß wiedergibt, darf als wahrscheinlich angenommen werden.

Bereits im Mythos von *Pygmalion* und *Galatea* deutet sich ein solcher Wandel an. Pygmalion, der Großvater des Kinyras, hatte sich in die Göttin Aphrodite verliebt. Er schnitt ihr Bild in Elfenbein, nahm dieses zu sich ins Bett und bat Aphrodite um Erhörung. Aphrodite, von dieser Geste gerührt, gab dem Bild ihr Leben und gebar ihm als Galatea die Kinder *Paphos* und *Metharme*. Nach seinem Vater Paphos benannte Kinyras die von ihm gegründete Stadt.

Auch Pygmalion könnte sich als Priester der Aphrodite geweigert haben, das Abbild der Göttin herauszugeben und versteckte es in seinem Bett. In dem zum Leben erweckten Abbild der Göttin ist mit Wahrscheinlichkeit deren Repräsentantin im Heiligtum, die Priesterin, anzunehmen. R. von Ranke-Graves hält es sogar für wahrscheinlich, daß auch Pygmalion sich mit seiner Tochter Metharme vereinigt hätte. Dann wäre der Wandel von matrilinearer zu patrilinearer Erbfolge schon von Metharme auf Paphos erfolgt, denn weder über dessen Frau, noch über Kinyras' Mutter ist etwas bekannt.

Bezieht man nun noch den Vater Pygmalions ein, *Belos*, der identisch ist mit dem Gott Baal des Alten Testaments und dem phonikischen Bel, rundet sich das mythische Bild über reale Geschehnisse auf der Insel weiter ab. Denn Belos' Sohn *Danaos* nahm *Gelanor von Argos* auf der Peloponnes die Herrschaft, d.h., daß offenbar östliche Kolonisatoren, wahrscheinlich aus dem Raum Palästinas, von der Peloponnes Besitz ergriffen und dort den Ackerbau einführten. Ackerbau betrieben auch die frühen Kolonisatoren Zyperns, wie sich anhand archäologischer Funde nachweisen läßt (vgl. *S. 32*).

Neben dem Ackerbau bestimmte ein anderer wirtschaftlicher Faktor das Leben der Insel: die seit der Bronzezeit bekannten Kupfervorkommen und das Betreiben der Metallurgie. Auch dies findet sich in der Mythologie wieder: Die *Telchinen*, die als Kinder des Meeres der Artemis dienten, sollen, bevor sie sich auf Rhodos niederließen, auch nach Zypern gekommen sein. Sie gelten als Begründer der Metallurgie; denn Poseidon, Sohn der Rhea und des Kronos, soll von ihnen seinen Dreizack erhalten haben. Schon die Sichel, mit der Kronos seinen Vater Uranos entmannte, soll nach einer Mythenversion von ihnen stammen. Schließlich sagt man ihnen noch nach, sie hätten sie als erste Bilder ihrer Götter geschnitzt, womit wieder ein Bezugspunkt zum Pygmalion-Mythos gegeben ist.

Nicht in der mythischen Handlung, sondern in der Göttergestalt selbst schlägt sich die kulturelle Wandlung am Beispiel des *Hermaphroditos* und der *Androgyne* nieder. Hermaphroditos, Sohn der Aphrodite und des Hermes, stellte man sich als Jüngling mit weiblichen Brüsten und langem Haar vor. Androgyne war das weibliche bärtige Gegenstück. Auch von der kyprischen Aphrodite wird berichtet, sie sei bärtig gewesen.

Doch war es schon nicht mehr die Göttin von androgyner Gestalt, die in Liebe zu *Akamas*, dem Sohn des Theseus, entbrannt war. Nach ihm ist die westliche Halbinsel mit dem Kap Arnauti *(S. 137)* benannt; er gilt als Gründer der im Norden der Insel gelegenen Stadt Soli *(S. 269)*. Auch andere Helden des homerischen Epos wurden auf der Insel tätig. So wird *Agapenor von Tegea* als Gründer von Paphos genannt, wohin auch zunächst die Gebeine des *Memnon* verbracht worden waren, bevor sie nach Rhodos überführt wurden. *Teukros* soll mit Erlaubnis des Königs Belos Salamis gegründet haben, der Lakonier *Praxanor* die Stadt Lapithos. Schließlich landeten auf der Rückkehr von Troja auch *Pheidippos*, *Menelaos* (›Odyssee‹, 4, 83) und *Demophon* auf Kypros.

Acht Jahrtausende Geschichte und Kunstgeschichte

Zu den Fachbegriffen aus Kunstgeschichte und Archäologie siehe das Glossar *S. 314–320*

Entwicklung einer kyprischen Kultur

Jungsteinzeit (Neolithikum; 5800–3000 v. Chr.)

Neben den literarischen Zeugnissen über die Mythologie bilden die archäologischen Funde der seit 1878 vorgenommenen Ausgrabungen die wichtigsten Quellen für den Nachvollzug der Entwicklung einer kyprischen Kultur.

Durch die Entdeckung der *neolithischen Siedlung Chirokitia (S. 207)* durch P. Dikaios vor etwa sechzig Jahren besitzen wir Kenntnis über die früheste Besiedlung Zyperns. Sie muß um das Jahr 5800 v. Chr. entstanden sein. Zuvor war man davon ausgegangen, daß der Beginn der kyprischen Zivilisation nur bis in die Zeit zwischen 3700 und 3400 v. Chr. zurückreiche. Die aus Rundbauten, sog. *Tholoi* (Singular: die Tholos), bestehende Siedlung erstreckt sich in drei Bereichen über einen einige Kilometer landeinwärts gelegenen Hügel, der heute – allerdings nur während der regenreichen Zeit – von dem Maroni-Flüßchen umspült wird. Diese Anlage entspricht auch anderen neolithischen Siedlungen, für die die Lage an einem Wasserlauf, einer Quelle oder direkt an der Küste an einem geschützten Platz, z. B. Petra tou Limniti *(S. 274)*, charakteristisch ist. Dies gilt auch für die weiteren bisher entdeckten frühesten Siedlungen auf Zypern. Abgesehen von einem bei Kythräa *(S. 279)* in der *Mesaoria*, der zwischen den beiden Gebirgszügen Pentadaktylos, der Nordkette, und Troodos im Südwesten gelegenen Ebene, waren die bevorzugten Wohn-

Neolithische Steinschale aus Chirokitia (Zypern-Museum, Nikosia)

plätze die wasserreichen Ausläufer der beiden Gebirge. Die Verteilung zeigt zudem, daß sich über die Hälfte aller Fundplätze im Westen der Insel befinden, an den Hängen des Troodos. Auch wenn die Herkunft der Kolonisatoren nicht zweifelsfrei feststeht, so lassen sich doch anhand von Funden Bezugspunkte zum kleinasiatischen Kilikien (Mersin/Tarsos) und dem syrisch-palästinensischen Raum (Ugarit) aufzeigen. Chirokitia besaß bereits eine solch fortgeschrittene Kultur, daß ihr wohl schon auf der Insel selbst eine längere Entwicklung vorausgegangen sein muß, wohl im Rahmen derjenigen, die im 9. und 8. Jtd. v. Chr. eingesetzt hatte und den bis dahin nomadisierenden Jäger und Sammler zum seßhaften Bauern und Viehzüchter werden ließ. Neben Gefäßen und kultischen Erzeugnissen deuten Spinnwirtel sowie Knochenstichel und -nadeln auf handwerkliche Fertigkeiten hin. Knochenfunde weisen auf Schaf- und Ziegenhaltung hin – in Sotira sind auch Hund und Esel vertreten –, wogegen Wildschwein-, Hirsch-, Mufflon- und Damwildknochen und Geweihe auf ein Weiterleben der Jagdtradition schließen lassen.

Die **wichtigsten neolithischen Fundplätze** sind im Norden der Insel *Petra tou Limniti (S. 274), Lapithos (S. 266)* und *Troulli*, im Süden, neben dem schon erwähnten *Chirokitia (S. 207), Sotira (S. 190)*, das bereits eine Weiterentwicklung im Hausbau erkennen läßt, und *Kalavassos (S. 209)*. In Sotira sind es nicht mehr die dickwandigen runden Tholoi, sondern dem Rechteck angenäherte dünnwandige, dem thessalischen Haustyp der Sesklo-Kultur ähnelnde Häuser. Neuere Grabungen wurden in der Nähe des Klosters *Agios Andreas (S. 311), Agios Epiktetos (S. 277), Mari* und *Phrenaros* im Osten der Insel durchgeführt.

Über Kult oder Hierarchie der Gesellschaft des kyprischen Neolithikums erhalten wir in den **Funden dieser Epoche** keinerlei Hinweise. Grabbeigaben lassen den Schluß zu, daß an ein Weiterleben nach dem Tode geglaubt wurde. In den Grabmulden, die man – oft in mehreren Schichten übereinander – im Boden der Tholoi in Chirokitia vorfand, wurden in einigen Fällen Steingefäße aus Andesit oder diabaseähnlichem Gestein entdeckt. Die weiblichen Toten, deren Gräber meist reicher mit Beigaben versehen waren, trugen als Schmuck *Halsketten* aus Röhrenmuscheln *(dentalium)* und honiggelben Karneolperlen. Das Verschlußstück bildete zuweilen eine grünliche Pikrolithperle. Auch *Amulette* in Form von Kolben, Spindeln und Fischen kamen vor. Annäherung an die menschliche Gestalt erreichten, ohne allerdings geschlechtsspezifisch zu sein, zunächst violinförmige, später mehr kubische, durch Einkerbungen die Extremitäten kenntlich machende *Steinidole* – wie die Gefäße zumeist aus Andesit. Ein Keramikköpfchen aus Chirokitia und an-

dere Köpfe von Idolstatuetten lassen bereits Augen, Mund und Nase erkennen. Zuweilen besitzen die Idolköpfchen auch eingeritzte Umrahmungen, die auf Bartangabe schließen lassen. Neben menschlichen Köpfen fand man auch verschiedene *Tierprotome*.

Verschiedene mit Ausgußtülle und Henkel versehene Schüsseln, Schalen und Schöpfgefäße sind schmucklos oder mit Reliefdekor versehen. Besonders eindrucksvoll wird das handwerkliche Können in einer im Zypern-Museum in Nikosia befindlichen *Schale aus Chirokitia* verdeutlicht. Welchen Wert ein solches Gefäß in der Jungsteinzeit besaß, machen die Bohrlöcher neben einem alten Bruch deutlich, durch die ein zusammenhaltendes Band geführt war.

Im späteren Neolithikum kommt gebrannte bemalte *Keramik* auf. Die mit rotbraunem, noch vor dem Brennen mit einem kammartigen Gerät verziertem Überzug versehenen Schalen und Krüge aus Chirokitia und Troulli bei Agios Epiktetos *(S. 277)* gehören zur Gattung der Kammstrich-Keramik *(Combed Ware)*.

So wohnte man in der Kupfersteinzeit: Rundbauten, die in Lempa (S. 126) zutagekamen, belegen eine Siedlungskontinuität bis zum Übergang zur Bronzezeit

Kupfersteinzeit (Chalkolithikum; 3000–2300 v. Chr.)

War bis vor wenigen Jahren die Übergangsphase von der Jungsteinzeit zur Frühen Bronzezeit noch weitgehend ungeklärt, so erscheint diese Epoche seit der Entdeckung eines rituellen Hortfundes in *Kissonerga (S. 127)* in einem neuen Licht. Siedlungen im Landesinneren deuten auf eine Verfestigung des dörflichen Gemeinwesens auf Zypern in der Kupfersteinzeit.

Die wichtigsten **Zeugnisse dieser Epoche** finden sich in den oberen späteren Schichten von *Kalavassos* (Kalavassos B; *S. 209*) und in *Erimi (S. 190)* für den Süden, in *Kythräa (S. 279), Philia (S. 268)* und *Ampelikou (S. 270)* für das Landesinnere bzw. für den Norden der Insel. In *Erimi*, dessen früheste Besiedlung in das Jahr 3000 v. Chr. zurückreicht, fand man einen der frühesten Metallgegenstände auf der Insel. Ein auf-

Tonidole der Kupfersteinzeit im kultischen Dienst der Fruchtbarkeit: Ritz- und Farbornamente betonen die weiblichen Geschlechtsmerkmale (Zypern-Museum, Nikosia)

grund seiner Zusammensetzung (99,6% Kupfer, 0,15% Zinn, 0,21% Eisen, Blei in Spuren, Nickel, Zink und Schwefel fehlen völlig) wahrscheinlich aus dem östlichen Anatolien stammendes, also importiertes Kupferfragment in Form eines Meißels bestätigt die Berechtigung der Benennung dieser Epoche als Kupfersteinzeit (Chalkolithikum). Weitere Belege für rege Handelstätigkeit mit dem östlichen Festland sind das Vorkommen kyprischer Erimi-Keramik in Tarsos in Kilikien. Außerdem darf davon ausgegangen werden, daß sich in der Ampelikou-Keramik ein brenntechnischer Einfluß von Osten (Khirbet-Kerak-Keramik in Palästina) geltend macht. Diese Übereinstimmungen in der Keramikproduktion bestätigen die für die Jungsteinzeit durch Funde von Karneol und Obsidian, einem glasartigen Gestein zur Herstellung von Klingen und Pfeilspitzen, belegten Kontakte zur Levante (östliche Mittelmeerländer). Die sich im späten Neolithikum anbahnende Differenzierung von Gefäßform und -bemalung findet ihre Fortsetzung in der Kupfersteinzeit. Die neuen Formen tragen Rotmalerei auf weißem Grund *(Red-on-White Painted)* oder sind rot und schwarz polierte Ware, deren Färbung auf unterschiedliche Temperaturgrade beim Brennvorgang zurückzuführen ist. Der Dekor verfügt über eine Vielfalt von Linear- und Florealmotiven.

Vielfältig ist auch das Vorkommen von *Steatit- und Tonidolen* eines matriarchalischen Fruchtbarkeitskultes im Westen der Insel. Sie weisen ausgeprägte weibliche Geschlechtsmerkmale auf (Betonung der Brüste, des Gesäßes und des Schamdreiecks). Die Geste des Ergreifens der Brüste findet sich in den Mutterreligionen des vorderasiatischen Raumes wieder. In Einzelfällen vorkommende Verzierung der Brüste durch Linien und Punktreihen sind wohl als Tätowierung zu interpretieren. Auch die kreuzförmigen Steatitidole sind weiblichen Geschlechts. Meist kommen sie als Doppelidole vor, wobei die querliegende Figur über keinerlei Geschlechtsmerkmale verfügt. In ihr ist der ›Liebhaber‹ der Großen Göttin anzunehmen: Eine Vorstufe der Darstellung des *hieros gamos*, der Heiligen Hochzeit. Über die Verwendung dieser Idole gibt uns ein Exemplar aus der Gegend von Nea Paphos Auskunft. An einem Band um den Hals trägt es selbst ein Idol gleicher Gestalt.

Dies trifft auch bei einer der 1988 in Kissonerga-Mosphilia *(S. 127)* gefundenen Tonstatuetten zu. Der als Halsschmuck aufgemalte Anhänger stellt – wie die Trägerin selbst – eine Figur in der damals üblichen vertikalen Geburtsstellung mit gespreizten angewinkelten Beinen dar. *Hieros gamos* und *Geburt* lassen keinen Zweifel an einem Fruchtbarkeitskult aufkommen, dessen kultischer Zentralgedanke Zeugung, Geburt und das Leben umfaßte.

Bei dem Fundkomplex, zu dem jene Tonstatuette gehört, handelt es sich um einen nicht grabbezogenen Hortfund. Für die sog. *Erimi-Kultur* bestehen somit bereits zwei Schemata bildnerischen Schaffens: für den Grabkult sowie für einen aktiv ausgeübten Kult. Darüber hinaus läßt der Hortfund Schlußfolgerungen über religiöse Entwicklungsprozesse zu.

Ein rundes schalenförmiges Gefäß gibt sehr realistisch Details eines Gebäudes mit Schwingtür, zentraler Herdstelle, radial segmentiertem Fußboden und einer der Tür gegenüberliegenden Kultplattform wieder. Damit nimmt dieses Architekturmodell bereits Aspekte späterer Tempelbauten und sich daran orientierender *Naiskoi* (Singular: der Naiskos), tragbarer Altärchen in Gebäudeform, vorweg, wie sie seit dem 2. Jtd. v. Chr. aus Palästina, der Ägäis und auch Zypern bekannt sind. Es besteht also Grund zur Annahme, daß auf Zypern – zumal in der Nähe des späteren Aphrodite-Heiligtums in Kouklia/Paläa Paphos *(S. 148)* – schon sehr früh ein der Magna Mater geweihtes Heiligtum bestand, dessen rituelle Tradition in den Ischtar-/Astarte-/Aphrodite-Kult einmündete.

Ein Erdbeben größeren Umfangs ließ die durch die Erimi-Kultur, die sich auch im Westen der Insel um Lempa/Kissonerga *(S. 126)* verbreitet hatte, geprägte erste Phase des Chalkolithikums enden. Die zweite, schon zur Frühen Bronzezeit überleitende Phase wird durch Keramik aus Ampelikou und Philia-Drakos bestimmt.

Frühe Bronzezeit (Frühkyprische Zeit; 3800–1850 v. Chr.)

Die beiden wesentlichen Zeugnisse frühbronzezeitlicher Siedlungskultur, zwei Häuser, die in Alampra und Ampelikou gefunden wurden, lassen allein keinen Schluß auf eine größere Siedlungsdichte als in den vorausgegangenen Epochen zu. In den zahlreichen Nekropolen aber zeigt sich, daß Zypern in jener Zeit vor allem in der Nähe der Kupfervorkommen ein dicht besiedeltes Land war.

Außerdem weisen die *Nekropolen* eine Wandlung im Bestattungskult auf. Neben Waffen und Metallgerät fand man bei den nun in Kammergräbern mit offenem Zugang (Dromos) beigesetzten Toten eine außerordentliche Vielfalt an Tonwaren, angefüllt mit Nahrung, Getränken und Salbölen. Die Dolche, Flachbeile, Meißel und Armreifen aus Bronze sind zweifellos lokale Produkte; denn seit Beginn der Frühen Bronzezeit wurde auf Zypern Kupfer nicht nur gewonnen, sondern auch geschmolzen und verarbeitet. Zentren der Metallverarbeitung und des -handels waren neben Alampra *(S. 236)* und Ampelikou *(S. 270)*, Lapithos *(S. 266)*, Vasilia *(S. 268)*, Vounous *(S. 271)* und Tamassos *(S. 177)*. Auch die Bucht von Morphou war relativ dicht besiedelt; denn es bestanden nachweislich ein kultureller Austausch mit Anatolien, daneben auch Außenhandelskontakte mit dem östlichen Festland und Kreta.

Die *Tonwaren* deuten auf die seit der kyprischen Frühzeit nachvollziehbare Bedeutung des Ackerbaus hin. Aus Vounous in der Nähe der Abtei Bellapais *(S. 274)* stammt u. a. ein Tonmodell einer Pflügeszene. Die Darstellung auf einer Art Tisch deutet auf einen kultischen Gegenstand hin, der die Alltäglichkeit der Feldbestellung in ›überhöhter‹ Form zum Inhalt hat. Ähnliche Motive gab es in Ägypten und Mesopotamien als Holz- oder Stuckplastiken bzw. auf Rollsiegeln.

Wie Zeugungsakt und Gebären in früherer Zeit, so bestimmte seit der Frühen Bronzezeit Säen und Ernten die Gedanken an Werden und Vergehen in der kyprischen Kultur. Die Abwendung des Menschen von der anthropozentrischen Sichtweise, die den Akt der (Re-)Generation ausschließlich auf seine Spezies angewandt verbildlichte, ermöglichte nun zwei Darstellungsweisen seiner Weltsicht. Einerseits behielt er die schon im Hortfund von Kissonerga vorhandene realistische Tendenz in der Wiedergabe, z. B. der Gestalt der Gebärenden, bei; andererseits zeigte sich bei den in einem warmen Rotton *(Red Polished)* glänzenden, mit

Ein heimlicher Zaungast beobachtet den mysteriösen Kult im frühbronzezeitlichen Tempelmodell von Vounous (S. 271) (Zypern-Museum, Nikosia)

Ritzornamentik versehenen Brettidolen neben einer zunehmenden Tendenz zur Abstraktion der menschlichen Anatomie ein frühes flächendekoratives Moment künstlerischer ornamentaler Formgebung. Ganz gleich, ob diese sich an Tätowierungen oder die Wiedergabe von Schmuck anlehnt: Sie steht doch trotz der Vielfalt der verwendeten Motive im Gegensatz zur geradezu barocken Fülle figurativer Gestaltungen. Auf den Rändern einzelner oder zu Kompositgefäßen kombinierter Vasen stehen Vögel, Rinder, Hirsche und menschliche Figuren. Ein ebenfalls in Vounous gefundenes Tonmodell berichtet von einer kultischen Handlung innerhalb eines von einer Mauer umgebenen *Temenos.* Sie fand unter Ausschluß der Öffentlichkeit statt, wie das humorvoll eingesetzte Detail des über die Mauer spähenden Figürchens beweist. Die Konfiguration im Innern der Kultstätte weist in ihrem Aufbau Ähnlichkeit zum ›Tempelmodell‹ von Kissonerga auf; denn auch dort befand sich die Kultfigur gegenüber der Tür. Hier ist es eine als Wandrelief gestaltete Figurenreihe mit Schlangen in den Händen, flankiert von sitzenden Gestalten mit verschränkten Armen. Vor dem Kultbild kniet ein Adorant, der von einem thronenden Priester und sechs ebenfalls mit verschränkten Armen im Kreis stehenden Gestalten hinterfangen ist. Rechts und links vom Eingang befinden sich hinter Mauern jeweils zwei Stiere mit ihren Betreuern und zwischen der linken Stiergruppe und der Priestergestalt noch eine weibliche Figur mit einem Kind auf dem Arm.

Dieses Tonmodell bot Anlaß zu den unterschiedlichen Deutungen, bis hin zu nicht auszuschließenden, dennoch aber unwahrscheinlichen – allerdings nur für das Neolithikum belegbaren – Kinderopferungen (V. Karageorghis). Eher möchte man mit P. Dikaios an das Zusammentreffen einer Schlangengottheit als chthonischem Hauptgott mit den Kulten eines Stiergotts und einer Muttergottheit denken. Dies würde auch dem durch die übrigen Funde der Epoche nachvollziehbaren Nebeneinander der unterschiedlichen matriarchalisch geprägten kultischen Einflüsse auf der Insel entsprechen: Stiergottheiten, die dem Fruchtbarkeitskult ebenso zuzurechnen sind wie chthonische, d. h. der Unterwelt und dem Erdreich angehörige Schlangenwesen und auch figürliche wie idolhaft abstrahierte Formen der Magna Mater.

Mittlere Bronzezeit (Mittelkyprische Zeit; 1850–1550 v. Chr.)

Die mittlere Bronzezeit bietet gegenüber der vorangegangenen Zeit ein fast unverändertes Bild. Die Besiedlung entsprach ungefähr der Frühen Bronzezeit, auch wenn wiederum der Handelsverkehr besonders mit dem östlichen Festland zunahm. Aber auch kretisch-minoische Stücke wurden nun vermehrt eingeführt, wenngleich sie die syrisch-palästinensische Ware an Zahl nicht erreichten. Auch umgekehrt gelangte kyprische Ware in den Osten (Ras Schamra, Megiddo, El-Lāhun), und auch auf Kreta und Sizilien wurden kyprische Scherben gefunden, die nun von weißen bemalten Tongefäßen *(White Painted)* stammten. Eine Fortsetzung der kammartigen Ritzmotive der *Red Polished-Ware* findet sich in der Rot-auf-Schwarz-Malerei *(Red on Black-Ware).* Darüber hinaus gab es Gefäße mit schwarzem Überzug *(Black-Slip).* Auch in der Schmuckherstellung war ein Wandel eingetreten: Halsketten bestanden nun aus wahrscheinlich über Syrien aus Ägypten importierten Fayence- und Glaspastenperlen.

Die *Festungsbauten* von Nitovikla, Krini und Agios Sozomenos können aufgrund der regen Handelsbeziehungen mit dem östlichen Festland nur Schutzmaßnahmen gegen innerkyprische Konflikte gewesen sein. Dies legt besonders die in diesen Jahrhunderten vor sich gehende Entwicklung zu einem föderativen Stadtstaatengebilde nahe, dessen Hauptstadt wohl Kalopsida im Osten der Insel war. Hier fand man auch das einzige Beispiel von Wohnarchitektur dieser Periode, ein großes Haus mit mehreren aneinandergereihten, rechteckigen Räumen, die sich um einen zentralen Raum oder Hof gliedern.

Späte Bronzezeit (Spätkyprische Zeit; 1550–1050 v. Chr.)

Mit Beginn der Späten Bronzezeit geriet Zypern unter westlichen Einfluß; die Expansionsbestrebungen der zu beträchtlicher Macht gelangten mykenischen und minoischen Fürstenhäuser wirkten sich nun auf die Insel aus. Auch die seit etwa 1200 v. Chr. vor den von Norden nach Griechenland eingedrungenen Dorern zurückweichenden Achäer erreichten Zypern und bestimmten durch Besetzung der wichtigsten Städte über einen langen Zeitraum die Geschehnisse auf der Insel. Die Entwicklung des sich an Griechenland orientierenden städtischen Gemeinwesens ist quasi historisch in den im homerischen Epos erwähnten Heroen und ihren Stadtgründungen auf Zypern belegt. Wohnungs- und Festungsbau wurden weiterentwickelt, wie die Ausgrabungen in Enkomi *(S. 301)* und Kition *(S. 214)* zeigen. Andere Siedlungszentren waren im Norden die Kormakiti-Halbinsel zwischen Kyrenia *(S. 258)* und Morphou *(S. 268)*, im Westen Marion bei Polis *(S. 134)* und an der Südküste eine Kette von Siedlungen, die von Paläkastro-Maa westlich von Ktima/Nea Paphos *(S. 128)* über Kourion *(S. 190)* und Amathous *(S. 204)* bis Kition reichte. Neben Kition als kupferverarbeitender Stadt kam Enkomi zudem eine wichtige Rolle als Ausfuhrhafen für das im Landesinneren in der Nähe der Stadt Tamassos *(S. 177)* geförderte und schon zu Barren geschmolzene Kupfererz zu.

Sogenannte *Barren-Gottheiten*, Kriegerfiguren mit erhobener Lanze und Schild und lediglich mit Halskette und Anhänger ›bekleidete‹ Göttinnen auf einer Basis in Form eines Kupferbarrens stehend, zeugen von der engen Verknüpfung von Kupferverarbeitung und Glaubensvorstellungen und lassen darüber hinaus Schlußfolgerungen über die spätbronzezeitlichen Kulte zu. In der Proportionierung wie in den Details der Augengestaltung und der Betonung des Schamdreiecks gleichen die Barren-Göttinnen den Tonplastiken vor allem des Typs der vogelköpfigen Göttinnen. Als Sitzfiguren oder stehend mit einem Kind auf dem Arm führen diese die lokale kupfersteinzeitliche Tradition einer Muttergottheit weiter. Neu hingegen ist die daneben verehrte kriegerische männliche Gottheit, die im griechischen Arkadien (Peloponnes) und auf Zypern bis in hellenistische Zeit als *Apollon Kereatas*, in Enkomi/Alasia *(S. 301)* als *Apollon Alasiotas* verehrt wurde.

Dies macht deutlich, daß neben der gewachsenen lokalkyprischen Tradition der *Einfluß der achäisch-mykenischen Kulturen* in Brauchtum und Produkten Fuß gefaßt hat. Halsketten bestehen aus Gliedern in Form des mykenischen, der Ziffer 8 gleichenden Schildes; Reihen granulierter Dreiecke bedecken die Oberfläche eines goldenen Granatapfels als Anhänger; *Bukranien* schmücken Ohrgehänge; Fingerringe sind mit geometrischen und Tiermotiven versehen oder tragen Fayence-Einlagen. Bemerkenswerteste Goldschmiedearbeit der Späten Bronzezeit ist ein in Kourion *(S. 190)* gefundenes Zepter, das wohl zur Ausstattung eines Königs gehörte. Sein goldener Schaft wird von einer Kugel, auf der ein Falkenpaar sitzt, bekrönt. Die Kugel überzieht ein schuppenartiges dreifarbiges Cloisonné-Muster (Email-Zellschmelztechnik), und auch die Falken besitzen Einlagen dieser Art.

Der ›Zeus-Krater‹ aus Enkomi (S. 301) ist ein Beispiel für den Figurenreichtum mykenischer Gefäße

Neben kyprischer Grabarchitektur gab es auch mykenische Gräber mit langen *Dromoi* (Singular: der Dromos). In ihnen fand man mykenische Keramik und Gefäße der kyprischen Gattungen *Proto-White Painted* und *Proto-Bichrome*, daneben Metallgefäße imitierende Krüge und Schalen der sog. *Base-Ring Ware* und mit schwarzem Überzug *(Black-Slip)* versehene Gefäße.

Die mykenische Bilderwelt auf meist ausladenden **Krateren** mit weiter Öffnung ist hinsichtlich ihrer Deutung noch immer umstritten. So glaubte der schwedische Religionshistoriker *M. P. Nilsson* auf einem Krater aus Enkomi die aus Homers ›Ilias‹ bekannte Szene zu erkennen, in der Zeus beim Aufbruch eines Kriegers in den Kampf die Schicksalswaage hält.

Anderer Ansicht war der deutsche Archäologe *Joseph Wiesner*, der als Hauptszenen die auf Vorder- und Rückseite wiedergegebenen Polypen annimmt. Die unterschiedliche Anzahl ihrer Fangarme bestimmt sie als weiblich und männlich. Allerlei Meeresfauna umgibt sie: Seefedern, eine Seerose, ein schematisch dargestellter Tintenfisch und unter einem Henkel zwei Wasservögel. Die übrigen mit Punkten überzogenen Figuren deutet Wiesner als Sternbilder Fuhrmann, Waage, Stier und Orion, die während der Laichzeit der Polypen nicht am Himmel zu sehen sind, nach altgriechischer Auffassung also ihr Bad im Okeanos, dem Weltmeer, nehmen. »Am Verschwinden charakteristischer Merkgestirne konnten die Seefahrer, darunter vor allem die Fischer und Purpurschneckentaucher, das jahreszeitliche Ereignis der Polypenpaarung im voraus bestimmen. Es war für die Fischer von lebenswichtiger Bedeutung insofern, als sie während der Laichzeitperiode der Polypen mit den leichtesten und ergiebigsten Fangsituationen rechnen konnten.« (J. Wieser).

Eine dritte Interpretationsvariante bot der französische Archäologe *C. F. A. Schaeffer* unter Berücksichtigung der beiden unter den Henkeln angebrachten Szenen: Vögel verfolgen Streitwagen, ein Motiv aus einem vorderasiastischen Mythos. Ein ebenfalls in Enkomi entdeckter sowie ein Krater aus Ras Schamra (Syrien) haben dies zum Thema.

Neben den in mykenischen Werkstätten Vorderasiens gefertigten Vasen traten ebenfalls auf der Töpferscheibe entstandene figürliche *Terrakotten* der kretischen Göttin mit erhobenen Armen auf, wie umgekehrt kyprische *Vogel- oder Enten-Askoi* (Singular: der Askos) in der griechischen Welt Verbreitung fanden. In der *Elfenbeinschnitzerei* vollzog sich gleichermaßen eine ägäisch-orientalische Verschmelzung. Spiegelgriffe mit Kampfdarstellungen von Menschen mit Löwen und Greifen, Spielkästchen mit Jagdfriesen und anderes Gerät wurden in den Gräbern von Paläa-Paphos *(S. 146)*, Kition und Enkomi gefunden. Von hoher künstlerischer Fertigkeit zeugt eine Silbertasse mit Gold- und Niello-Einlegearbeiten. Sie ziert ein Fries von sechs Bukranien, unterbrochen von Lotusblüten, zum Gefäßboden hin begrenzt von einer mit Rosetten gefüllten Bogenreihe und einer Punktreihung am Gefäßrand.

Besonders deutlich wird der *orientalische Einfluß* im Einbezug des phönikischen Gottes **Bes**, einer wilden Gestalt von gedrungenem Körperbau, in die kyprischen Kulte. Seine gorgonengleich fratzenhaften Gesichtszüge, Bockshörner und zottige Haar- und Barttracht lassen ihn schon von der äußeren Erscheinung her in die Nähe des griechischen Gottes **Pan** oder eines *Papposilen* rücken. Tatsächlich gibt es noch weitere Übereinstimmungen. Im ägyptischen Glaubenskreis ist Bes als Begleiter der *Toeris*, als Schützerin des Bettes, »ein Gott der erotischen Sphäre . . ., den Musikantinnen und Tänzerinnen, also ›leichte‹ Mädchen, auf dem Oberschenkel eintätowiert trugen« (W. Helck). Den griechischen *Silenen* wird eine Verbindung zu Mänaden und Nymphen nachgesagt, und auch als gute Hausgeister deutet man sie: Eigenschaften, die durchaus mit dem Begleiter der Toeris vereinbar sind. Auch wenn die Silene oder (peloponnesisch) *Satyrn* erst in hellenistischer Zeit Bocksattribute erhalten, so ist dennoch deren ursprüngliche Verwandtschaft wie auch die des Bes mit Pan als dem in Arkadien beheimateten Fruchtbarkeitsgott offensichtlich. Fruchtbarkeit und Sexualität sind mit beiden verbunden. Und berücksichtigt man, daß Pan auch als Begleiter der Großen Mutter bekannt ist, wird die Verschmelzung des arkadischen Hirtengottes in der Glaubenswelt der Achäer mit dem Bes des Vorderen Orients und Ägyptens auf kyprischem Boden glaubhaft nachvollziehbar. In der etymologischen Herleitung Pans aus dem altindischen *Pusan* (W. Pötscher) erscheint ein Vergleich mit Bes nicht abwegig.

Schließlich tauchten in spätkyprischer Zeit auch die *ersten schriftlichen Zeugnisse und Schreibgeräte* auf. Zwar hatte es schon zuvor auf Zypern ägyptische Hieroglyphen-Denkmäler, hethitische Hieroglyphen, Keilschrift auf importierten Rollsiegeln, einfache lineare Zeichen als Werkstattsignaturen und Zahlzeichen und den Linearsystemen der Ägäis ähnelnde Schriften gegeben; doch erst in der späten Bronzezeit erschienen zusammenhängende Dokumente in *Syllabar*, der kyprischen Silbenschrift, die bis in hellenistische Zeit gebräuchlich war, bis heute aber nicht entziffert werden konnte.

Beginn der Eisenzeit (Kypro-geometrische Zeit; 1050–725 v. Chr.)

Wie in der Ägäis, so setzte auch auf Zypern um die Mitte des 11. Jh. v. Chr. ein relativ ›dunkles‹ Zeitalter ein (englisch ›*Dark Ages*‹). Zwar hatte Zypern nicht unter den eindringenden dorischen Volksstämmen zu leiden, so daß sich hier auch in der künstlerischen Tradition der achäisch-mykenische Einfluß weiterhin behaupten konnte. Jedoch bestimmten nicht nur griechische Kolonisatoren zu Beginn des 1. Jtd. v. Chr. das Geschehen auf der Insel: Um die Jahrtausendwende nämlich wurden *phönikische Einwanderer* auf der Insel ansässig, die – zunächst noch als Händler mit der Insel Geschäfte treibend – aus Tyros kamen und um das Jahr 800 v. Chr. Kition *(S. 214)* zum phönikischen Königtum erklärten. Doch bildeten diese Stadtstaaten der Phöniker, die sich bald darauf über fast alle Mittelmeerküsten verbreiteten, nicht wie die durch Masseneinwanderung entstandenen Achäer- und Mykenersiedlungen Einheiten politischer Unabhängigkeit, sondern dienten ausschließlich kommerziellen Zwecken. So zeigte sich das unter der Herrschaft Kitions stehende Idalion *(S. 236)* bereits im 5. Jh. v. Chr. wieder als rein griechische Stadt mit griechischem Alltag, griechischer Religion und Politik, wie

Phantasievoll gestaltete geometrische Motive verleihen den bichromen Gefäßen der beginnenden Eisenzeit den Charakter verspielter Fröhlichkeit

eine heute im Louvre (Paris) befindliche Inschrift bezeugt. Ähnliches gilt für Lapithos *(S. 266)* und Amathous *(S. 204)*, die ebenfalls einem – wohl aber nur oberflächlichen – phönikischen Einfluß ausgesetzt waren.

Verbunden mit dem Aufblühen des Handels durch die seefahrenden Phöniker war die Verbreitung neuer handwerklicher Fertigkeiten. Dazu gehörte in erster Linie die der Epoche den Namen gebende *Verarbeitung des Eisens*, die über Zypern Eingang in den ägäischen Raum fand. Aber auch für ihre *Silber-, Gold- und Elfenbeinarbeiten* waren die Phöniker bekannt, die sie in großem Umfang für den Export herstellten. So flossen auf Zypern zu jener Zeit importierte mykenische Vasen im *Granary-Stil* mit ägyptischen und vorderasiatischen Elementen, wie der phönikischen *Red-Slip-* und *Black-on-Red-Keramik*, zu einem Konglomerat zusammen. In seiner Eigenart der Aufnahme und Verarbeitung dieser Elemente durfte es eine relative Eigenständigkeit für sich beanspruchen. Die Form der Gefäße orientierte sich entweder an den phönikischen Vorbildern, die auf Zypern auch für *White Painted-* und *Bichrome* Produkte Verwendung fanden, oder an dem bestehenden lokalen Formenrepertoire. Sorgfältig gemalte geometrische Motive traten in Verbindung mit Bildfeldern auf, deren Erzählreichtum die kommende archaische Blütezeit erahnen läßt. Auch die bereits in der Bronzezeit vorbereiteten Gattungen der *White Painted-* und *Bichromen Gefäße* erhielten nun ihre typisch kyprische Ausprägung.

Spielball antiker Mächte

Kypro-archaische Zeit (725–475 v. Chr.)

Am Ende des 8. Jh. v. Chr. sollte die Phase des wirtschaftlichen Wachstums und sozialer Veränderungen einen vorläufigen Abschluß finden. Zwar schien Zypern um das Jahr 740 v. Chr. nach der Unterwerfung der phönikischen und syrischen Küstenregion durch die Assyrer und die Eroberung Phrygiens durch Kappadokien die einzige unabhängige Seemacht im östlichen Mittelmeer zu sein; doch stand nach dem Fall der Küstenstädte Sidon und Tyros den *Assyrern* der Weg ins Mittelmeer offen. Ihrem König *Sargon II.* (721–705 v. Chr.) gelang es, sich auch die kyprischen Könige zu unterwerfen und tributpflichtig zu machen. Diese Eroberung muß ohne größere Kämpfe vor sich gegangen sein; wahrscheinlich verhinderten dadurch die kyprischen Könige eine Zerstörung ihrer Städte. Die relative Autonomie, die das assyrische Reich den kyprischen Stadtstaaten gewährte, unterstützte die Entwicklung eines eigenen Gepräges der kypro-archaischen Kunst, in der nun verstärkt lokale Unterschiede festzustellen sind. Zu Wohlstand gekommen und möglicherweise inspiriert durch die aufwendige Hofhaltung des assyrischen Herrschers, geizten auch die kyprischen Stadtkönige nicht an luxuriöser Ausstattung. Beleg dafür sind die monumentalen Grabanlagen in Salamis *(S. 290)* samt ihrer Ausstattung. In den weiträumigen Dromoi der sog. königlichen Nekropole, Grabanlagen zumeist aus dem 8. und 7. Jh. v. Chr., fand man Pferdegespanne mit erhaltenem Schirrzeug und Wagenbeschlägen, die den Toten ins Jenseits mitgegeben wurden. Bronzegeräte, große Amphoren und kostbare Elfenbeinmöbel zeugen von dem Reichtum der Bestatteten. In einem der Gräber wurde ein zu einem Gespann gehöriger Wagen in einem Erhaltungszustand gefunden, der eine vollständige Rekonstruktion erlaubte.

Die Herrschaft der Assyrer dauerte etwa vierzig Jahre. Sie wurde abgelöst von einer neuerlichen Phase der Unabhängigkeit der Insel, die nun etwa hundert Jahre anhielt. Ihr entstammt möglicherweise ein großer Bronzekessel mit zugehörigem Dreifuß und am oberen Rand mit Greifenprotomen verziert. Das Vorkommen solcher Objekte auf Zypern wirft neues Licht auf die Frage der Herkunft entsprechender Funde in Etrurien und Griechenland. Obwohl es kyprische Arbeiten sein könnten, macht sich doch letztlich an den Kesseln wie auch an anderen Metallgegenständen ein nordsyrisch/urartäischer Einfluß geltend. Die Elfenbeinarbeiten legen einen Vergleich mit solchen aus Nimrud nahe, gehören also in den syro-phönikischen Kulturkreis.

Unter kulturgeschichtlichem Aspekt ist die kurze Zeitspanne *ägyptischer Herrschaft* nur als Intermezzo zu werten. Sie begann, nachdem es dem ägyptischen König *Hophra* (588–569), von den Griechen auch *Apries* genannt, trotz Zerstörung der gesamten Flotte der vereinigten Kyprer und Phöniker nicht geglückt war, die Insel zu erobern, unter König *Amasis* (569–525 v. Chr.). Bereits seit 549 jedoch hatte sich *Persien* zum mächtigsten Reich des Ostens entwickelt, und die unter dem ägyptischen Joch leidenden Kyprer schlossen sich der neuen Macht bereitwillig an. Xenophon berichtet, daß dies bereits 545 erfolgte, als der Perser *Kyros d. Ä.* gegen Karien und Babylon (539) zog; tatsächlich aber blieb die ägyptische Herrschaft wohl bis 525 v. Chr. erhalten, als *Kambyses* schließlich auch Ägypten selbst eroberte.

Wie unter den Ägyptern bewahrten sich die Kyprer auch unter den Persern eine relative Eigenständigkeit. Zwar waren sie wieder tributpflichtig, doch wurde trotz der Zugehörigkeit zur fünften Satrapie (dem heutigen Syrien, Libanon, Israel und Jordanien) kein eigener Satrap auf die Insel entsandt. Daß auch der persische Großkönig nicht entsprechend anderen unterworfenen Ländern Einfluß besaß, beweist die Tatsache, daß sein Bild nicht auf kyprischen Münzen jener Zeit erscheint. Die frühesten uns bekannten kyprischen *Münzen* stammen aus der Regierungszeit des Königs Euelthon von Salamis und sind in die Zeit zwischen 538 und 530 v. Chr. zu datieren.

Die großzügige Handhabung des Unterworfenenstatus der Kyprer durch die Perser ermöglichte dem Land spürbare Fortschritte in künstlerischer, geistiger und wirtschaftlicher Hinsicht. Der dadurch bedingte Machtzuwachs einzelner Stadtstaaten, gestützt auch durch die stärker werdenden Einwanderergruppen, vor allem die *Phöniker*, brachte aber auch Rivalitäten mit sich. So eroberten die Phöniker Kitions sogar das Königreich Idalion und beherrschten auch für gewisse Zeit Tamassos. Salamis dagegen widerstand ihnen. Paphos, das religiöse Zentrum, scheint keine bedeutende Rolle gespielt zu haben, wogegen sich Soli zu einem der wichtigsten Orte der Insel neben Kourion und dem mit ihm rivalisierenden Amathous entwickelte.

Das wachsende Selbstbewußtsein der kyprischen Stadtstaaten wandte sich zunehmend gegen die indirekte persische Präsenz auf der Insel. Ermuntert durch den ionischen Widerstand gegen die Perser, erhoben sich auch die Kyprer unter *Onesilos von Sa-*

lamis, einem Enkel des Euelthon. Er setzte zunächst seinen den Persern freundlich gesonnenen Bruder Gorgos ab. Danach gelang es ihm, alle kyprischen Städte – bis auf Amathous – gegen die Perser zu mobilisieren, und im Frühjahr 498 v. Chr. erklärte Zypern seine Unabhängigkeit von Persien. Der persische Großkönig, über den vom Hellespont bis nach Zypern reichenden Aufstand in Kenntnis gesetzt, sandte jedoch sofort ein Heer nach Westen, das mit Hilfe phönikischer Schiffe auf Zypern landete und die vereinten Ionier und Kyprer besiegte. Begünstigt wurde dieser Sieg durch den Übertritt des Königs von Kourion, *Stasanor*, zu den Persern und den Rückzug der Wagenritter von Salamis. *Onesilos*, der in dieser Schlacht den Tod fand, gilt seitdem wegen seines mutigen Eintretens für ein unabhängiges Zypern als einer der großen Heroen der Insel.

»So war Zypern nach einem Jahr Freiheit von neuem unterworfen«, nämlich im Winter 498/97 v. Chr., resümiert Herodot. Perserfreundliche Könige – etwa *Doxandros*, König von Marion, der zur besseren Überwachung des weiterhin rebellischen Soli den Palast von Vouni *(S. 271)* bauen ließ – bestimmten nun das Geschehen. Zwar gelang es einer Flotte aus 20 peloponnesischen und 30 athenischen Schiffen unter dem Befehl des Spartaners Pausanias im Frühjahr des Jahres 478 v. Chr., Zypern noch einmal aus der Hand der Perser zu befreien. Nachdem aber die Flotte die Insel wieder verlassen hatte, begannen die Perser in den Jahren zwischen 477 und 470 v. Chr., ihre Macht neu zu etablieren und die Insel als Flottenstützpunkt für ihre Unternehmungen gegen die Griechen zu benutzen.

In der *Kunstproduktion* tendierte Zypern zu dieser Zeit, im geografischen Zentrum der Auseinandersetzungen zwischen Persern und Griechen gelegen, in kultischer Rückbesinnung auf ihr achäisches Potential und, ionische Elemente aufgreifend, nach Westen. Funde von Amphoren mit Leichenbrand sowie ebenfalls in Gräbern entdeckte Amphoren, deren Aufschrift sie eindeutig als Olivenölbehältnisse bezeichnet, erinnern an griechische Begräbniskulte, wie sie von Homer im 23. Gesang der ›Ilias‹ anläßlich der Bestattung des Patroklos geschildert werden:

> *». . . auch Krüge voll Honiges stellt' er und Öles*
> *Nah um das Leichengewand; und vier hochhalsige Rosse*
> *Warf er mit großer Gewalt auf das Totengerüst, lautstöhnend.«*

Erinnert das nicht auch an die Gespannbestattungen in Salamis? Auch in der Auffassung des Menschenbildes zeichnet sich zu *Ar-*

Archaische Plastik: Etwa 2000 Tonfiguren, die um einen Opfertisch versammelt waren, kamen im Heiligtum von Agia Irini an der Nordküste zutage (Ende 7. Jh. v. Chr und Anfang 6. Jh. v. Chr., Zypern-Museum, Nikosia)

nehmend eine Annäherung an die ägäische Welt ab. Im Heiligtum von Agia Irini an der Nordküste fand sich neben kleineren handgeformten oder mit Model hergestellten Stücken, die von E. Gjerstad der *Idolplastik* zugewiesen wurden, eine bis zu lebensgroße Terrakottaplastik *(Koroplastik)*, die in ihrer Ausführung künstlerischen Geist erkennen läßt. Erinnerungen an das Modell eines bronzezeitlichen Temenos aus Vounous werden wach, betrachtet man sich die gemäß der Fundsituation in Agia Irini heute im Zypern-Museum aufgestellten Stiere, Adoranten, Streitwagen, Krieger und Kentauren sowie einen Priester mit Stiermaske. Sie alle wurden innerhalb einer Einfriedung mit Altar und Libationstisch (Opfertisch für Trankopfer) gefunden, etwa 2000 an der Zahl. Von ihrer Bekleidung her ägyptischen und vorderasiatischen Einfluß verratend, spiegelt sich, besonders in den größeren Figuren, die Entwicklung der Gestaltung der menschlichen Figur seit der geometrischen bis in die archaische Zeit von der proto-kyprischen zur neo-kyprischen Stufe wider. Die gegen Ende des 7. und beginnenden 6. Jh. v. Chr. gefertigten Figuren zeigen bereits Anklänge an Kalksteinstatuen ostgriechischer (ionischer) Prägung, die das Bild der archaischen Plastik abschließen. Im Heraion von Samos gefundene kyprische Bildwerke belegen künstlerische Kontakte zum ionischen Raum.

Das *Bild des Stieres*, Symbolfigur eines Fruchtbarkeitskultes, das in archaischer Zeit das Bild der Magna Mater ablöste, ist auch Thema einer der eigenwilligsten Schöpfungen der kyprischen *Vasenmalerei* des sog. *Free-Field-Stils*. Bereits auf Vasen geometrischen Stils war zu beobachten, daß Tiermotive – sei es, daß ihnen ein eigenes Bildfeld zugewiesen war oder daß sie scheinbar unmotiviert ihren Platz in einem Freiraum zwischen Ringen und konzentrischen Kreisen gefunden hatten – bevorzugt wurden. Im Free-Field-Stil nun fanden die polychrom ausgeführten Motive ihren Platz – ähnlich mykenisch-minoischen Malereien – ohne Rahmung auf dem hellen Untergrund des Gefäßleibes. Der Stier erscheint, in lebhaft bewegter Form an einer Lotusblüte schnuppernd, mit modernistisch-abstrahierender Binnenzeichnung und Umriß, unter einer Rosette, die von mit Halbkreisen flankierten Vertikalstreifen eingeschlossen ist, auf dem Bauch einer *Oinochoë* (Kanne). Darstellungen von Pflanzen, Vögeln, Vierbeinern, Fabelwesen und Menschen – zuweilen noch im Einklang mit geometrischen Mustern – vervollkommnen das Repertoire dieser im Mittelmeerraum einzigartigen Vasenmalerei.

Östliche wie westliche Einflüsse zeigen sich in den *Bronzearbeiten* und im *Schmuck*. Bronzehelme urartäischen Typs, wie sie auch die Kriegergestalten aus Agia Irini tragen, dominieren über den vom griechischen Festland übernommenen korinthischen Helm mit Wangen- und Nasenschutz und ausgesparter Augenpartie. Mittlerfunktion besaß Zypern in bezug auf die Schmuckgestaltung. Auf Rhodos und im ostgriechischen Raum gefundene Stücke waren von Zypern, wo syrisches Formengut heimisch geworden war, übernommen worden. In erster Linie handelte es sich dabei um Goldplättchen mit Darstellung einer weiblichen Figur, die, ähnlich früheren weiblichen Gottheiten, ihre Arme unterhalb der Brüste schließt. Typologisch folgten die archaischen Goldschmuckstücke ihren geometrischen Vorläufern, jedoch war u. a. die Granulationstechnik nun wesentlich verfeinert.

Kypro-klassische Zeit (475–325 v. Chr.)

Nach der Niederlage der Perser gegen *Kimon von Athen* im Jahre 468 v. Chr. an der Mündung des Eurymedon in Kleinasien blieb Zypern weiter im Bereich der Auseinandersetzungen zwischen Griechen und Persern. Denn schon 454 v. Chr. war ein neuer Machtwechsel zu verzeichnen. Es waren jedoch nicht immer allein die Beeinträchtigungen von außerhalb, die die Geschicke Zyperns bestimmten; die jeweilige Zugehörigkeit zu einer der auf der Insel beheimateten Volksgruppen und deren Kooperationstendenz spielten eine nicht zu unterschätzende Rolle. So wurde etwa um 450 v. Chr. der uns durch Münzen überlieferte Herrscher *Euanthes von Salamis* von dem Phöniker *Abdemon* abgelöst. Dies spiegelt die Auseinandersetzungen der griechischen Inselbewohner mit den mit den Persern kollaborierenden Phönikern wider. Trotz dieses Widerstands aber scheint eine immer stärkere kulturelle Bindung an das griechische Festland vonstatten gegangen zu sein. Neben konservativer lokaler Kulttradition im Tempel- und Grabanlagenbau sowie im Kunstgewerbe wurden zunehmend Tempel zu Ehren griechischer Gottheiten errichtet. Auch weisen *Plastik und Vasenmalerei* eindeutig griechische Merkmale auf. Auf verstärkten Import attischer Keramik deutet eine Vielzahl schwarz glasierter Stücke. Die Plastik, zunächst noch ionisch-ostgriechischen Typs, übernahm schließlich Formen, die an Werke der griechischen Bildhauer Skopas und Lysipp erinnern. Terrakottafiguren (Koroplastik), z. B. die auf einer Kline ruhende Gestalt eines Mannes mittleren Alters aus der Pierides-Sammlung, Larnaka *(S. 214)*, ähneln vergleichbaren Stücken in Etrurien. Eine *Bronzekuh*, gefunden im *Palast von Vouni (S. 271)*, zeugt vom hohen Stand der Metallbildnerei. Möglicherweise handelt es sich um eine Kopie der berühmten Kuh des

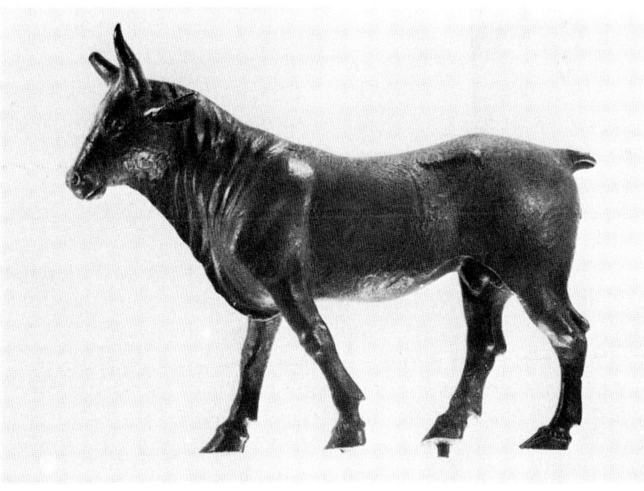

Die berühmte Bronzekuh aus Vouni (Zypern-Museum, Nikosia)

attischen Bildhauers Myron, über die literarische Quellen berichten. Überhaupt gibt der Palast von Vouni ein ausgezeichnetes Bild der kypro-klassischen Zeit. Von einem perserfreundlichen Herrscher im orientalischen Liwan-Typ errichtet, wurde er um die Mitte des 5. Jh. v. Chr. von einem griechisch-orientierten Fürsten baulich nach Art eines Megaron verändert.

Dies stimmt zeitlich mit dem Sieg Kimons über die Perser (449 v. Chr.; *s. oben*) überein. Kurz darauf erreichte wiederum eine Flotte der Athener unter *Kimon* die Insel mit der Absicht, sie den Persern als Stützpunkt zu entreißen. Kimon hatte vermutlich in Marion angelegt und war nach dessen Befreiung aus den Händen der dort regierenden Phöniker nach Salamis und Kition gezogen. Bei der Belagerung Kitions jedoch starb Kimon an einer Seuche. Sein Tod zog den Abzug der Griechen von Zypern nach sich, erneut war der Befreiungsversuch fehlgeschlagen.

Dies aber bewog die Kyprer den bei weitem größten Vorstoß zur Einigung und Unabhängigkeit zu wagen. Der Athener Isokrates berichtet in seinen Reden von *Euagoras I.* Um 435 v. Chr. geboren, mußte der etwa Zwanzigjährige, der seine Herkunft aus dem Geschlecht der Teukrer ableitete, im Jahre 415 v. Chr. vor Abdemon nach Soli in Kilikien fliehen. Doch kehrte er 411 zurück, überwältigte Abdemon und setzte mit der Eroberung von Salamis den ersten überlegten Schritt zur Befreiung Zyperns. Sein geschicktes Taktieren zwischen Griechen und Persern verschaffte ihm weiteren Freiraum. So beteiligte er sich an dem Zug der vereinten Perser und Athener gegen die Flotte der Spartaner, die 394 v. Chr. bei Knidos vernichtend geschlagen wurde. Im Jahre 382 v. Chr. gelang es ihm, Tyros einzunehmen, und um 380/379 v. Chr. schloß er mit den Persern Frieden. Erfolg sollte ihm aber nicht für lange Zeit beschieden sein, denn bald darauf war er wieder tributpflichtiger König von Salamis, und die Insel zersplitterte in kleine Stadtkönigreiche. Entschieden vermehrt hatte sich aber in der Zwischenzeit die kulturelle Ausrichtung auf Attika.

Nach Euagoras' Tod um 374/373 v. Chr. erlebte Zypern unter seinem Sohn *Nikokles* einen weiteren kulturellen Höhepunkt, der aber bald durch Mißbrauch der erlangten Macht und des Reichtums in einen stetigen Niedergang umschlug. Sein Nachfolger *Euagoras II.* wurde von *Pnytagoras* vom Thron vertrieben und floh zu den Persern. Zwar kehrte Euagoras II. – von Artaxerxes III. als Feldherr eingesetzt – im Jahre 344 v. Chr. nach Zypern zurück, jedoch blieb Pnytagoras Regent von Salamis. Als solcher den Persern tributpflichtig, schloß er sich 332 v. Chr. dem Zug *Alexanders des Großen* gegen Dareios an und tat sich bei der Einnahme von Tyros und Sidon hervor. Durch die Anerkennung der Souveränität der kyprischen Könige durch Alexander d. Gr. hatte Zypern zunächst einmal seine Unabhängigkeit erreicht.

Hellenistische Zeit (325–58 v. Chr.)

Mit dem Sieg Alexanders d. Gr. über die Perser erwachte die künstlerische Produktivität der Insel wieder zu neuem Leben. Eingebunden in das Reich Alexanders, war sie nun aber verstärktem griechischen Einfluß ausgesetzt. Mit dem Tode des großen Herrschers jedoch (323 v. Chr.) geriet Zypern gleich in den Konflikt seiner Nachfolger. Die Könige von Salamis (Nikokreon), Paphos (Nikokles), Soli (Pasikrates) und Amathous (Androkles) schlossen sich *Ptolemaios* an, wogegen sich Kition, Lapithos, Kyrenia und Marion auf die Seite von *Antigonos* stellten. Die kyprischen Herrscher wurden in den folgenden Jahren der Auseinandersetzung um die Herrschaft über die Insel derart in Mitleidenschaft gezogen, daß nach der Ermordung des Königs von Kition, Pumiathon (Pygmalion), der Gefangennahme der Könige von Lapithos und Kyrenia und der Zerstörung von Marion schließlich auch Nikokles von Paphos und seine Gattin Axiothea sowie Nikokreon – obwohl über lange Zeit Günstling des Ptolemaios – den Freitod suchten. Im Jahre 294 v. Chr. gelang es Ptolemaios schließlich, Demetrios zu besiegen und die Herrschaft über Zypern an sich zu reißen. Die Stadtkönigtümer wurden aufgelöst. An ihre Stelle trat ein *Strategos*, ein Generalgouverneur, der von den Königen von Ägypten, zu denen sich die Ptolemäer selbst erhoben hatten, eingesetzt wurde. Ihm zur Seite stand – soweit nicht in Personalunion – der *Epistates*, dem die Kontrolle von Produktion und Handel oblag. Auch er war direkt dem König von Ägypten unterstellt. Neben seinen Aufgaben als Zivilregent und Oberbefehlshaber der Streitkräfte der Insel wurde dem Strategos unter *Ptolemaios V. Epiphanios* (203–181 v. Chr.) auch das Amt des Hohenpriesters anvertraut. Ob dieser jedoch über dem Aphroditepriester in Paphos stand, ist ungewiß.

Die enge politische und kulturelle Verbindung mit Ägypten zeitigte auch in Zypern Folgen. So wurde der ägyptische Serapis-Kult auf der Insel heimisch, wie man auch den Aphrodite-Kult in der Folgezeit in Alexandria pflegte. Überhaupt trug das weltstädtische Klima der polyglotten Stadt Alexandria viel zur kulturellen Entwicklung Zyperns bei. Durch die größere Nähe zu dieser Stadt löste dann auch Paphos Salamis als wichtigste Stadt der Insel ab.

Auch wenn Zypern unter den *Ptolemäern* keine Zeit ununterbrochenen Friedens beschert war, so wurde mit ihnen dennoch eine neue kulturelle Stufe erreicht, die zumindest unter den frühen Ptolemäern Frieden und auch Wohlstand mit sich brachte. Auf dem Boden der Kultur, den Euagoras I. vorbereitet hatte, blühten Literatur und Künste auf. Neue Stadtgründungen und Stadterweiterungen ließen neue Architekturformen eindringen.

Doch auch unter den Ptolemäern setzte sich der Prozeß fort, der der Insel ihre künstlerische Eigenständigkeit nahm und sie der *hellenistischen Tradition* aussetzte, die das Mittelmeer und die angrenzenden Gebiete umfaßte. Dennoch bietet Zypern Eigenartiges. Das *Kenotaphion* (Scheingrab) war in Attika durchaus gebräuchlich, aber am Ortsrand von Enkomi *(S. 301)*, ganz in der Nähe der Nekropole von Salamis *(S. 290)* fand man unter einem Tumulus (Grabhügel) eine *Exedra* (im Gegensatz zum üblichen Sprachgebrauch ist hier statt einer halbrunden Nische eine dem Stylobat eines Tempels entsprechende erhöhte Plattform gemeint) mit Rampe aus Lehmziegeln und einer Steinpyramide. Unter dieser wurde eine Brandstelle entdeckt, die eine Menge vergoldeter aus Alabaster geformte Tongefäße enthielt. Neben kleineren Metallobjekten wurden offensichtlich von Kränzen stammende Myrtenblätter, die ebenfalls vergoldet waren, gefunden. Mit diesen Kränzen waren wohl die zum Teil erhaltenen Tonfiguren versehen, die, nach Art der *Xoana* um einen Holzkern herum gebildet, symmetrisch um die Feuerstelle aufgestellt waren. Die erhaltenen, dem Ende des 4. Jh. v. Chr. entstammenden, in lysippscher Manier gefertigten fünf lebensgroßen Köpfe zeigen idealisierte, aber auch porträthafte Züge. Die Tatsache, daß es sich um kein echtes Grab, sondern nur um den Platz einer Totenfeier gehandelt hatte, legte nach V. Karageorghis einen Zusammenhang mit der Geschichte von Salamis nahe.

Zu den wenigen weiteren Zeugnissen der hellenistischen Epoche zählen die Felsgräber bei Ktima/Nea Paphos *(S. 104)*, die ihrer aufwendigen Ausstattung wegen – rechteckige, in den gewachsenen Fels gearbeitete Innenhöfe (Negativarchitektur) mit dorischem Säulenumgang (Peristyl) und Metopen/Triglyphen-Fries – auch als ›Königsgräber‹ bezeichnet werden. Die Einführung von Gymnasien und Theatern ergänzte das Bild einer hellenistischen Kultur.

Die ›Königsgräber‹ von Nea Paphos (S. 100): In den gewachsenen Fels gearbeitet und mit reichem architektonischen Dekor versehen

Die Zeit der Römer (58 v. Chr. – 326 n. Chr.)

Seit 168 v. Chr. hatten sich die Römer am politischen Ränkespiel der Ptolemäer im östlichen Mittelmeerraum beteiligt. Begünstigt wurde ihr Vorgehen durch die Überschreibung Zyperns durch *Physkon Euergetes II.* als Gegenleistung für ihre Hilfestellung. 58 v. Chr. löste der römische Senat seinen Anspruch auf die Insel ein. M. Porcius Cato, der mit dieser Aufgabe betraut war, bot Ptolemaios bei freiwilliger Übergabe der Insel das Amt des höchsten Priesters von Paphos an. Dies mußte von Ptolemaios als Zumutung empfunden werden, und er zog der Schmach, unter römischer Herrschaft ein Priesteramt zu bekleiden, den Freitod vor.

Der schamlosen Ausbeutung der Insel Zypern durch den von Brutus beauftragten *Marcus Scaptius* setzte der Nachfolger von Publius Claudius Pulcher als Statthalter von Kilikien, *M. Tullius Cicero*, ein Ende. Um 51/50 v. Chr. hatte er sein Amt angetreten und verwaltete den von den kyprischen Städten einzuziehenden Tribut korrekt.

Nach seinem Sieg über Pompeius gab Caesar Zypern an Ägypten zurück, das von den Geschwistergatten Kleopatra und Ptolemaios Dionysos regiert wurde (47 v. Chr.). Nach dem Sieg in der Seeschlacht bei Actium im Jahre 31 v. Chr., der Octavian (Augustus) zum Alleinherrscher Roms machte, ging Zypern endgültig als Provinz in römischen Besitz über. Von 27 bis 22 v. Chr. war die Insel direkt dem Kaiser unterstellt, danach wurde sie von einem Prokonsul verwaltet, und Zypern – vom Geographen Strabon kurz nach der Einnahme durch die Römer als reich an Wein und Öl, mit ausreichender Menge Getreide und großen Kupfervorkommen in Tamassos beschrieben – steuerte wieder geordneten Verhältnissen entgegen. Dies belegt auch die Beibehaltung des in seinem Aufgabenbereich zwar eingeschränkten Strategos sowie das Weiterleben der unter den Ptolemäern entstandenen *Koinon ton Kyprion*, einer öffentlichen Körperschaft, die mit Problemen des Handels, der Religion und Erziehung befaßt war. Als im Jahre 15 v. Chr. ein Erdbeben den Tempel der Aphrodite in Paphos zerstörte, wurde er nach den Originalplänen im Auftrag von Augustus wieder errichtet. Münzen aus der Zeit von Claudius bis Septimius Severus tragen diesen Bau neben der Inschrift KOINON KYPRION. Paphos, das laut Cassius Dio nach 15 v. Chr. *Augusta* benannt wurde, erhielt unter Claudius die Bezeichnung *Augusta Claudia Flavia* und unter Septimius Severus *Augusta Claudia Flavia, Heilige Hauptstadt aller kyprischen Städte*.

Zwei wesentliche Ereignisse fallen in die Zeit der Römerherrschaft auf der Insel: die *Einführung des Christentums* und der in seinen Ursachen nur unzureichend begründbare *Aufstand der Juden*. Seit der Zeit Ptolemaios I. siedelten sich Juden auf der Insel an. Die jüdischen Gemeinden bildeten den Nährboden für das Christentum, das *Paulus* im Jahre 45 n. Chr. auf seiner ersten Missionsreise nach Zypern brachte. Er wurde begleitet von *Barnabas*, einem konvertierten Juden aus Zypern, und einem gewissen *Markus*. Nachdem sie zuerst in Salamis in jüdischen Synagogen gepredigt hatten, zogen sie über die Insel nach Nea Paphos. Welche Route sie dabei wählten, muß offenbleiben. Fest steht jedoch, daß sie in Kition auf *Lazarus* trafen, der seitdem das Amt eines Bischofs versah. Aller Wahrscheinlichkeit nach führte sie die Reise von Kition nach Tamassos; denn auch von Herakleidios wird erzählt, er sei der erste kyprische Bischof gewesen. Aus der Kupferstadt Tamassos reisten sie vermutlich in die Gegend von Soli, wo ebenfalls viele Juden im Bergbau beschäftigt waren; denn Augustus hatte Herodes d. Gr. mit den kyprischen Kupferminen belehnt. Die Missionsreise auf Zypern endete im Jahre 46 n. Chr. in der Hauptstadt Nea Paphos, wo *Sergius Paulus* als Prokonsul residierte, der von Paulus zum Christentum bekehrt wurde. Von hier aus begab sich Paulus in Begleitung von Barnabas nach Pamphylien, während Markus nach Jerusalem zurückkehrte. Barnabas erlitt nach seiner Rückkehr nach Salamis durch Juden den Märtyrertod (61 n. Chr.).

Nach der Zerstörung Jerusalems durch Vespasians Sohn Titus kamen 70 n. Chr. viele jüdische Flüchtlinge auf die Insel. Die dadurch zu beträchtlicher Größe angewachsene jüdische Gemeinschaft erhob sich im Jahre 116 n. Chr. – wahrscheinlich aus Gründen der Unvereinbarkeit des dogmatisch vertretenen hebräischen Monotheismus mit dem griechisch-römischen Polytheismus – und tötete viele Inselbewohner. Laut Cassius Dio sollen insgesamt 240000 Menschen ihr Leben gelassen haben, darunter alle nichtjüdischen Bewohner von Salamis. Der vom römischen Senat beauftragte Lucius Quietus warf den Aufstand nieder, und den Juden wurde das Ansiedeln auf Zypern untersagt. Daß dieses Dekret nicht von Dauer war, belegen in der Folgezeit inschriftlich bezeugte Synagogen. Durch den Wegfall des jüdischen Widerstands wurde die Ausbreitung des Christentums entscheidend begünstigt. In diesem Zusammenhang tauchen auf Zypern folgende herausragende Namen auf: Mnason, Bischof von Tamassos, Spyridon von Tremithos, der 325 n. Chr. am ersten Ökumenischen Konzil teilnahm, Triphyllios von Ledra (Nikosia), Philon von Karpasia, Tychon, Bischof von Tamassos, und Epiphanios von Constantia (Famagusta), der, obgleich Nichtkyprer, eine wichtige Rolle in den kirchlichen Auseinandersetzungen im 4. Jh. n. Chr. spielte, die durch die Zugehörigkeit der die Insel mittlerweile beherrschenden christlichen Kirche Zyperns zur Kirche von Antiochien (Syrien) ausgelöst worden waren.

Im *kulturellen Leben* trat mit der Übernahme Zyperns durch die Römer keine wesentliche Veränderung ein. Hellenistischen Gestaltungsprinzipien entsprechen im Bereich der Plastik die sog. *Aphrodite von Soloi* (röm. Soli; Abb. S. 6), der bei Nea Paphos gefundene Aphrodite-Torso sowie das überlebensgroße *Bronzestandbild des Kaisers Septimius Severus* (193–211 n. Chr.) aus der Nähe von Kythräa. In der Architektur kam es zu einer Bereicherung städtischen Lebens durch den Bau von Tempeln, Theatern, Gymnasien, Thermenanlagen, Palästen und Foren mit Kolonnadenstraßen. Salamis *(S. 290)*, Kourion (röm. Curium; *S. 190*) und Nea Paphos *(S. 108)*, als neue Hauptstadt, bildeten nun die Zentren der Insel. Bedeutendste Hinterlassenschaft der Römer sind neben den reichen architektonischen Überresten kunstvolle *Bodenmosaiken*. In mehreren Villen im Stadtbereich des antiken Nea Paphos wurden Mosaiken aus dem 3. Jh. n. Chr.

Das römische Bodenmosaik ›Triumph des Dionysos‹ im Haus des Dionysos in Nea Paphos (S. 108) zeigt den Gott des Weines auf einem Wagen, dem ein Satyr mit einem Weingefäß folgt

gefunden, die von dem Repräsentationsbedürfnis der römischen Oberschicht zeugen. Die graecophile Einstellung jener Römer wird durch Szenen aus der griechischen Mythologie mit erklärenden griechischen Beischriften dokumentiert. Daneben erscheinen Jagdszenen und allegorische Darstellungen. In Curium *(S. 190)* entdeckte man Mosaiken mit Gladiatorenkampfszenen und der Achilleus-Sage.

Schwere Erdbeben zu Beginn des 4. Jh. n. Chr. zerstörten einen Großteil des weströmischen kulturellen Erbes der Insel. Mit ihm ging die antike Vergangenheit Zyperns zugrunde. Der in der nachkonstantinischen oströmischen Zeit erfolgte Wiederaufbau stand bereits ganz im Zeichen des Christentums, das, zuweilen noch an klassisch-antikes Formengut anknüpfend, Zypern nach 395 n. Chr. endgültig in den Sog der von Konstantinopel ausgehenden kulturellen Entwicklung zog.

Zwischen Christentum und Islam

Während der byzantinischen Zeit wurde die Kunst Zyperns im allgemeinen von der Reichshauptstadt Konstantinopel bestimmt. Dennoch lassen sich verschiedene Phasen innerhalb ihrer Ent-

wicklung feststellen. Die Betrachtung dieser Kunst reicht sogar weit über den Herrschaftszeitraum der Byzantiner hinaus; denn weder ließ sich die an die Reichskirche gebundene Kunst während der Zeit der Arabereinfälle vom 7. bis ins 10. Jh. unterdrücken, noch wurde sie von der römisch-katholischen Kirche in ihrem Kampf gegen die Orthodoxie während der Herrschaft der Franken, Genuesen und Venezianer geschwächt. Als schließlich auch die Türken nach der Übernahme der Insel der Bevölkerung erlaubten, ihren Glauben zu behalten, war der Bestand byzantinischer Tradition, die sich noch heute in der Errichtung von Kirchenbauten und Ikonenmalereien kanonischer Ausprägung niederschlägt, gesichert.

Byzantinische Zeit (326–1191 n. Chr.)

Die enge Verbundenheit Zyperns mit dem Staat Konstantins d. Gr., der das Christentum tolerierte, dokumentiert bereits die Teilnahme dreier zypriotischer Bischöfe am *Konzil von Nicaea* im Jahre 325. Zwei Jahre später landete die *Kaisermutter Helena* auf der Rückreise von Jerusalem auf der Insel. Mit sich führte sie Teile des Kreuzes Christi sowie des reumütigen Schächers.

Ihr Aufenthalt führte zur Gründung des Klosters Stavrovouni (= Kreuzesberg, *S. 231*), auch schreibt man dieser Zeit die Gründung des Klosters Ag. Nikolaos auf der Halbinsel Akrotiri zu. Kreuzesreliquien sollen auch nach Tochni, Levkara *(S. 210)* und Omodos *(S. 154)* gelangt sein. Der Aufenthalt Helenas markiert übrigens auch den Beginn des Mönchstums auf der Insel.

In den Jahren 332 und 342 wurde die seit Jahrhundertbeginn von Dürre und Hungersnot geplagte Insel von schweren Erdbeben heimgesucht. Gegen die sich aufgrund der Dürrekatastrophe, die dem Erdbeben folgte, stark vermehrenden Schlangen setzte der Feldherr Kalokairos Katzen ein; auf sie wird die Bezeichnung *Kap Gata* (neugr. gata = Katze) zurückgeführt. *Constantius* (337–361) ließ die seitdem den Namen Constantia tragende Stadt Salamis wieder aufbauen, die dann Paphos als kirchliche Metropole Zyperns ablöste. Die zunehmende Bedeutung des Christentums dokumentiert die Vermischung antiken Glaubensgutes mit der neuen Religion – in Paphos wurde eine Kirche der Panagia Aproditissa errichtet – und die Ablösung der antiken Götter durch Christus. Eine Inschrift in Kourion/Curium *(S. 190)*, die Christus als Nachfolger von Apollon in seiner Funktion als Beschützer der Stadt bezeichnet, belegt dies.

Nach dem Tode von *Theodosius* im Jahre 395 ging Zypern endgültig in das Byzantinische Reich über. Der das 5. Jh. beherrschende *Autokephaliestreit*, in dem die orthodoxe Kirche Zyperns ihre Unabhängigkeit von der Kirche in Antiochien anstrebte, wurde schließlich durch ein Dekret einer Synode zur Zeit des Kaisers Zenon (474–491) beendet. Ausschlaggebend für diesen Beschluß, der dem Erzbischof von Zypern seither das Privileg einräumte, wie der Kaiser mit roter Tinte zu signieren, ein Purpurgewand und ein Zepter statt des üblichen Hirtenstabes zu tragen, war die Auffindung der Gebeine des hl. Barnabas. Auf einen Traum des Bischofs Anthemios von Constantia hin waren sie in einer aus mykenischer Zeit stammenden Grabkammer in der Nähe der Stadt beim heutigen Ag. Varnavas-Kloster *(S. 304)* zusammen mit dem als Beweis dienenden handgeschriebenen Evangelium des Matthäus gefunden worden. Die damit erreichte Selbständigkeit der Kirche Zyperns wird von Historikern als geschichtliche Fortsetzung der *Koinon* angesehen.

Strategisch erfüllte Zypern unter *Justinian* (527–565) eine wichtige Funktion als Flottenstützpunkt im östlichen Mittelmeer. Als wirtschaftlich bedeutsame Neuerung erwies sich die Einführung der Seidenraupenzucht. In die Zeit des Kaisers *He-*

raklios (610–640), der die Insel in *Themen* unter der jeweiligen Herrschaft eines Generals – vergleichbar etwa mit dem *Strategos* früherer Zeit – eingeteilt hatte, fiel der Ausbau von Befestigungsanlagen wie Saranta Kolones in Nea Paphos *(S. 118)*. Diese Maßnahme geschah vor dem Hintergrund des sich ausbreitenden Islams, der Flüchtlingsströme aus dem Vorderen Orient auslöste. Umstritten ist, ob – wie Konstantin Porphyrogennetos berichtet – im Jahre 632 Mohammeds Schwiegervater Abu Bekr mit einer Flotte vor Kition lag. 647 kam es zu einem Flottenvorstoß auf Zypern unter *Muawija*, dem Emir von Syrien und späteren Kalifen und Gründer der Omaijadendynastie. An den Tod einer bei diesem Unternehmen gestorbenen angeblichen Verwandten Mohammeds erinnert noch heute die Moschee von Chala Sultan Tekke *(S. 225)*. Von der Mitte der fünfziger Jahre bis 680 besetzte *Abul-Awar* die den Arabern tributpflichtige Insel und zerstörte Constantia vollends. Ebenso geschah es Lapithos bzw. Lambousa, von dessen kirchlichem Reichtum ein Schatzfund zeugt. Ein Abkommen von 689 zwischen *Justinian II.* (685–695 und 705–711) und dem Kalifen *Abd el-Malik* von Damaskus verteilte den von Zypern aufzubringenden Tribut zwar auf beide Reiche, dennoch wurde um 691/92 der Erzbischof von Zypern nach Kyzikos am Marmarameer umgesiedelt. Der Titel ›Erzbischof von Neu-Justiniana und ganz Zypern‹ zeugt noch heute davon. 698 setzte die Rückkehr der Ausgesiedelten ein, aber Zypern blieb den arabischen Attacken ausgesetzt; der letzte und schwerste Angriff stand unter der Führung des berühmten *Harun al-Raschid* aus Bagdad.

Die früheste Ausprägung byzantinischer Elemente in der **Kunst** lassen bereits die *frühchristlichen Basiliken* der Römerzeit erkennen. Zwar ist wenig über die Innenausstattung der aus dem späten 4. Jh. n. Chr. stammenden Basilika des Agios Epiphanios bekannt *(S. 290)*; und auch die aus dem 5. und 6. Jh. stammenden Basiliken von Curium *(S. 190)*, Marathovouno, Agias Trias bei Gialousa auf der Karpas-Halbinsel, Pegia *(S. 129)* und Nea Paphos *(S. 120)* lassen kaum mehr als ein Nachvollziehen des Grundrisses zu. Von der Innenausstattung jedoch, die aus Mosaiken und Malereien bestand, vermitteln zwei erhaltene Apsismosaiken einen recht guten Eindruck. Während das zerstörte und entwendete Mosaik der von den Erzengeln flankierten Muttergottes mit dem Jesuskind der Kirche der Panagia Kanakaria in Lythrankomi *(S. 311)* einen Vergleich mit den weltberühmten Mosaiken in Ravenna nahelegt, zeigt das fast vollständig erhaltene Mosaik der Apsiswölbung der Kirche der Panagia Angeloktistos in Kiti *(S. 227)* in verschiedenen Details Relikte der hellenistischen Zeit. Auch die Mosaiken im sog. Haus des Eustolios in Curium sind dieser frühen Epoche zuzurechnen *(S. 197)*.

Das *Kunsthandwerk*, vertreten vor allem mit Gold- und Silberarbeiten, setzte die Tradition der Antike fort. Im Schatzfund von Lambousa *(S. 266)* sind auf Silberschalen Szenen aus dem Leben Davids dargestellt, antikisierend, obgleich sie schon der ersten Hälfte des 7. Jh. n. Chr. angehören. Auch byzantinischer *Schmuck* – nun oft versehen mit christlichen Symbolen – griff spätantike Elemente auf. Vergleichbar mit dem Hang zu flächenbezogener Dekoration in der Baukunst (Mosaik und Malerei), bevorzugte auch die Kleinkunst Motive mit stärkeren linearen als freiplastischen Werten, wie sie in der römischen Kunst durchaus noch üblich gewesen waren. Die bis zum 7. Jh. n. Chr. noch mit flacher Holzdecke versehenen Kirchenbauten wurden seit dem 8. Jh. zunehmend mit *Tonnengewölben* versehen. Diese von Syrien übermittelte Bauweise fand Verwendung in mehreren frühen Kirchenbauten der Insel. Von der Johannes-Basilika in Ephesos wurde die Dachkonstruktion mit mehreren Kuppeln übernommen. Prägnanteste Beispiele dafür sind die Kirche der Heiligen Hilarion und Barnabas in Peristerona *(S. 167)*, die Agia Paraskevi-Kirche in Geroskipos *(S. 145)*, die Kanakaria-Kirche in Lythrankomi *(S. 311)* und die Kirche des hl. Lazarus in Larnaka *(S. 214)*. Weitere Beispiele sind das Kloster Stavrovouni *(S. 231)* und das Varnavas-Kloster *(S. 304)*, das auf den Fundamenten des ursprünglichen Baues wiedererrichtet wurde.

Die stetigen arabischen Angriffe ließen im 8. und 9. Jh. auf Zypern schließlich die künstlerischen Aktivitäten erlahmen. Erst nach der Befreiung durch Nikephoros Phokas III. (963–969) setzte eine neue Phase der Kunstentwicklung ein. Statt der Basiliken wurden im Kirchenbau nun neue Formen bevorzugt. Kreuzförmiger Grundriß oder ein dem Quadrat eingeschriebenes Kreuz mit zentraler Kuppel, die mittelbyzantinische *Kreuzkuppelkirche*, hielt auf der Insel Einzug.

Mit den architektonischen Neuerungen setzte auch eine Wiedergeburt der *Malerei* ein, deren frühestes Beispiel in der Kirche des Ag. Nikolaos tis Stegis bei Kakopetria *(S. 163)* zu finden ist. Diese aus der ersten Hälfte des 11. Jh. stammende Malerei fand ihre Nachfolger in der Kirche der Panagia Phorviotissa (1105/06) in Asinou *(S. 166)* und der Zelle (Enkleistra) des Ag. Neophytos (1183) bei Paphos *(S. 131)*.

Auch das öffentliche Leben blühte wieder auf. Es kam zu neuen *Stadtgründungen* in der Nähe der alten zerstörten Siedlungen. In der Verwaltung wurde der dem Strategos entsprechende General durch den *Katapan* abgelöst; zwei dieses Ranges, 1042 Theophilos Erotikos, 1092 Rhapsomates, strebten im 11. Jh. die Unabhängigkeit der Insel an – jedoch ohne Erfolg. Bezeichnend für die Zeit der byzantinischen Herrschaft, die der Insel etwa 100 Jahre Frieden brachte, war der Einbezug des Klerus in die Politik. Auch kam es um die Jahrhundertwende zu bedeutenden *Klostergründungen* auf Zypern: Kykko *(S. 143)*, Machäras *(S. 174)*, Chrysorogiatissa *(S. 138)* und Ag. Neophytos *(S. 131)*, die neben den schon bestehenden Klöstern von Stavrovouni *(S. 231)*, Ag. Nikolaos auf der Halbinsel Akrotiri (vgl. *S. 181*) und mehreren kleineren Klöstern und Kirchen die Ausbreitung des Christentums förderten.

Der ›Marientod‹, eine der Szenen aus dem Marienleben in der Kirche der Panagia Phorviotissa in Asinou (S. 166), zählt zu den frühesten Beispielen einer Wiedergeburt der Malerei im 11. Jh.

Die Schwächung des Byzantinischen Reiches um die Mitte des 12. Jh. hatte auch für Zypern Folgen. 1148 wurden den Venezianern durch *Manuel Komnenos* größere Handelsrechte im östlichen Mittelmeergebiet eingeräumt. Rainald (Renaud) von

Châtillon (1153–60), lateinischer Fürst von Antiochien, wandte sich nun, verbündet mit Thoros II. von Armenien, gegen den Kaiser, griff Zypern im Jahre 1156 an und plünderte die Insel.

1157 suchte ein Erdbeben Zypern heim, was den Wiederaufbau erheblich beeinträchtigte. Raubzüge der Araber von Ägypten aus kamen 1158 hinzu, und schließlich war Zypern im Jahre 1160 Ziel eines Angriffs von Raymond III. von Antiochien.

Mit dem Tode von Manuel Komnenos im Jahre 1180 begann der Niedergang des Byzantinischen Reiches. Thronstreitigkeiten ließen 1183 *Andronikos I. Komnenos* (1183–85) als Sieger hervorgehen. 1184 war *Isaak Komnenos* mit einer Handvoll Leuten auf Zypern gelandet und hatte sich zum Despoten von Zypern erklärt. Mit Hilfe seines Schwagers, des Normannen Wilhelm II. von Sizilien, gelang es ihm 1186, die Rückeroberung durch Kaiser Isaak II. Angelos (1185–95) erfolgreich abzuwehren und seine von allerlei Greueltaten geprägte Herrschaft auf der Insel fortzusetzen, bis sie 1191 unter dramatischen Umständen beendet wurde.

Die Zeit der Kreuzzüge und die Herrschaft der Lusignans (1192–1489)

Am 4. Juli 1187 hatte Sultan Saladin von Ägypten die Kreuzfahrer bei Hattin vernichtend geschlagen, Guy de Lusignan gefangengenommen und den wortbrüchigen Renaud de Châtillon töten lassen, der trotz eines Abkommens zwischen Saladin und Baudouin IV. muslimische Pilgerkarawanen angegriffen hatte. Die Einnahme Jerusalems löste den *3. Kreuzzug* aus, an dem sich Friedrich I. Barbarossa auf dem Landwege, der König von Frankreich und *Richard I. Löwenherz* von England auf dem Seewege beteiligten.

Ein Seesturm trieb 1191 die englischen Schiffe auseinander und verschlug dasjenige der Braut Richards, *Berengaria von Navarra*, und seiner Schwester, der Königinwitwe *Johanna von Sizilien*, nach Zypern. Isaak Komnenos ließ die gestrandeten Schiffbrüchigen gefangennehmen und bedrohte das vor Amathous *(S. 204)* in der Akrotiri-Bucht liegende Schiff der Angehörigen des Königs. Sein Vorhaben, auch diese festzusetzen, wurde durch die Ankunft Richards am 8. Mai 1191 verhindert, der unverzüglich seine Truppen gegen *Isaak Komnenos* in Marsch setzte. Nach der Einnahme von Amathous verfolgte er Isaak Komnenos, der sich in der Nähe von Chirokitia *(S. 207)* zur Schlacht gerüstet hatte. Aufgrund einer Fehleinschätzung der Stärke der englischen Reiterei war Isaak wiederum gezwungen zu fliehen. Richard ging nach Amathous zurück, wo er am 12. Mai 1191 Berengaria heiratete und zur Königin von England krönen ließ.

Tage zuvor war der von Saladin unter der Auflage, nie wieder Sarazenen anzugreifen, freigelassene *Guy de Lusignan* mit drei Schiffen aus Akkon kommend in Amathous gelandet. Da er sich von Richard Beistand in seinen Auseinandersetzungen um den Thron des Königs von Jerusalem erhoffte, war er gewillt, sich Richard anzuschließen. Vereint hielt man am Tag nach der Hochzeit Kriegsrat. Da Richard die Insel erobern wollte, beschloß man, einen Teil der Truppen zur Erkundung ins Troodos-Gebirge zu schicken, der andere Teil sollte dem entflohenen Isaak Komnenos in Richtung Constantia nachsetzen. Doch war mittlerweile von den Templern und Hospitalitern ein Treffen von Richard und Isaak Komnenos vorbereitet worden, um den Konflikt friedlich zu lösen und Isaak zur Eingliederung seiner Insel in das Lateinische Königreich von Jerusalem zu bewegen. Isaak ging scheinbar darauf ein und suchte Richard in seinem Feldlager auf. Er erklärte seine Ergebenheit gegenüber dem englischen König, war bereit, Wiedergutmachung für die Plünderung der Schiffbrüchigen zu leisten und ein Heer für den Kreuzzug bereitzustellen. Doch änderte er gleich darauf seine Einstellung und entzog sich wiederum durch Flucht. Guy de Lusignan zog daraufhin zu Lande und Richard zu Wasser nach Constantia. Dort erreichte Richard die Nachricht des Königs von Frankreich, er möge unverzüglich ins Heilige Land nachrücken, was Richard nicht hinderte, die Verfolgung Isaaks fortzusetzen.

Was nun folgte, läßt sich nur unzureichend rekonstruieren. Isaak war, nachdem er seine Frau und Tochter in der Festung von Kyrenia *(S. 258)* in Sicherheit gebracht hatte, offensichtlich nach Tremithos gekommen, das neben Chytri/Kythräa *(S. 279)* eine der wichtigsten Siedlungen der Mesaoria gewesen sein muß. In der Nähe von Tremithos kam es zur Schlacht, und Isaak war abermals gezwungen zu fliehen. Nach einer Erkrankung Richards setzte Guy de Lusignan die Operationen auf der Insel allein fort und hatte mittlerweile Kyrenia wohl kampflos eingenommen. Derart bedrängt, befahl Isaak, die Festung St. Hilarion *(S. 263)* aufzugeben. Nach Richards Angriff auf Buffavento *(S. 278)* ergab er sich, wurde zu lebenslänglicher Haft verurteilt und nach Margat in Syrien gebracht. So konnte Richard schon im Juni 1191 mit Schätzen des kyprischen Despoten nach Syrien in See stechen.

Schutz und Trutz: Die Burg Kantara auf einem Gipfel in den Ausläufern des Pentadaktylos im Nordosten der Insel *(S. 306)*

Die Verwaltung der Insel überließ er den Adligen *Richard de Camville* und *Robert de Turnham* (Torneham), dem ersten Hochadmiral der königlichen Flotte. Als de Camville 1191 starb, erhoben sich die Griechen und Armenier und ernannten einen Isaak nahestehenden Mönch zum Herrscher Zyperns. Der weite Kreise erfassende Aufstand wurde von Robert de Turnham niedergeworfen. Die Unruhen hatten Richard jedoch bewogen, die Insel zu veräußern. Im *Templer-Orden*, dessen Großmeister *Robert de Sablé* dem Lager Richards angehörte, fand er einen Abnehmer, der die verlangten 100 000 Golddinare aufbringen wollte. Die äußerst harte Regentschaft der Templer führte aber schon Ostern 1192 zu einem neuen Aufstand der Bevölkerung. Am Morgen des Ostersonntags gelang den 117 eingeschlossenen Templern der Ausbruch aus der Befestigung von *Ledra*, das nun zum ersten Mal als *Nikosia* erwähnt wird. Dem Ausbruch schloß sich ein grausames Massaker an den Zyprioten an. Doch sahen die Templer nun ein, daß sie die Insel nicht in Frieden halten konnten, und sie verhandelten mit Richard über die Rückgabe. Er lehnte ab, ermunterte *Guy de Lusignan* aber, der als König von Jerusalem vom Adel nicht anerkannt wurde, die Insel zu erwerben. Mit ihm regierte zum ersten Mal ein westlicher Monarch die Insel.

1194 starb Guy, und sein Bruder *Amaury*, der den römisch-katholischen Glauben zur Staatsreligion erhob, trat die Nachfolge an. Die orthodoxen Bistümer wurden aufgelöst, die Wahl des Erzbischofs untersagt. Statt dessen wurden von dem von Bischof Konrad von Hildesheim im Herbst 1197 in Famagusta gekrönten König von Zypern und Jerusalem vier römisch-katholische Bistümer in Paphos, Limassol, Famagusta und als Erzepiskopat in Nikosia geschaffen. Verbunden mit der staatlichen Festigung der west-kirchlichen Macht war die Zunahme starker Orden auf der Insel. Augustiner, Dominikaner und Prämonstratenser siedelten sich an. Zu ihrer Sicherung wurden die Burgen Kyrenia, Buffavento, Kantara und St. Hilarion, dessen alter Name Didymoi in Dieu d'Amour verballhornt wurde, verstärkt und weitere Befestigungen, z. B. in Aradippou, Akaki, Potamia und Dromolaxia errichtet. Dennoch blieb der Widerstand der orthodoxen griechischsprachigen Bevölkerung bestehen. Schon zur Zeit Amaurys erhob sie sich unter der Führung eines gewissen Kanakis. Dazu kamen zunehmende Schwierigkeiten von außen, die Amaury de Lusignan bewogen, bereits 1195 eine Gesandtschaft nach Europa zu senden, mit der er um seine Anerkennung als Souverän warb, die die Insel vor den ständig wechselnden Kreuzfahrerheeren sichern sollte. Im Herbst des Jahres trat die Abordnung unter Führung von Renier de Gibelet vor den Reichstag in Gelnhausen und erhielt von diesem für den König von Zypern ein goldenes Zepter als Anerkennung seiner Königswürde.

Die Nachfolger Amaurys, *Hugo I.* (1205–18) und *Henri I.* (1218–53), kamen bereits als Kinder an die Macht. Für Henri führten *Philippe* und (ab 1227) *Jean d'Ibelin*, Herren von Beirut, die Staatsgeschäfte. 1225 ließen sie Henri, der gerade acht Jahre war, zum König krönen, denn in Europa bereitete man 1217 den 5. Kreuzzug vor, und Kaiser *Friedrich II.*, auf dem Weg ins Heilige Land, sollte 1228 in Limassol den Boden Zyperns betreten. Die Taktik der Ibelins sollte sich als richtig erweisen; denn als Friedrich II. die Oberlehnsherrschaft über die Insel beanspruchte, indem er sich auf die seinem Vater Heinrich VI. in Gelnhausen zuteil gewordene Huldigung durch Amaury berief, konnte Jean d'Ibelin sich dem mächtigen Kaiser unterwerfen, ohne dessen Argwohn zu wecken. Noch im gleichen Jahr schloß er sich dem Kreuzzug Friedrichs II. nach Jerusalem an. Nach der Befreiung der Stadt, der Rückkehr nach Zypern und Friedrichs Abreise nach Europa erhob sich jedoch der Adel unter der Führung von Jean d'Ibelin und zwang die kaisertreuen Barone, sich auf die

Burgen im Norden des Landes zurückzuziehen. Friedrich sandte darauf im Herbst 1231 seinen Reichsmarschall *Filangieri* mit einem Heer nach Zypern, dem es nach der Einnahme Beiruts gelang, auf der Insel zu landen, und am 15. Juni 1232 kam es bei Agridi zwischen Nikosia und Kyrenia zur Entscheidungsschlacht. Kyrenia kapitulierte im April 1233; während der Belagerung war d'Ibelin gestorben.

1232 aber hatte *Henri I.* die Regierung selbst übernommen. Die Genuesen, die d'Ibelin bei seinem Befreiungsversuch zur Seite gestanden hatten, wurden mit Handelsprivilegien bedacht. Als 1245 der Papst die Lehnsverpflichtung Zyperns gegenüber dem Kaiser löste, stand einem neuen Aufschwung der Insel nichts mehr im Wege. Der Nachfolger Henris I., *Hugo II.*, starb vierzehnjährig im Jahre 1267. Dessen Nachfolger *Hugo III.* (1267–84) förderte Bildung und Bauwesen; ihm galt eine Schrift des Thomas von Aquin (1225–74; ›Über die Herrschaft der Fürsten‹), der ihn als Regenten schätzte. Auf *Jean I.* (1284–85) folgte *Henri II.* (1285–1324), der den Wohlstand der Insel noch steigerte. Der wirtschaftliche Aufschwung hielt auch während der Regierungszeit des Neffen und Nachfolgers Henris II., *Hugos IV.* (1324–59), an. Unter den Kaufleuten aus Genua, Pisa, Marseilles, Barcelona und Venedig, die sich vor allem in Famagusta ansiedelten, errangen die Genuesen und Venezianer den größten Einfluß.

Bereits 1358 war *Peter I.* zum König gekrönt worden (1359–69). Er gilt als die schillerndste Gestalt in der Reihe der Lusignan-Könige. Als erste große Aufgabe hatte er sich einen Feldzug gegen die Kleinasien besetzenden Türken gestellt. Auch hatte er beschlossen, Alexandria aus den Händen der Mamelucken zu befreien. Da er aber die Grenzen seiner Macht erkannte, diesen Feldzug nicht ohne Verbündete vornehmen zu können, schiffte er sich nach Europa ein, um bei den dortigen Königshäusern vorstellig zu werden. Seine Reise führte ihn in den Jahren 1362–65 quer durch Europa. Mit einem Heer von etwa 10000 Mann drang er am 10. Oktober 1365 in die Stadt Alexandria ein und richtete ein grausames Massaker an. Geblendet von der Beute, die die ›Kreuzfahrer‹ in der Stadt gemacht hatten, gaben sie die Stadt wieder auf und kehrten nach Zypern zurück. Eheliche Schwierigkeiten führten zu einem Persönlichkeitswandel, dessen Willkürakten sich die Mitglieder seiner Familie wie auch der Adel ausgesetzt sahen. Dies führte schließlich zu seiner Ermordung am 17. Januar 1369.

Mit dem Tode Peters I. begann der allmähliche Abstieg des Geschlechts der Lusignan. Die Regentschaft *Peters II.* (1369–82), der 1372 zum König gekrönt worden war, war geprägt durch die Auseinandersetzungen mit den *Genuesen*. Anlaß für diese war eine Begebenheit bei den Krönungsfeierlichkeiten gewesen, als der König die Genuesen ihres Privilegs zugunsten der Venezianer beraubte, auf dem Rückweg von der Kathedrale den rechten Zügel des Pferdes des Gekrönten zu führen. Ein sich anschließendes Handgemenge forderte mehrere Tote. Die Zyprioten, auf seiten der Venezianer, zogen sich den Zorn Genuas zu, das zum Angriff auf Zypern rüstete. Es gelang den Genuesen, Famagusta zu erobern und den König gefangenzunehmen. Gegen ein sehr hohes Lösegeld, zahlbar an die *Mahona*, eine private Handelsgesellschaft, die den Zug auf Zypern finanziert hatte, kam der König frei.

Aber nicht nur die Genuesen machten den fränkischen Königen Sorgen. Im Jahre 1426 erlitt *Janus* (1398–1432), der *Jacques I.* (1382–89) auf dem Thron gefolgt war, bei Chirokitia eine schwere Niederlage durch die Landung eines Mameluckenaufgebots aus Ägypten. Noch heute erinnert die Gemarkungsbezeichnung Kremmos tous Frankous (= Frankenklippe) an den Ort des Geschehens. Janus wurde zusammen mit den über dreieinhalbtausend Gefangenen nach Kairo gebracht, wo der Sieg in einem Triumphzug gefeiert wurde. Gegen Zahlung eines Lösegeldes und Auferlegung eines jährlichen Tributs wurde er schließlich freigelassen.

Auch unter *Jean II.* (1432–58) sank die Macht der Franken. Zum allgemeinen Bild des Niedergangs des von Tributpflicht gegenüber Genuesen und Mamelucken belasteten Landes kam im Jahre 1438 noch eine fast eineinhalb Jahre dauernde Pestepidemie hinzu, die viele Inselbewohner das Leben kostete. Als Jean schließlich *Helena Palaeologa*, die Tochter des Herrschers von Morea (Peloponnes), heiratete, erlitt das fränkische Element der Insel eine neuerliche Schwächung. Schon zu Lebzeiten Jeans' II. zur Regentin der Insel proklamiert, unterstützte sie die bislang unterdrückte orthodoxe Kirche. Jean II., der sich lieber Vergnügungen hingab, überließ ihr die Regierungsgeschäfte, und im Jahre 1450 wurde ein nominell von Jean und dem Emir von Skandelor abgeschlossener Vertrag erstmals seit langer Zeit wieder in griechischer Sprache verfaßt. Die Zuwanderung von Flüchtlingen aus dem am 29. Mai 1453 von den Türken eingenommenen Konstantinopel ließ das Griechentum weiter erstarken.

Die **künstlerische Entwicklung** Zyperns zu dieser Zeit zeigt ähnliche Tendenzen. Schon während der drei Jahrhunderte zuvor war es den fränkischen Herrschern nicht gelungen, den byzantinisch-orthodoxen Glauben gänzlich zu unterdrücken. Noch aus den Anfängen der Kreuzfahrerherrschaft stammt die Ausmalung der Kirche der Panagia tou Arakou bei Lagoudera *(S. 170)*. Ein Jahr nach der Eroberung Zyperns durch Richard Löwenherz vollendet, zeigt dieses besterhaltene Beispiel byzantinischer Malerei des 12. Jh. noch keinerlei westliche Einflüsse. Ebenso verhält es sich im Antiphonitis-Kloster (spätes 12. Jh.; *S. 280*), in der Kirche des Ag. Herakleidios und im Ioannis Lampadistis-Kloster (vor 1250) in Kalopanagiotis *(S. 161)* sowie in der Kirche der Panagia von Moutoullas (1280; *S. 161*), wo sich eher östliche Einflüsse bemerkbar machen – diese hatten vor den Seldschuken geflohene Emigranten nach Zypern gebracht.

Trotz Verbots des orthodoxen Glaubens seit der Herrschaft Amaurys de Lusignan läßt sich bis ins 14. Jh. generell eine Kontinuität bodenständiger Malerei feststellen. Erst im 15. Jh. spaltete sich das kyprische Kunstschaffen im Bereich der *Wandmalerei* in drei Zweige: In der Stavros tou Agiasmati-Kirche in Platanistasa *(Abb. S. 172)* und der des Erzengels Michael in Pedoulas *(S.160)* bewahrt sich die Tradition der Inselmalerei; durch die Heirat Jeans' II. mit Helena Palaeologa wurden Künstler aus anderen Bereichen des Byzantinischen Reiches auf Zypern tätig, was sich in stilistischen Übereinstimmungen zwischen der Klosterkirche des Ag. Neophytos *(S. 131)* und Malereien aus Mistra (Peloponnes) zeigt; schließlich drang auch die Malerei der italienischen Renaissance in die byzantinische Tradition ein, was sich vor allem in der lateinischen Kapelle im Ioannis Lampadistis-Kloster in Kalopanagiotis *(S. 161)*, der Kirche der Panagia tis Podithou in Galata *(Abb. S. 166)* und in der sog. königlichen Kapelle von Pyrga *(S. 233)* ablesen läßt.

Eine gewisse gestalterische Eigenart muß der *Sgraffito-Keramik* zugestanden werden. Dem 13. bis 15. Jh. entstammend, verfügen die Schalen und Pokale dieser Gattung über eine Vielzahl im Design modern anmutender Figural- und Ornamentalmotive. Darstellungen von Falknern, Fabeltieren (Greifen) und engumschlungenen Paaren (sog. Hochzeitsschalen) geben Aufschluß über die westlich geprägte mittelalterliche Gedankenwelt.

Der sich in der jeweiligen Ausrichtung der kunsthistorischen Monumente widerspiegelnde offene Konflikt zwischen Franken und Griechen stand noch bevor. Er begann drei Jahre später, als

Jean, Herzog von Coimbra und Enkel des Königs von Portugal, auf Zypern eintraf und noch im gleichen Jahr *Carlotta*, die Tochter Jeans II., heiratete. Seine offene Parteinahme für die fränkische Linie wurde ihm jedoch bald übelgenommen, und selbst Papst Pius II. war überzeugt, daß er bald darauf keines natürlichen Todes gestorben sei.

1458 starben Jean II. und Helena Palaeologa. Carlotta heiratete nun *Louis von Savoyen*, wodurch die Macht der Genuesen wieder gefestigt wurde. Daneben erhob aber auch ihr Halbbruder *Jacques*, gen. *Bastard*, Anspruch auf den Thron. Mit Hilfe eines Mameluckenaufgebots brach er 1460 die Macht der Inselbarone und vertrieb 1464 Carlotta vom Thron.

Kunsthandwerkliche Schöpfung des Mittelalters: sogenannte ›Hochzeitsschale‹ in Sgraffito-Keramik

Die genuesenfeindliche Haltung Jacques' II. hatte aber auch einen Machtzuwachs einer anderen Gruppe nach sich gezogen, die wie die Genuesen eine Art Staat im Staate auf Zypern gebildet hatten: die *Venezianer*. Eine von ihnen, *Caterina Cornaro*, Tochter einer reichen Familie von Zuckerrohrbauern, hatte Jacques II. 1472 geheiratet. Als Jacques jedoch 1473 starb – auch sein kurz darauf geborener Sohn, den man umgehend als Jacques III. zum König erhob, überlebte den Vater nur um ein Jahr –, wurde die junge Königin Caterina zum Spielball der Mächte auf Zypern. Sie fristete ein Dasein im ständigen Wechsel von Regent- und Gefangenschaft. Selbst von Venedig als Gefahr für die Oberherrschaft auf der Insel angesehen, wurden ihre Anhänger von der Insel vertrieben und sie selbst schließlich zur Abdankung gezwungen. Das Zeremoniell wurde auf den 26. oder 27. Februar 1489 festgelegt und mit großem Prunk begangen. Zwei Monate später verließ Caterina Cornaro die Insel, ihr Erbe dem Löwen der Republik von San Marco überlassend.

Zu diesem Erbe gehörten – neben instabilen politischen Verhältnissen, die nur durch erneuten Oktroy aufrechtzuerhalten waren – freilich auch die kulturgeschichtlichen Hinterlassenschaften der Byzantiner und Franken. Nicht nur in der Malerei war es zu einer Verknüpfung byzantinischer und westlicher Elemente gekommen. Sogar noch bis ins 17. Jh. hinein wurden gotische und byzantinische Architektur verschmolzen. Das prägnanteste Beispiel ist die Kirche des hl. Georgs der Griechen in Famagusta *(S. 283)*, aber auch die Nikolaus-Kirche in Nikosia (Bedesten; *S. 251*) zählt dazu. Die einstige Anwesenheit der Kreuzfahrer dokumentieren noch heute die gotischen Kathedralen St. Sophia in Nikosia *(Abb. S.253)*, deren Bau im Jahre 1209 begonnen und unter Henri I. vollendet wurde, und St. Nikolaus (1300–11) in Famagusta *(Abb. S. 287)*, die Bellapais-Abtei *(Abb. S. 275)*, die während der Regierungszeit Hugos I. (1205–18) entstand, sowie eine Vielzahl heute großenteils zerstörter Kirchen.

Die venezianische Herrschaft auf Zypern (1489–1571)

Aus dem Kampf um die Herrschaft im Mittelmeer waren die Venezianer als Sieger hervorgegangen. Von ihren Stützpunkten im Mittelmeer war den Genuesen lediglich Chios geblieben, die Venezianer hingegen besaßen Niederlassungen in Tyros, Sidon, Konstantinopel, Kreta und schließlich auf Zypern.

Für die Zyprioten bedeutete der Wechsel der Herren keine Wandlung zum Guten. Statt eines Königs herrschte nun ein Gouverneur, dem zwei Senatoren zur Seite standen, ihr Amtssitz war Nikosia. Daneben besaß Famagusta eine Art Stadthauptmann, der, obgleich Zivilist, in Friedenszeiten oberster Militärbefehlshaber war. In Kriegszeiten wurde der Befehl über die Streitkräfte einem General, dem *Provveditore*, übergeben. Dem auf der Insel ansässigen Adel wurden seine alten Rechte belassen, die Bevölkerung jedoch wurde schamlos ausgebeutet. Um für die Unterhaltung der nunmehr in venezianischem Besitz befindlichen Befestigungsanlagen und – angesichts der drohenden Türkengefahr – deren Ausbau aufkommen zu können, konnte die venezianische Order nur heißen: höhere Abgaben durch die Inselbewohner.

In derart miserablen Verhältnissen lebend, entschloß man sich zum Widerstand. Unter der Führung von *Iakovos Diassorinos*

Der Markuslöwe am Othello-Tor der Zitadelle von Famagusta erinnert den Besucher an die Zeit der Venezianer, die auch in diesem Hafenkastell residierten

genannt *Didaskalos* (= der Lehrer) und mit Unterstützung einiger Adliger sowie des griechischen Reitereioffiziers *Megadukas* war er geplant worden, doch erhielten die Venezianer Kenntnis von dem Unternehmen. Diassorinos wurde in Paphos festgenommen und nach Nikosia gebracht. Kaum hatte sich diese Nachricht verbreitet, marschierten Tausende von Inselbewohnern nach Nikosia. Vor seiner Hinrichtung war Diassorinos zur Preisgabe der Namen der Mitverschwörer gezwungen worden. Auch diese, unter ihnen Megadukas, wurden hingerichtet. Somit führerlos geworden, wandten sich die vor Nikosia zusammengekommenen Menschen wieder von der Stadt ab.

Mehr noch als der innere Frieden war der mit den türkischen Nachbarn in Gefahr. Bereits kurz nach der Machtübernahme der Venezianer hatten die Türken 1489 die Karpas-Halbinsel heimgesucht. Zehn Jahre später wurde die türkische Flotte in der Ägäis zusammengezogen und stellte eine Bedrohung Zyperns dar. Seescharmützel und Raubzüge von beiden Seiten prägten die folgenden Jahre, bis 1503 ein Friedensvertrag unterzeichnet wurde. Dies änderte jedoch nichts an der Praxis der gegenseitigen Beeinträchtigung bis zur Zerstörung der Stadt Limassol durch die Türken im Jahre 1539. Auch der 1540 zwischen Türken und Venezianern geschlossene Friedensvertrag nahm wenig von der massiven Bedrohung.

Mit dem Tode *Sultan Suleimans des Prächtigen* (1520–66) verschlechterten sich die Beziehungen zwischen dem Ottomanenreich und der Seerepublik zusehends. Im März des Jahres 1570 erreichte ein Botschafter Selims, des Nachfolgers Suleimans, Venedig und forderte vor der Signoria die Abtretung Zyperns. Gestärkt durch Zusagen des Papstes, des Herzogs von Savoyen und des spanischen Königs, entschloß sich Venedig zum Widerstand. Ohne die Botschaft seines Abgesandten aus Venedig abzuwarten, hatte Selim mittlerweile die Eroberung Zyperns vorbereitet. Am 27. Juni 1570 legte eine Flotte von ungefähr 350 Schiffen unter der Führung von *Mustafa Pascha* von der kleinasiatischen Küste ab und erreichte die Südküste Zyperns am 1. Juli. Am 3. Juli landeten die türkischen Truppen bei Salines in der Nähe von Larnaka. Mustafa Pascha hatte sich schließlich für den Zug auf Nikosia entschieden. *Nicolo Dandolo*, der venezianische Gouverneur der Insel, zögerte mit dem Gegenzug auf die gelandeten Truppen und wollte sich lieber auf den Schutz der Festungsmauern und die mögliche Ankunft der alliierten Flotte verlassen, die unter Führung des Grafen Martinengo auf Kreta eingetroffen war.

Am 25. Juli begann Mustafa Pascha mit der *Belagerung Nikosias*, die bis zum 9. September dauerte. Fünf Tage später ergab sich auch Kyrenia kampflos. Am 16. und 17. September dann trafen größere Heeresteile vor dem von Marc Antonio Bragadino und Astorre Baglione befehligten Famagusta ein, und die Belagerung begann. In der Stadt glaubte man sich bis zum Eintreffen der alliierten Flotte sicher. Doch diese lag auf Kreta und sah sich nicht zum Eingreifen genötigt. Dabei betrug das venezianische Aufgebot nur etwa 8000 Soldaten mit 90 Kanonen zur Verteidigung der Stadt. Das Heer Mustafas war aber mittlerweile auf 200 000 Mann angewachsen und verfügte über etwa 100 Kanonen. Dieser Übermacht war die Stadt, die ständigem Bombardement der Kanonen ausgesetzt war, nicht gewachsen, zumal Mustafa die Stadtmauer durch Sprengstollen hatte untergraben lassen.

Am 1. August 1571 gab Famagusta auf, und die Übergabeverhandlungen begannen: Den Venezianern sollte freier Abzug auf türkischen Schiffen nach Kreta gewährt werden, ebenso ihren griechischen und albanischen Helfern; der Bevölkerung wurde ein friedliches Dasein auf der Insel garantiert. Als jedoch Bragadino, Baglione und ihr Gefolge mit Mustafa Pascha am 5. August in dessen Zelt zusammentrafen, kam es zu einem heftigen Streit, in dessen Verlauf Mustafa Pascha die Begleiter Bragadinos töten ließ. Bragadino selbst wurde am 17. August öffentlich gedemütigt, gefoltert und getötet. Am 22. September 1571 verließ Mustafa Pascha mit großer Beute und einer Vielzahl Gefangener die Insel. Etwa 16 000 Soldaten hinterließ er zur Überwachung der Insel, ein Großteil von ihnen blieb als Kolonisatoren.

Der Fall Famagustas war jedoch auch mit ausschlaggebend für den Entschluß der westlichen Mächte, die türkische Flotte zu vernichten. Spanien, Venedig, Genua und der Papst schlossen sich zu einem Flottenverband zusammen, der unter der Führung von *Juan d'Austria* in der Nähe von Navpaktos (Griechenland) am 7. Oktober 1571 den in die Weltgeschichte eingegangenen *Seesieg von Lepanto* errang, wobei der Großteil der türkischen Flotte vernichtet wurde. Zypern aber blieb trotzdem für Venedig verloren. Am 7. März 1573 übertrug Venedig alle Rechte an der Insel auf das Ottomanenreich.

Die Zeit der türkischen Herrschaft (1571–1878)

Hatte Zypern schon unter den Venezianern an wirtschaftlicher Bedeutung eingebüßt, so wurde es unter der türkischen Herrschaft noch unbedeutender. Zwar schien sich zunächst durch die

Beseitigung der römisch-katholischen Kirche, die Abschaffung des Feudalsystems, die Landvergabe an die bislang unterdrückten Bauern und die Reetablierung der orthodoxen Kirche alles zum Besseren zu wenden. So sehr Sultan Selim II. die einstige Prosperität Zyperns anstrebte, sie sollte ihm dennoch nicht gelingen. Seinen Verwaltungsbeamten der Insel ging es nämlich in erster Linie darum, die persönliche Prosperität zu sichern, und nach nicht allzu langer Zeit war die griechischsprachige Bevölkerung ausgebeutet wie zuvor.

Die durch umfangreiche Auswanderungen dezimierte Zahl der Bewohner der Insel veranlaßte die Hohe Pforte um 1660 schließlich, den Erzbischof und die Bischöfe von Paphos, Kyrenia und Kition als Vertreter und Sprecher ihrer Volksgruppe auf der Insel zu akzeptieren – ein Schritt, der 1754 in der Anerkennung des Erzbischofs als *Ethnarch* endete. Noch aber war es nicht soweit, noch spielte auch der gewählte *Dragoman* eine gewichtige Rolle in der Vermittlung zwischen *Rayahs*, den christlichen Bewohnern der Insel, und dem Sultan. Ebenfalls um 1660 gelangte Zypern, das seither als Reichsprovinz dem Zuständigkeitsbereich des Großwesirs unterlag, unter die Herrschaft des *Kapudan Pascha*, des Großadmirals der Türkei, eines bezahlten Staatsbeamten. Nun sahen die zu Wohlstand gekommenen *Agas*, höhere militärische Ränge, die Gelegenheit zur Ausweitung ihrer Macht gekommen. Unter ihnen erhob sich *Mehmed Boyajioglu* (andere Quellen nennen *Aga Mehmed Oglu*) in den frühen achtziger Jahren des 17. Jh. gegen den Kapudan Pascha und ernannte sich, wie Isaak Komnenos 500 Jahre zuvor, zum Herrscher der Insel, ohne allerdings wie dieser mit dem Reich zu brechen. Trotzdem schickte der Sultan *Cholak Mehmed Pascha*, um die Ordnung wiederherzustellen. Nach dessen erfolglosem Versuch gelang es dann um 1690 *Chifutoglu Ahmed Pascha*, den Rebellen zu überwinden. 1703 wurde die Insel zum Lehen des Großwesirs, der dieses jährlich meistbietend versteigerte.

Die Auswirkungen für die Insel waren fatal. Von der mit hoher Steuerlast belegten Bevölkerung war die Insel fast aufgegeben; ständig wachsende Auswandererzahlen belegen dies. Für diejenigen, die auf der Insel geblieben waren, deutete die 1754 vollzogene Anerkennung des Erzbischofs als Ethnarch eine Wandlung an. Als zehn Jahre später Chil Osman Aga die Abgaben neuerlich erhöhte, kam es zum unvermeidlichen Aufstand griechischer und türkischer Inselbewohner, bei dem der Aga getötet wurde. Da die Gründe für den Aufstand auf der Hand lagen, sah die Hohe Pforte von einer Bestrafung ab. Lediglich für die entstandenen Schäden mußte die Bevölkerung aufkommen. Die Auflehnung gegen die von Konstantinopel verfügte Steuer wollte aber nicht abnehmen. 1765 weigerten sich zunächst türkische Bewohner, ihre Abgaben zu entrichten. Im selben Jahr kam es zu einem weiteren Aufstand unter dem Kommandanten der Festung von Kyrenia, *Khalil Aga*, der ein Jahr und einen Monat dauerte. Und schließlich führte der Kampf gegen den skrupellosen Ausbeuter der Insel, *Hadji Baki*, zu dessen Beseitigung im Jahre 1784. In den Jahren 1785–1820 nahm nun die Macht des Erzbischofs, der Bischöfe sowie des Dragoman ständig zu. Die beiden herausragenden Gestalten dieser Zeit waren der *Erzbischof Chrysanthos* (1768–1810) und der Dragoman *Hadji Georgakis Kornesios* (1779–1809), die, wie zeitgenössische Berichte überliefern, die Insel de facto regierten.

Ab 1818 besuchten Angehörige der *Philiki Hetaireia*, des die griechische Revolution planenden Geheimbundes, Zypern. Sie hielten engen Kontakt mit dem Nachfolger von Erzbischof Chrysanthos, Kyprianos, der ihnen, um die von Türken umgebene Insel nicht größerer Gefahr auszusetzen, Hilfe in Form von Geld und Nahrungsmitteln versprach. Als im Frühjahr 1821 Nachrichten vom Aufstand der Griechen gegen die Türken Zypern erreichten, versuchte der türkische Statthalter *Küchük Mehmed*, den Sultan zum Vorgehen gegen die Inselgriechen zu bewegen. Dazu hatte er eine Liste mit 486 Namen derer aufgestellt, die unverzüglich hinzurichten seien. Als dann die Zustimmung des Sultans eintraf, unterrichtete Küchük Mehmed die Agas der Insel, die in der Durchführung der Hinrichtungen eine Möglichkeit zur weiteren Bereicherung sahen. Am 9. Juli 1821 wurden Erzbischof Kyprianos und seine Gefolgsleute in Nikosia getötet. Dem stetigen Anwachsen des griechischen Elements auf der Insel war damit zunächst ein Ende gesetzt, und auch der Einfluß des Erzbischofs war auf lange Zeit begrenzt.

Als Griechenland am 3. Februar 1830 durch das Londoner Protokoll für unabhängig erklärt wurde, schöpften viele ausgewanderte Zyprioten Hoffnung. Doch der Möglichkeit, als griechische Staatsbürger wieder auf die Insel zurückzukehren, kam die Hohe Pforte zuvor, indem sie 1831 ein Dekret erließ, daß alle Rückkehrenden, sofern sie nicht erlaubterweise die osmanische Staatsbürgerschaft abgelegt hätten, auch weiterhin als Rayahs zu behandeln wären. Während der nun folgenden Zeit unter den liberalen Sultanen Mahmud II. und seinem Sohn Abdul Mejid stabilisierte sich die Situation auf der Insel. Sie wurde nun von einem Staatsrat, dem *Diwan*, verwaltet, der dem Statthalter zur Seite gestellt war. Ihm gehörten wenigstens vier Vertreter der türkischen Volksgruppe, der Erzbischof, zwei oder drei Griechen sowie je ein Vertreter der Armenier und Maroniten an. Durch eine Verwaltungsreform wurde er 1856 durch den *Mejlis* ersetzt, dem neun Türken, der Erzbischof und drei christliche Vertreter angehörten. Die Beteiligung der Griechen an der Regierung der Insel gab dieser Volksgruppe neuen Aufschwung. Unter den Erzbischöfen *Panaretos* (1827–40) und *Makarios I.* (1854–65) wurde das Erziehungswesen, das bereits von Chrysanthos entscheidende Impulse erhalten hatte, weiter ausgebaut. Die türkische Bevölkerung blieb, laut Captain A. R. Saville, im allgemeinen recht ungebildet. Auch im wirtschaftlichen Aufbau des Landes war ein solcher Unterschied zu verzeichnen. Der britische Konsul T. B. Sandwith schreibt 1867, daß die türkische Bevölkerung die Bemühungen der Griechen um eine gewisse Prosperität mit unverhohlener Feindschaft betrachtete.

Die **künstlerische Entwicklung** Zyperns kam während der hier beschriebenen Epoche nahezu zum Stillstand. Mit der Übernahme der Insel durch die Türken war die Quelle schöpferischen Reichtums versiegt. Die Zeit der ›hohen‹, d. h. an das jeweilige Herrschaftssystem gebundenen, Kunst war vorbei. Von den Türken zwar geduldet, brachte der griechisch-orthodoxe Glaube im 17. und 18. Jh. nur noch wenige Ikonen hervor. Die Kreativität der Inselbewohner – auch der sich an Zahl mehrenden türkischen – verlagerte sich während dieser Zeit von der ›offiziellen‹ Kunst auf die Gestaltung des ›privaten‹ Lebensraumes, den Bereich der Volkskunst.

Zyperns Weg nach Europa

Die Zeit der britischen Herrschaft (1878–1960)

Durch ihre Aktivitäten in der Weltpolitik war die Türkei gezwungen, Zypern am 4. Juni 1878 Großbritannien zu übereignen. Selbst die Türken auf Zypern begrüßten den Machtwechsel. Die griechische Bevölkerung setzte ihre Hoffnungen nicht nur darauf, daß England eine christliche Macht mit einem parlamentarischen Regierungssystem war, sondern auch auf die Griechenfreundschaft der Briten, die fünfzehn Jahre zuvor freiwillig die Ionischen Inseln an Griechenland abgetreten hatten. Doch schon bald legte sich die erste Begeisterung. Zwar übertrug eine Folgevereinbarung zum abgeschlossenen Vertrag vom 1. August 1878 Großbritannien die Gerichtsbarkeit der Insel, und ein Jahr später bestand ein oberster Gerichtshof. Auch die Verwaltungsreform war nach Verkündigung der Verfassung durch Befehl der Königin Victoria von England vom 14. September 1878 schnell eingeleitet worden. Die Insel unterstand nun einem *Hochkommissar*, dem die Kommissare der Verwaltungsbezirke (Distrikte) Nikosia, Paphos, Limassol, Larnaka, Famagusta und Kyrenia unterstellt waren. Doch mit Verkündigung eines Erlasses der Königin im Jahre 1882 zur Einberufung einer Konstitutionsversammlung zur Bildung eines dem Hochkommissar zur Seite gestellten *Exekutivrats* tauchten neue Schwierigkeiten auf.

Auf Wunsch der Königin sollte sich die Versammlung aus zwölf gewählten und sechs offiziellen Vertretern zusammensetzen. Davon hätten – gemäß ihrem Bevölkerungsanteil – die Griechen neun und die Türken drei gewählte Vertreter gestellt. Im Gegensatz zur griechischen Bevölkerung sahen die Türken ihren Rechtsstatus »mit Füßen getreten« (in einer Note an den zuständigen Staatssekretär), dennoch blieb es bei dieser Regelung. Aber auch die Griechen stellten fest, daß sie lediglich einen Scheinerfolg errungen hatten; denn es gab in der Regel keine Entscheidung zu ihren Gunsten. Stimmten nämlich die türkischen Vertreter mit den Offiziellen, entstand Stimmengleichheit, und in diesem Falle entschied der Hochkommissar.

Wenngleich Zypern sich nun allmählich wirtschaftlich erholte, machte sich unter der griechischen Bevölkerung doch Unmut über die britische Verwaltung breit, zumal immer offensichtlicher wurde, daß England den 1863 gegenüber den Ionischen Inseln vorgenommenen Akt nicht wiederholen würde. So wurde die Gruppe derer, die sich um den sich noch als Ethnarchen fühlenden *Erzbischof Sophronios* scharte, immer größer. Sophronios und der ihn umgebende Klerus verfolgten auch weiterhin als Ziel zypriotischer Politik den Anschluß an Griechenland, die *Enosis* (= Vereinigung). 1889 führte er eine Delegation nach England, um seinem Anliegen, das er bereits bei der Ankunft des ersten britischen Hochkommissars Sir Garnet Wolseleys im Jahre 1878 geäußert hatte, Nachdruck zu verleihen. Im Mai des Jahres 1900 starb Sophronios, und das Streben nach Enosis richtete sich nicht nur gegen die Engländer, sondern wuchs sich auch zu einem innerkirchlichen Streit aus, der das Land an den Rand eines Bürgerkriegs brachte. Zu diesem Streit kam es in der Frage der Nachfolge von Sophronios. *Kyrillos von Kition*, ein Befürworter der Enosis, und *Kyrillos von Kyrenia* beanspruchten gleichzeitig die Nachfolgeschaft. Sich gegenseitig der ›Häresie‹ und ›Freimaurerei‹ bezichtigend, kämpften beide, unterstützt von ihren Anhängern, um den Titel. Nach einem ersten Vorstoß im Jahr 1906 gelang es der *Kition-Partei*, im Legislativrat 1908 ein Gesetz zu verabschieden, das dem älteren Bischof von Kition die Einberufung einer Synode ermöglichte, die ihn als *Kyrillos II.* zum Erzbischof wählte. Ungeachtet dessen fuhr auch der von Konstantinopel unterstützte Kyrillos von Kyrenia fort, den Titel zu führen. Im März 1910 unterwarf er sich. Der kirchliche Frieden war wiederhergestellt. Als *Kyrillos III.* folgte er nach dem Tode seines Kontrahenten im Jahre 1916 bis 1933 im Amt.

1912 erklärte Griechenland zusammen mit seinen Alliierten auf dem Balkan der Türkei den Krieg. Das bewog Hunderte von Zyprioten, sich den griechischen Truppen anzuschließen. Nachdem sich die Türkei nach Beginn des Ersten Weltkrieges auf seiten Deutschlands und der Donaumonarchie gegen die Engländer gestellt hatte, annektierte Großbritannien am 5. November 1914 Zypern und erklärte dessen türkische Bewohner zu britischen Staatsbürgern. Um Griechenland zum Beitritt zu den alliierten Streitkräften zu bewegen, boten die Briten 1915 sogar Zypern zum Tausch an. Griechenland lehnte ab, um seine Neutralität zu wahren. An Enosis war also zunächst nicht mehr zu denken. Noch einmal begab sich eine zypriotische Delegation nach England. Im Januar 1919 traf sie unter Führung von Erzbischof Kyrillos III. bei Lord Milner, dem zuständigen Staatssekretär für die Kolonien, ein, doch war auch ihr kein Erfolg beschieden. Am 8. Dezember 1920 zogen sich daraufhin die griechischen Mitglieder aus der gesetzgebenden Versammlung der Insel zurück, um neue Kampfformen zu überlegen. Unruhen des Jahres 1921 führten zur Verbannung zweier prominenter Verfechter des Enosisgedankens, des Journalisten *N. Katalanos* und des Historikers *Philios Zannetos*. Die offizielle Anerkennung der britischen Annexion der Insel im Jahre 1914 durch die Türkei und die Mitunterzeichner des Lausanner Vertrages des Jahres 1923 und die Erklärung zur *Kronkolonie* im Jahre 1925 wurden auf Zypern durch zwei Geschehnisse begleitet: die Spektrumserweiterung politischer Parteien und die Aufgabe der resignativen Haltung gegenüber der Legislativversammlung.

Mit *Sir Ronald Storrs* erhielt Zypern einen am Schicksal der Insel interessierten und engagierten Gouverneur anstelle des bisherigen Hochkommissars. Wirtschaft, Handel und Medien sollten gefördert werden; auch zeigte er Interesse an den archäologischen Schätzen der Insel. 1927 wurden die Tributzahlungen an die Türkei eingestellt. All dies aber fand trotzdem nicht die uneingeschränkte Zustimmung der Inselbewohner. Das ständige Aufflackern von Unruhen veranlaßte schließlich 1928 die Engländer, ihre liberale Haltung drastisch einzuschränken. Eine Phase der Dehellenisierung begann. Öffentlicher Unterricht und Pressefreiheit wurden nunmehr von den Briten kontrolliert. »Die gärende Unruhe, die sich bei der griechischen Bevölkerung bemerkbar machte, war diesmal sehr ernster Natur und fand Ausdruck in der Oktoberrevolution von 1931. Im Stadion von Limassol verkündete Nikodemos, der Bischof von Kition, daß sich das zypriotische Volk der Regierung der britischen Besatzung nicht unterwerfen würde und bejahte den Vereinigungswillen seines Volkes mit Griechenland. In Nikosia wurde der Palast des Gouverneurs in Brand gesteckt. In den Städten und Dörfern veranstaltete die Bevölkerung antibritische Kundgebungen, und die örtlichen griechischen Behörden weigerten sich, ihre Amtsgeschäfte auszuüben. Es wurde daraufhin der Ausnahmezustand erklärt und der gesetzgebende Rat abgeschafft, während der Gouverneur… alle Macht in seinen Händen zusammenfaßte.« (G. Tenekides, 1966.)

Die Folgen dieses Aufstands, der nach wenigen Tagen niedergeschlagen wurde, war die Gefangennahme und Deportation der Rädelsführer – unter ihnen Nikodemos Mylonas, der Bischof von Kition, und Makarios Myriantheos, der Bischof von Kyrenia –, die gänzliche Übernahme des Unterrichtswesens in britische Hände und, nach dem Tode von Erzbischof Kyrillos III. im Jahre 1933, das Verbot der Wahl eines Nachfolgers. Obwohl sich die türkische Volksgruppe auf Zypern nicht an dem Aufstand beteiligt hatte, litt sie gleichermaßen an den Folgeerscheinungen. Auch ihr wurde der Unterricht türkischer Geschichte und das Zeigen von Bildern türkischer Nationalhelden an öffentlichen Plätzen verboten. Auch Treffen mehrerer Personen, bei denen Gefahr bestand, daß politische Themen besprochen würden, waren untersagt. Der Akt der Unterdrückung gipfelte in einem 1939 erlassenen Gesetz, das der Polizei die Vollmacht einräumte, jedermann in eine Art Vorbeugehaft zu nehmen, sollte auch nur der geringste Hinweis auf Störung der öffentlichen Ordnung gegeben sein. Nach den Angriffen Italiens und Deutschlands auf Griechenland am 28. Oktober 1940 bzw. 6. April 1941 änderte sich das Verhältnis zwischen Zypern und Großbritannien jedoch, da Zypern an der Seite Englands in den Krieg eintrat. Mit diesem Schritt belebte sich die öffentliche Szene Zyperns wieder. Es wurde erwogen, wieder Kommunalwahlen zuzulassen, was dann 1943 in den Distrikthauptstädten auch geschah. Ein erstes Bild über die Stärke der einzelnen Parteien war somit möglich: In zwei Städten gewann die *AKEL*, die marxistisch orientierte *Fortschrittliche Arbeiterpartei*, die *KEK*, die *Zypriotische Nationalpartei*, in drei Städten und in einer die *Sozialistische Vorhut*. Eines verband links- wie rechtsorientierte Parteien jedoch noch immer: der Wunsch nach Vereinigung mit Griechenland. Dem standen neben der allgemeinen politischen Situation auch die 1945 erfolgte Gründung der *KMTHP*, der *Türkisch-Nationalen Volkspartei*, durch Dr. Fazil Küçük entgegen. Nach einer Phase friedlicher Koexistenz der beiden Volksgruppen durfte 1947 auch der Erzbischof wiedergewählt werden. Auf den die Amtsgeschäfte weiterführenden Leontios, Bischof von Paphos, folgte als *Erzbischof Makarios II. von Kyrenia*.

Bereits seit 1945 hegte die neugewählte Labourregierung in London die Absicht, eine verfassungsmäßige Reform zur Durchführung der inneren Angelegenheiten auf Zypern einzuleiten; ein Entwurf von *Creech-Jones*, dem Staatssekretär für die Kolonien, sah weiterhin vor, mittels eines Zehnjahresplans die wirtschaftliche Entwicklung zu fördern und die gegen die Kirche gerichteten Bestimmungen des Jahres 1937 aufzuheben. Letzteres geschah, doch bei der Durchführung der beiden ersten Punkte ergaben sich erhebliche Schwierigkeiten. Eine zum 1. November 1947 vom *Gouverneur Lord Winster* einberufene Beratende Versammlung, an deren Teilnahme sich die Rechte unter Führung der Ethnarchie ausgeschlossen hatte, scheiterte im Jahr darauf, und 1949 brach die Selbstregierungskampagne völlig zusammen. Am 8. Dezember 1949 rief *Erzbischof Makarios II.* zu einem Plebiszit der griechischen Bevölkerung auf. Am 27. Januar 1950 wurde das Ergebnis bekanntgegeben: von 224747 abgegebenen Stimmen stimmten 215108 (96%) für die Enosis.

Nach dem Tode von Makarios II. trat 1950 der erst 37jährige, aus Panagia im Distrikt Paphos stammende *Michael Mouskos* – seit 1946 Bischof von Kition – als *Makarios III.* die Nachfolge an. Er sollte zur dominierenden politischen Persönlichkeit der Insel während der nächsten drei Jahrzehnte werden. Die Enosisbewegung erlebte unter ihm einen neuen Aufschwung, da er mit diesem Anspruch bei der UNO und der griechischen Regierung vorstellig wurde. In Griechenland wurde zur Regierungszeit des

Feldmarschalls Papagos unter dem griechischen Erzbischof Spyridon das *Panhellenische Komitee des Kampfes für die Enosis Zyperns (PEAEK)* ins Leben gerufen. Weitere Besuche führten Makarios III. in den Jahren 1952/53 nach USA, Großbritannien und Frankreich. Am 2. August 1954 wurde der Ruf nach Enosis von den Briten unter Strafe gestellt. Reaktion auf diesen Schritt von seiten der Zyprioten war ein einwöchiges Nichterscheinen der Zeitungen und ein 24stündiger Generalstreik. Ungeachtet des Erlasses befürwortete Makarios III. am 15. August 1954 im Trooditissa-Kloster *(S. 159)* öffentlich die Enosis, ohne allerdings bestraft zu werden. Als am 17. Dezember 1954 die UNO den an sie gerichteten Appell endgültig ablehnte, kam es auf Zypern zu Demonstrationen und Aufruhr. Zusätzlicher Opponent der Enosis wurde die Türkei, die sich zur Schutzmacht der türkischen Minderheit auf der Insel erklärte.

Derart starke Pression von außen ließ auf Zypern eine Widerstandsbewegung heranwachsen. Am 1. April 1955 rief *Oberst Georgios Grivas* (›Digenis‹), Führer der *EOKA* (*Epanastatiki Organosis Kypriakou Agonos* = Revolutionäre Organisation für den Kampf auf Zypern; nach anderer Quelle: *Ethniki Organosis Kyprion Agoniston* = Nationale Organisation Zypriotischer Kämpfer; beide Organisationen gehen auf die seit 1930 existierende *Ethniki Organosis Kyprou* zurück) zur Revolution auf. Allein in den drei Monaten bis zum 30. Juni wurden über 80 Attentate auf öffentliche Einrichtungen registriert. Sir Anthony Eden unternahm am 30. Juni 1955 als neuer Premierminister erste Schritte zur neuerlichen Diskussion der Zypernfrage; ein Beschluß zu trilateralen Verhandlungen mit Griechenland und der Türkei wurde gefaßt. Das Scheitern von Übereinkunftsverhandlungen auf der Insel selbst zwischen dem britischen Gouverneur Feldmarschall Sir John Harding und Makarios III. und das auch weiterhin harte Vorgehen der EOKA führte am 9. März 1956 zur Verbannung Makarios' III. und seiner engsten Vertrauten auf die Seychellen. Verstärkt kam es nun auch zu Übergriffen der Türken, die eine Teilung der Insel verlangten.

Im Jahre 1957 erlebten die Spannungen zwischen den beiden Volksgruppen auf Zypern einen neuen Höhepunkt. Die EOKA hatte vor allem in der TMT, einer türkischen Verteidigungsorganisation, ihr Gegenstück gefunden. Beide Gruppen lieferten sich in der Folgezeit gegenseitig Kämpfe, und beide gingen gegen vermeintliche ›Verräter‹ in den eigenen Reihen vor. Verluste hatten beide Seiten zu verzeichnen. Erzbischof Makarios war am

Zur Rückkehr aus der Verbannung nach Athen wurde Erzbischof Makarios III. am 17. April 1957 in mehreren Sprachen begrüßt

17. April 1957 aus der Verbannung nach Athen zurückgekehrt. Nachdem in den Jahren 1957 und 1958 vom türkischen Premierminister Adnan Menderes wiederholt geäußert worden war, ›*Taksim*‹, die Teilung der Insel, stelle die einzig akzeptable Lösung des Konfliktes dar, schien sich im darauffolgenden Jahr ein erster Erfolg abzuzeichnen. Voraussetzung dafür war zunächst das Zugeständnis der Regierung Karamanlis, sich mit dem Recht auf Unabhängigkeit der Insel abzufinden, statt wie zuvor die Enosis und das Recht auf Selbstbestimmung des zypriotischen Volkes zu fordern. Diesem Zugeständnis hatte sich am 22. September 1958 auch Erzbischof Makarios III. angeschlossen. Im Februar 1959 fanden sich die Vertreter der Türkei und Griechenlands am Verhandlungstisch in Zürich zusammen und erzielten eine Übereinkunft. Dieser folgte eine *Konferenz in London*, wo *Makarios III.* nach mehrtägigem Zögern schließlich am 19. Februar 1959 den vorgefertigten Vertrag unterzeichnete. Mit ihm hatten unterzeichnet: die Premierminister Griechenlands und der Türkei, *Konstantin Karamanlis* und *Adnan Menderes*, der britische Premierminister *Harold Macmillan* sowie der Vertreter der türkischen Volksgruppe auf Zypern, *Fazil Küçük*. Mit der Wahl des Erzbischofs Makarios III. zum Präsidenten und Fazil Küçüks zum Vizepräsidenten am 13. Dezember 1959 stand der Weg zu einer unabhängigen Republik Zypern offen.

Seit 1960: Die Republik Zypern

Auf der Basis der Züricher und Londoner Abkommen des Jahres 1959 einigten sich Vertreter Griechenlands, der Türkei sowie der griechisch- und türkisch-zypriotischen Volksgruppen auf einen Verfassungsentwurf, der am 6. Juli 1960 paraphiert wurde. Nach dieser Verfassung besitzen der griechisch-zypriotische Präsident und der türkisch-zypriotische Vizepräsident ein absolutes Vetorecht in bezug auf auswärtige Angelegenheiten, die Verteidigung und die Sicherheit. Gegen die Ausübung des Vetorechts gegenüber Entscheidungen des Ministerrates, der sich aus sieben griechischen und drei türkischen Ministern zusammensetzt, kann Einspruch vor dem Hohen Verfassungsgericht, dem ein griechischer, ein türkischer und ein neutraler Vorsitzender angehören, erhoben werden. Die Legislative liegt in den Händen des Abgeordnetenhauses, das sich aus 35 griechisch-zypriotischen und 15 türkisch-zypriotischen Mitgliedern zusammensetzt, die von ihren jeweiligen Volksgemeinschaften gewählt werden. Daneben gibt es die Volksgemeinschaftskammern, denen die Überwachung und Entscheidungsbefugnis über Religion, Erziehung, Kultur, Wohltätigkeitseinrichtungen und den persönlichen Status der Mitglieder der Gemeinschaften zuerkannt wird. Entsprechend dem Zahlenverhältnis im Abgeordnetenhaus soll die Verteilung der Stellen im öffentlichen Dienst erfolgen, ebenso bei Polizei und Gendarmerie. Das zu erstellende 2000-Mann-Heer soll sich dagegen aus 60% griechisch-zypriotischen und 40% türkisch-zypriotischen Soldaten zusammensetzen. Bis auf Kyrenia sollen die übrigen Distrikthauptstädte über Gemeindevorstände beider Volksgruppen verfügen. Auf den Dörfern werden vom Innenminister Dorfkommissionen, bestehend aus dem vorsitzenden *Muchtar* (Bürgermeister) und vier *Azas* (Dorfältesten), eingesetzt.

Grundsätzliche Bedeutung für die außenpolitische Orientierung Zyperns besitzt Artikel 185 der Verfassung, der besagt, daß »die vollkommene oder teilweise Vereinigung der Insel mit einem anderen Staat oder die Teilung der Insel ... ausgeschlossen« sind. Enosis oder Taksim war damit vorgebeugt. Unabhängigkeit und territoriale Unversehrtheit werden durch die Mächte Großbritannien, Griechenland und die Türkei garantiert. Großbritannien wird die Errichtung exterritorialer Militärbasen in Dekelia und auf der Akrotiri-Halbinsel zugestanden. Das Zahlenverhältnis der auf Zypern zu stationierenden griechischen und türkischen Truppen soll 950:650 betragen. Dies geht aus einem Schutzbündnis gegen Angriffe von außen zwischen Griechenland, der Türkei und Zypern hervor.

Bei den Wahlen zum gemeinsamen Abgeordnetenhaus am 30. Juli 1960 erhielten die Patriotische Front Makarios' III. 30 Sitze, fünf die AKEL und alle 15 der türkisch-zypriotischen Seite zustehenden Sitze die Türkische Nationale Koalition Küçüks. Am 16. August 1960 kam es zur *Proklamation Zyperns als unabhängiger Staat*. Bereits am 15. Februar 1961 trat es mit Großbritannien in Verhandlungen über die Aufnahme in das Commonwealth, die am 13. März für die Dauer von fünf Jahren bestätigt wurde. Schon vorher, am 20. September 1960, war Zypern Mitglied der UNO geworden, und am 24. Mai 1961 trat es dem Europarat bei.

Ethnischer Konflikt und innenpolitische Ranküne

Seit 1964: Unter Kuratel der UNO

Mit der Unabhängigkeitserklärung waren jedoch noch nicht die inneren Konflikte beseitigt. Da nur etwa 18% der Inselbewohner türkischen Ursprungs, jedoch zu 30% in den öffentlichen Organen vertreten waren, fühlten sich die Inselgriechen benachteiligt. Andererseits waren die Türken nicht zur Kooperation mit den griechischen Bewohnern bereit. Grund für diese ablehnende Haltung war ein auf den 30. November 1963 datiertes Dokument des Erzbischofs und Präsidenten der Republik, Makarios III., der sich für eine Vereinheitlichung des öffentlichen Wesens im Sinne der Auflösung des Zürich/Londoner Abkommens einsetzte, das nach Meinung der Inselgriechen den Türken zu große Zugeständnisse mache. Eine neue Eskalation im Konflikt der beiden Volksgruppen stand bevor.

In der Nacht vom 20. auf den 21. Dezember 1963 fielen die ersten Schüsse. Gegenseitige feindselige Akte folgten auf der ganzen Insel. Das von Ankara entsandte Militärkontingent zog zur Unterstützung der in Nikosia lebenden Türken vor die Hauptstadt; später bezog es Stellung an der Straße nach Kyrenia. Unter Führung von *Vassos Lyssarides, Polykarpos Georkatzis* und *Nikos Sampson* bildete sich eine griechisch-zypriotische Partisanengruppe, die gegen die Inseltürken vorging. Auf beiden Seiten wurden Verluste verzeichnet, und jede Gruppierung hielt der anderen Greueltaten vor. Am 26. Dezember, dem Tag, an dem türkische Flugzeuge über Nikosia auftauchten, erging von der

Regierung eine Beschwerde an den Sicherheitsrat der UNO. Am 29. Dezember 1963 kam es auf britische Veranlassung zu einem – allerdings nur teilweise befolgten – Waffenstillstand. Die Frage nach Enosis oder Teilung der Insel wurde erneut auf weltpolitischer Ebene diskutiert. Am 4. März 1964 entsandte die UNO eine Friedenstruppe auf die Insel, um Recht und Ordnung wieder herzustellen. Aber bereits am 7. März kam es von türkischer Seite zu einem neuerlichen Übergriff auf griechisch-zypriotische Zivilisten auf dem Markt von Ktima/Paphos. Die Führer der türkisch-zypriotischen Volksgruppe, die sich bereits zur Jahreswende aus den Regierungsgeschäften zurückgezogen hatten und alle in ihrer Abwesenheit getroffenen Maßnahmen für ungültig erklärten, da sie die Verfassung nicht mehr anerkannten, veranlaßten ihre türkischen Mitbürger, sich aus den bislang gemeinsam bewohnten Ortschaften zurückzuziehen. Dies förderte die als Schutzmaßnahme deklarierte türkische Enklavenbildung. Auf griechisch-zypriotischer Seite wurde in diesem Schritt eine Vorstufe zur Ausrufung eines unabhängigen türkischen Staates vermutet. Der offensichtlichen strategischen Überlegenheit der Türkei durch ihre geographische Nähe begegnete man auf griechischer Seite mit der heimlichen Entsendung eines mehrere Tau-

Türkisch-zypriotische Familien bereiten sich im Feburar 1964 zum Verlassen ihres Dorfes zwischen Nikosia und Famagusta vor

send Mann starken Truppenkontingents auf die Insel. Einen neuen Höhepunkt erlebte die Zypernkrise, als vom 7. bis 9. August 1964 türkische Flugzeuge die Stadt Polis und die Dörfer Pachyammos und Pomos angriffen. In der Nacht vom 5. auf den 6. August hatte die griechisch-zypriotische Nationalgarde bereits die unter anderem als Brückenkopf zur Landung türkischer Freiwilliger benutzte Kokkina-Enklave angegriffen und zum Teil besetzt. Der Sicherheitsrat ordnete daraufhin die Feuereinstellung an, der Ankara und Nikosia am 10. August zustimmten. Als im Jahre 1967 im Larnaka-Distrikt in den Dörfern Agios Theodoros und Kophinou neue Kämpfe zwischen Angehörigen der beiden zypriotischen Volksgruppen ausbrachen, hatte in Griechenland eine Militärjunta unter Oberst Georgios Papadopoulos die Macht ergriffen. Die neuen Machthaber kamen mit der Türkei überein, das Truppenkontingent auf der Insel auf das im Zürich/Londoner Abkommen von 1959 festgelegte Maß zu reduzieren, doch wurde dieser Übereinkunft nur teilweise entsprochen. Allmählich beruhigte sich die politische Lage auf der Insel. Die neu etablierte Führung der Inseltürken arrangierte sich mit der Regierung Makarios in Versorgungsfragen. Auch wurde den Türken zugestanden, sich auf der Insel frei zu bewegen – ein Privileg; denn Angehörigen der griechisch-zypriotischen Volksgruppe war das Betreten türkisch-zypriotisch kontrollierten Terrains untersagt. Verschiedene Vorstöße Makarios' III. zu einer Verfassungsreform durch Auslassung der durch das Zürich/Londoner Abkommen festgeschriebenen Benachteiligung scheiterten an den starren Positionen der Verhandlungspartner. Mittlerweile war im Sommer 1971 der EOKA-Führer Grivas nach Zypern zurückgekehrt und gründete den Geheimbund EOKA B. Erklärtes Ziel dieser Gruppe war die Enosis durch Selbstbestimmung, was jedoch nicht von der Regierung geteilt wurde. Als daraufhin die Bischöfe von Paphos, Kition und Kyrenia Makarios' III. Rücktritt forderten, da sich seine politische Tätigkeit nicht mit dem Erzepiskopat vereinbaren ließe, wurden sie selbst auf Beschluß der Synodalen aus ihrem Amt entfernt. Nachdem Grivas am 27. Januar 1974 gestorben war, rief Makarios III. eine Generalamnestie für alle EOKA B-Mitglieder aus, die aber trotzdem ihre Aktionen fortsetzten.

Der Putsch gegen den Präsidenten und die türkische Invasion

Mit dem Tod von General Grivas kam es zur verstärkten Unterstützung der Enosisbewegung durch die griechische Militärjunta. Makarios III., der eine Politik der Unabhängigkeit Zyperns verfolgte, geriet zusehends in Konflikt mit den griechischen Machthabern, die schließlich am 13. Juni 1974 seine Liquidation beschlossen. Erster Schritt zur Etablierung einer Enosis-Regierung auf Zypern war die Verteilung von zehn eingeschleusten Offizieren auf die von 650 Griechen befehligte Nationalgarde Zyperns. Am 15. Juli lag der Präsidentenpalast in Nikosia unter Beschuß. Makarios gelang es zu entkommen und sich nach Paphos abzusetzen. Die Revoltierenden ernannten *Nikos Sampson (Nikolaos Georgiades)* zum Präsidenten der Insel, der sich schon 1963 als EOKA-Kämpfer durch sein brutales Vorgehen gegen türkische Zyprioten einen zweifelhaften Ruhm erworben hatte. Bereits am 17. Juli, kontrollierten die Truppen Sampsons – unter Umgehung der Tourismuszentren und der türkisch bewohnten Ortschaften – die gesamte Insel. In der Türkei wurden mittlerweile Schutzmaßnahmen gegen mögliche Übergriffe auf die türkische Minderheit auf Zypern diskutiert; auch sah man sich der Verwirklichung eines langgehegten Zieles ein Stück näher gerückt: *Teilung der Insel durch Besetzung eines Teiles.* An der Zypern gegenüberliegenden kleinasiatischen Küste wurden Truppen zusammengezogen, und am 20. Juli 1974 tauchten vor der Küste von Kyrenia türkische Kriegsschiffe und Landungsboote auf, Fallschirmjäger gingen vor Nikosia nieder, und die türkische Luftwaffe bombardierte die Hauptstadt. Noch am gleichen Tag faßte der UN-Sicherheitsrat eine Resolution zum Waffenstillstand am 22. Juli. Ungeachtet dessen bauten die Türken ihre Position bis zum 30. Juli noch weiter aus.

Bereits am 24. Juli hatte die griechische Militärjunta abdanken müssen. Der damit beschlossene Sturz des Sampson-Regimes führte zur Übernahme der Regierungsgeschäfte durch *G. Klerides*, den bisherigen Parlamentspräsidenten und Stellvertreter von Makarios. Großbritannien, die Türkei und das nun durch die Regierung Karamanlis vertretene Griechenland saßen unterdessen in Genf am Verhandlungstisch. Am 8. August umfaßte der türkisch besetzte Teil bereits das Dreieck zwischen Lapithos, Nikosia und Agios Epiktetos. Nachdem am 13. August die Genfer Gespräche durch die Türkei zu keinem Abschluß gekommen waren, setzten die Türken zu einem neuen Großangriff an, der ihnen bis zum 16. August 36,4% der Insel von Levka im Westen bis Famagusta im Osten einbrachte. Die im Taksimkonzept der Türken vorgesehene sog. *Attila-Linie* war erreicht.

Die geteilte Insel

Eine neue Verhärtung der Fronten zwischen griechischen Zyprioten und dem Repräsentanten der türkischen Volksgruppe, *Raouf Denktasch*, trat im Februar 1975 ein, als dieser einen ›*Türkischen Föderativstaat von Zypern*‹ ausrief. Der am 7. Dez. 1974 wieder nach Zypern zurückgekehrte *Makarios III.* erhob Einspruch. Verhandlungen scheiterten immer wieder an dem die Spaltung der Insel verfestigenden Postulat der Türken nach einem *bizonalen Bundesstaat* (zuweilen auch *Staatenbund*), während die griechische Seite eine *bikommunale* Lösung anstrebte, die die Existenz der Insel als Gesamtkörperschaft gewährleistet. In den zusammen mit Makarios vereinbarten vier Richtlinien für weitere interkommunale Verhandlungen stimmte Denktasch am 12. Februar 1977 schließlich einem *bikommunalen* Modell zu.

Am 3. August 1977 starb Erzbischof und Ethnarch Makarios III. Seine kirchliche Nachfolge trat *Erzbischof Chrysostomos* an. Im weltlichen Amt des Präsidenten folgte ihm *Spyros Kyprianou*, dessen *Demokratische Partei* (DIKO) seit den Parlamentswahlen am 5. September 1976 mit 21 Sitzen stärkste Parlamentsfraktion war, gefolgt von der Kommunistischen Partei AKEL mit neun und der Sozialistischen Partei EDEK mit vier Sitzen. Einen Sitz erhielt der Unabhängige Tassos Papadopoulos. Die 15 türkisch-zypriotischen Volksvertretern zustehenden Sitze blieben unbesetzt.

Nach Ablösung der Regierung Demirel in der Türkei durch eine Militärregierung und erneuten Gesprächen zwischen Griechenland und der Türkei auf NATO-Basis zeichnete sich im Herbst 1980 eine Begünstigung der Gesprächslage auf Zypern ab. Bevorzugte Themen waren die einst 25000 Bewohner zählende Hotelstadt Varoscha bei Famagusta, die künftige Verfassung der Republik Zypern, das Problem der Gebiets- und Besitzverteilung zwischen Griechen und Türken und praktische Maßnahmen zur Annäherung zwischen beiden Volksgruppen.

Trotz entspannter Atmosphäre am Verhandlungstisch im Ledra-Hotel blieben die Fronten verhärtet. So sprach Erzbischof

Chrysostomos beim Besuch des griechischen Ministerpräsidenten Papandreou im Jahre 1982 von einer ›Krise des Hellenismus‹ und spielte unverhohlen auf die Enosis an, nachdem sich im Jahr zuvor schon Präsident Kyprianou und der griechische Außenminister seiner Kritik ausgesetzt gesehen hatten, die Teilung der Insel kampflos hinzunehmen. Die türkische Seite zeigte sich hingegen konzessionsbereit. 31369 griechisch-zypriotischen Flüchtlingen sollte nach einem Vorschlag vom Sommer 1981 durch Rückgabe besetzten Gebietes die Rückkehr ermöglicht werden, ein Zugeständnis, das auch noch bei Verhandlungen nach Ausrufung einer unabhängigen ›Türkischen Republik Nordzypern‹ am 15. November 1983 aufrecht erhalten wurde. Nach wie vor beharrte allerdings die rechtmäßige Vertretung der Republik Zypern auf ihrer Position. Mindestens 100000 griechisch-zypriotische Flüchtlinge sollten zudem repatriiert und auch die türkischen Besatzungstruppen abgezogen werden. Denktasch wies die Forderungen Kyprianous mit dem Argument, dies bedeute einen Rückschritt in die Zeit vor 1960, zurück. Er erachtete die Anwesenheit der türkischen Soldaten zum Schutz der eigenen Volksgruppe als notwendig.

Ob mit dieser Besatzungspolitik nicht auch andere, außerhalb Zyperns liegende Ziele verfolgt wurden, muß noch im Bereich der Spekulation bleiben. Zumindest äußerte Turhan Günesch, zum Zeitpunkt der Invasion türkischer Außenminister, 1980 gegenüber der türkischen Zeitschrift ›Hürriyet‹, daß das eigentliche Problem in der Sicherheit der 45 Millionen Türken im Mutterland zusammen mit den Türken auf Zypern sowie in der Aufrechterhaltung des Gleichgewichts im Nahen Osten liege. Eingedenk dessen drängte Papandreou bereits 1982 auf eine Internationalisierung des Zypernproblems, weigerte sich aber gleichzeitig, mit den beiden anderen Garantiemächten Zyperns, Großbritannien und Türkei, in Verhandlungen zu treten. So erschien es fast konsequent, daß, nachdem auch die UN mit einer Resolution im Mai 1983 auf Abzug der türkischen Truppen drängten und Raouf Denktasch daraufhin bereits mit der Unabhängigkeitserklärung gedroht hatte, er diese im selben Jahr noch aussprach.

In der Republik Zypern war mittlerweile *Spyros Kyprianou* erneut für fünf Jahre zum Präsidenten gewählt worden. 56,5% der bei 95prozentiger Wahlbeteiligung abgegebenen Stimmen konnte er auf sich vereinigen. 33,9% erhielt Glafkos Klerides (DISY) und 9,5% Vassos Lyssarides (EDEK). Obwohl er bei der Präsidentschaftswahl mit der Mehrheit der Stimmen bestätigt worden war, sah sich Kyprianou im Parlament gezwungen, ein Bündnis mit der AKEL einzugehen, die 1981 aus den Wahlen als stärkste Parlamentsfraktion (32,8%, zwölf Sitze) hervorgegangen war. Kyprianous eigene Partei DIKO hatte mit 19,5% nur acht Sitze erringen können, die DISY mit 31,9% zwölf Sitze und die EDEK mit 8,2% drei Sitze. Mit der moskauorientierten AKEL (die Sowjetunion drängte ebenfalls auf Internationalisierung des Zypernproblems) glaubte Kyprianou, seine Politik weitgehender Kompromißlosigkeit am ehesten verfolgen zu können. Unterstützung erfuhr er darüber hinaus durch eine vom UN-Sicherheitsrat die DISY mit 13:1:1 Stimmen verabschiedete Resolution, in der auf Antrag Großbritanniens die Proklamation der Unabhängigkeit Nordzyperns für rechtsungültig erklärt wurde. Die Länder der Europäischen Gemeinschaft verurteilten die Vorgehensweise Denktaschs, und auch die USA bedauerten die Entwicklung, wenngleich deren Rolle im Zypernkonflikt am wenigsten durchschaubar bleibt.

Kyprianou, die Politik der Blockfreiheit seines Vorgängers Makarios III. verfolgend, blieb voller Skepsis, auch als Denktasch sich gegen Ende des Jahres 1984 bereit erklärte, Vorschläge des UN-Generalsekretärs *Perez de Cuellar* zu akzeptieren. Kyprianous Haltung resultierte aus der Errichtung eines neuen Militärflughafens bei Geçitkale (Levkoniko) – völlig überdimensioniert für nordzyprische Verhältnisse auf lange Sicht und nach einer Äußerung des türkischen Oppositionsführers vom Mai 1984 nach dem Muster der NATO-Basen in Anatolien errichtet.

Innenpolitisch geriet Kyprianou in immer größere Bedrängnis, nachdem die türkisch-zypriotische Seite durch Akzeptanz der Vorschläge Perez de Cuellars Konzessionsbereitschaft gezeigt hatte. Und nachdem es möglich geworden war, daß sich Weihnachten 1984 eine Gruppe türkisch-zypriotischer Journalisten und Verleger zum Presseball in Nikosia einfinden konnte, signalisierte dies eine deutliche Entspannung, die Anfang 1985 vom UN-Generalsekretär mit den Worten charakterisiert wurde, nie zuvor sei die Kluft so gering gewesen. Ende 1984 hatte Kyprianou die Allianz mit der AKEL aufgekündigt und bemühte sich, die einen gemäßigteren Kurs der Dialogbereitschaft verfolgende DISY des Konservativen Glafkos Klerides zu einem Bündnis zu bewegen. Doch während bei Stagnation der Verhandlungen Denktasch im Norden seine Position zu festigen vermochte, geriet Kyprianou zunehmend in innenpolitische Isolation.

Gelang es Denktasch, über Volksabstimmung eine neue Verfassung zu installieren, die auch nichtzypriotischen Türken das Wahlrecht einräumte, was mit dazu beitrug, daß er am 9. Juni 1985 mit 70,5% der Stimmen zum Präsidenten seines ›Staates‹ gewählt wurde, so zeigte sich in der Republik Zypern im selben Jahr der Unmut über die erfolglose Politik ihres Präsidenten. Bei den nach Parlamentsauflösung erfolgten Neuwahlen konnte der einstige Bündnispartner AKEL nur noch 27% der Stimmen erringen. Kyprianous DIKO erreichte knapp 28%, der Wunschpartner aus dem Lager der Opposition DISY kam auf beachtliche 34%, und auch die EDEK erhielt annähernd 12% der Stimmen. Im Parlament bildeten nun DISY und AKEL ein Aktionsbündnis, und nur die Präsidialverfassung erlaubte dem Präsidenten ein Verbleiben im Amt.

Aber nicht nur im Süden, auch im Norden der Insel hatte sich der Unmut über die ergebnislosen Verhandlungen im Wahlergebnis niedergeschlagen. Zwar war auch Denktasch als Präsident seiner ›Republik‹ bestätigt worden – seine Gegenkandidaten von der Republikanischen Türkischen Partei, *Özker Özgür*, und *Alpay Durduran* von der Kommunalen Befreiungspartei hatten immerhin 8,3% bzw. 9,2% erhalten –, doch bei den Parlamentswahlen im Juni 1985 rutschte Denktaschs Partei der Nationalen Union (UBP) von 42,5% (1981) auf 36,7% der Stimmen, wogegen die republikanische Oppositionspartei CTP von 14,5% (1981) auf 21,3% anstieg. 9% der Stimmen erhielt die ›Partei der Wiedergeburt‹ der anatolischen Siedler.

Ende März 1986 erfolgte ein neuer Vorschlag des UN-Generalsekretärs, dem wiederum ein föderatives Modell zweier Teilstaaten zugrunde lag. Da aber auch diesmal die Frage des türkischen Truppenabzugs ausgeklammert blieb, bestand wenig Hoffnung auf Realisation der, wie Perez de Cuellar es ausgedrückt hatte, ›letzten Chance‹, das Zypernproblem zu lösen.

Erneute Spannungen zwischen Griechenland und der Türkei erschwerten zusätzlich den interkommunalen Dialog, und nach dem Besuch Özals im Inselnorden im Juli 1986 schloß Denktasch, der sich in seinem separatistischen Kurs gestärkt sah, kurzerhand die Grenzübergänge zum Süden der Insel. Die 650 im Norden ihren Dienst versehenden UN-Soldaten waren unversehens von ihrem Hauptquartier abgeschnitten worden. Zur Öffnung, erklärte Denktasch, sei er wieder bereit, wenn seiner ›Republik‹ Anerkennung zuteil würde. Einem erneuten Treffen mit Kyprianou wollte er im November 1986 nur zustimmen, wenn dieser die UN-Vorschläge vom März unterschreibe, wohl wissend, daß das nur geschehen werde, wenn der türkische Truppenabzug geklärt sein würde.

Seit Herbst 1986 wurde im Norden das türkische Truppenkontingent verstärkt. Auch wenn es weniger Soldaten sein mochten, als der Süden mit nunmehr 35000 annahm, so waren es nach Schätzungen des Internationalen Instituts für Strategische Studien (IISS) doch mehr als die von Nordzypern und der Türkei angegebenen 17000 Soldaten. Das IISS ging von 23000, Experten der UNO von jetzt 28000 im Norden der Insel stationierten Soldaten aus. Einen offensichtlichen äußeren Anlaß für diesen Schritt der türkisch-zypriotischen Volksgruppe gab es nicht, es sei denn, die Truppenverstärkung diente nach innen gerichteten Bestrebungen. Bereits 1986 berichteten Korrespondenten von Sorgen der Regierenden in Ankara, die Kommunisten im Inselnorden könnten mit den AKEL-Anhängern im Süden unter Ausnutzung bereits bestehender konspirativer Kontakte über die ›green line‹ hinweg ein wiedervereinigtes unabhängiges Zypern schaffen. Dies würde dann auch der 1986 bekannt gewordenen türkischen Vorstellung einer Freihandelszone nach dem Beispiel Hongkongs unter Einsatz ausländischer Investoren entgegenstehen, einer Maßnahme, die zu der von der Türkei erwünschten finanziellen Unabhängigkeit Nordzyperns führen sollte.

Ein von der Republik Zypern im Sommer 1987 erklärter Verzicht auf eigene Streitkräfte, wenn die Truppen vom Inselnorden abgezogen würden, war resonanzlos geblieben. Kyprianou klagte gegenüber den UN über inzwischen 55000 anatolische Siedler und über eine Erhöhung der Zahl der Panzer im Norden der Insel um 50% auf nunmehr 300. Zwei Hotels in Varosia wurden zu Studentenwohnheimen der neuerrichteten türkisch-zypriotischen Universität von Famagusta/Gazimagoscha umfunktioniert. Türkische wie nordzypriotische Seite batagellisierten: Bei den Siedlern handele es sich um lediglich 40000 ›Saisonarbeiter‹, die Panzer seien Ersatz ausgemusterten Geräts und die Belegung der Hotels eine temporäre Maßnahme. Der UN-Bericht des Jahres 1987 enthält die Klage der Republik Zypern über 85 entweihte orthodoxe Kirchen im Inselnorden. Presseberichten zufolge hat man massenhaft kirchliche und profane Altertümer außer Landes geschafft. Doch dies hatte man offensichtlich auch schon vor der Invasion des Jahres 1974 getan.

Auch die Entwicklung der griechisch-türkischen Beziehungen ließ wenig Hoffnung auf eine für beide Seiten akzeptable Lösung des Zypernkonflikts aufkommen, die nach griechischer Auffassung das Kernproblem bei der Normalisierung der Beziehungen der beiden NATO-Partnerländer darstellt. Nach einem ersten Zusammentreffen der beiden Premierminister, Andreas Papandreou und Turgut Özal, im Februar des Jahres 1986 anläßlich des Genfer Weltwirtschaftsforums war man einmal mehr durch den griechischen Anspruch auf Schürfrechte in der Ägäis an den Rand einer militärischen Auseinandersetzung geraten. Erst das erste formelle Treffen Papandreous und Özals Ende Januar 1988 in Davos ließ Hoffnung auf gegenseitige Annäherung keimen.

Auch im Vorfeld der für den 14. Februar 1988 angesetzten Wahlen in der Republik Zypern sprach tendenziell alles für einen Wahlerfolg der beiden gemäßigten, Gesprächsbereitschaft signalisierenden Bewerber um die Präsidentschaft, des konservativen Glafkos Klerides (DISY), der sich für direkte Verhandlungen einsetzte, und des von der AKEL favorisierten parteilosen Kandidaten *Georgios Vassiliou*, der sich für eine internationale Konferenz ausgesprochen hatte. Mit 27,3% blieb dann auch der bisherige Präsident Kyprianou hinter seinen Mitbewerbern Klerides (33,3%) und Vassiliou (30,1%) zurück. Lyssarides erhielt nur 9,2%. Bei der Stichwahl am 21. Februar 1988 konnte sich Vassiliou mit 51,6% der Stimmen gegenüber 48,4% für Klerides durchsetzen.

Vassiliou erklärte bei der Amtsübernahme am 29. Februar 1988, eine flexiblere Politik betreiben zu wollen, was von Raouf Denktasch mit dem Angebot eines informellen Treffens im UN-Hauptquartier Nikosias honoriert wurde. Die von türkisch-zypriotischer Seite vorgeschlagenen Verhandlungen über wirtschaftliche und kulturelle Fragen und Austauschmöglichkeiten wurden jedoch von Vassiliou mit der an Kyprianou erinnernden starren Haltung, erst ein Rückzug der türkischen Truppen ermögliche einigende Gespräche, zurückgewiesen und seinerseits durch den Vorschlag von Verhand-

Glafkos Klerides, 1988 Mitbewerber zu den Präsidentschaftswahllen und heutiger Präsident

lungen mit dem türkischen Premierminister Özal ersetzt. Dieser jedoch sah seinen Verhandlungspartner in Papandreou, der die Zurückhaltung der Türken nach den ersten Davoser Gesprächen beklagte. Die Außenminister der Europäischen Gemeinschaft bezeichneten die fortdauernde Okkupation Nordzyperns als Belastung des Verhältnisses zwischen EG und Türkei, worauf im Mai 1988 der türkische Außenminister Mesut Yilmaz die Entschlossenheit zur Rücknahme des Beitrittsansuchens in die EG in Aussicht stellte und in einem Presseinterview eine Verquickung des türkischen EG-Beitritts mit der Lage auf Zypern als Verzögerung der Lösung des Zypernproblems darstellte.

Wäre also doch die Türkei der Ansprechpartner bei einer Internationalisierung der Lösung des Zypernproblems? Die verfahrene Situation wurde von Özal anläßlich seines Athenbesuchs im Sommer 1988 zutreffend erfaßt: »Die Zypernbürde scheint zur Zeit sowohl unüberwindbar als auch unumgehbar.« Diese Diagnose traf den Kern der von der politischen Realität immer wieder bestätigten scheinbar ausweglosen Problematik.

Der am 24. August 1988 mit einem ersten Treffen Vassilious und Denktaschs wiederaufgegriffene argumentative Schlagabtausch zwischen griechisch- und türkisch-zypriotischer Seite erschöpfte sich in gegenseitiger Anspruchstellung. Denktasch war nicht bereit, vom Postulat einer paritätischen Anerkennung der von ihm ausgerufenen »Türkischen Republik Nordzypern«, einer dualistischen Staatsstruktur unter Beibehaltung der Bizonalität also, abzurücken. Vassiliou vertrat dagegen die Ansicht, Staatsgrenzen ließen sich nicht mit der Freizügigkeit der Inselbewohner vereinbaren, wobei ihm vor allem die Rückkehr der fast 200000 griechisch-zypriotischen Flüchtlinge vorschwebte. Zudem müßten die türkischen Besatzungstruppen abziehen und die Festlandstürken repatriiert werden. Auch wären internationale Garantien erforderlich und die Grundfreiheiten von Bewegung, Niederlassung und Eigentum zu gewähren.

In den folgenden Monaten bewegte sich jedoch keine der beiden Verhandlungsparteien von den eingenommenen Positionen. Zugeständnisse Denktaschs mußten relativiert werden, da mit ihnen das Beharren auf türkischer Militärpräsenz verknüpft war, deren Aufhebung wiederum eine conditio sine qua non der griechisch-zypriotischen Verhandlungspartner darstellte. Erneute Zusammentreffen der Präsidenten der Republik Zypern mit Denktasch anläßlich der dritten Gesprächsrunde am 10. und 29. Juni 1989 im UN-Hauptquartier im Beisein Perez de Cuellars veranlaßten die griechisch-zypriotische Seite, die Sinnfrage des Dialogs aufzuwerfen, da Denktaschs unversöhnliche Haltung keinerlei substantielle Zugeständnisse einbrachte. Weder vermochte er Vorschlägen des UN-Generalsekretärs zu folgen noch beeindruckten ihn die Resolutionen des UN-Sicherheitsrates.

Offenbar sah Denktasch in dem Popularitätsverlust des seine Pläne unterbindenden türkischen Ministerpräsidenten Özal die Chance zur Durchsetzung der Beibehaltung des status quo; denn es lag auf der Hand, daß dieser nur durch den guten Willen der Türkei aufrechtzuerhalten sei, was den türkisch-zypriotischen Oppositionsführer *Özker Özgür* bewogen hatte, bezüglich Nordzyperns von einem »Verwaltungsbezirk der Türkei« zu reden. Er hatte damit seine Besorgnis über die eklatanten wirtschaftlichen Benachteiligungen des Denktasch-Staates äußern wollen. Das Süd/Nord-Sozialgefälle bringt vor allem das am 4. Juli 1990 auf Anregung Athens von Nikosia eingereichte *Beitrittsgesuch zur Europäischen Gemeinschaft* zum Ausdruck, womit die Republik Zypern mit der Türkei gleichzog.

Der Süden Zyperns hatte von 1985 bis 1987 ein »Wirtschaftswunder« erlebt. Bereits seit 1987 überschritt die Zahl der Touristen dort die Millionengrenze, obgleich sich noch immer 70% der touristischen Einrichtungen im Norden der Insel befanden. Von 1979 bis 1989 wuchs die Handelsflotte von 7,7 auf 18 Mio BRT, 1992 verzeichnete man ein reales Wachstum von 9,2%, eine Inflationsrate von 5% und nur 3% des Sozialprodukts als Haushaltsdefizit. Die 1974 durch den Flüchtlingszustrom bedingte hohe Arbeitslosenquote von 35% sank bis 1992 auf unter 2%.

Der Norden war durch den Verlust der Wirtschaftskraft der mehr als 190 000 in den Süden geflohenen griechisch-zypriotischen Bewohner geschwächt. Daran änderte auch die Zahl von Festlandstürken nichts, die von 65 000 auf inzwischen geschätzte 100 000 angewachsen war. 70 000 türkische Zyprioten hatten nämlich bis 1991 den Inselnorden aus wirtschaftlichen Gründen verlassen. Schon 1986 bestritt die Türkei rund 25% des nordzyprischen Etats. Für 1992 gab die Presse 20% an. Zusammen mit den jährlichen Kreditaufnahmen belief sich die Unterstützung auf etwa die Hälfte des Gesamtetats. Daneben unterhielt die Türkei ihre 35 000 auf der Insel stationierten Soldaten. 70% der Wirtschaft wurden von türkischen Unternehmen kontrolliert. Zwar bemühte man sich, Exportmenge und Tourismusquote zu steigern, doch konnten aufgrund der internationalen diplomatischen

Ächtung des selbstdeklarierten Staates auch immer nur türkische Fluggesellschaften den neu geschaffenen Zivilflughafen Ercan anfliegen. Auch in den Seehäfen von Girne (Kyrenia) und Gazimağusa (Famagusta) legten bisher nur türkische Fähren und nicht etwa Kreuzfahrtschiffe internationaler Reedereien an. Durch die Liquidationskrise des türkisch-zypriotischen Unternehmers Asil Nadir im Jahr 1990 erlitt Denktaschs Wirtschaft einen kräftigen Rückschlag; denn Nadir, der mit Früchten und Elektronik handelte, eine Fluggesellschaft besaß und Zeitschriften herausgab, war Nordzyperns größter privater Arbeitgeber, in dessen Händen sich geschätzte mehr als 25% der Wirtschaftsbetriebe befanden.

Dennoch konnte sich 1990 Denktaschs Nationale Einheitspartei mit 54%, selbst ungeachtet des Vorwurfs der Opposition, Wahlbetrug durch Stimmenkauf mit Nadirs Geldern betrieben zu haben, behaupten. Unterstützung erhielt der politische Kurs Denktaschs wiederum durch Özal, der nunmehr den 18%igen türkischen Bevölkerungsanteil Zyperns nicht als Minderheit, sondern als eigenes türkisches Volk anerkennenswert befand. Insofern erschien 1991 Denktaschs Anspruch auf eine Viererkonferenz, bestehend aus Griechenland, der Türkei, der Republik Zypern und der »Türkischen Republik Nordzypern« als gerechtfertigt, zumal auch US-Präsident George Bush in Verkennung der völkerrechtlich eindeutigen Basis und allen Bemühungen Perez de Cuellars zuwider eine solche Konferenz befürwortete. Der UN-Generalsekretär hatte für Vassilious Teilnahme als Staatsoberhaupt und nicht wie Denktasch als Volksgruppenvertreter plädiert. Dessen Reaktion war vorhersehbar: Sie gipfelte im Dezember 1991 in der Äußerung: »Wir fühlen uns an nichts gebunden, was wir in der Vergangenheit gesagt haben – heute sagen wir nein!« Auch zu diesem Zeitpunkt mochten innenpolitische Schwierigkeiten Özals für Denktaschs diplomatische Entgleisung ausschlaggebend gewesen sein; *Hikmet Cetin* hatte als türkischer Außenminister erklärt, das Zypernproblem sei Angelegenheit der beiden Volksgruppen auf der Insel und sei nur dort durch Verhandlungen zu lösen.

Wie aber sollte dies nach den bisherigen Erfahrungen möglich sein? Im türkisch-zypriotischen Lager sprach alles für eine Beibehaltung des status quo, der weder von der internationalen Staatengemeinschaft noch von der EG-beitrittswilligen Türkei erwünscht war. Entgegen den Erwartungen, die mit dem Fall der Berliner Mauer aufgekeimt waren, rührte sich im Norden Zyperns nichts. Offenbar nährten dort Geschehnisse im Zusammenhang der ethnischen Separation im ehemaligen Jugoslawien die Hoffnung auf Anerkennung als Teilrepublik Nordzypern.

Auch die Versuche des Nachfolgers Perez de Cuellars, *Butros Butros Ghali*, zunächst inoffiziell für eine politisch gleichberechtigte Volksgruppenzugehörigkeit, eine Verminderung des besetzten Gebietes von 37% auf 27% und eine Repatriierung von etwa 90000 griechisch-zypriotischen Bürgern zu plädieren, scheiterten an den ungeklärten Fragen der Entschädigung, des militärischen Abzugs und des Zugeständnisses der Freizügigkeit. Die Konsequenz des Vorschlags Butros Ghalis hatte bedeutet: Abgabe etwa eines Viertels des türkisch besetzten Areals unter Einschluß Varoschas und Morphous sowie Rückgabe einer griechischen Enklave um Dipkarpas (Rizokarpaso) gegen eine türkische südöstlich von Nikosia. Durch die nicht verabredungsgemäße Veröffentlichung der Vorschläge Butros Ghalis durch Denktasch auf einer entsprechenden Zypernkarte war die Vereitelung auch dieses Planes vorprogrammiert: Der türkisch-zypriotische Ministerpräsident *Dervisch Eroglu* widersetzte sich der Räumung von 34 Dörfern des türkisch besetzten Inselteils; es kam zu einer pseudorechtlichen Absicherung der türkisch-zypriotischen (Neu-)Eigner durch Besitzzertifikate über Grund und Boden im Norden der Insel; eine Rücksiedlung der zypriotischen Neubürger nach Anatolien wurde abgelehnt. Der von Butros Ghali vorgeschlagenen Zweizonenrepublik mit einer gemeinsamen Staatsbürgerschaft wird von türkisch-zypriotischer Seite ebenso widersprochen wie einer überproportionalen Beteiligung an der Regierung im türkisch/griechischen Verhältnis 3/7, 5/5, 3/7 hinsichtlich der staatlichen Organe Unterhaus, Oberhaus, Bundesregierung; zudem sollte jeweils eines der drei wichtigsten Ministerien durch einen türkisch-zypriotischen Vertreter besetzt werden.

Das Drängen der UN auf Wiedervereinigung unter Androhung von »Maßnahmen« verhallte indes ohne Resonanz; im Gegenteil: Entgegen der UN-Resolution 550, die besagt, daß sich in Varoscha nur die ursprüngliche Bewohnerschaft ansiedeln dürfe, wurde bekannt, daß der Stadtteil durch türkische Zyprioten besiedelt würde. Denktasch baute offenbar auf die normative Kraft des Faktischen, allerdings verkennend, daß ein Großteil der türkischen Bevölkerung diese Politik mißbilligte.

Im Süden wurden unterdessen Stimmen laut, die – mit der drohenden ungleichen Lastenverteilung in den inzwischen wiedervereinigten deutschen Landesteilen und der Unverhältnismäßigkeit des Pro-Kopfeinkommens auf Zypern von mittlerweile einem zu vier Vierteln (Nord/Süd) vor Augen – eine Vereinigung der Inselteile in Frage stellten. Selbst Vassiliou argwöhnte durchaus realistisch in jenen Tagen: »Was, wenn diese Siedler nach Süden kommen, um hier Arbeit zu suchen?« Denn im Norden wie im Süden der Insel war »unterdessen eine Generation herangewachsen, die die jeweils andere Volksgruppe nur noch aus Schulbüchern und Propagandareden kennt. Und da kommen die anderen immer schlecht weg«, so ein Korrespondentenbericht aus dem Jahr 1988, der zutreffend die von mir auch 1993 noch vorgefundene Situation schildert. Dennoch darf nicht unerwähnt bleiben, daß die von revisionistischen Kräften beider Volksgruppen heraufbeschworene Gegensätzlichkeit von jüngeren, realistisch nach vorn schauenden Volksgruppenzugehörigen inzwischen ganz anders eingeschätzt wurde. So äußerten mir gegenüber als Kinder aus dem Inselnorden geflohene Zyprioten, daß sie sich inzwischen im Inselsüden – trotz der Erinnerungen an ihre Heimat – heimisch fühlten und auch keinerlei Ambitionen besäßen, dorthin zurückzukehren. Ebenso erklärten nicht nur junge türkische Zyprioten, sondern auch auf Zypern ansässig gewordene Festlandstürken ihre Bereitschaft, im Süden der Insel beruflicher Tätigkeit nachgehen zu wollen und vielleicht sogar ihren Wohnsitz dorthin zu verlagern. Das Fazit aus solchen Gesprächen kann nur lauten, daß trotz der vermittelten Vorbehalte ethnischer Natur der Faktor wirtschaftlicher Besserstellung das von Denktasch gehegte nationalistisch-politische Kalkül zu durchbrechen droht.

Realistisch erschien auch die Perspektive, daß bei weiterer Verweigerung einer Annäherung der Positionen die Vereinten Nationen nach Mitte 1993 den Rückzug antreten würden; ihre Truppenkontingentsteller drängten wegen der hohen Unterhaltskosten auf Abzug. Sollte sich der Wunsch nach Beibehaltung des status quo auch auf griechisch-zypriotischer Seite verfestigen? Mit der 1989 beschlossenen *Gründung einer zyprischen Universität* war Furcht um die griechische Identität seitens der konservativen Elite aufgekommen, sah doch der Gründungsbeschluß eine ›Abteilung für türkische Studien‹ vor. War – wie die Presse berichtete – damit eine Infragestellung geltender Prinzipien der zypriotischen Gesellschaft verbunden? Wenn ja, resultierten diese nicht aus der »Angst vieler Konservativer und des Klerus vor dem Verlust des Griechentums«, das sich »... aus der Existenz der türkischen Zyprioten (speist)?« Manifestiert sich hier nicht auch eine »Angst vor einem zypriotischen Bewußtsein«, wie die Gründungspräsidentin *Nelly Tsouyopoulos* mutmaßte?

Die Präsidentenwahl zu Beginn des Jahres 1993, die als Weichenstellung für die Zukunft des Landes galt, schien die Vermutung von Nelly Tsouyopoulos zu bestätigen. Drei der insgesamt fünf Kandidaten waren chancenreich angetreten. Der von der AKEL unterstützte unabhängige Kandidat Vassiliou trat als Befürworter der UN-Vorschläge zur Überwindung der Teilung der Insel im Sinne einer bundesstaatlichen Lösung an. Von Demokraten, Sozialisten und der Kirche ermuntert war der Geschäftsmann *Paschalis Paschalides* angetreten, der, ebenso wie Glafkos Klerides von der rechtsgerichteten DISY und den Liberalen unterstützt, die UN-Vorschläge wegen vermeintlich zu großer Zugeständnisse an die türkisch-zypriotische Seite ablehnte. Wenngleich sich Vassiliou im ersten Wahlgang mit 44,1% der Stimmen gegenüber Klerides mit 38,7% behaupten konnte, gewann dieser die Stichwahl mit 50,3% vor Vassiliou mit 49,7%.

Das knappe Wahlergebnis kennzeichnet die Situation in der Republik Zypern. Das Verhältnis der gemäßigten Kräfte, die auf einen Ausgleich mit der türkisch-zypriotischen Bevölkerung hoffend auf eine bundesstaatliche Einigung hinarbeiten, und der Konservativen, die die UN-Vorschläge ablehnen, ist nahezu identisch. Gleich, welcher Kurs auch eingeschlagen würde, nur etwa die Hälfte der Wählerschaft würde ihn unterstützen.

Politik und Tourismus – Tourismuspolitik

Mehr Anlaß zur Hoffnung auf gesamtgesellschaftlichen Konsens bietet die noch von Vassilious Kabinett ausgearbeitete *Tourismusinitiative* mit dem Motto ›*Mehr Klasse als Masse*‹. Während der Norden der Insel mit wirtschaftlichen Problemen kämpft, der Tourismus als Devisenbringer noch immer stagniert, mußten in der Republik Zypern bereits erste Maßnahmen zur Drosselung des Wachstums zumindest im touristischen Sektor ergriffen werden. Der schon im Juli 1989 erlassene Baustop zur Begrenzung der Bettenkapazität auf 55000 wurde angesichts der auf die 1,5 Millionenmarke zustrebenden Touristenzahl im Jahr 1990 aufgehoben. 1992 hatte die Zahl der Hotelbetten bereits 70000 erreicht, die bis 1994 um weitere 10000 erhöht werden soll. Dann aber, ließ Phryne Michael, Generaldirektorin der zyprischen Fremdenverkehrszentrale, 1993 verlauten, sei »Schluß mit der

Masse«. Die Republik Zypern setzt auf Qualitätstourismus: Ausbau der Marinas, Bau eines Golfplatzes, dem weitere folgen sollen, Agrotourismus. Bei letzterem soll mittels eines Investitionsprogramms zur Erhaltung landestypischer Dorfbilder in traditioneller Bauweise und im Einklang mit der Natur ein Anreiz zur Verlagerung des Tourismus von der Küste in strukturschwache ländliche Regionen geschaffen werden.

Man ist geneigt, hinter dieser Trendwende in einem Wirtschaftsbereich, der 1992 bei 1,7 Mio Touristen mit 605 Mio Zyprischen Pfund immerhin 40% der Devisen eingebracht hat, politisches Kalkül zu vermuten. Der Einbezug der ländlichen Regionen, abseits der Bettenburgen der Tourismuszentren um Paphos, Limassol, Larnaka und Agia Napa, könnte sich nämlich zudem als geschickter Zug im argumentativen Schachspiel um das Los der einstigen Hotelstadt Varoscha bei Famagusta erweisen.

Von Denktasch immer wieder als Joker im Pokerspiel um Anerkennung seines ›Staates‹ eingesetzt, sieht es nun so aus, als sei das griechisch-zypriotische Lager aus diesem Spiel ausgestiegen und setze nun auf eine geistvollere Variante. Gelinde gesagt, wäre es töricht, sähe man in den seit nunmehr zwei Jahrzehnten verrottenden Betonruinen ein lukrativ zu reorganisierendes Potential. Abgesehen vom Wert des Baugrunds an den langgestreckten Sandstränden der Ostküste dürfte sich die dichtbebaute Strandzeile der Hotelstadt Varoscha bestenfalls für Abbruchunternehmen als Goldgrube erweisen; denn welcher Tourist, der die Bausünden anderer Mittelmeeranrainer nicht verziehen hat, würde noch nach Varoscha fahren. Der Intention ›Klasse statt Masse‹ ließe sich in Varoscha nur mit einer völligen Neustrukturierung begegnen – alles übrige wäre Architekturkosmetik mit unabsehbaren Folgen.

Aber auch der Norden begreift allmählich, wie sich, bei Ausweitung der Bettenkapazität von derzeit 6000 auf 10000 in fünf Jahren, neue touristische Zielgruppen erschließen lassen. *Mehmet Bayram*, nordzyprischer Minister für Tourismus, äußerte 1993 vor Journalisten, daß mit Auflagen beim Hotelbau hinsichtlich der Höhe und der Vorschrift zum Bau von Kläranlagen dem Umweltbewußtsein Rechnung getragen werde; den lange Zeit vernachlässigten Kulturschätzen wolle man sich durch Restaurierungsmaßnahmen – nicht nur derer türkisch-zypriotischer Provenienz – und Wiederaufnahme der Ausgrabungen annehmen. Auch hier, sagte er, sei Massentourismus nicht erwünscht.

Einen Sonnenbrand holt sich hier niemand mehr: Strand und Hotels der Bettenburg Varoscha sind seit 1974 verlassen und dem Verfall anheimgegeben

Nähern sich in diesem, für beide Landesteile wichtigen Wirtschaftszweig inhaltlich die Meinungen an, so ist man in allgemeinpolitischer Hinsicht weiterhin unversöhnlich. Anfang März 1993 bat der neue Präsident Glafkos Klerides um Aufschub der Wiedervereinigungsverhandlungen. Er begründete dies mit der Notwendigkeit von mehr Zeit zur Vorbereitung. Als dann der Termin nach zwischenzeitlicher Absage Denktaschs auf den 14. Juni festgelegt wurde, wollte sich dieser durch seinen ›Außenminister‹ *Kenan Atakol* vertreten lassen, was weder auf Zustimmung der UN noch des amtierenden zyprischen Präsidenten traf. Anfang Juli erklärte Denktasch, er wolle sich aus den Verhandlungen ganz zurückziehen, da ihm die ›Regierung‹ des ›Ministerpräsidenten‹ Eroglu keinen Spielraum bei den Verhandlungen gewähre. Spielraum im weiteren Sinne hat aber auch eine andere Institution nicht gewährt. Die EG-Kommission verkündete Ende Juni 1993 in ihrer offiziellen ›Stellungnahme‹ zu dem 1990 erfolgten Aufnahmeantrag der Republik Zypern, erst müßten die politischen Verhältnisse mit dem türkisch besetzten Nordteil der Insel unter UN-Leitung geklärt werden.

Chronologische Übersicht der östlichen Mittelmeerkulturen bis

ZYPERN			3000	2500	2300	2100	2000	1850	1800	1700	1550
5800 Ia	5250 Ib	3500 II	I	II	I	II	III	I	II	III	Ia
vor- keramisch	keramik- führend				früh			mittel			
Neolithikum			Chalkolithikum		Bronzezeit/						

KRETA							
seit 6000	4000	2600 Vorpalastzeit		Alt-		Neu- palastzeit	
		I	II III	I	II	IIIa,b	Ia, b
früh u. mittel	spät	früh		mittel			
Neolithikum		Minoische Zeit					

KYKLADEN				
seit 6000 früh u. mittel	spät	Pelos- gruppe	2250 Syrosgruppe	Agia Irini (Keos) (mittel)
		früh		
Neolithikum		Kykladische Zeit		

GRIECHENLAND							
seit 6000 vor- u. früh- keramisch	4000 Sesklo I - III	Arapi u. Dimini	2500 I	II	III	Mykenische 1900 minyische Keramik	1600 I
früh u. mittel	spät		früh			mittel	
Neolithikum		Helladische Zeit					

ÄGYPTEN					
Prädynastische Zeit	3100 1. - 3. Dynastie urdynast. Zeit	2770 4. - 6. Dynastie Altes Reich	2200 1. Zwischen- periode	2000 11. u. 12. Dynastie Mittl. Reich	1786 2. Zwischen- periode Hyksos

MESOPOTAMIEN							
seit 9000 Neo- lithi- kum	5500 Hassuna, Samarra, Halaf	3300 Sumer, Uruk	Dschemdet Nasr-Zeit	2900 Ur I-Zeit Frühdyna- stische Zeit	2350 Akkad-Zeit	Gudea- u. Ur III-Zeit	Altbabyloni- sche Zeit
	Chalko- lithikum	Früh- geschichtl. Zeit					Alt- und mittelassyrische

zur Zeit der Kreuzzüge

1450 Ib | 1400 IIa | 1300 IIb | 1230 IIIa | 1190 IIIb | 1150 IIIc | 1050 I | 950 II | 850 III | 725 I | 600 II | 475 I | 400 II | 325 I | 150 II | 58 v.Chr. I | 150 II | 250 III | 326 1191; 648 - 965 Arabereinfälle

spät | geo-metrisch | archa-isch | klas-sisch

Kyprische Zeit | Eisenzeit (kypro-)

Nach- | 1150 subminoisch/protogeom.

II | III a - c

spät

Kreto-mykenische Zeit | > Dark Ages <

1400 spät | 1100 proto-geom.

SH III a - c | > Dark Ages<

Geometrische Zeit | Orientalisierender Stil | Archaische Zeit | Klassische Zeit | Hellenistische Zeit | Römische Zeit | Byzantinische Zeit

Zeit

II 1450 | III a - c | proto-geometrisch

spät

> Dark Ages <

1567 18. - 20. Dynastie Neues Reich | 1085 Spätzeit | 332 Griechisch-römische Zeit | 632 Islam

395 Kopt. Christentum

200 Christianisierung

Kassitische Zeit | 1150 Assyrer und Babylonier | 900 Neuassyrische Periode | 609 Neubabyl. Zeit Babyl. u. Meder | 539 Achämeniden | 330 Seleukiden | 250 Parther | 230 Sasa-niden | Islam

Periode

Heilige Hauptstadt aller kyprischen Städte: Paphos

*** 1 Paphos / Ktima, Nea Paphos

(ΠΑΦΟΣ / ΚΤΗΜΑ, Νέα Πάφος, Κάτω Πάφος)

Noch vor zwei Jahrzehnten stellten sich Ktima, die Oberstadt und das antikenträchtige, tourismusverdächtige Anhängsel Kato Paphos dem Besucher als ein verschlafenes Provinzstädtchen dar. Seitdem hat sich jedoch ein radikaler und grundlegender Wandel vollzogen. Paphos hat – wie auch die übrigen zyprischen Städte seit 1974, verstärkt seit Beginn der achtziger Jahre – einen regelrechten Boom erlebt. Dieser resultierte aus dem enormen Ausbau touristischer Kapazitäten. Während Ktima sich vom provinziellen Marktflecken im Westen der Insel zu einem respektablen Wirtschaftszentrum mit einer Vielzahl neuer Geschäftszweige entwickelt hat, avancierte der Ortsteil Kato Paphos zum zentralen Rummelplatz mit Restaurants, Cafés, Tavernen, Diskotheken, Souvenirläden, Boutiquen zwischen den sich weitläufig von Geroskipos bis Kissonerga über die Küstenebene erstreckenden Pensionen und Hotels.

Zwischen dem Dorfkern Kato Paphos und seinem Hafen, der – 1959 so ausgestattet – Jahr für Jahr mehr seiner reizvollen Idylle verliert, erstreckt sich die Hafenpromenade als nicht nur abendliche Flaniermeile. Hier zeigt sich, wer sehen und gesehen werden will, und vergißt nur zu oft, sein automobiles Statussymbol dem Parkplatz zuzusteuern, was den unvermeidlichen Verkehrsstau mit allen unangenehmen Begleiterscheinungen mit sich bringt. Wohl nicht zuletzt deshalb hat sich die Stadtverwaltung entschlossen, den Hafenbereich künftig zur Fußgängerzone umzuwidmen. Wer glaubt, diesem Verkehrschaos in Ktima entgehen zu können, irrt zumindest dann, wenn gegen Mittag die Läden und Büros schließen, am Spätnachmittag wieder öffnen und wenn sich die abendliche Blechkarawane gen Kato Paphos in Bewegung setzt. Für den dort residierenden Urlauber sollte dies Anlaß sein, sich abseits der Hauptverbindungsstraße zu Fuß oder mit dem Fahrrad (keinesfalls mit den mörderisch stinkenden und lärmenden Mopeds!) auf den Weg zu machen.

Ktima birgt bis in die späte Nacht noch einige Reize, die es zu entdecken gilt. Dazu zählen auch winzige, zwischen Werkstätten versteckte Tavernen, in denen Fischer und Handwerker vor Be-

Im Hafen von Paphos dümpeln die Boote der Fischer

ginn ihres Tagwerkes zu einem kräftigenden Imbiß zusammentreffen. Abgesehen davon, daß sich in Ktima die öffentlichen Serviceeinrichtungen für Telekommunikation und Post befinden, bietet die Stadt auch tagsüber eine Vielfalt von Eindrücken. Der Besuch des samstäglichen Marktes, oder – je nach Reisetermin – der Karnevalszug, die mitternächtlichen Gelage in der Osternacht sind Erlebnisse, die sich dem nur im Dunstkreis seines Hotels bewegenden Touristen nicht mitteilen werden.

Auch von seinem Ortsbild her stellt sich Ktima als sehr vielseitig heraus. Neben dem schon erwähnten Markt gibt es Einkaufsstraßen mit Galeriepassagen und inzwischen auch eine leider ganz auf den Tourismus abzielende Fußgängerzone. Einen angenehmen Kontrast bieten das einst von den ein Drittel der Bevölkerung stellenden türkischen Zyprioten bewohnte Areal mit der Moschee und den angrenzenden Werkstattstraßenzügen wie auch die in neoklassizistisch-ionisierender Manier errichteten Repräsentationsbauten des Schul- und Verwaltungszentrums. Außerdem befinden sich in Ktima die sehenswerten Museen.

nach
Coral Bay
0
500 m
Nik Ellinas St.
Athena Street
Fellahoglou St.
Kanaris St.
Zenon St.
Pallikarides
Makarios III Av.
Evagoras
Galatia St.
Gladstone
Georgios Christophorou St.
Pavlos
Apostolos
Avenue
Tombs of the Kings Street
Agios Theodoros St.
25 th March St.
Exo Vrysi St.
Anapafsis St.
Ad. Korais St.
Agapinor St.
Apostolos Pavlos Avenue
1
2
3
4
5
6
7
8
9
10
11
12
13
14
16
17
18
19
20
21
25
26
27
28
29

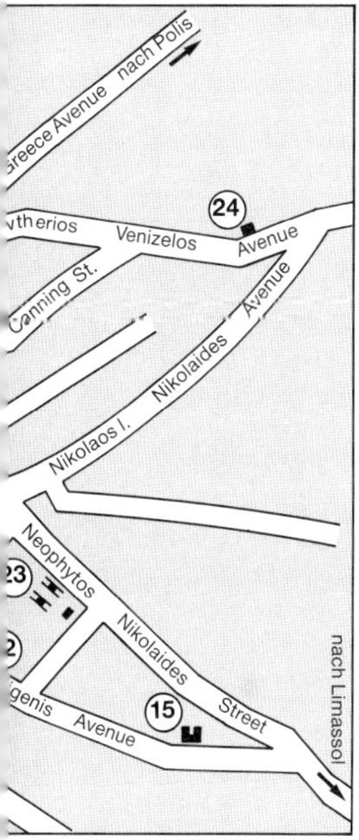

Ktima/Nea Paphos: Stadtplan

Die Ziffern ① bis ⑯ sind im Text beschrieben

- *** ① Königsgräber
- ② Digenis-Fels und Fabrica-Hügel
- ③ Agia Solomoni-Katakomben
- ④ Kathedrale der Lateiner (Franken)
- * ⑤ Römisches Odeon, Agora
- *** ⑥ Haus des Dionysos
- *** ⑦ Haus des Aion, Haus des Orpheus
- *** ⑧ Haus des Theseus
- ⑨ Basilika der Panagia Limeniotissa
- ⑩ Fränkisches Hafenkastell, Mittelalterliche Kastellruine
- * ⑪ Byzantinisches Kastell ›Saranta Kolones‹
- * ⑫ Frühchristliche Basilika, Fränkische Kirche und Säule des Apostels Paulus, Kirche der Kyriaki Chrysopolitissa
- ⑬ Fränkische Bäder
- ⑭ Kirche der Panagia Theoskepasti
- *** ⑮ Archäologisches Distriktmuseum
- * ⑯ Volkskundliche Sammlung G. S. Eliades
- ⑰ Stadthalle und öffentliche Parkanlage
- ⑱ Bischofspalast
- ⑲ Touristenbüro
- ⑳ Stadtbücherei
- ㉑ Polizeistation
- ㉒ Telefon- und Telegrafenamt
- ㉓ Hospital
- ㉔ Jugendherberge
- ㉕ Kebir-Moschee
- ㉖ Städtischer Markt
- ㉗ Distriktverwaltung / Gerichtshof
- ㉘ Postamt
- ㉙ Öffentlicher Badestrand

Geschichte: Die Gründung der Stadt *Nea Paphos* schreibt die Mythologie dem arkadischen König Agapenor von Tegea zu, den es auf der Rückfahrt von Troja durch einen Seesturm nach Zypern verschlagen hatte. Spätbronzezeitliche Funde aus der Gegend von Paläkastro/Maa nordwestlich von Nea Paphos belegen eine Besiedlung der Gegend zu dieser Zeit. Die frühesten zivilisatorischen Relikte des Gebiets um Nea Paphos wurden bei Lempa/Kissonerga *(S. 126)* entdeckt. Während *Paläa Paphos (S. 146)* mit seinem Aphrodite-Heiligtum über mehrere Jahrhunderte dominierte, erlangte das von *Nikokles* gegen Ende des 4. Jh. v. Chr. neu angelegte Nea Paphos erst unter der Herrschaft der Ptolemäer (294–58 v. Chr.) durch seine Nähe zu Alexandria als Hafenstadt Bedeutung. Vom damaligen Wohlstand seiner Bewohner zeugen die im 3. Jh. v. Chr. entstandenen sog. *Königsgräber*.

Zur Zeit der Römer erreichte Nea Paphos seine höchste Blütezeit, die sich unschwer an den erhaltenen Bauten und Kunstwerken ablesen läßt. ›I iera metropolis ton kata Kyprou poleon‹ – ›Heilige Hauptstadt aller kyprischen Städte‹: Diesen Ehrentitel hatte die von den Römern Augusta Claudia Flavia genannte Stadt seit der Herrschaft des Kaisers Septimius Severus (193–211) getragen. Es dürfte damit sowohl die heutige Stadt Nea Paphos als auch das östlich gelegene Paläa Paphos *(S. 146)* in seiner Eigenschaft als Aphrodite-Heiligtum bezeichnet worden sein. Augustus hatte Paläa Paphos nach einem Erdbeben im Jahre 15 v. Chr. wiedererrichtet. Der Name des Ortes *Geroskipos* (S. 144, zwischen Nea und Paläa Paphos) deutet noch auf einen alten (geros) oder heiligen (ïeros) Garten hin. Bekannt ist, daß die Pilgerschar in einer Prozession von Nea Paphos aus den Weg durch den heiligen Hain zum Heiligtum antrat.

Die christliche Glaubenslehre gelangte schon früh nach Paphos. Als *Paulus* und *Barnabas* auf ihrer Missionsreise im Jahre 46 n. Chr. in der Stadt ankamen, wurden sie vom römischen Proconsul Sergius Paulus vorgeladen. Die Apostelgeschichte berichtet, daß Paulus in einem Disput den in orientalischen Lehren bewanderten Juden Elymas mit Blindheit schlug. Dies und die überzeugende Rede des Paulus bewogen den Proconsul, den christlichen Glauben anzunehmen.

In den Jahren 332 und 342 n. Chr. verwüsteten schwere Erdbeben das Stadtgebiet, das im Gegensatz zu Salamis *(S. 290)* nicht wiederaufgebaut wurde. Zeugen des Verbleibens in ruinösem Zustand sind die beim Bau der byzantinischen Festung *Saranta Kolones* verwendeten 40 Säulen eines römischen Palastes oder der Agora. Mit eher provinziellem Charakter überlebte Paphos bis ins Zeitalter der Kreuzzüge. Nachdem es 1197 durch Amaury de Lusignan zum römisch-katholischen Bischofssitz erklärt worden war, erlebte die Stadt einen neuen Aufstieg, der sich im Bau westlicher Kirchen niederschlug. Von diesen ebenso wie von den Bauten der frühchristlichen Zeit sind nur spärliche Überreste erhalten. Erdbeben, Überfälle der Sarazenen und Epidemien führten schließlich zur Aufgabe der Stadt an der Küste. Auf dem etwa 3 km landeinwärts gelegenen Hochplateau entstand das heutige *Ktima* (= Domäne; königliche Domäne zur Zeit der Franken).

Für beide Ortsteile ließen sich in verschiedener Abfolge Rundgänge empfehlen. Die nachfolgenden Beschreibungen der Altertümer möchten – auch in ihrer Wertung – als Anhalt dienen. Allein für den Besuch der Museen und wichtigsten Monumente von Nea Paphos sollte man einen ganzen Tag einplanen.

*** Königsgräber ① *(s. a. Abb. auf S. 49)*

Auf halber Wegstrecke zwischen Ktima und Kato Paphos führt eine Straße etwa 2,5 km nach Nordwesten zu den sog. Königsgräbern (Wegweiser: Tombs of the Kings). Diese Bezeichnung

Zwei Cippen, in den Fels gearbeitete Nachbildungen von Grabsteinen, flankieren den Eingang zu einem der ›Königsgräber‹ von Nea Paphos

basiert auf einem Irrtum: denn zur Zeit der Ptolemäer (294–58 v. Chr.) existierten die Stadtkönigtümer auf Zypern nicht mehr. Vermutlich aus dem 3. Jh. v. Chr. stammend, zeugen sie vom Wohlstand der sich am Lebensstandard Alexandrias und an ägyptischen Vorbildern orientierenden Bewohner der Stadt. Von den architektonischen Details her verfügen sie jedoch über rein griechisches Formengut. Von weitem nur als rechteckige Aussparung im Fels zu erkennen, führen Stufen-Dromoi in ein atriumartiges Peristyl. Die aus gewachsenem Stein belassenen rechteckigen Pfeiler oder dorischen Säulen setzen sich nach oben hin fort in ein horizontal abschließendes ungegliedertes Gebälk oder einen Architrav mit daraufliegendem, ebenfalls in den Fels geschnittenen Metopen-Triglyphen-Fries. Eine regelmäßige Aussparung im Fels oberhalb des Gebalks darf als Lager für eine einst vorhandene Abdeckung der Anlage angesehen werden. Diese war für Mehrfachbestattungen vorgesehen; denn von dem Peristyl aus führen Eingänge zunächst in Vorkammern, von denen ein vielfältiges System einzelner oder ineinander übergehender Grabkammern ausgeht. Vom Typus der Peristylgräber weicht neben dem teils oberirdisch angelegten Kammergrab in der Nähe des Zugangs zum Gräberareal vor allem das jenseits des Platzes im Zentrum der Anlage liegende Grab ab. Es steht als mächtiger Block inmitten eines in den Fels gearbeiteten Hofes und weist deutlicher noch als die Peristylgräber durch seine Blockhaftigkeit auf die Vorbilder der Mustafa Pascha-Nekropole in Alexandria hin. Als weitere Besonderheit und in dieser Form bisher einmalig auf Zypern stellte sich der 1983 im Norden der Nekropole entdeckte Gräberkomplex heraus. Hier mündet ein 20 m langer Stufendromos in das Peristyl. Wie auch einige andere Gräber verfügte dieses über eine reiche Stuckverzierung. Ein Bezug zu Alexandria als Vermittlerin wird hier ebenfalls angenommen, wenngleich mazedonische Gräber Vorbild waren. Die Kammern wurden vermutlich schon in römischer Zeit ihres Inhalts beraubt. Die Spuren von Kreuzzeichen an einigen Stellen lassen jedoch auf eine Wiederverwendung der Gräber in frühchristlicher Zeit, der Fund eines mittelalterlichen Töpferofens auf spätere profane Nutzung schließen.

Digenis-Fels und Fabrica-Hügel ②

Kommt man von den Königsgräbern zurück zur *Apostolos Pavlos Avenue*, stößt man auf der gegenüberliegenden Straßenseite in Richtung Kato Paphos auf die Anhöhe des Fabrica-Hügels.

Der Volksmund verbindet den Felsen mit der Sage der byzantinischen Helden *Digenis* und Königin *Regaena*. Diese hatte Digenis Erhörung versprochen, wenn er ihr Wasser von der Pentadaktylos-Gebirgskette hole. Unter größten Mühen vollbrachte Digenis die Tat, erntete von der Königin jedoch nur Spott. Erbost schleuderte er einen riesigen Felsblock auf den Palast der Regaena, die ihrerseits mit ihrer Spindel nach ihm warf. Die Felsen des Fabrica-Hügels sollen das Wurfgeschoß des Digenis gewesen sein, wogegen eine unterhalb der Stadt Ktima im Feld gefundene Granitsäule die versteinerte Spindel der Regaena darstelle.

Der Hügel erhielt seinen Namen wohl in der Spätantike oder im lateinischen Mittelalter; denn *fabrica* hieß damals Bauhütte, und diese benötigte man auch innerhalb der Stadtbefestigung. Reste der antiken Stadtmauer beziehen einen Teil des Höhenzugs in das Stadtgebiet mit ein. Wie auch an einigen Felsen in der Nähe der Königsgräber sind hier deutlich Spuren der Löcher zu sehen, in die einst Holzkeile getrieben wurden, die nach Anfeuchtung und Aufquellen den Steinblock absprengten. Das Vorkommen hellenistischer Kammergräber in dem Hügel deutet auf eine Verwendung als Steinbruch erst in römischer Zeit. Dies bestätigen auch das noch unausgegrabene Koilon eines vermutlich hellenistischen Theaters am Südostabhang des Fabrica-Hügels sowie die oberhalb gefundenen Fundamentreste, die möglicherweise den für Nea-Paphos bezeugten Aphrodite-Tempel trugen.

Diese Früchte trägt der Baum zu jeder Jahreszeit: Mit einer Bitte an den Heiligen werden die Äste mit Tuchfetzen behängt

Ebenfalls auf der Ostseite der Apostolos Pavlos Avenue kurz unterhalb des Fabrica-Hügels in Richtung Hafen markiert neben dem Hinweisschild ein mit Tuchfetzen behängter Feigenbaum die **Agia Solomoni-Katakomben** ③. Ihr Ursprung geht vermutlich auf die hellenistische Zeit zurück. Einer einheimischen Überlieferung zufolge ist die Anlage einst jüdische Synagoge gewesen. Umgewandelt in ein christliches Heiligtum, erfuhr die ›Kapelle‹ im 12. Jh. eine Ausschmückung mit Fresken, die jedoch z. T. durch eingedrungenes Regenwasser und Namensritzungen der Besucher – Kreuzfahrer aus dem 13. Jh. befanden sich bereits darunter – stark zerstört sind. Eine Treppe führt vom Innenhof der Anlage einige Meter tief zu einem Brunnen, dem heilende Wirkung bei Augenleiden nachgesagt wird. In diesen Zusammenhang gehören die an den Feigenbaum gehefteten Tücher als Bitt- und Dankesgaben an die hl. Solomoni (Hannah), deren Fest die orthodoxe Kirche am 1. August feiert.

Die im 13. Jh. erbaute **Kathedrale der Lateiner** ④ steht ein weiteres Stück näher zum Hafen hin unmittelbar hinter einer Wegabzweigung nach Westen (Agias Gelatianis Str.). Sie ist der einzig sichtbare Rest der Kathedrale des römisch-katholischen Bistums Paphos zur Zeit Amaurys de Lusignan. Außer der turmartig in die Höhe ragenden Südwestecke des in gotischem Stil errichteten Baues sind lediglich Teile des Fundaments ausgegraben, jedoch schwer zugänglich.

* Römisches Odeon und Agora ⑤

Gegenüber den Agia Solomoni-Katakomben führt die Straße nach Westen zum Leuchtturm und der antiken *Akropolis* der Stadt. Von deren Spitze leiten in den Fels gehauene Stufen hinunter zu dem sich an den Osthang lehnenden *römischen Odeon*, dessen Koilon und Teile der Paradoi (seitliche Zugänge zu Proskenion und Orchestra) sowie Fundamente der Skene, des Bühnenhauses, in den letzten Jahren restauriert wurden. Nach dieser Maßnahme verfügte das Odeon – mit einem äußeren Durchmesser von 47,50 m und einem Orchestradurchmesser von 11,30 m – im unteren Teil bis zum Diazoma (Horizontalumgang) über fünf durch vier Treppenaufgänge getrennte Kerkides (Abschnitte des Zuschauerraums). Das Diazoma befand sich, etwa dem heutigen Wiederaufbau entsprechend, wahrscheinlich oberhalb der 12. Sitzreihe. Der Aufbau oberhalb des Diazoma muß aufgrund des schlechten Erhaltungszustandes reine Hypothese bleiben. Die Außenfassade des Odeons schloß nach Osten hin zum Gymnasium ab.

Wie das Theater im 2. Jh. n. Chr. erbaut, umfaßte das Gymnasium als Teil der *Agora* ein Peristylquadrat von 95 m Seitenlänge, dessen Fundamente erhalten sind. Die Ostfront der Platzanlage gibt Aufschluß über den weiteren Aufbau; denn hier ist noch das Stylobat des Säulenumgangs zu erkennen, zu dem drei Stufen emporführten. Die Säulen bestanden aus grauem Granit und trugen korinthische Kapitelle aus weißem Marmor, von denen eines erhalten ist. Verschiedene kaiserzeitlich-barock verkröpfte Gebälkstücke könnten auch Bestandteil der Odeonsfassade gewesen sein.

Südlich des Odeons und an die Südwestecke der Agora anschließend, entdeckte man einen Gebäudekomplex, der als Asklepieion identifiziert wurde. Ein langer Durchgang verbindet dieses mit dem Odeon, was das gleiche Entstehungsdatum nahelegt. Die Ausgrabungen in diesem Bereich werden weitergeführt, so daß neue Aufschlüsse erwartet werden können.

*** Haus des Dionysos ⑥

Auf halbem Wege zwischen Leuchtturm und Hafen liegt das Haus des Dionysos; vom Hafen aus erreichbar an der Basilika der Panagia Limeniotissa hinter den Hafentavernen vorbei nach Nordwesten oder vom byzantinischen Kastell Saranta Kolones nach Westen. Von weitem erkennt man schon das rote Dach des Witterungsschutzes.

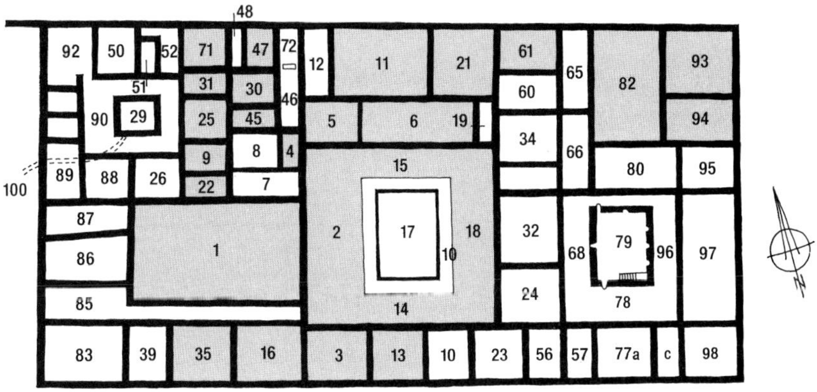

Ktima: Haus des Dionysos, Orientierungsplan (nach Nikolaou)

Im Jahre 1962 bei Erdarbeiten zufällig entdeckt, wurden die Fundamente und Mosaiken in mehreren Grabungskampagnen in den Folgejahren ausgegraben. Der Grabungsbefund ergab, daß das Haus des Dionysos auf den Fundamenten eines Vorläuferbaues errichtet worden war. Ein in 40 cm Tiefe am Nordrand des Raumes 23 zutage gebrachter Schatz von 2484 Silber-Tetradrachmen aus der Zeit von 204–88 v. Chr. wurde möglicherweise anläßlich der Besetzung Zyperns durch die Römer im Jahre 58 v. Chr. vergraben. Von den späteren Hauseignern blieb er unentdeckt. Der Vorläuferbau muß im frühen 2. Jh. n. Chr. durch ein Erdbeben zerstört worden sein, denn man fand unter einer umgestürzten Wand das Skelett eines Mannes, der einen Leinenbeutel mit Münzen wohl aus der Zeit von Augustus bis Hadrian bei sich trug.

Das heute in severische Zeit (seit 193 v. Chr.) datierte Haus des Dionysos war ein Atriumhaus mit zentraler Hofanlage mit Peristyl (**2, 14, 15, 18**). Dessen Dach leitete das Regenwasser in den als Impluvium bezeichneten Innenhof (**17**). Der Westteil der Anlage wurde vom Tablinum (**1**) dominiert, einer Art Empfangshalle, um die sich Werkstätten (**22, 9, 25, 31, 71**), Küchen (**45, 30, 47**) und andere Versorgungsräume gliederten. Dort befand sich auch der Ausgang zum westlich anschließenden Garten. Östliches Pendant zum Tablinum bildete ein Wasserbecken (**79**), um dessen Peristyl Schlaf- (**82, 93, 94**) und Baderäume (**61**) angeordnet waren. Die großartigen vielfarbigen Mosaiken der für Gäste zugänglichen Räume spiegeln in ihrer thematischen Vielfalt den hohen Bildungsgrad des Auftraggebers und in der Ausführung großes künstlerisches Vermögen wider.

Beim Betreten des Hauses wurde dem Gast ein in den Boden eingelassenes CHAIRE (= Sei gegrüßt!) entboten und mit den Worten KAI SI (= Auch Du!) gleich erwidert. Die Grußformeln

Bodenmosaik im Haus des Dionysos: ›Ikarios‹ und ›die ersten Weintrinker‹

umgeben Jahreszeitenallegorien und Tierdarstellungen (**16**). Im westlich anschließenden Nebenraum betrachtet ›Narziß‹ selbstverliebt sein Spiegelbild (**35**). Die große Empfangshalle führt mit ihren Mosaiken den Besucher ins Reich des *Dionysos*, des Gottes des Weines und ausgelassener Gelage. Szenen der Weinlese und der sog. ›Triumph des Dionysos‹ *(Abb. S. 52/53)*, der Gott auf dem von Panthern gezogenen Wagen umgeben von seinem Gefolge, werden thematisiert (**1**). Tritt man vom Tablinum ins Peristyl, trifft man zunächst auf mythologische Szenen, von denen nicht nur die Darstellungen von ›Dionysos und Akme‹, sondern auch die unheilvolle Geschichte des *Ikarios* thematisch an den Triumph des Dionysos anschließen. Ikarios, ein attischer König, hier mit seinem Ochsengespann, war von Dionysos aus Dankbarkeit für die ihm gewährte Gastfreundschaft in die Geheimnisse des Weinbaus eingeführt worden. OI PROTOI OINON PIONTES (= die ersten Weintrinker), zwei Hirten, von zuviel Wein betrunken, glaubten sich von Ikarios vergiftet und brachten ihn deshalb um. Weiterhin sind ›Pyramos und Thisbe‹, ›Poseidon und Amymone‹ sowie ›Apollon und Daphne‹ zusammen mit deren Vater, dem thessalischen Flußgott Peneios zu sehen (**2**). Die übrigen, den Innenhof umgebenden Mosaiken zeigen Jagdszenen (**14, 15, 18**). Im Süden wird das Peristyl von Räumen mit Pfauendarstellung und geometrischen Mustern (**3, 13**) und im Norden von ›Hippolytos und Phaedra‹ (**5**) und wiederum geometrischem Flächendekor (**6**) flankiert. ›Zeus, der als Adler den Knaben Ganymed als Mundschenk in den Olymp entführt‹, schließt als letztes figürliches Mosaik wieder an den Kreis dionysischer Darstellungen an (**21**).

*** Haus des Aion und Haus des Orpheus ⑦

Östlich des Hauses des Theseus ist das polnische Archäologenteam um W. A. Daszewski 1983 auf einen weiteren sehr gut erhaltenen Mosaikenzyklus gestoßen. Das auf der gegenüberliegenden Seite des römischen Straßenverlaufs liegende, teilweise restaurierte und mit dem spätrömischen Palast zeitgleiche Gebäude wurde nach der zentralen Figurengruppe im Hauptbildfeld **Haus des Aion** genannt.

Gerahmt von Bodenplatten in Reticulatummanier und flankiert von zwei quadratischen Ornamentfeldern mit Kassettenmotiven, erstrecken sich innerhalb üppiger Rahmenmotive drei Bildstreifen von ca. 390x130 cm. Jeweils der obere und untere sind nochmals in ein linkes und rechtes Bildfeld halbiert. Von links nach rechts betrachtet, bereitet sich auf dem ersten Bildfeld Leda auf ihr Bad im Fluß Eurotas vor. Ihr zur Seite erscheint Zeus in Gestalt des Schwanes. Hinterfangen wird die Szene von jungen Spartanerinnen und den Personifikationen Lakedämoniens und des Eurotas. Auf dem folgenden Bild wird der kleine Dionysos, noch auf dem Schoß des Hermes sitzend, von diesem dem Silen Tropheus und den Nymphen vom Berge Nysa zur Erziehung übergeben.

Aion, der dem Gebäude den Namen gab, fungiert auf dem mittleren Bildstreifen als unbestechlicher und überzeitlicher Schiedsrichter in der Schönheitskonkurrenz zwischen Kassiopeia und den Nereiden Doris, Thetis und Galatea. Kassiopeia, als Siegerin aus dem Wettbewerb hervorgegangen, wird von Krisis die Krone aufgesetzt und durch Helios, Zeus und Athena gehuldigt.

Im unteren Bildstreifen schließt ein ›Triumphzug des jugendlichen Dionysos‹ an, dessen Wagen von zwei Kentauren gezogen wird. Der kleine Satyr Skirtios reicht ihm frische Früchte. Voraus zieht dem Gespann eine Mänade, ein Silen – Tropheus auf einem Esel – folgt, begleitet von einer jugendlichen Liknophore. Die Szene entspricht Darstellungen auf Sarkophagen mit dionysischer Thematik. Das abschließende Bildfeld gibt den Ausgang des musikalischen Wettstreits zwischen dem Lyra spielenden Gott Apollon und dem Flötenspieler Marsyas, einem Satyr, wieder. Apollon übergibt Marsyas einer Gruppe von Skythen, die im Begriff sind, die Bestrafung des Herausforderers und Verlierers Marsyas vorzunehmen, während Olympos, ein junger Schüler des Marsyas, Apollon um Gnade anfleht.

Spätrömisches Fußbodenmosaik in der Aula im Haus des Aion in Nea Paphos: Die Nereiden Doris, Thetis und Galatea bei einem Schönheitswettbewerb

Von der Sicherheit der Ausführung in Komposition, Lineament und Kolorit her ist dieser Mosaikzyklus den qualitativ besten Arbeiten der spätantiken Mosaikkunst der sog. konstantinischen Renaissance zuzurechnen. Auch die Komplexität des geistigen Gehalts der Szenenfolge, der Widerstreit orphisch-neoplatonischen und dionysischen Erlösungsdenkens entspricht der hohen gestalterischen Leistung. Der kleine Dionysos auf den Knien des Hermes (mit Gloriole) bildet eine ikonografische Parallele zu der Darstellung des kleinen Christus auf den Knien Mariens.

Stilistische Nähe (Übergangsstil vom 2. zum 3. Jh. n. Chr.) zu den Mosaiken des Hauses des Dionysos weisen die nördlich gelegenen Mosaiken des **Hauses des Orpheus** auf.

Neben einer Amazone mit ihrem Pferd findet man eine Darstellung ›Herakles' im Kampf mit dem nemeischen Löwen‹ (daher die frühere Bezeichnung *Haus des Herakles*). Die außerordentliche Größe wie auch qualitative Merkmale haben jedoch den von wilden Tieren umgebenen, auf einem Felsen sitzend Lyra spielenden Orpheus mit phrygischer Mütze zum Namensgeber werden lassen. Auch dieses Motiv hat seine Fortsetzung im Harfe spielenden David der christlichen Ikonografie gefunden. Bemerkenswert ist eine Inschrift unterhalb des Orpheus, die einen ›musivarius‹ nennt. Ob es sich dabei um den Eigner des Hauses oder den Künstler handelt, wird von der Forschung offen gelassen. In letzterem Falle wäre es jedoch die erste Künstlersignatur auf einem zyprischen Mosaik.

*** Haus des Theseus ⑧

Etwa 100 m südwestlich vom Haus des Dionysos befindet sich ein 1966 von polnischen Archäologen ausgegrabenes Areal, das nun als Sitz der römischen Proconsuln auf Zypern gesichert zu sein scheint. Es handelt sich um eine vierflügelige Anlage, in deren Zentrum sich ein Hof mit annähernd 60 m Seitenlänge befindet. Nach einem Mosaik in einem seiner Räume wird dieser Palast auch Haus des Theseus genannt. Obwohl als Residenz nur kurze Zeit benutzt, zeugen Funde im Areal des Palastes von einer längeren Siedlungs- und Nutzungsphase des Platzes. Münzen aus der Zeit Ptolemaios I. Soter und zeitgenössische Keramik belegen die Bebauung seit dem späten 4. Jh. v. Chr.

Auch wenn der Mauerverlauf im Nordflügel der rechteckigen Anlage noch nicht endgültig geklärt ist, so ist doch ein nahezu lückenloser Überblick über die einzelnen Gebäudeteile möglich. Die Ausgrabungen setzten im Nordwestflügel an und brachten mehrere kleine, z. T. auf früheren Mauerzügen liegende Räume zutage, die vermutlich *Bewirtschaftungszwecken* dienten (Raum **1–17**). Einige Räume an der Westseite des im Westen, Süden und Osten peristylartigen Innenhofes müssen *kultischen Zwecken* gedient haben. Darauf weisen die in den Räumen **18** und **19** gefundenen Skulpturen hin. Marmorstatuetten von Asklepios, Herakles, Dionysos, zwei Statuetten der Aphrodite, die stilistisch der sog. ›Aphrodite von Soli‹ nahekommen, sowie der Kopf einer Persephonestatue wurden in diesem Bereich gefunden. Die Statuetten sind zwischen 30 und 60 cm groß, wogegen der Persephonekopf mit 19 cm Höhe schon der Großplastik zuzurechnen ist. Ebenfalls zur Großplastik zählt ein bis auf Kopf, Hände und Unterschenkel erhaltener Torso der ›bewaffneten Aphrodite‹ mit einer Höhe von 91 cm, in dessen Nähe auch ein 22,5 cm großer Kopf der Isis lag (im Portiko **5**, zwischen Raum **1** und **16**). Die Räume südlich des Korridors (**22**) dienten wiederum der Bewirtschaftung. Eine Ausnahme ist Raum **76**. Der Südflügel bildete in der Breite des Portiko des Peristyls das *Verwaltungs- und Repräsentationszentrum*, worauf vor allem die basilikale Anlage der Haupthalle (Aula, **40**) mit ihrem apsidialen Abschluß (**39**) und den angrenzenden Räumen hinweist. Der Grabungsbefund

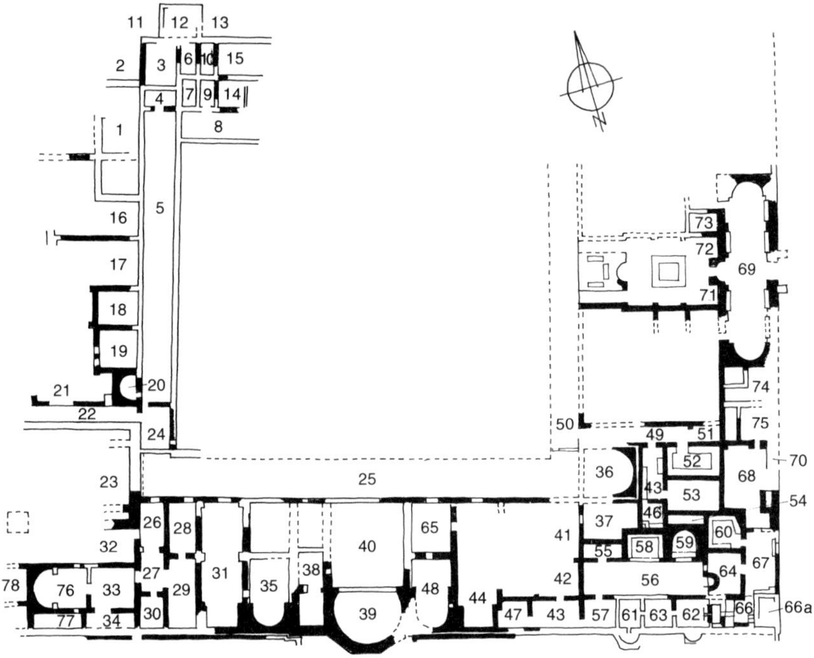

Ktima: Haus des Theseus, Orientierungsplan (nach Daszewski)

der Südostecke ermittelte eindeutig eine *Thermenanlage*, wogegen der Ostflügel eine großzügige *Eingangshalle* (**69**) mit anschließendem *Atrium* (**71** und **72**), *Warteräume*, eine große *Latrine* (**52**) und einen wohl auch kultischen Zwecken dienenden Raum (**36**) enthielt.

Die Thermen: Über die Anordnung der Räume der Thermenanlage läßt sich zugleich der Ablauf der Badeprozedur nachvollziehen. Die Badeanlage des Palastes von Paphos war für die Bewohner der Stadt und des Palastes gleichermaßen zugänglich. Man betrat die Anlage von außen durch die *Eingangshalle* (**67**), vom Palast aus durch Raum **43**. Beiden Räumen schloß sich ein *Apodyterium* (Auskleideraum) an (**64** und **57**). Von diesen aus gelangte man ins *Frigidarium* (**56**), den großen zentralen Kaltbaderaum, der über ein kleines Fußbecken – zum Apodyterium (**64**) hin – und zwei Kaltwasserbassins (**58** und **59**) verfügte, von denen vermutlich eines lauwarmes Wasser enthielt. Vom *Frigidarium* begab man sich ins *Tepidarium* (**61**), einen mäßig erwärmten Durchgangsraum. Von dort gelangte man in den Warmraum, das *Sudatorium* (**63**), an dessen Aufenthalt sich das Warmwasserbad im *Caldarium* (**62**) anschloß. In der apsidialen Ausbuchtung im Süden des Caldariums konnten kalte Waschungen vorgenommen werden. Nun wurde der Rückweg ins Frigidarium angetreten, in dessen Nebenraum, dem *Unctuarium* (**55**), man vor Verlassen der

Anlage noch Massagen und Salbungen bekommen konnte. Beheizt wurden die Thermen im *Praefurnium* (**66**), das nach Süden einen Zugang besaß, durch den die Heizmaterialien hineingeschafft wurden. Durch *Hypocausten*, die Unterflurheizung, zog die Wärme durch die anschließenden Räume, die gemäß der abnehmenden Hitze (**62, 63, 61**) genutzt waren. Den Raum neben dem Praefurnium nahm ein *Wasserreservoir* (**66 a**) ein.

Die Mosaiken: Neben mehreren Fußbodenmosaiken mit geometrischen Mustern blieben auch drei figurale Mosaiken erhalten. In **Raum 36**, am Ostende des Südportikus des Innenhofes, liegt das Mosaik mit der Darstellung des Kampfes ›Theseus gegen den Minotaurus‹. Theseus holt mit erhobener Rechter zum Schlag gegen den rechts unterhalb im Bild stark zerstörten Minotaurus aus. Darüber sieht man die weibliche Personifikation der Insel Kreta als Halbfigur. Links von Theseus blickt Ariadne auf das Geschehen herab. Unter ihr erkennt man eine männliche liegende Figur: das Labyrinth.

Aula (40): Ein Bildfries mit Leoparden, Löwen und Bären jagenden Eroten grenzt vier Bildfelder ein. Es ist anzunehmen, daß die drei zerstörten Bilder auch dem einzig erhaltenen zuzurechnen sind: der ›Sage des Achilleus‹. Das zur Apsis (**39**) des Raumes gelegene Bildfeld zeigt ›das erste Bad nach der Geburt des Achilleus‹. Von links ausgehend sind dargestellt: die eine Kanne Wasser (des Styx?) herbeitragende Anbrosia; vor ihr sitzt die Amme Anatrophe, die den Knaben Achilleus auf ihrem Schoß trägt. Oberhalb des anschließenden, im Vordergrund stehenden Beckens ruht die Mutter Thetis auf einer Lagerstatt. Neben Thetis sitzt im Vordergrund der Vater Peleus mit Zepter auf einem Thron. Hinter ihm stehen nach rechts hin aufgereiht die drei Moiren, die Schicksalsgöttinnen Klotho, Lachesis und Atropos. Gerade in spätrömischer Zeit ist die Darstellung des ersten Bades nach der Geburt ein gebräuchliches Thema der Bildkunst. Ikonologisch stellt es den Vorläufer zur Darstellung der Geburt Christi dar, der in einer Nebenszene meist auch die erste Waschung beigegeben ist. Abgesehen vom eigentlichen erzählerischen Inhalt des Mythos von Achilleus kommt noch ein für die Spätantike bezeichnendes dialektisches Element in diesem Mosaikbild zum Ausdruck; die linke Bildhälfte ist dem Gedanken der *Unsterblichkeit* gewidmet: Indem Thetis Achilleus in das Wasser des Styx tauchte, verlieh sie ihm – bis auf die Ferse, an der sie ihn festhielt – Unsterblichkeit. Der Makel, der Achilleus durch seine verletzbare Ferse anhaftete, wird in der rechten Bildhälfte durch das Erscheinen der drei Moiren verdeutlicht, die die *Unausweichbarkeit des Schicksals* darstellen.

Das dritte erhaltene Mosaik liegt in dem von Bewirtschaftungsräumen umgebenen **Raum 76**. Eingerahmt von verschiedenen geometrischen Mosaikmustern, sind Poseidon und die sich kokettierend an ihn schmiegende Amphitrite auf dessen Hippokampos (ein Pferd, das von der Brust an abwärts einem Seeungeheuer gleicht) dargestellt. Über der Gruppe schweben zwei einen Tuchbausch tragende Eroten.

Basilika der Panagia Limeniotissa ⑨

Unmittelbar hinter den Hafentavernen, links der Straße zu den römischen Mosaiken ⑥, liegen die Fundamentreste der Basilika Limeniotissa (Unsrer lieben Frau des Hafens) aus dem frühen 5. Jh. n. Chr. Der Bau wurde bei den ersten arabischen Übergriffen im 7. Jh. zerstört. Eine beträchtliche Anzahl arabischer Inschriften auf den Säulenschäften belegen die Nutzung dieser Stätte durch die Invasoren in der 2. Hälfte des 7. Jh. In späterer Zeit, vermutlich nach 965 n. Chr., entstand ein zweiter, kleinerer Bau auf den Ruinen, der nach Berichten des hl. Neophytos bei dem Erdbeben im Jahre 1159 zerstört wurde. Nur wenige Fragmente monolither Säulen, korinthisierende Kapitelle und an einigen Stellen erhaltener Mosaikboden, in dem u. a. im Haus des Theseus verwendete geometrische Motive erscheinen, zeugen von der einstigen Innenausstattung der Basilika.

Fränkisches Hafenkastell und mittelalterliche Kastellruine ⑩

Dort, wo im Westen des Hafens von Nea Paphos einst die Stadtmauer der antiken Stadt auf den zum Schutz des Hafenbeckens errichteten Wellenbrecher auftraf, liegt das mittelalterliche *Hafenkastell*. Das Zentrum der Anlage bildet ein *quadratischer Turm* aus der Zeit der Lusignans. Ihn umgibt ein ummauerter Hof. Als die Venezianer, die die Festung verstärkt hatten, nach 1527 zunehmend türkischen Attacken ausgeliefert waren, konzentrierten sich ihre Interessen auf die großen Befestigungen Ni-

Mächtige Säulen trugen einst das Dach der Frühchristlichen Basilika von Nea Paphos. Ihre Fundament- und Mosaikreste sind im Westen der Kirche Agia Kyriaki Chrysopolitissa zu sehen

kosia und Famagusta. Kleinere Anlagen, unter ihnen Paphos, wurden geschleift und damit unbrauchbar gemacht. Dennoch erfuhr das Hafenkastell von Paphos unter den Türken nach 1570 einen weiteren Ausbau. Der heutige Zustand der Burg, die durch die zeitweilige Benutzung als Salzspeicher sehr gelitten hat, gibt das Bild des Baues zur Türkenzeit wieder. Eine Inschrift über dem Tor besagt, daß die Burg 1592 von Ahmed Pascha als ›starke Befestigung‹ errichtet worden sei.

Reste eines zweiten *mittelalterlichen Befestigungswerkes* liegen am Ende des Wellenbrechers südöstlich des Hafenkastells im Meer.

* Byzantinisches Kastell ›Saranta Kolones‹ ⑪

Vom Hafen aus in Richtung Ktima gehend erreicht man am Ende der von der Hafenpromenade wegführenden Kurve einen Weg nach Westen zur byzantinischen Festung Saranta Kolones (= 40 Säulen), deren Relikte sich nach kurzer Wegstrecke rechts der Straße erheben. Seinen Namen erhielt das Kastron nach den 40 monolithen Säulen römischer Provenienz, die beim Bau wiederverwendet wurden. Man findet sie als Substruktion des Zugangs zum äußeren Hof der Burg im Osten, als Türschwellen oder, in bearbeitetem Zustand, als Barrieren der Futterkrippen in den Stallungen. Die ursprüngliche Verwendung dieser mächtigen Säulen wird bei einem Rundgang über das Gebiet der einstigen Agora ⑤ sowie an den in situ stehenden Exemplaren an der Chrysopolitissa-Kirche ⑫ deutlich.

Baugeschichte: Wahrscheinlich ist die Festung zur Zeit des Heraklios (610–640) entstanden. Nach der Plünderung durch die Araber und dem zwischen Justinian II. und dem Kalifen Abd el-Malik 688 geschlossenen Vertrag über eine Entmilitarisierung Zyperns stand die Burg lange Zeit leer. Nach der Rückeroberung der Insel durch die Byzantiner im 10. Jh., wahrscheinlicher noch, nachdem Alexios I. um 1100 Maßnahmen zur Sicherung der Insel ergriffen hatte, wurde Saranta Kolones wieder genutzt. Als im Jahre 1191 die Kreuzfahrer unter Richard Löwenherz die Insel einnahmen, wurde ihnen von der in Paphos ansässigen byzantinischen Garnison das ›castellum quod dicitur Baffes‹ übergeben. Unter fränkischer Herrschaft wurden einige bauliche Veränderungen vorgenommen, deren Bestand im Jahre 1222 durch ein Erdbeben ein Ende gesetzt wurde, wodurch das Kastron seiner neuen Verwendung als Steinbruch zufiel. Systematisch vorgenommene Ausgrabungen des Jahres 1983 lassen aber auch eine zweite Vermutung über das Entstehungsdatum zu. Danach wäre das bekannte byzantinische ›phrourion‹ (= Festung) oder ›castellum‹ möglicher-

Ktima: Kastell ›Saranta Kolones‹

A Zugangsrampe
B Torbau an der Ostflanke
C hufeisenförmiger Torbau
D Räume mit Futterkrippen (Stallungen)
E kreisförmige Pflasterung (Mühle)
F Aufgang zum Obergeschoß
G Dampfbad (Zuckergewinnung?)
H Zisterne in der Innenburg
I Zisterne außerhalb der Innenburg
K Brunnenschächte
L Ausfalltore

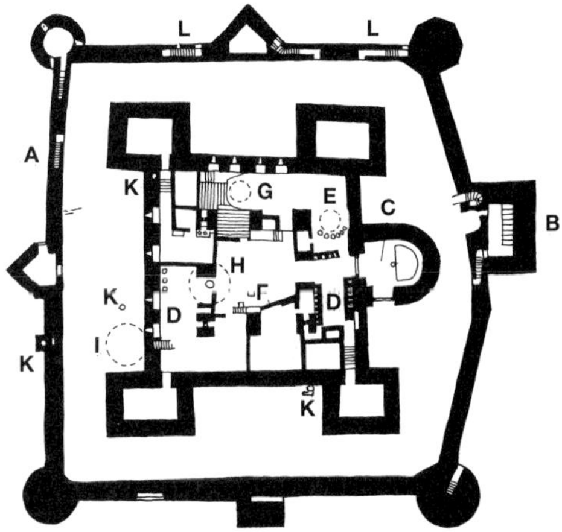

weise an anderer Stelle zu suchen. Keramik- und Münzfunde legen nahe, daß Saranta Kolones zur Zeit der Lusignans, also erst nach 1191, entstanden ist. Unterstützt wird diese Annahme durch die Tatsache, daß der Plan von Saranta Kolones in kleinerem Maßstab das über dem Jordantal gelegene Belvoir aus dem späten 12. Jh. widerspiegelt.

Betritt man die Anlage über die *Zugangsrampe* (**A**), die die etwa 3 m starke Außenmauer südlich des Nordwestturmes durchschneidet, gelangt man in die mit 70 m Seitenlänge annähernd quadratische Burg. Der äußere Mauerring verfügt über acht verschieden gebildete Bastionen mit Schießscharten. Der Eingang befand sich im mittleren Turm an der Ostflanke (**B**). Das Schema des äußeren Mauerringes wiederholt sich bei der *Innenburg*. Einem Mauerquadrat von etwa 35 m Seitenlänge schließen sich an den Ecken vier mächtige rechteckige Turmgrundmauern an. Der Eingang zur Innenburg liegt ebenfalls an der Ostseite in einem *hufeisenformigen Torbau* (**C**). Die nach Osten gerichtete Apsis legt das einstige Vorhandensein der Burgkapelle in diesem Abschnitt nahe. An den Torbau schloß ein Gebäudegeviert mit einem offenen Innenhof an. Südlich des Durchgangs zum Innenhof und im Durchgang selbst wie auch in dem jenseits des Hofes gelegenen Gebäudekomplex weisen Futterkrippen auf *Stallungen* (**D**) hin. Nördlich des Durchganges befinden sich Reste einer *kreisförmigen Pflasterung* (**E**), die auf eine von einem Zugtier angetriebene Mühle hindeuten. Zum Innenhof hin ruhte das Geviert des Baues auf sechs dicken Pylonen auf; in dreien war eine doppelte Latrine eingebaut. Zwischen dem südwestlichen und dem nächstfolgenden Pylon konnte die Bogenwölbung rekonstruiert werden. Danach verfügten die unteren Räumlichkeiten über Tonnengewölbe, die durch gurtbogenartige Vorlagen gegliedert wurden. Neben diesem Bogen im Innenhof befindet sich eine *Treppe* (**F**), die zum Obergeschoß emporführte. Auf der nördlichen Seite des Hofes geleitet wie aus der Nordwestecke des Gebäudes eine Treppe zu einer bisher als *Dampfbad* bezeichneten Einrichtung (**G**), die aber auch der *Zuckergewinnung* gedient haben könnte. Ein vor wenigen Jahren in diesem Bereich gefundenes Melassegefäß deutet auf Zuckerzubereitung schon vor dem Jahre 1222 hin. Der Raum unter dem Westflügel wird teilweise von einer *Zisterne* (**H**) eingenommen. Eine weitere, außerhalb der Innenburg liegende *Zisterne* (**I**) war über eine Treppe in der Südwestecke des Westflügels zugänglich. Der Wasserversorgung dienten außerdem mehrere *Brunnenschächte* (**K**). *Ausfalltore* (**L**) im äußeren Mauerring führten in den Burggraben.

* Frühchristliche Basilika · Fränkische Kirche und Säule des Apostels Paulus · Kirche der Agia Kyriaki Chrysopolitissa ⑫

Überquert man, von ›Saranta Kolones‹ kommend, die *Apostolos Pavlos Avenue*, gelangt man in den Ortskern von *Kato Paphos.* Verstreut liegende Granitsäulen rühren noch vom römischen Forum her, das sich offensichtlich vom Bereich des Theaters am Leuchtturm (Odeon) geradlinig bis zur Stelle der heutigen Kirche der Agia Kyriaki Chrysopolitissa erstreckte.

Hier stand auch die **Frühchristliche Basilika**, mit 50 m Länge und 38 m Breite eine der größten Zyperns. Sie wurde im 4. Jh. n. Chr. erbaut und besaß ursprünglich sieben Schiffe. Im 6. Jh. wurde sie auf fünf Schiffe reduziert. Die bauliche Veränderung ist noch am Mosaikboden im Bereich der Apsis des Mittelschiffs zu erkennen. Auch in anderen Teilen der Basilika, den Seitenschiffen und dem Atrium, sind in den letzten Jahren Mosaikböden ausgegraben worden. Durch den Betrieb einer Weinpresse im Bereich des südlichen Portiko des Atriums zur Zeit der Franken wurden die Mosaiken beschädigt. Der Narthex diente zeitweilig als Stallung. Das Datum der Zerstörung dieser Kirche ist nicht bekannt, doch muß sie zur Zeit der Eroberung durch die Kreuzfahrer schon in Trümmern gelegen haben; denn in unmittelbarer Nähe entstand wohl um 1300 ein **gotischer Kirchenbau**, den man für den *Franziskaner-Konvent* von Paphos hält. Im ausgehenden 15. oder frühen 16. Jh. wurde diese Kirche renoviert und mit Skulpturen im Stil der italienischen Renaissance ausgestattet. Da die Gefahr des Einsturzes bestand, wurde sie um die Mitte des 16. Jh. aufgegeben und fiel schließlich zusammen. Die sich im Westen der Kirche Agia Kyriaki Chrysopolitissa erstreckenden Fundamentreste lassen eine dreischiffige Anlage erkennen.

Unmittelbar westlich dieser Kirche steht ein abgegriffener **Säulenschaft.** Hier soll nach der lokalen Überlieferung der Apostel *Paulus* von der heidnischen Bevölkerung gefesselt und gegeißelt worden sein. Vermutlich als Ersatz für die baufällige fränkische Kirche entstand als byzantinische Kreuzkuppelkirche die **Agia Kyriaki Chrysopolitissa-Kirche.**

Nur wenig nördlich der Chrysopolitissa-Kirche befinden sich an einer Weggabelung die **Fränkischen Bäder** ⑬. Bis in etwa 3 m Höhe ist teilweise das mittelalterliche unregelmäßige Quadermauerwerk erhalten. Im Nordwesten des Baues geben ein schmaler Eingang und mehrere kleinere rundbogige Fenster einen Eindruck vom einstigen Baubestand der mit Tonnengewölben versehenen Badeanlage. Das heutige Erscheinungsbild des von mehreren Kuppeln überwölbten Baues geht auf die Zeit der türkischen Besetzung der Insel seit dem 16. Jh. zurück.

Etwa 300 m weiter südlich liegt die neuzeitliche **Kirche der Panagia Theoskepasti** ⑭. Die Kirche *der von Gott verhüllten Muttergottes* ist heute religiöses Zentrum von Kato Paphos. Der Volksmund erzählt, ihr Vorgängerbau sei vor eingedrungenen Arabern von einer Wolke verhüllt und dadurch vor der Zerstörung gerettet worden.

*** Archäologisches Distriktmuseum ⑮

Einige hundert Meter vom Zentrum von Ktima in Richtung Limassol steht auf der linken Straßenseite der Grivas Digenis Avenue das Archäologische Distriktmuseum. Es ist täglich geöffnet. Die Öffnungszeiten, die in der Regel zwischen 7.30 und 13 Uhr sowie 15 und 17 Uhr liegen, können jedoch je nach Jahreszeit variieren. Wie alle Distriktmuseen ist auch dieses noch im Aufbau begriffen, die endgültige Aufstellung der Exponate noch nicht festgelegt. Vor dem Museum im Garten liegen Kapitelle, Säulen und Skulpturfragmente.

Die Sammlung bietet einen Überblick über *Kleinkunst* und *Keramik*, die im Paphos-Distrikt gefunden wurden. Dazu zählen neolithische Werkzeuge und Idole, die Dokumentation der Ausgrabung und Funde der chalkolithischen Siedlungen von *Lempa-Lakkous* und *Kissonerga-Mosphilia (siehe S. 126)*, frühbronze-

In der Tradition antiker Karyatiden gibt sich dieser kopflose Engel, der sich mit drei weiteren sphärischen Gestalten einst die Last eines baldachinartigen Daches teilte (Archäologisches Distriktmuseum, Nea Paphos)

zeitliche Red-Polished und monochrome Keramik, White Painted-Keramik der mittleren Bronzezeit und spätbronzezeitliche White-Slip- und Base-Ring Ware sowie Dolche und Lanzenspitzen aus der Zeit von 2000 bis 1050 v. Chr. Mykenische Keramik des 13. Jh. bis 1100 v. Chr. markiert zusammen mit Proto-White Painted-Keramik den Übergang zur geometrischen Epoche. Geometrische und archaische Zeit sind vertreten durch White Painted-Objekte, Black-on-Red-Ware und kypro-archaische bichrome Keramik. Attische schwarz glasierte und schwarzfigurige Importstücke deuten auf Außenhandelsbeziehungen zu Griechenland vom 6. bis zum 4. Jh. v. Chr. hin. Hellenistische und römische, zumeist monochrome Gebrauchskeramik rundet das Bild des Töpfereiwesens ab. Terrakottafigürchen und -köpfe aus den Perioden kypro-klassisch I und II tragen z. T. noch Bemalung. Außerdem sind hellenistische und römische Votivfiguren zu sehen. Schließlich gibt es noch Gläser vom 3. Jh. v. Chr. bis zum 3. Jh. n. Chr., Goldschmuck vom 15. Jh. v. Chr. bis zum 3. Jh. n. Chr., Münzen, Siegelzylinder, Skarabäen sowie griechische und römische Ringsteine.

Daneben enthält das Museum verschiedene Objekte der Steinbildnerei. Neben kypro-archaischer Plastik finden sich Grabreliefs, -stelen und Sarkophage. Römischen Ursprungs sind die Statue einer Frau, eines ›Singenden Orpheus‹, die 1957 im Meer bei Nea Paphos gefundene ›Aphrodite‹ sowie die ›Aphrodite in Waffen‹ aus dem *Haus des Theseus*. Auch die bei der Ausgrabung der römischen Villa *Haus des Dionysos* gezeitigten Funde werden hier aufbewahrt. Fünf Vitrinen enthalten Gebrauchskeramik, darunter Amphorenfüße mit Weinhefe. Terrakottamasken, -hunde-, -rotwild und -lampen kommen ebenso vor wie Gefäße (?) in Form menschlicher Gliedmaßen. Einzelobjekte bilden eine Statuette der ›Hygieia‹, ein Eisenschwert, andere Metallfunde, Tonprotome und Beinschnitzereien, von denen besonders die Darstellung eines Eroten, der ein Füllhorn trägt, ins Auge fällt. Keramik mit gelb-grüner Glasur zeugt von der mittelalterlichen Besiedlung der Stadt. Aufmerksamkeit erregt ein von vier Engeln getragenes baldachinartiges Gebilde, das im Bereich der fränkischen Kirche ⑫ zutage kam. Die Figuren weisen Züge der italienischen Renaissance auf und gehörten zur Ausstattung der unter den Venezianern renovierten Kirche.

* Volkskundliche Sammlung G. S. Eliades ⑯

Unweit des Zentrums von Ktima, in der *Exo Vrysi Str. 1*, liegt das Wohnhaus von *Prof. G. S. Eliades*, der hier, eine Familientradition fortführend, eine volkskundliche Sammlung aufgebaut hat. Das Haus, das die kyprische Architektur gehobeneren Standards widerspiegelt, steht auf antikem Boden. In die Rückwand des Hofes sind vermutlich hellenistische Gräber eingearbeitet. Neben zumeist neolithischen Lesefunden, die von Feldbegehungen der Gegend um Nea Paphos herrühren, beherbergt das Untergeschoß bäuerliche Wirtschaftsräume mit den zugehörigen Gebrauchsgegenständen. Hier finden sich Kleingeräte, handgefertigtes bäuerliches Mobiliar und Großgerät zur Feldbestellung wie einfache Holzpflüge, die sich seit der Frühzeit der Feldbestellung in ihrer Form kaum gewandelt haben, sog. Dreschschlitten. Über diese mit Feuersteinsplittern gespickten Holzbohlen, die von einem Zugtier über das auf den kreisrunden Tennen ausgebreitete Getreide gezogen wurden, wunderten sich schon die Kreuzfahrer. Auch einfache mechanische Geräte wie der Webstuhl und zur Baumwollverarbeitung benötigtes Gerät sind vorhanden. Schließlich findet man noch die Ausrüstung eines Schäfers sowie verschiedene Keramikprodukte, Trachten und Stickereien. Kunstvolle handgeschnitzte Truhen und Borde sind im Obergeschoß in den Lebensraum der Familie Eliades integriert. Hier werden auch Werke lokaler Silberschmieden und anderer Metallwerkstätten aufbewahrt. Die volkskundliche Sammlung ist während üblicher Besuchszeiten – am besten nach Voranmeldung – zugänglich.

Altertümer zwischen Rebstöcken und Bananenstauden

⋆ 2 Empa, Lempa und Kissonerga

(Emba, Έμπα; Lemba, 'Λεμπα; Κισσόνεργα)

Empa

Von Paphos/Ktima aus in Richtung Coral Bay, noch vor dem linker Hand gelegenen Klorakas nach rechts abbiegen

Kurz nach der Einfahrt in den Ort sieht man links der Straße die **Kirche der Panagia Chryseleousa**, der *goldgesegneten Jungfrau Maria*, in unmittelbarer Nachbarschaft einer größeren neuerrichteten Kirche: Für architektonisch Interessierte eine willkommene Herausforderung zum Vergleich traditioneller mit sich an

Kirche der Panagia Chryseleosa: Ein Beispiel zyprischer Mehrkuppelkirchen

dieser orientierender Architektur. Obwohl relativ bescheidenen Ausmaßes, verfügt die Chryseleousa-Kirche über zwei Kuppeln. Eine bekrönt den Naos der ursprünglichen Kreuzkuppelkirche aus dem 12. Jh., die andere den 1744 hinzugefügten Narthex. Zwischen Narthex und Kreuzquerarm eingepaßte Bauteile erwecken heute den Eindruck einer dreischiffigen Anlage. Lediglich das Fehlen des Diakonikons an der Südostecke des Baues läßt einen Rückschluß auf die früher freistehende Kreuzesform zu. Die Wandmalereien im *Inneren* der Kirche hatten unter der Übermalung durch einen ortsansässigen Künstler im Jahre 1886 sehr gelitten. Die gegen Ende des 15. Jh. erfolgte Neuausmalung hat sich in der Kuppel des Naos trotz Erdbebenschadens noch recht gut erhalten. Man sieht einen ›Christus Pantokrator‹, umgeben von einem Fries himmlischer Gestalten, darunter eine, wenngleich durch Zerstörung beeinträchtigte Darstellung der von Erzengeln flankierten Muttergottes vom Typus ›Maria orans‹, fußend auf einem gemalten Bogenfries mit Prophetenfiguren. Von den übrigen in den

Kostbarer Schatz: Die ›Christos Antiphonitis‹ Ikone in der Kirche der Panagia Chryseleousa in Empa

vergangenen Jahren restaurierten Fresken sei beispielsweise die differenzierte Bewegungsdarstellung der Christusfigur der Noli me tangere-Szene aus dem zweireihigen aus zwölf Szenen bestehenden Zyklus des Neuen Testaments erwähnt. Die aus dem 16. Jh. stammende Ikonostasis trägt Ikonen aus der Hand eines wohl ortsansässigen Malers Titos. Neben der Signatur trägt die Darstellung des ›Christos Antiphonitis‹ das Datum 1536. Mehrere in der Kirche verwahrte Stücke weisen auf venezianischen Ursprung hin: Eine zweitäflige Ikone des 16. Jh. mit zwölf Aposteln über venezianischen Wappen, ein 1539 gedrucktes Evangelium mit Ledereinband, in den ein Christusmedaillon eingeprägt ist, sowie ein Schild unten an der Ostwand des Nordquerhauses.

*Lempa und *Kissonerga

Ebenfalls auf dem Weg zur Coral Bay, jedoch nach Klorakas abbiegend, um gleich wieder den ersten Abzweig nach rechts zu nehmen, erreicht man Lempa. **Lempa** ist selbst versierten Zypernreisenden erst in den letzten Jahren ein Begriff geworden. Dem an zeitgenössischem Kunstschaffen Interessierten bietet es sich als Sitz des *Cyprus College of Art (CCA)* mit in Planung befindlichem Skulpturenpark als Ausflugsziel an. Für den mehr archäologisch Interessierten ist es als Sitz des *Lemba Archaeological Project (LAP)* der Universität Edinburgh mit seinen Siedlungsfunden und den dort vorgenommenen Rekonstruktionen chalkolithischer Rundbauten attraktiv *(Abb. S. 29)*.

Gleich am Ortseingang liegen rechts der Straße erste Atelierbauten des von *Stassinos Paraskos* gegründeten und inzwischen als weiterführende Ausbildungsstätte staatlich anerkannten **Cyprus College of Art**. An einer Linkskurve rechts das LAP und die ebenfalls rechts anschließende Töpferei passierend, erreicht man die talwärts führende *Straße der Künstlerateliers*, hinter denen sich linker Hand der geplante *Skulpturenpark* erstrecken wird. Dem Skulpturenpark wird ein international wechselnd besetztes Bildhaueratelier angeschlossen sein. Zur Zeit dauert das akademische Jahr am CCA von September bis Mai; von Juni bis August findet eine Sommerakademie statt. Phantasievolle Ergebnisse der künstlerischen Arbeit sind beim Bummel durch das Dorf in den Höfen und Gärten der Ateliers zu bewundern.

Hat man sich in der **LAP-Station** einer Begleitperson anvertraut, läßt sich dieser Bummel mit einem Besuch der Ausgrabungsareale in den Bananenplantagen der Gemarkungen *Lempa-*

Frischgepflückte Bananenstauden türmen sich auf einem Lastwagen, der die grünen Früchte von den Plantagen bei Lempa abtransportiert

Lakkous und – nach einer kurzen Autofahrt – ins benachbarte *Kissonerga-Mosphilia* verbinden. Mittlerweile ist erwiesen, daß etwa um 3500 v. Chr. in Lempa die ersten kupferverarbeitenden Inselbewohner siedelten. Sie lebten in Rundbauten, wie sie auf Zypern seit dem Neolithikum bekannt waren *(Abb. S. 29)*. Die annähernd identische Größe der Häuser läßt auf zunächst gesellschaftlich ausgewogene Verhältnisse schließen. Doch schon 1000 Jahre später kam es zum Umbruch. Eine neue Siedlungsstruktur mit – immer noch runden – Bauten unterschiedlicher Größe und Zweckbestimmung zeigte sich. Erste Hinweise auf soziale Unterschiede und kultische Nutzung solcher Bauten lieferten ein schon aufgrund seines enormen Durchmessers von etwa 10 m und seiner Lagerkapazität außergewöhnliches Gebäude (B2 in Lempa-Lakkous als Herrschersitz oder ›Bankhaus‹) bzw. ein im Grabungsareal Kissonerga-Mosphilia gefundenes Tonmodell eines Naiskos, eines Miniaturtempelchens. Dessen Innenausmalung wurde der Anschaulichkeit halber auf die Innenwand der Rekonstruktion des Gebäudes B2 proportional übertragen. Hat die Rekonstruktion inzwischen dreier unterschiedlicher Rundbauten den Archäologen Aufschluß über benötigte Materialmenge, Bauzeit und Arbeitskrafteinsatz geliefert, so gibt sie dem Besucher der Ausgrabung Hinweise auf verwendete Materialien und Bautechniken und vermittelt vor allem ein weit über die Grundrißsituation in der Ausgrabung hinausgehendes lebendiges Bild über Größe und Lage solcher vorgeschichtlicher Gemeinwesen.

⋆ 3 Coral Bay und Paläkastro/Maa, Pegia und Lara *(Παλαικαστρο; Peyia, Πέγεια; Λάρα)*

Entweder von Ktima auf dem unter 2 beschriebenen Weg oder von Kato Paphos aus, vorbei an den Königsgräbern nach Nordwesten in Richtung Coral Bay, Paläkastro/Maa und Pegia. Nach Verlassen der Bananenplantagen bei Kissonerga führt nach dem Zusammentreffen der beiden Straßen der Weg längs einer weitschweifenden Bucht – rechts in einem der Täler der Mavrokolymbos-Staudamm – schließlich bergan, wo sich die Wege nach Coral-Bay/Maa, Agios Georgios und Pegia trennen.

Coral Bay und ⋆Paläkastro/Maa

Wählt man den linken Abzweig, erreicht man nach wenigen hundert Metern die links gelegene *Coral Bay*, eine in der Hauptsaison hoffnungslos überlaufene, nichtsdestoweniger reizvolle Badebucht zwischen zwei ins Meer ragenden Landzungen. Nur eine kurze Wegstrecke weiter auf der schmalen mittleren Landzunge erreicht man die *Befestigungsanlage* (palaikastro = alte Burg) von *Maa*, die aus der Ära spätbronzezeitlich achäischer Besiedlung der Insel stammt und im wesentlichen noch aus Stadtmauerfundamenten besteht.

Besondere Aufmerksamkeit verdient jedoch ein Dokument zeitgenössischer Architektur, das durch seinen konzeptionellen Ansatz besticht und neue Wege in der Planung von Museen aufzuzeigen vermag. In *Andrea Bruno* fand man einen aufgrund seiner über Jahrzehnte in Afghanistan gesammelten Erfahrungen für ein solches Projekt geeigneten Architekten.

Das Projekt **Museum** sollte nicht nur als eine mit dem Besucher kommunizierende akademische Belehrungsinstanz, sondern auch als ein mit dem geografischen Umfeld korrespondierendes architektonisches Element verstanden werden. Von der Überzeugung ausgehend, daß in der vorgegebenen, von der Aura der Vergangenheit durchgeistigten Landschaft ein Museum nicht als konstruktiver Akt errichtet werden könne, ohne daß der Landschaftscharakter litte, ließ Bruno sich offenbar von den benachbarten Paphianer Königsgräbern *(S. 104)* inspirieren. Auch seine Architektur dringt, statt sich aus dem Erdboden zu erheben, in diesen ein. Über einen antiken – auch zyprischen – Gräbern entlehnten Dromos erreicht man vom Meer her ein flach überkuppeltes und damit das Landschaftsbild nicht durch rechtwinklige Linien und Kanten entstellendes Rund, das mit einem zentralen Okulus versehen ist. Dieses öffnet sich, das Dreieck des

Dromos aufgreifend, zum Land hin. Bruno erzielt mit seiner Architektur die Kommunikation zwischen Vergangenheit und Gegenwart: Zwischen den über das Meer auf die Insel gekommenen Achäern, deren Einfluß sich über die Insel ausbreitete, und den heutigen Bewohnern und Besuchern, die sich das Rund sogartig einverleibt.

*Pegia

Fährt man am Abzweig nach Coral Bay geradeaus weiter, erreicht man nach 3 km die Basiliken von Pegia und die Agios Georgios-Kirche.

Die von Einheimischen an Feiertagen viel besuchte **Kirche des Agios Georgios** bietet wenig Interessantes, beeindruckt aber besonders am Spätnachmittag bei Sonnenuntergang durch ihre Lage oberhalb des von steilen Felsen umsäumten Hafenbeckens mit der Insel Geronisos im Hintergrund.

Dagegen zeugen die *Reste dreier basilikaler Kirchenbauten* von der einstigen Bedeutung der Stadt *Drepanum*. Systematische Ausgrabungen des Stadtareals sind noch nicht erfolgt. Deshalb sollte sich der Besucher auf die landeinwärts links oberhalb der Agios Georgios-Kirche gelegenen bereits ausgegrabenen Fundamente der aus dem 6. Jh. n. Chr. stammenden Basiliken konzentrieren. Die teilweise noch bis in Brusthöhe erhaltenen Mauerzüge lassen den Nachvollzug der ehemaligen räumlichen Beschaffenheit einer dreischiffigen Anlage mit Narthex und Atrium sowie der angrenzenden Räume zu. Über die reiche Ausstattung des Innenraumes geben zwei aufrecht stehende monolithe Marmorsäulen sowie einige korinthisierende Kapitelle Aufschluß. Mosaiken mit verschlungenen geometrischen Mustern und Kreuzmotiven, aber auch Figuraldarstellungen, Fische, Vögel, Wasserschildkröten etc., finden sich noch an verschiedenen Stellen. Stark zerstort sind vier einander gegenübergestellte Tiermosaiken: Eber und Bär, Löwe und Stier. Trotzdem spiegeln sie noch den einstigen Bewegungsreichtum wider. Bemerkenswert sind auch der gut erhaltene Bereich der Zentralapsis sowie das Taufbecken des Baptisteriums (im Winkel zu einem anschließenden basilikalen Bau gelegen). Ein dritter basilikaler Bau befindet sich wenige Schritte nordöstlich von diesen Bauten.

Numerierte Schilder markieren die Stellen, wo die Schildkröten am Sandstrand der Lara Turtle Schutzstation ihre Eier abgelegt haben

Lara

Wer mit einem geländegängigen Fahrzeug unterwegs ist, wird von Pegia aus die Fahrt zur **Schildkrötenschutzstation** des **Lara Turtle Project** fortsetzen wollen. Es ist ratsam, sich zuvor von der Einsatztauglichkeit am besten zweier Ersatzreifen zu überzeugen. Auch sollte man sich schon auf der Hinfahrt bei einem Halt an einem der Strände unbedingt an die von der Fischereibehörde erlassenen Vorschriften halten.

Es ist in den entsprechend gekennzeichneten Arealen verboten, jegliche Art von Liegen, Sonnenschirm, Wohnmobil, Zelt usw. aufzustellen, sich nachts in der Zeit von einer Stunde vor Sonnenuntergang bis Sonnenaufgang aufzuhalten, mit Fahrzeugen über den Strand zu fahren, zu fischen, es sei denn mit Angelrute und Schnur, sich dem Strand mit einem Boot zu nähern und dort zu ankern, sofern man nicht über eine besondere Erlaubnis verfügt. Auch die übrigen Gebote sollte man unbedingt einhalten: keinen Müll hinterlassen und auf dem Strand oder in Strandnähe kein Feuer anzünden. Außerdem wird darum gebeten, keine lebenden Tiere vom Strand zu entfernen, nicht von vorgegebenen Pfaden abzuweichen und dadurch den Dünenbewuchs zu zerstören oder an der Schutzstation das Personal zu stören; denn dieses hat möglicherweise eine arbeitsreiche Nacht hinter sich. Ansonsten geben die freundlichen Naturschützer bereitwillig Auskunft über ihre unterstützenswerte Arbeit.

Von den in den Gewässern um die Insel vorkommenden Wasserschildkröten *Chelonia mydas* (green turtle, Suppenschildkröte), *Caretta caretta* (loggerhead turtle, unechte Karettschildkröte) und *Dermochelys coriacea* (leatherback turtle, Lederschildkröte) legen nachweislich nur die beiden erstgenannten ihre Eier im Sand stiller flacher Sandbuchten ab. Jegliche Art von Strandtourismus ist dem Fortpflanzungsbemühen der Schildkröten abträglich. Insbesondere lichtabstrahlende Objekte – Hotels, Tavernen oder nächtliche Strandlager – können zu Irritationen der frisch geschlüpften Schildkröten führen, die mittels eines ihnen eigenen Instinkts der im Mond- oder Sternenlicht funkelnden Wasserfläche zustreben. Doch bevor es dazu kommt, müssen sie, wie schon die Eier, vor Füchsen, Krähen, Greifvögeln und räuberischen Krebsen geschützt werden. Gelingt es den weiblichen Tieren, das Meer zu erreichen und bis zur vor Seevögeln schützenden Tauchmöglichkeit zu überleben, kommen sie nach 10 bis 15 Jahren wieder an denselben Strand zurück, um ihrerseits Eier abzulegen.

** 4 Agios Neophytos-Kloster

(Ayios Neophytos Monastery, Μονή Άγ. Νεοφύτου)

Von Ktima über Empa oder auch über die moderne Fahrstraße in Richtung Polis. Hinter Trimithousa zweigt eine Straße nach Westen ab; ehe sie sich am Kopf des Tales nach links wendet, ist am gegenüber liegenden Hang der Klosterkomplex zu erkennen. Über den großen Parkplatz gelangt man zur Einsiedelei des Mönchs Neophytos, der Enkleistra.

Die Enkleistra

EXKURS ▼

Neophytos, 1134 in Levkara *(S. 210)* geboren, verließ, als man ihm eine Heirat nahelegte, sein Elternhaus und wurde Novize, später Sakristan im Agios Chrysostomos-Kloster *(S. 278)*. Er wollte in Kleinasien als Eremit leben, wurde jedoch in Paphos als Flüchtling festgenommen. Wieder in Freiheit, wandte er sich nun den Höhenzügen um Paphos zu, um hier am 24. Juni 1159 einen geeigneten Ort für sein Vorhaben zu finden. Sogleich begann er im September mit dem Ausbau einer *Enkleistra*, die ein Jahr später fertiggestellt war. Die Nachricht von dem Einsiedler verbreitete sich rasch, und 1170 trug der Bischof von Paphos, *Basileos Kinnamos* (1166–1205), dem Mönch das Ordinariat eines Presbyters an. Mit der Abfassung einer ›Typike Diataxis‹, einer Ordensregel, wurde die Klostergründung manifest, und schon bald erfreute sich die einstige Einsiedelei regen Zulaufs. Ursprünglich nur als Klause gedacht, wurde das Höhlenkloster durch eine *Heiligkreuzkapelle* erweitert. Neophytos richtete sich oberhalb der Kapelle eine zusätzliche Klause ein. Von diesem *Hagiasterion* aus pflegte er den Gottesdiensten beizuwohnen, dessen Klänge ihm über einen Schacht übermittelt wurden. Am 24. Januar 1197 entging Neophytos nur knapp einem herunterfallenden Felsen, als er mit der Anlage eines Pfades zu seiner neuen Behausung beschäftigt war. Dieses Datum erweist sich für die Datierung der Fresken des Naos als sehr nützlich. Neben der Ausgestaltung seines Höhlenklosters bis zu seinem Tode 1214 und der Abfassung religiöser Schriften wurden Neophytos vor allem durch schriftliche Quellen zu seiner Lebensgeschichte bekannt, die die Geschichte Zyperns zur Zeit der Eroberung durch Richard Löwenherz widerspiegeln.

Hat man über eine Treppe die balkonartige, mit Arkaden versehene Plattform vor dem Höhlenkloster erreicht, betritt man ganz rechts die *Cella* des Heiligen. Gleich rechts neben dem Eingang befindet sich sein *Grab*, eine sarkophagähnliche Einlassung in einer Felsnische. Seine Gebeine wurden nach ihrer Entdeckung am 28. September 1756 in einen Holzsarg umgebettet und in das neuere Klostergebäude überführt. Im Hintergrund der Cella ist ein aus dem Fels gearbeiteter *Tisch*, an dem seine Schriften entstanden sein dürften, sowie sein *Lager*, an das eine weitere Felsnische anschließt, in der man das *Refektorium* vermutet. Links ist die Cella durch eine spätere Wand vom *Bema* getrennt, an das wiederum der Naos, der Kirchenraum der *Heiligkreuzkapelle*, anschließt. Über dem tonnengewölbten *Narthex*, in dessen Obergeschoß sich die Sakristei befindet, korrespondiert der Naos wieder mit der Plattform.

Die Malereien des Höhlenklosters

Früher entstandene Fresken in der *Cella* wurden 1183 durch den inschriftlich erwähnten *Theodoros Apseudes* übermalt. Hervorzuheben ist eine ›Deesis‹ an der linken Seite des Grabes, die den hl. Neophytos zeigt, wie er zu Füßen des thronenden Christus kniet. Dieses Motiv gehörte schon der mittelbyzantinischen Zeit an und hat eine Entsprechung in der Darstellung des byzantinischen Kaisers Leon VI. auf einem Mosaik aus dem späten 9. Jh. v. Chr. in der Agia Sophia in Konstantinopel.

Bemerkenswert ist auch die Darstellung der ›Anastasis‹, die hier nicht wie in der weltlichen Kunst Christi Auferstehung von den Toten zeigt, sondern die Niederfahrt Christi zur Hölle thematisch zugrunde legt, bei der sich der geopferte Christus mit den Toten vereinigt und sie von hier aus dem Heil zuführt. Christus ergreift den Arm Adams und zieht ihn aus seiner Gruft. Auch Eva hat sich bereits – wie David und Salomon auf der gegenüberliegenden Seite – aus ihrem Grab erhoben. Während

Wandmalereien im Höhlenkloster des Agios Neophytos: Kurz vor dem Verrat des Judas haben sich die mit der Müdigkeit kämpfenden Apostel um Christus versammelt

der ältere David auf Christus schaut, wendet sich der jugendliche König Salomon Johannes dem Täufer zu, der mit einem Schriftband das Kommen Christi ankündigt. Aufgrund stilistischer Übereinstimmung sind die Malereien der Cella und des anschließenden Bema *Theodoros Apseudes* zuzuschreiben. Hier findet sich ein ikonographisch an das Thema der ›Anastasis‹ der Cella anschließendes Motiv. Was dort als Heilslehre verkündet ist, ließ Neophytos hier als Hoffnung verbildlichen. Diese einzigartige Darstellung, die den Mönch zwischen den Erzengeln

Michael und Gabriel zeigt, die ihn an den Schultern ergreifen, trägt die Inschrift: »Ich bete inbrünstig, daß ich einmal durch die Tugend meiner Lebensart in den Kreis der Engel aufgenommen werden möge«. Einige Szenen an der Südwand im oberen Teil des *Naos* stammen von der Wiederbemalung 1503; die übrigen Szenen sind noch aus der Zeit nach 1197 erhalten und damit etwa zeitgleich mit einer späteren Schicht im *Refektorium*. Die zerstörten Malereien des *Narthex* werden ins ausgehende 15. Jh. datiert.

Der Klosterkomplex

Gegenüber der Enkleistra befindet sich der Westeingang zum Klosterkomplex. Er entstand um die wahrscheinlich in der 1. Hälfte des 15. Jh. erbaute dreischiffige basilikale Kirche mit überkuppeltem Mittelschiff.

Neben einigen wertvollen Ikonen enthält die der Jungfrau Maria geweihte Kirche Malereien der Zeit um 1500. So finden sich im nördlichen Seitenschiff Szenen aus dem *Akathistos-Hymnus* zu Ehren der Patronin. Dieser Hymnus soll auf den Patriarchen von Konstantinopel, *Sergios*, zurückgehen, der ihn aus Dank für die Verschonung der Stadt vor den Slawen und Awaren im Jahre 626 n. Chr. komponiert habe. Die Bezeichnung Akathistos erhielt der Hymnus nach der Art der Zelebration: stehend. Er wird in der griechisch-orthodoxen Kirche an den ersten vier Freitagen der Fastenzeit in Teilen, am fünften Freitag vollständig gesungen. Der nach den 24 Buchstaben des griechischen Alphabets 24 Abschnitte umfassende Hymnus basiert auf den apokryphen Erzählungen der Geburt Christi. Einige Szenen im südlichen Seitenschiff lassen die Vermutung zu, hier habe sich die Darstellung des Marienlebens befunden. Neben diesen sorgfältig konzipierten Szenen zeugt auch die ›Kommunion der Apostel‹ in der Apsis des Mittelschiffs vom hohen künstlerischen Grad dieser Malereien, die dem Vergleich mit Mistra (Peloponnes) standhalten.

5 Polis/Marion (Marium)

(Polis Chrysochous, Πόλις Χρυσοχοῦς)

Geschichte: Die Anfänge der seit der zweiten byzantinischen Phase auf Zypern im 10. Jh. ›Polis tis Chrysochou‹ genannten antiken Stadt Marion (röm.: Marium) liegen nach bisherigen Erkenntnissen in der späten Bronzezeit. Zwischen den Siedlungen der Kormakiti-Halbinsel im Norden und der Gegend um das heutige Ktima *(S. 100)* im Westen gelegen, muß die Gegend um Marion zur Zeit der achäischen Einwanderungen besiedelt worden sein. Lange Zeit hatte das kleine Königreich nur begrenzten Einfluß. Die Ausbeutung der *Kupferminen von Limni*, nordöstlich von Polis, führte jedoch in der 2. Hälfte des 5. Jh. v. Chr. zu Wohlstand. Gleichzeitig kam es zur Bedrohung durch die Perser. War zu Beginn des Jahrhunderts von dem perserfreundlich gesonnenen König von Marion noch der *Palast von Vouni (S. 271)* zur besseren Überwachung der sich den Persern ständig widersetzenden Stadt *Soloi (S. 269)* errichtet worden, so verweigerte Marion um die Mitte des 4. Jh. im Verein mit anderen kyprischen Städten den Persern den Tribut.

Nachdem Zypern durch Alexander d. Gr. seine Unabhängigkeit erreicht hatte, geriet nach dessen Tod Marion abermals zwischen die Fronten. Im Streit um Alexanders Nachfolge stellte es sich auf die Seite von *Antigonos*, was 312 v. Chr. zur Zerstörung der Stadt durch dessen Widersacher *Ptolemaios Soter* führte. *Ptolemaios II. Philadelphos* ließ die Stadt unter dem Namen *Arsinoe* wiederaufbauen, aber sie erreichte nie wieder ihre einstige Bedeutung.

Anfang August 1964 ging der Name Polis durch die Weltpresse, nachdem türkische Flugzeuge die Stadt und die umliegenden Dörfer angegriffen hatten.

Von der einstigen Nekropole, die schon 1886 ausgegraben wurde und deren Funde über die ganze Welt verteilt sind, ist nur wenig erhalten. Auch das einstige Stadtareal läßt sich nur schemenhaft bestimmen. Nördlich vom Ortskern mit Rathaus und Markt erstreckte sich *Marion* etwa von der Kirche Apostolos Andreas, *Arsinoe* von den weiter westlich gelegenen Resten der frühchristlichen Basilika und des Lusignangebäudes aus dem 13./14. Jh. nach Norden zum Meer hin. Ein Besuch des Ausgrabungsareals lohnt jedoch nicht.

⋆ 6 Loutra Aphroditis und Fontana Amorosa

(Λόυτρα Αφροδίτης, Φοντάνα Αμορόσα)

Ein Ausflug zur **Chrysochou-Bucht** an der Nordseite der *Akamas-Halbinsel* sollte schon früh begonnen werden; die Mitnahme von Proviant wird empfohlen, da diese Fahrt Bade- und Wandermöglichkeiten bietet.

Von Polis aus fährt man zunächst nach Westen. Schon bald befindet man sich in unmittelbarer Nähe der Küste, die in sanft geschwungenem Bogen die Chrysochou-Bucht umgibt. In der Nähe des kleinen Ortes **Lachi** (auf manchen Karten Latsi) mit seinem antiken Wellenbrecher lädt der lange, flache Strand zum Baden ein. Kurz hinter Lachi hält man sich an einer Weggabelung rechts auf der Küstenstraße und erreicht nach wenigen Kilometern schlängelnder Fahrt durch ein hügeliges Gelände, vorbei an zuweilen grotesken Hinweisen auf die lokale Gastronomie, den Parkplatz an dem kleinen Restaurant am *Chiftlik Dio Potami* (zwei Flüsse). Heute wird diese Ortsbezeichnung nicht mehr verwendet; der zunehmende Tourismus wählte den attraktiveren Namen **Loutra Aphroditis**, Bäder der Aphrodite. Doch wie so mancher Ort aus dem Aphroditemythos ist auch dieser nicht eindeutig zu bestimmen.

Begibt man sich vom Restaurant aus zunächst über den Parkplatz, dann auf einem geradeaus führenden Fußweg bergan, erreicht man nach kurzer Strecke die **Fontana Amorosa** (Liebesquelle), die einen Tümpel speist, der als Bad der Aphrodite angesehen wird. Farne und blühendes Rankenwerk verleihen der Felsnische, aus der das Wasser heraustritt und über Pflanzen und bemoostes Gestein in ein natürliches Becken plätschert, den Charakter einer mythischen Grotte, die den Nymphen zum Bade gedient haben könnte. Überwuchert wird diese Grotte von einem großen Feigenbaum. Der Mythos erzählt, *Akamas*, Sohn des Theseus, habe hier *Aphrodite* beim Bade überrascht. Die Göttin verliebte sich in den athenischen Prinzen, der auf Zypern die Stadt Soloi *(S. 269)* gegründet haben soll. Eine böse Alte, die ›Verleumdung‹, verriet jedoch den olympischen Göttern den Aufenthaltsort Aphrodites, worauf diese in den Olymp zurückkehren mußte.

Hat man noch genügend Zeit, so ist eine Wanderung längs der sich nach Westen zum **Kap Arnauti** hin erstreckenden Steilküste anzuraten. Sie ist allerdings nur möglich, wenn das Militär die rote Fahne nicht gehißt hat, die Schießübungen auf der Südseite der Akamashalbinsel signalisiert. Steht der Weg frei, kommt man bald an die steil ins Meer abfallenden Berge, die nur einem schmalen Weg Platz zu bieten scheinen. Nach etwa 3 km stößt man auf ein mit Wiesen bedecktes Plateau, das die zurücktretenden Berge bilden. Unter einzeln oder in Gruppen stehenden Johannisbrotbäumen weiden hier Ziegen- und Schafherden, für die auch vereinzelt primitive, umzäunte Verschläge, Mandra genannt, an geschützten Stellen errichtet sind. An der Meerseite befindet sich

Die Chrysochou-Bucht bei Loutra Aphroditis lädt zu Wandern, Bad und Picknick ein

unterhalb eines solchen eine Süßwasserquelle, die nach Meinung der Bewohner der Gegend die ›eigentliche‹ *Fontana Amorosa* ist. Auf verschiedenen Karten wird der ganze Landstrich ebenfalls als *Loutra Aphroditis* oder Fontana Amorosa bezeichnet. Nach weiteren 3 km wird die Landschaft wieder unwirtlicher, bis sie schließlich vor dem Kap Arnauti gänzlich in Fels übergeht.

Wird die Rückfahrt vom Restaurant aus noch bei Tageslicht angetreten, sollte man einmal abseits der üblichen Route durch die Weinberge fahren, und zwar von *Prodromi* aus über *Drousia* (Dhrousha), *Arodes, Kathikas* nach *Stroumpi* (Stroumbi) an der Verbindungsstraße Polis – Ktima.

⋆ 7 Chrysorogiatissa-Kloster und Agia Moni-Kloster *(Khrysorroyiatissa Monastery, Η Ιερὰ Μονή Χρυσορογιατίσσης; Ayia Moni Monastery, Η Αγία Μονή)*

Auf der Route von Ktima nach Polis führt kurz vor Stroumpi eine Straße über Polemi und einige kleinere Dörfer nach Pano Panagiá, dem Geburtsort von Makarios III., dem dort ein Museum gewidmet ist. Der Weg führt im großen Bogen nach rechts durch den Ort, und bald darauf erreicht man die östliche Umfassungsmauer des Klosterkomplexes Chrysorogiatissa. In der kleinen Taverne am Eingang, von deren Terrasse man eine schöne Aussicht auf die umliegende Landschaft westlich des 1143 m hohen Panagia-Gipfels genießt, gibt es erfahrungsgemäß oft nur Getränke; man sollte für den Ausflug daher Proviant mitnehmen.

Nach einem Brand im Jahre 1967 wurde die Anlage des **Chrysorogiatissa-Klosters** restauriert. Durch die mit einem reliefierten Spitzbogen versehene Eingangshalle betritt man einen rechteckigen Innenhof, der um die rechts stehende Kirche herumgeführt ist und von einem doppelgeschossigen Zellentrakt mit den Räumen der Mönche und den Gastzimmern umschlossen wird. Über seiner spitzbogigen Laubengangarkatur befindet sich eine Galerie. Ihre oktogonalen Pfeiler verfügen über quadratische Basen mit abgeschrägten Ecken und entsprechend den Basen geformte Würfelkapitelle mit leicht auskragendem, mehrfach profiliertem Kämpfergesims. Mit der Arkatur korrespondieren Blendbögen an der Außenseite der Kirche, deren Südostecke von einem kampanileartigen Glockenturm begrenzt wird. Dessen

Hinter der spitzbogigen Eingangshalle des Chrysorogiatissa-Klosters öffnet sich der Innenhof mit dem doppelgeschossigen Zellentrakt und der Klosterkirche

Obergeschoß erinnert mit den Eckpfeilern vorgelegten Diensten und dem unterhalb der bekrönenden Kuppel barock vorkragenden Gesims an die Zeit der Franken und Venezianer auf Zypern.

Geschichte: Der heutige Bau geht in seinen Ursprüngen auf die Zeit des Bischofs von Paphos, *Panaretos* (1767–90), zurück, der sich um das nach der Eroberung der Insel durch die Türken im Jahre 1571 verarmte und fast verlassene Kloster bemühte. 1770 wurde Kallinikos als Abt eingesetzt, unter dem das Kloster wieder an Bedeutung gewann. Als sich aber Abt Joachim 1821 für die griechische Revolution engagierte, erlitt das Kloster durch ein türkisches Militäraufgebot einen neuerlichen Rückschlag, der in einem wirtschaftlichen Chaos endete. Dennoch gelang es dem Abt Kyrillos Georgiades, das Kloster als Schule für die männliche Jugend der Umgebung aufrechtzuerhalten. Die Gründung des Klosters soll in die Regierungszeit des Kaisers Manuel Komnenos fallen. Die **Legende** erzählt, in der Nacht des 15. August 1152 habe der Einsiedler *Ignatios* an der Küste bei Paphos ein Feuer gesehen und sich auf den Weg dorthin gemacht. In einer Höhle bei Geroskipos *(S. 144)* fand er die heute unter einem Silberbeschlag aufbewahrte *Ikone der Jungfrau Maria*. Sie soll von einer Frau vor dem Ikonoklasmus, dem Bildersturm des Byzantinischen Reiches zwischen dem 6. und 9. Jh., gerettet, an der kleinasiatischen Küste ins Meer geworfen und an Zyperns Küste gespült worden sein, wo ein Fischer sie in besagter Höhle verwahrte. Dem Bild, das der hl. Lukas gemalt haben soll, spricht man Wundertätigkeit zu. Auf dem Rückweg zu seiner Klause überfiel Ignatios große Müdigkeit, und er legte sich unter einem Baum am Rogia-Berg zum Schlaf nieder. Im Traum erschien ihm ein Engel und wies ihn an, an dieser Stelle eine Kirche für die Ikone zu errichten.

Neben der meist verhüllten Ikone der Muttergottes befinden sich in der reichverzierten geschnitzten *Ikonostasis*, die wie die Kanzel ein typisches Beispiel zyprischer Volkskunst darstellt, Ikonen des Evangelisten Lukas, des Ioannis Theologos, des Pantokrator und Johannes des Täufers, Werke des ausgehenden 18. Jh. Eine mit Glas versehene Ikone zeigt die Muttergottes, flankiert von Büsten der Erzengel und dem hl. Lukas, wie er die Ikone malt. Darunter ist neben der Erzählung der Legende auch die Auffindung durch Ignatios dargestellt. Unter den diversen Gold- und Silberarbeiten des *Klosterschatzes* befindet sich auch ein erst 1970 von einem türkischen Schäfer bei Kritou Marottou unterhalb von Panagiá entdecktes, mit Silbertreibarbeit verkleidetes Holzkreuz. Szenen des Alten Testaments, des Marienlebens und der Heilsgeschichte sind im *Bema* und im *Naos* der Kirche sowie über dem Westportal erhalten.

Fährt man oberhalb des Chrysorogiatissa-Klosters auf der Straße weiter, erreicht man nach etwa 3 km das **Agia Moni-Kloster**. Es gehört zum Besitz des Chrysorogiatissa-Klosters, wird jedoch nicht mehr von Mönchen bewohnt und dient heute als Gästehaus. Frühchristlicher Tradition entsprechend, wurde das Kloster angeblich im 4. Jh. vom *hl. Nikolaus* auf der Stätte eines antiken *Hera-Heiligtums* gegründet. In den Jahren 1638 und 1830 wurden der Kirche die Klostertrakte beigefügt. Der kurze Abstecher ist angebracht, nicht zuletzt auch wegen der Lage dieses Klosters, das in den Felsen des Aetokremnos in etwa 1000 m Höhe über dem Meeresspiegel eingebettet ist.

8 Tal der Zedern · Stavros tis Psokas

(Cedar Valley, Κοιλάδα τών Κεδρον · Σταυρός Ψώκας)

Die Weiterfahrt vom Chrysorogiatissa-Kloster zum Kykko-Kloster *(S. 143)* oder nach Stavros tis Psokas mit Rückkehr nach Paphos am selben Tag ist nur einem gewandten Bergfahrer zu empfehlen, da die nicht asphaltierten und kurvenreichen Waldwege (Gegenverkehr!) viel Zeit erfordern. Entweder setzt man sich nur eines der Ziele, oder man plant in Stavros tis Psokas bzw. im Kykko-Kloster eine Übernachtung ein.

In Pano Panagiá zweigt, vom Chrysorogiatissa-Kloster aus rechts, die Straße in Richtung Tal der Zedern/Kykko-Kloster bzw. Tal der Zedern/Stavros tis Psokas ab. An der Weggabelung etwa 3 km hinter Pano Panagiá hält man sich rechts. Die Kreuzung nach weiteren 5–6 km überquert man und erreicht nach längerer Bergfahrt nach einer Abzweigung nach links das auf dem rechten Weg gelegene Tal der Zedern. Der relativ gut befahrbare Waldweg führt nun südlich des Berges Tripylos (1362 m) nach Nordosten. Bei der nächsten Abzweigung führt rechts der Weg auf die Verbindungsstraße von Kampos (Kambos)/Chakistra (Tsakistra) nach Kykko. Nach Stavros tis Psokas gelangt man, indem man an der Abzweigung hinter dem Tal der Zedern nach links abbiegt und dann die zweite Abzweigung nach links wählt.

⋆ Tal der Zedern

Das unter Naturschutz stehende Tal der Zedern bildet einen geringfügigen Rest der einst Zypern wie den Libanon bedeckenden Zedernwälder. Die verantwortungslose Nutzung dieser Hölzer seit der Antike ohne den Gedanken an eine Wiederaufforstung dezimierte die Anzahl der Bäume derart, daß eine gesetzliche Maßnahme zu ihrer Erhaltung notwendig war. Bei der auf Zypern heimischen Zeder handelt es sich um eine Abart der Liba-

Im Tal der Zedern sind die früher auf der Insel verbreiteten Bäume noch erhalten

nonzeder (Cedrus libani-Pinaceen), die ureingesessene Cedrus brevifolia, von der im Tal der Zedern etwa 30000 wachsen. In der Antike wurde sie bevorzugt beim Haus- und Schiffsbau verwendet.

Stavros tis Psokas

Gegen ein geringes Entgelt kann man in der *Forststation Stavros tis Psokas* übernachten. Vorherige Anmeldung ist notwendig; auch ist der Aufenthalt auf drei Nächte beschränkt. In unmittelbarer Nähe der Forststation befindet sich ein **Mufflongehege**, in dem die nicht nur in freier Wildbahn äußerst scheuen Tiere gelegentlich aus der Nähe betrachtet werden können. Der Mufflon, ein Wildschaf, gilt als einer der Vorläufer des domestizierten Schafes. Im Gegensatz zu den gemeinhin bekannten Tieren mit stark eingedrehtem Gehörn besitzt das männliche Tier auf Zypern ein mächtiges geschwungenes Gehörn. In der neolithischen Siedlung von Chirokitia *(S. 207)* wurde ein aus frühneolithischer Zeit stammendes Mufflongehörn mit anhängendem Schädelknochen gefunden, das sich heute im Zypern-Museum in Nikosia *(S. 243)* befindet. Es belegt die Nutzung des Mufflons als Jagdtier oder bereits dessen Domestizierung. Durch unkontrollierten Abschuß erlitt die Zahl der Mufflons eine ähnliche Dezimierung wie die der Zedern. Im Jahre 1937 soll sie auf 15 Exemplare geschrumpft gewesen sein. Heute bevölkern bereits wieder einige hundert Tiere das Troodos-Gebirge. Sie stehen ebenfalls unter Naturschutz und dürfen nicht geschossen werden.

★ 9 Kykko-Kloster *(Kykko Monastery, Μονή Κύκκου)*

Aus Ktima oder dessen Umgebung kommend, sollte man die Fahrt zum Kykko-Kloster mit derjenigen durch das *Tal der Zedern (S. 141)* verbinden. Von Limassol oder Nikosia aus wird man den Weg über den *Troodos* wählen. Nimmt man Pano Platres *(S. 156)* als Ausgangsort, so kann man über das *Trooditissa-Kloster (S. 159), Prodromos* und *Pedoulas (S. 160)* fahren. Von Nikosia aus empfiehlt sich die Fahrt durch das *Solea*, besser noch durch das *Marathasa-Tal (S. 159)* bis Pedoulas, von wo aus man nach Westen abzweigt.

Im 19. Jh. weitgehend wieder neu entstanden: Das Kykko-Kloster hat sich den einstigen Reichtum nicht nur im ansehnlichen Äußeren bewahrt

Obwohl das Kloster in seinen Anfängen auf die Zeit zwischen 1080 und 1118 zurückgeht, zeigt es sich weitestgehend in moderner Aufmachung. Wohl keiner der sichtbaren Bauteile dürfte sehr viel weiter als ins 19. Jh. zurückreichen. Grund dafür sind zahlreiche Brände – der letzte große im Jahre 1813 –, denen das Kloster ausgesetzt war. Überdauert hat lediglich die *Ikone der Panagia*, die sich der Gouverneur von Zypern von Kaiser Alexios Komnenos anläßlich der Heilung eines Familienmitglieds durch den Eremiten Isaias erbeten hatte. Auch dieses Bild, dem regenbringende Wunderwirkung nachgesagt wird, ist nach altem Volksglauben eines der wenigen vom hl. Lukas selbst geschaffenen Werke.

Die festungsartige Anlage des Klosters mit ihren verschachtelten Mönchstrakten, die sich um die Kirche gliedern, wie auch die dem Pilger- und Besichtigungstourismus dienenden Neubauten zeugen vom Reichtum des Klosters. Der Besitz der Brüder vom *Oros tou Koukkous* (Berg der Ebenholzbäume) war weit über Zypern hinaus verstreut. Begründet durch kaiserliche Schenkungen, reichte der Grundbesitz bis ins zaristische Rußland. Trotz der Verluste ›überseeischer‹ Ländereien gilt Kykko durch seine über die ganze Insel verteilten *Metochia* (klosterzugehörige Landwirtschaftsbetriebe) noch immer als reichstes Kloster.

Bedeutung erlangte Kykko auch als Kontakt- und Versorgungsstelle für den knapp 2 km entfernten Unterschlupf des EOKA-Obersten *Georgios Grivas*. 1956 besetzten deshalb die Engländer das Kloster. Heute zieht Kykko nicht nur Pilger und Besucher des Klosters an; denn den Berggipfel über dem Kloster hat der 1977 verstorbene Erzbischof *Makarios III.* als letzte Ruhestätte gewählt. Zu seinem Grab, an dem zypriotische Soldaten Ehrenwache halten, kommen viele in- und ausländische Besucher.

⋆ 10 Geroskipos *(Yeroskipos, Γεροσκήπου)*

Der Ort liegt nur wenige Kilometer östlich von Ktima an der Straße nach Limassol. Sein heutiger Name verrät noch etwas von der einstigen Bedeutung: *Hieros kipos*, heiliger Hain oder heiliger Garten (oder *geros kipos* = alter Garten?) zwischen dem antiken Hafen von Nea Paphos *(S. 100)* und dem Aphrodite-Heiligtum in Kouklia/Paläa Paphos *(S. 146)* an der Pilgerstraße. Möglicherweise bestand in Geroskipos selbst ein Aphrodite-Heiligtum; denn verstreut über das Dorf finden sich Reste antiker Gebäude, so z. B. korinthische Kapitelle, die die Eingänge zum Hof der Kirche der Agia Paraskevi flankieren. Zum Wesen der uranosentsprossenen Aphrodite gehörte es, »bei ihrem Nahen über das Meer heiteren Himmel, Sturmstille und sichere Fahrt mitzubringen« (Der Kleine Pauly). Als solche ist sie nicht zu trennen von der Höhen-Aphrodite *(Aphrodite Akraia)* der Inseln und Küsten, die auch im paphischen Heiligtum verehrt wurde, oder der Garten-Aphrodite *(Aphrodite en kipois)*, der nachweislich in Tamassos, Myrikai und Idalion auf Zypern heilige Haine gehörten. Sollte sich ein solcher nicht auch in Hieros Kipos befunden haben?

* Kirche der Agia Paraskevi

An einem Platz im Zentrum des Ortes erblickt man, auf der Ortsdurchfahrt aus Richtung Ktima kommend, rechts die fünf Kuppeln der Agia Paraskevi-Kirche. Sie wurde im 11. Jh. erbaut und ist neben der Kirche der Heiligen Barnabas und Hilarion in Peristerona *(S. 167)* die einzige dieses Typs auf Zypern. Ihre Anlage geht auf die in justinianischer Zeit errichtete Johanneskirche in Ephesos und die Apostelkirche in Konstantinopel zurück.

Die dreischiffige Agia Paraskevi-Kirche ist im Innern durch die die Kuppeln tragenden Mauern gegliedert. Über dem Mittelschiff befinden sich drei der Kuppeln, deren mittlere von jeweils einer über den Seitenschiffen flankiert ist, wodurch der Eindruck einer kreuzförmigen Anlage entsteht. Bis an die Apsis des Mittelschiffs heranreichend, ist dem südlichen Seitenschiff im Osten eine überkuppelte Kapelle angegliedert, die früher wohl ein Martyrion war. Die Südostecke der Kirche bestimmt ein 1886 erbauter Glockenturm. Der narthexartige Westteil wurde im 19. Jh. für die am Gottesdienst teilhabenden Frauen errichtet und 1931 vergrößert.

Die außerordentlich dicken Mauern der Kirche tragen im Innern Wandmalereien vorwiegend aus dem 15. Jh. Aus der gleichen Zeit stammt die bedeutendste *Ikone*, eine Darstellung der ›Panagia Geroskipiotissa‹ auf der einen, eine ›Kreuzigung‹ auf der anderen Seite tragend (14.–15. Jh.).

* Volkskundemuseum *(Haus des Hadji-Smith Zymboulakis)*

Überschreitet man den Platz im Osten der Kirche, vorbei am modernen öffentlichen Markt und dem Rathaus, gelangt man in eine Gasse, die bald nach links abzweigt und sich dann in einem Bogen nach rechts wendet. Am Ende der Rechtskurve befindet sich das Volkskundemuseum von Geroskipos, die einstige Residenz des 1799 von Admiral Sir Sydney Smith ernannten britischen Konsuls von Paphos, Andreas Zymboulakis. Im Jahre 1826 folgte ihm sein Sohn, der den Namen des Gönners übernahm, im Amt; nach ihm ist das Haus benannt. Abgesehen von seinem reichen volkskundlichen Inhalt bietet es eines der reinsten Beispiele zypriotischer Volksarchitektur.

Liebhaber lokaler Leckereien sollten nicht versäumen, in einem der Läden die für Geroskipos charakteristischen *Loukoumia*, eine Art türkischen Honigs, zu erstehen.

*** 11 Kouklia/Paläa Paphos

(Palea Paphos, Παλαία Πάφος/Κούκλια)

Hat man von Ktima/Nea Paphos kommend die Brücke über den auch im Sommer nicht ganz ausgetrockneten Fluß Diarizos überquert, erreicht man die Abzweigung links nach Kouklia. Bereits nach wenigen Metern zweigt ein Weg nach rechts zum schon von der Straße aus sichtbaren fränkischen *Kastron La Covocle* und zum Heiligtum der Aphrodite ab.

Geschichte der antiken Stadt: Der Ursprung von Paläa Paphos (Alt-Paphos), wie man es seit der Gründung der Hafenstadt Nea Paphos *(S. 100)* nannte, liegt im Dunkel der Mythologie. Nach Pausanias hatte Agapenor von Tegea, auf dem Heimweg von Troja an Zyperns Gestade verschlagen, der Aphrodite in Paläa Paphos einen Tempel errichten lassen. Andere Quellen führen die Gründung der Stadt (!) auf den mythischen König Kinyras zurück, nach dem sich Generationen von Priesterkönigen als Kinyraden, Abkömmlinge des Kinyras, bezeichneten *(S. 24)*.

Archäologisch läßt sich die Geschichte von Paläa Paphos bis in die Späte Bronzezeit zurückverfolgen. Mindestens seit dem 15. Jh. v. Chr. muß eine Siedlung bestanden haben. Migrationsbewegungen der Achäer tangierten Paläa Paphos seit dem späten 13. Jh. v. Chr. Reiche Grabfunde dieser Zeit zeugen vom Wohlstand der Bewohner der Stadt. Von den für gegen Ende der Bronzezeit belegten Zerstörungen blieb Paläa Paphos verschont. Hier ließ sich eine Siedlungskontinuität nachweisen. Eine erste historische Erwähnung erfährt Paläa Paphos durch eine Inschrift aus der Zeit des assyrischen Königs Asarhaddon (673–672 v. Chr.), die den paphischen König Ituandar *(Eteandros)* als den Assyrern tributpflichtig nennt. Als sich die kyprischen Stadtkönigtümer unter Führung von Onesilos aus Salamis 499 v. Chr. gegen die Perser auflehnten, wurde auch Paläa Paphos von diesen unterworfen. Der Bericht Herodots wird durch die Ausgrabung einer persischen Belagerungsrampe nordöstlich des heutigen Kouklia bestätigt. Als Unterworfener steuerte der König von Paphos 480 v. Chr. zwölf Schiffe zur Flotte des Xerxes bei. In archaischer und klassischer Zeit erlebte Paläa Paphos seine große Blüte. *Nikokles*, der letzte König von Paphos, machte 321 v. Chr. Nea Paphos zur neuen Hauptstadt, befestigte jedoch auch Paläa Paphos, das nunmehr nur noch als Heiligtum der Aphrodite Bedeutung hatte. Nach dem Sieg des *Ptolemaios* über Antigonos oblag den einstigen Königen von Paphos, den Kinyraden, nur noch das Amt des Hohenpriesters der Aphrodite, eine immer noch ehrenvolle Funktion, die auch dem letzten Ptolemäer nach dem Einzug der Römer im Jahre 58 v. Chr. als Entschädigung angeboten wurde. Das Aphrodite-Heiligtum stand nun unter dem Patronat der römischen Kaiser und blieb trotz starker Beeinträchtigungen durch Erdbeben bis ins 4. Jh. n. Chr. erhalten.

In byzantinischer Zeit verfiel die Stadt. Nach der Übernahme der Insel durch das Geschlecht der *Lusignans* erhielt Paläa Paphos im 13. Jh.

ein Kastron zur Überwachung der weiten Zuckerrohrplantagen in der Küstenebene. Das Kastron *Manoir de la Covocle*, auch unter der Bezeichnung Chateau de Covocle oder Conuclia bekannt, dürfte dem heutigen Dorf *Kouklia* seinen Namen gegeben haben. 1426 wurde das Kastron von den Mamelucken zerstört, anschließend wieder aufgebaut und diente später unter türkischer Herrschaft als Sitz des türkischen Chiftlik von Kouklia. Heute beherbergt es das *Museum* mit den in und um Kouklia ausgegrabenen Funden.

Der Aphrodite-Kult

EXKURS ▼

Die Entstehung des Aphrodite-Kultes auf Zypern ist ungewiß, ebenso der Anfang des Kultes in Paphos. Wenn Pausanias berichtet, Agapenor habe bei seiner Landung auf Zypern der Aphrodite einen Tempel errichtet, so spricht dies nicht gegen eine bereits vorhandene Verehrung der Göttin auf Zypern. Einen Vorläuferkult, z. B. der *Ischtar-Astarte* des Vorderen Orients, haben Mythenforschung und archäologische Funde bestätigt. Antike Autoren berichten von *Aphrodisien* im Frühjahr. Fremde Pilger und Inselbewohner zogen vom Hafen Nea Paphos aus durch die Heiligen Gärten *(S. 144)* zum Heiligtum von Paläa Paphos. Festlich gekleidet, gesalbt und mit Blumen geschmückt, begab sich die Prozession zu Ehren Aphrodites durch die erblühende Landschaft. Am Eingang zu den Gärten der Aphrodite wurden ihr junge Bäumchen als Weihegaben aufgestellt. In Paläa Paphos selbst feierten die Pilger dann mehrere Tage.

In drei Graden vollzog sich der geheime Mysterienkult: Ein Wettstreit in unterschiedlichen Disziplinen am ersten Tag, ein rituelles Meerbad am zweiten, die Darbringung unblutiger Opfer am dritten und ein Abschlußzeremoniell am vierten Tag bildeten den ersten Grad. Der Mythos um Adonis stand im Mittelpunkt des zweiten Grades, in dem Tod und Auferstehung der Gottheit auch als Werden und Vergehen in der Natur begangen wurden. Der dritte Grad setzte sich aus Aphrodite-Adonis-Mysterien zusammen, über die am wenigsten bekannt ist.

Herodot vergleicht den Kult der paphischen Aphrodite mit dem der babylonischen Ischtar und berichtet von ähnlichen Sitten auch in bestimmten Teilen der Insel Zypern. Neben Herodot finden sich auch bei anderen antiken Autoren Belege über für Paläa Paphos allerdings nicht nachweisbare Ausschweifungen und sakrale Prostitution im Zusammenhang mit dem Aphroditekult. Auch das Opfer der Jungfräulichkeit und die Initiation der jungen Männer durch Priesterinnen gehörten zu den Riten, durch die die Teilnehmer an den Mysterien in den Fruchtbarkeitszyklus aufgenommen wurden. Eine Wiederbelebung, allerdings unter anderen Vorzeichen, muß dem Kult um den *konischen Stein*, dem Zentrum des Aphrodite-

Heiligtums, im Mittelalter widerfahren sein. Im Pariser Prozeß 1309 wurden die Tempelritter der Ausübung eines östlichen Geheimkultes bezichtigt. Dabei spielte ein heidnisches Idol, der *Baffo* oder *Baffometus*, eine wichtige Rolle. *Baffo* dürfte sich auf Paphos beziehen, während *metus* an das römische *meta* (= Mühlstein) erinnert; denn so bezeichneten römische Historiker das anikonische Kultbild der paphischen Aphrodite.
Der heute im Museum in Nikosia aufbewahrte Stein aus Kouklia wurde von den Einheimischen als *Agia Mavra*, als Heilige Schwarze, verehrt. Sicherlich wurden ihm ebensolche magische Kräfte zugeschrieben wie einem bestimmten Stein in den Ruinen des Tempelbezirks, an dem bis in jüngste Zeit junge Mütter der *Panagia Galaktariotissa*, der milchgebenden Muttergottes, Kerzen entzündeten. Auch die nahe den Ausgrabungen gelegene *Katholiki-Kirche* trug, bevor sie als *Chrysopolitissa* bezeichnet wurde, den Namen *Panagia Aphroditissa*. All dies sind Zeichen dafür, daß der Kult der Aphrodite in Kouklia/Paläa Paphos, wenn auch in veränderter Form, bis zum heutigen Tag überdauert hat.

* Der Tempelbezirk der Aphrodite

Schon 1840 bemerkte der deutsche Archäologe Ludwig Ross anläßlich seines Besuches von Kouklia, daß die Bedeutung der Reste des vermeintlichen Heiligtums der phönikischen Aphrodite von früheren Reisenden überbewertet worden sei; von deren gegenwärtigem Zustand könnten nur wenige Schlüsse gezogen werden. Dem heutigen Besucher bietet sich die Stätte des einstigen Heiligtums nur wenig aufschlußreicher; denn noch immer muß die Frage offen bleiben, ob es sich bei den als Heiligtum I und II bezeichneten Bezirken wirklich um die zentralen Räumlichkeiten handelt, die den auf römischen Münzen überlieferten konischen Stein der Gottheit unter dem Baldachin beherbergten.

Der neue Zugang führt den Besucher von Süden an das Ausgrabungsareal heran. Er betritt also zunächst den Bereich des *Heiligtums I.* Als Ausgangspunkt bietet sich die aufgrund ihrer Monumentalität beeindruckende Südwestecke der *Temenoseinfriedung* an. Riesige etwa 5 m x 2,20 m messende monolithe Steinblöcke ruhen hier auf spätbronzezeitlichen Fundamenten. Nördlich schließt sich ein aus derselben Zeit stammender Portikus *(Halle I)* an, worauf die Doppelreihe von Säulen oder Pfeilerbasen hinweist. Ein Kapitell und ein Fragment, das Stücken aus Myrtou-Pigades, Enkomi und Kition entspricht, sowie die beträchtliche Zahl mykenischer und spätkyprischer Scherben aus dem 13. und 12. Jh. v. Chr. bestätigen den spätbronzezeitlichen

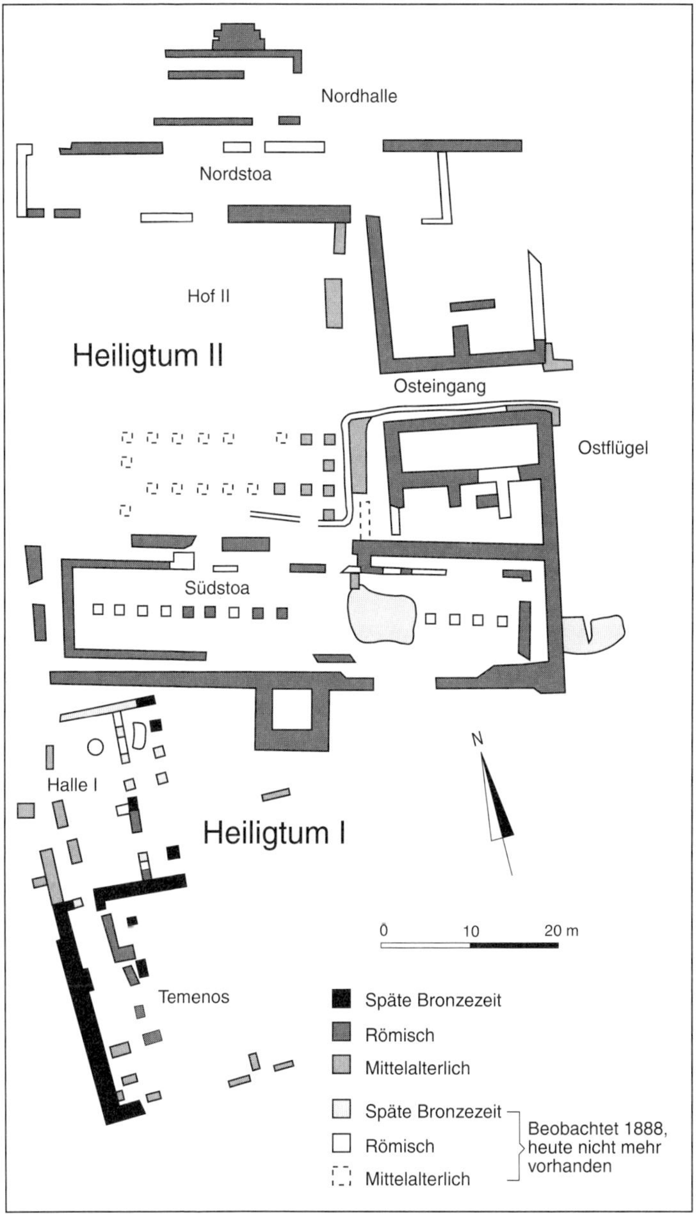

Kouklia: Tempelbezirk der Aphrodite (nach F. G. Maier)

Befund. Im Anschluß an Halle I folgt der Westflügel der *Südstoa* des *Heiligtums II* aus römischer Zeit. Die Stoa umschließt mit ihren Kompartimenten im Osten und Norden ein 67 m x 70 m umfassendes Geviert, das von Osten, von der Katholiki-Kirche her, über eine 5,50 m breite Passage betreten werden konnte. Wie im Bereich des Heiligtums I befinden sich auch im Heiligtum II mittelalterliche Mauerreste in Konkordanz zum antiken Befund. Die Basen in der Südwestecke des Hofes des Heiligtums II gehörten zu einer mittelalterlichen Zuckerraffinerie.

Etwa 40 m westlich der Südstoa wurde ein aus dem 1. Jh. n. Chr. stammendes **römisches Peristylhaus** gefunden, das, bedingt durch seine Nähe zum Heiligtum, den Priestern der Aphrodite als Aufenthaltsort gedient haben könnte. Nordwestlich davon liegen die Reste der im 16. Jh. errichteten **Agios Nikolaos-Kirche**, in deren Umgebung sich mehrere mittelalterliche Bestattungen fanden, denen glasierte Keramik beigegeben war.

Setzt man nun den archäologischen Befund in Beziehung zu Mythologie und historischer Überlieferung, so läßt sich als geschichtlicher Rahmen des Heiligtums der Zeitraum vom 13. Jh. v. Chr. bis zum Mittelalter festhalten. Der Charakter des Heiligtums, das sich als Konglomerat orientalischer, anatolischer, ägäischer und schließlich auch mittelalterlicher Elemente erweist, blieb über die Jahrhunderte erhalten und war auch Vorbild für eine von der Stadt errichtete Kultstätte, die von den Persern 498 v. Chr. zerstört wurde: ein offener Temenos mit zahlreichen Votivgaben und Altären. Das auf römischen Münzen gezeigte Aphrodite-Heiligtum gibt dieses Bild wieder. Das ebenfalls dort abgebildete anikonische Kultbild der Göttin unter dem dreigeteilten baldachinartigen Gebilde scheint ägäischen Ursprungs zu sein. Demnach hätte schon vor dem Eindringen der Achäer ein Kult in Paläa Paphos bestanden (Kinyras), dem ein ägäischer Kult aufgepfropft worden wäre (Agapenor), was zur Beibehaltung matriarchalischer Elemente in einer fortan patrilinearen Gesellschaftsordnung geführt hat *(vgl. S. 24)*.

Die Katholiki-Kirche

Die Katholiki-Kirche steht östlich vom Grabungsareal des Heiligtums II inmitten eines verfallenen Klosterkomplexes, von dem nur noch die spitzbogigen Arkaden des die Kirche einstmals umgebenden Traktes zeugen. Die mit einem Tonnengewölbe versehene, in Kreuzesform errichtete Kirche wird im allgemeinen ins

14. oder 15. Jh. datiert, obwohl einiges auf ein früheres Entstehungsdatum schließen läßt. U. a. ist kaum anzunehmen, daß die Lusignans, die seit der Regentschaft Amaurys die römisch-katholische Kirche zur Staatsreligion auf Zypern erklärt und die orthodoxen Bistümer aufgelöst hatten, in unmittelbarer Nähe ihrer Burg eine orthodoxe Kirche geduldet hätten. Neben der späteren Benennung als Katholiki legt dies die Nutzung als römisch-katholische Kirche zur Zeit der Franken nahe. Von den Wandmalereien sind im Innern der Kirche lediglich die Pantokratordarstellung in der Kuppel sowie Euphrat- und Tigrisallegorien an der Westwand erwähnenswert. Die orthodoxen Christen verehrten hier später die *Panagia Aphroditissa* und *Chrysopolitissa*.

*** Das fränkische Kastron La Covocle

Südlich des Heiligtums ragen die Mauern des fränkischen Kastrons empor. An der Nordseite dominiert ein mächtiger Torturm. Während der letzten Jahre wurde das im Süden und Osten noch fränkische (13. Jh.), in den übrigen Teile türkische Kastron restauriert. Stufen, die zu einer Halle im Ostflügel hinabführen, sowie ein noch halbverschütteter Spitzbogen in der Südwestecke des Innenhofes belegen das in fränkischer Zeit tiefere Niveau des Hofes. Von diesem aus gelangt man in die große mit Kreuzrippengewölbe versehene Halle, deren Ausmaße 30,24 x 6,95 m betragen. Darüber befand sich ein ebenso großer Raum. Eine steinerne Rampe führt zu ihm hinauf. Am Ausgangspunkt dieser

Das fränkische Kastron La Covocle in Kouklia zeigt sich heute im restaurierten Gewand

Rampe, in der Nordostecke des hier türkischen Gebäudekomplexes, befinden sich die Eingänge zu den *Museumsräumen*, deren Besuch empfohlen wird.

Die Rohrzuckerraffinerie

Unterhalb des fränkischen Kastron, meerwärts in der Ebene des Gewannes Stavros liegt die Ausgrabung einer mittelalterlichen Zuckerraffinerie. Arabische Texte des 14. Jh. beschreiben die Zuckergewinnung durch einen zweifachen Mahlvorgang. Anhand der Ausgrabung in Kouklia/Stavros besitzen wir nun auch Monumente, die die schriftlichen Quellen bestätigen. Vermutlich vom syrischen Festland herrührend, wurde schon früh auf Zypern auch Zuckerrohr angebaut und verarbeitet. Zuckerrohrplantagen befanden sich bei Achelia, Empa, Lempa und Kouklia (Lusignan) sowie bei Episkopi (Cornaro) und in der Nähe der Johanniter-Komturei Kolossi *(S. 187)*. Die seit einigen Jahren verstärkt Beachtung findende Industriearchäologie des Mittelalters – sogar in den Ländern, in denen bisher die Ausgrabungen der Prähistorie, der klassischen und christlichen Archäologie dominierten – hat sich auch in der Fachliteratur zunehmend Raum erobert. Dort wird der anhand der Funde nachvollziehbare Produktionsprozeß des Rohrzuckers beschrieben: »*In einer im Kollergang laufenden, von Tieren getriebenen Mühle wurde das zunächst in Stücke geschnittene Zuckerrohr zerquetscht. Die dabei anfallende Bagasse wurde in der angrenzenden Wassermühle weiter ausgepreßt. Dieses Gebäude weist eine ungewöhnliche, aufwendige Konstruktion auf. Die Radlagerung befand sich in einem unterirdischen, sorgfältig gemauerten Gewölbe. Vom offenen Aquädukt wurde das Wasser in einen gedeckten Druckwasserkanal geleitet, der in einer engen Düse endete. Der mit hohem Druck austretende Strahl setzte ein horizontales Wasserrad vom Turbinentyp in Rotation. Über eine vertikale Welle wurde der Läufer des über dem Gewölbe installierten Mahlwerks angetrieben. Nach dem Mahlprozeß begann in der Raffinerie die eigentliche Zuckerherstellung. Die wichtigsten Installationen bestanden aus einer Reihe von Kochstellen für das Aufkochen des Zuckersaftes, aus Räumen, in denen die mit Zuckermasse gefüllten Formen aufgestellt werden konnten, bis der Kristallisierungsprozeß vollständig abgeschlossen war, und aus Anlagen mit Bassins zum Reinigen und Wässern der Zuckergefäße.*« (M. L. von Wartburg).

Funde zahlreicher Fragmente glasierter Zuckerformgefäße lassen den Schluß zu, daß in Kouklia wahrscheinlich schon seit dem 13. Jh. und bis weit ins 16. Jh. Zucker gewonnen wurde. Erst der zunehmende Import von Zucker aus Ländern der Karibik führte allmählich zum Niedergang der einst in Europa hoch geschätzten ›Zucchari di Cipro‹.

Nordost-Tor und persische Belagerungsrampe

Etwa 600 m außerhalb des Dorfes in Richtung Pano Archimandrita liegen rechts der Straße die Ausgrabungen der *antiken Stadtmauer* von Paläa Paphos.

Hier fand man Reste eines monumentalen *Torturms*, einer rechteckigen *Bastion* sowie die beide verbindende Stadtmauer. Sie hatte eine Breite von 6,30 m; davor befand sich ein 10 m breiter und 4 m tiefer Graben. Auf einem Steinfundament aus sonnengetrockneten Ziegeln um 700 v. Chr. errichtet, wurde die Mauer im 6. Jh. v. Chr. durch grobes Steinmauerwerk eingefaßt, das an der stadtzugewandten Seite noch bis zu einer Höhe von 2 m erhalten ist. Zwischen Torturm und Bastion war der Graben angefüllt mit Schutt eines zerstörten Heiligtums. 498 v. Chr. belagerten die Perser die Stadt und führten über diese Rampe ihre hölzerne Angriffsmaschinerie auf die Mauer zu. Die Stadtbewohner hatten als Gegenwehr mehrere Tunnel unter die Rampe in den Graben getrieben, um von hier aus mit brennbarem Material die hölzernen Konstruktionen zum Einsturz zu bringen. Im 4. Jh. v. Chr. wurde die Stadtmauer noch einmal verstärkt. Dabei wurde der Durchgang des Tores verengt und drei Räume für die Wachmannschaften eingerichtet. Herdstellen, Keramik- und Knochenfunde belegen die Funktion als Küche und Vorratsräume der Torwachen. Da man sich offenbar scheute, den Graben vom Schutt zu befreien, wurde um die Belagerungsrampe eine Einfassungsmauer gezogen, durch die man eine zusätzliche, hufeisenförmige Bastion erhielt.

⋆ 12 Omodos und Diarizos-Tal

(Omodhos, Dhiarizos, Ομοδος, Διαρίζος ποταμός)

Von Ktima/Paphos und Limassol gleichermaßen gut zu erreichen, liegt Omodos an den Südhängen des *Troodos*. Obwohl man von Limassol aus auch die kürzere Strecke über *Erimi, Kandou, Agios Amvrosios* und *Kissousa* nach Omodos wählen kann, sollte man doch lieber früher aufbrechen, in Richtung *Ktima* fahren und an *Petra tou Romiou*, der ›sagenhaften Geburtsstätte der Aphrodite‹ und dem rechts oberhalb der Straße gelegenen Kouklia vorbei nach Norden in Richtung *Agios Georgios* und *Mallia* abbiegen.

Das Dorf *Nikoklia* hinter sich lassend folgt man – immer das Troodos-Massiv vor Augen – dem im Frühjahr wasserreichen Flußlauf des **Diarizos** in nordöstlicher Richtung. Hin und wieder verbreitert sich das Flußbett und bildet so eine Furt für die auf den fruchtbaren Hängen grasenden Schaf- und Ziegenherden. Man sollte sich Zeit und Muße nehmen, gelegentlich anzuhalten. Der Weg schlängelt sich durch die seit 1974 zum Teil verlassenen Orte *Phasoula, Mamonia, Agios Georgios* und *Kidasi*. Oberhalb von Kidasi erreicht die Straße den Fluß. Man überquert die Brücke und erreicht nach etwa 1 km eine Weggabelung. Der linke, besser befahrbare Weg führt über *Agios Nikolaos* nach *Mallia*. Reizvoller ist jedoch der rechte Weg. Schon nach kurzer Zeit ändert sich die Vegetation; Wiesen und Baumbestand machen ausgedehnten Weingärten Platz. Rechts der Straße am gegenüberliegenden Berghang fällt ein Bach durch ein Schilfbambusdickicht ins Tal. Einige Kilometer hinter *Gerovasa* wird die Arsos und Dora verbindende Asphaltstraße erreicht. Dort biegt man nach links in Richtung Omodos ab.

Im Zentrum von **Omodos** liegt das *Heiligkreuzkloster (Moni Timiou Stavrou)*, das EOKA-Leuten in den Jahren 1955 bis 1958 als Unterschlupf diente. Der heutige Klosterkomplex ersetzte 1816 einen Vorläuferbau. Die im Kloster aufbewahrten Reliquien, Stücke des Kreuzes Christi und seiner Fesseln, lassen auf eine frühe Klostergründung schließen; denn diese Stücke brachte die hl. Helena im 4. Jh. nach Zypern. Ein byzantinischer Kaiser vermachte dem Kloster den Schädel des Apostels Philippus. Der mächtige basilikale Kirchenbau mit aus kleineren Giebeln bestehendem Lichtgaden ist neueren Datums. Sehenswert ist vor allem der mit Doppelarkatur gestaltete Mönchstrakt. Hier finden sich prunkvolle Holzschnitzereien, die aber noch von denen im ganz mit Holz ausgekleideten Kapitelsaal übertroffen werden. Einige Räume dienen als Museum für die Habseligkeiten umgekommener EOKA-Kämpfer, die hier in ehrfurchtsvollem Andenken gehalten werden, andere beherbergen Produkte lokalen Kunsthandwerks.

Nicht weit vom Kloster, in einer malerischen schmalen Gasse (Ausschilderung), stehen drei *Gebäude von volkskundlicher und architekturhistorischer Bedeutung*. Zwei Privathäuser (N. Theophanous, S. Samouel) im Stil typisch zyprischer Dorfarchitektur beherbergen Möbel und Alltagsgerät der vergangenen Jahrhunderte. Nur ein paar Schritte weiter steht auf der gegenüberlie-

genden Seite das vor einigen Jahren wieder hergerichtete alte Gebäude (Linos) einer Winzerei und Weinhandlung. Die riesigen Pithoi dienten in der Weinpresse im hinteren Teil des Hauses der Sammlung der Trauben und zur Straße hin der Aufbewahrung des Weins.

Von Omodos aus kann man die Fahrt in Richtung *Platres* *(S. 156)* fortsetzen oder auf den bekannten Routen nach Limassol und Ktima zurückkehren.

In der Kirche des Heiligkreuzklosters beeindruckt eine prunkvoll geschnitzte Ikonostase

Kirchen und Klöster in Bergwäldern und blühenden Tälern

Das **Troodos-Gebirge** mit seinem höchsten Berg, dem 1951 m hohen *Chionistra* (= Frostbeule), der, einer Tradition in der hellenischen Welt entsprechend, auch *Olympos* genannt wird, ist von Nikosia, Ktima/Paphos und Limassol aus gleichermaßen gut zu erreichen. Es empfiehlt sich jedoch, sich diese ausgedehnte Bergregion mit ihren Sehenswürdigkeiten von einem der Troodos-Orte aus zu erschließen. Unterkünfte findet man in *Kalopanagiotis (S. 161), Pedoulas (S. 160), Prodromos, Kakopetria (S. 163)*, den Hotels um den Olympos und dem wohl bekanntesten Höhenluftkurort *Pano Platres*. Im Winter bieten mit Lifts versehene Skipisten Gelegenheit zu sportlicher Betätigung, während man die wärmeren Jahreszeiten zu ausgedehnten Wanderungen und Fahrten zu den in der Nähe gelegenen Kirchen und Klöstern nutzen sollte: *Trooditissa-Kloster, Agios Nikolaos tis Stegis* bei Kakopetria und *Panagia tis Podithou* bei Galata *(S.164), Kirche des Erzengels Michael* in Pedoulas und *Ioannis Lampadistis-Kloster* in Kalopanagiotis *(S. 161)*. Doch auch Omodos *(S. 154)*, das Kykko-Kloster *(S. 143), Asinou (S. 165)* und *Peristerona (S. 167)* sind ebenso wie die Kirchen *Stavros tou Agiasmati* bei Platanistasa *(S. 171)* und *Panagia tou Arakou* bei Lagoudera *(S. 170)* vom Troodos aus gut zu erreichen.

⋆ 13 Pano Platres, Olympos und Trooditissa-Kloster *(Πάνω Πλάτρες; Ολυμπος; Troodhitissa Monastery, Μονή Τροοδιτίσσης)*

Das verstreut südlich des Olympos liegende **Pano Platres** ist mit mehreren Hotels unterschiedlicher Preisklassen das touristische Zentrum der Troodos-Region. Läden zum Selbstversorgen für die ausgedehnten Touren, aber auch einige Restaurants versprechen einen angenehmen Aufenthalt im Tal des *Kryos Potamos* (= kalter Fluß). Folgt man dessen Lauf vom nördlichen Ortsrand aus nach Norden und überquert die nach rechts zum Mesopotamos-Kloster führende Straße, so erreicht man das Tal von Psilodendro (= hoher Baum). Von hier aus steigt man, ein Ausflugsrestaurant rechts im Tal liegen lassend, den Weg bergan. Nachdem man einen der Wasserläufe überschritten hat, hört man bald darauf das Rauschen eines Wasserfalls. Über einen rechts durchs Ge-

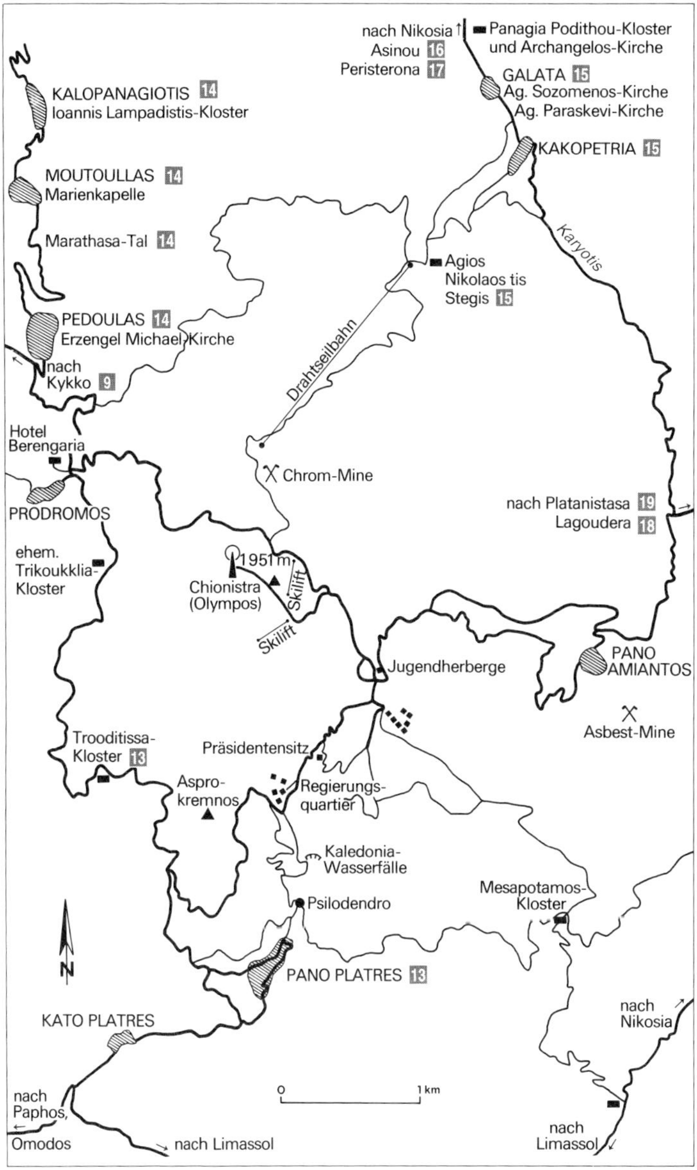

Troodos-Gebirge, Orientierungsplan

Auf dem Weg zum Gipfel des Olympos: Rauschend stürzt das Wasser der Kaledonia-Fälle nach der Schneeschmelze zu Tal

büsch führenden Fußpfad hat man nach wenigen Metern die bekannten **Kaledonia-Fälle** erreicht. Für diesen Spaziergang sollte man sich genügend Zeit nehmen, da der Anstieg mit herrlichem Blick über die südlich liegenden Täler immer wieder zum Verweilen einlädt.

Folgt man dem Weg weiter bergan, kommt man nach etwa doppelter Wegstrecke zu den ersten Regierungsquartieren, die den Olympos umgeben und seit Beginn der britischen Kolonialherrschaft als Sommerresidenz dienen. Ein Fußmarsch in diese Regionen ist allerdings nur versierten Wanderern mit entsprechender Ausrüstung zu empfehlen. Mit dem Auto erreicht man dieses Gebiet von Platres aus, indem man zunächst in Richtung Trooditissa-Kloster fährt. Westlich des Berges Asprokremnos zweigt nach rechts die Straße zum Olympos ab. Diese führt nun in nordöstlicher Richtung an den erwähnten Regierungsquartieren vorbei zur Ortschaft Troodos. Hier hält man sich an die Ausschilderung nach Prodromos und biegt nach kurzer Wegstrecke nach links zum Gipfel des **Olympos** ab, wo sich neben den großen Radaranlagen eine *Aussichtsplattform* befindet, die einen großartigen Blick über die ganze Insel bietet. Reste des von Strabon erwähnten Tempels der Aphrodite Akraia sind nicht mehr vorhanden. Erwiesen ist dagegen die Existenz einer venezianischen Befestigungsanlage. Vom französischen Dichter Rimbaud wird erzählt, er habe sich um 1880 am Bau des damaligen Gouverneurspalastes beteiligt, der heute während des Sommers Sitz des Präsidenten ist.

Von Pano Platres aus ebenfalls relativ schnell zu erreichen ist das in 1500 m Höhe am Ende eines Tales gelegene **Trooditissa-Kloster**, der Sommersitz des Bischofs von Paphos. Dieser Ausflug ist auf jeden Fall lohnend, nicht zuletzt wegen des landschaftlichen Reizes der Umgebung mit Blick auf die südlich liegenden Weinberge. Seit Ende der 60er Jahre wurden Restaurierungsarbeiten vorgenommen, die nicht unbedingt das Bild der Anlage verschönern. Die heutige zentrale Kirche wurde im Jahre 1731 dreischiffig auf den Fundamenten eines Vorläuferbaus aus der Mitte des 13. Jh. errichtet. Die Klostergründung soll auf das 10. Jh. zurückgehen, als auch hier eine vor dem Bildersturm gerettete Ikone der Muttergottes *(Panagia Trooditissa)* auftauchte. Neben dieser silberblechverkleideten Ikone bildet ein metallbeschlagener Gürtel vielen Gläubigen Grund zur Wallfahrt nach Trooditissa. Ihm wird fruchtbarkeitsbringende Wirkung nachgesagt, wenn ihn eine kinderlose Frau um ihren Leib legt. Wahrscheinlich ist hierin ein Zusammenhang mit einem vorchristlichen Kult zu sehen – zuweilen wird das Kloster auch als das der *Panagia Aphroditissa* bezeichnet.

14 Marathasa-Tal

Nähert man sich von Süden, über den Troodos kommend, dem Marathasa-Tal, fällt zunächst an der Wasserscheide in Prodromos das sich links der Straße auf einem Bergrücken burgartig erhebende Berengaria-Hotel ins Auge. An der Kreuzung führt der Weg bergab ins Marathasa-Tal mit dem *Setrachos-Fluß*. Hier liegen die bekanntesten *Kurorte* Zyperns, außer Pano Platres *(S. 156)*.

⋆ Pedoulas *(Pedhoulas, Πεδουλᾶς)*

Pedoulas wird im Frühjahr zur Zeit der Kirschblüte viel besucht. Schon von weitem ist die Hauptkirche von Pedoulas zu erkennen. Sie nehme man sich als Orientierung, wenn man von der Hauptstraße in den Ort abbiegt. An der großen Kirche wende man sich nach links, um die etwas unterhalb liegende kleine holzgedeckte ⋆ **Kirche des Erzengels Michael** zu erreichen, die vollständig ausgemalt ist (In einem Haus in der Umgebung frage man nach dem Schlüssel). Obwohl zur Zeit der fränkischen Herrschaft im Jahre 1474 vollendet, weisen die *Malereien* keinen nennenswerten franko-byzantinischen Einfluß auf. Sie gehören vielmehr jenem einheimischen Stil an, der sich im 13. Jh. auf Zypern einbürgerte, als die Beziehungen zu Konstantinopel abrissen. Lediglich an unbedeutenden Details der Bilder läßt sich Kreuzfahrereinfluß ablesen, etwa an den Soldaten beim ›Verrat Christi‹ an der Westwand. Auch die *Ikonostasis* gleicht eher dem kreuzförmigen Lettner einer römisch-katholischen Kirche; außerdem trägt sie Wappen der Lusignans. Über der Nordtür ist der Stifter, der Priester Basileos Kamados (Kamaros?) zusammen mit seiner Frau und zwei Töchtern dargestellt. Er überreicht dem Erzengel Michael ein Modell des 1474 begonnenen Baues. Bemerkenswert

s Haus hat seinen Balkon: Kalopanagiotis im Marathasa-Tal

ist die Übereinstimmung der Stickereimotive auf den Umhängen der Töchter mit noch heute gefertigten *Levkaritika* oder *Phithkiotika (S. 210)*. Über den Maler sagt eine Inschrift an der Westwand nur, daß er ein ›Zypriote aus Myrianthousa‹ (Marathasa), also ein Einheimischer, gewesen ist.

** Moutoullas *(Μουτουλλᾶς)*

Etwa 5 km von Pedoulas in nördlicher Richtung liegt der wegen seines Mineralwassers auf der ganzen Insel bekannte Ort Moutoullas. Hier befindet sich die früheste holzgedeckte Kirche, die **Panagia** von Moutoullas. Man erreicht sie über einen von der Fahrstraße nach links ansteigend abzweigenden Weg. An diesem liegt auch das Haus, in dem man sich nach dem Schlüssel erkundigt. Die 1279/80 errichtete Kirche liegt auf einer wie ein Plateau vorspringenden Felsnase am Hang. Bis auf die Malereien aus dem 16. Jh. im Narthex stammen alle aus der Entstehungszeit der Kirche. Die Ableitung dieses Bautyps von überkuppelten Bauten wird durch die zwei den Längsseiten vorgelegten Pfeiler mit lebensgroßen Darstellungen der Jungfrau Maria und Christi als ›Stützen der Christenheit‹ demonstriert. Die Malereien weisen trotz ihrer provinziellen Ausprägung Elemente des komnenianischen Stils auf. Von kunstwissenschaftlicher Seite wurden, trotz westlicher Elemente, Ähnlichkeiten mit dem im beginnenden 13. Jh. wieder erscheinenden anatolischen (kappadokischen) Einfluß festgestellt. Die streng hieratischen Gestalten der ›Agia Varvara‹ und ›Agia Marina‹ spiegeln in ihrer linearen Eindringlichkeit enge Bezüge zur byzantinischen Kunst Süditaliens wider, und in den Darstellungen an der Nord- und Südwand wird eine Affinität zur Makedonischen Malerschule festgestellt. Schließlich sind uns auch die Stifter der Kirche durch die ihrer Darstellung beigefügte Inschrift bekannt: Ioannis (Yerakiotis) Moutoullas und seine Frau Irini.

** Kalopanagiotis *(Kalopanayiotis, Καλοπιαναγιώτις)*

Wenig weiter nördlich erreicht man Kalopanagiotis, das für seine Schwefelquellen bekannt ist. Bereits bei der Einfahrt in die Ortschaft sieht man den jenseits des Flusses *Setrachos* gelegenen Komplex des **Ioannis Lampadistis-Klosters**. Am unteren Ortsrand führt eine Straße über den Fluß hinüber. Die von weitem gut überschaubare Anlage erweist sich aus der Nähe als ein Konglomerat von drei Kirchenbauten. Die beiden südlich gelegenen verfügen über einen gemeinsamen Narthex. Der dem *hl. Herakleidios* geweihte, südlichste Bau ist eine *Kreuzkuppelkirche* aus dem 11. Jh. mit Malereien aus dem frühen 13. Jh. in der Kuppel und in den Kreuzesarmen im Süden und Westen. Auch hier – besonders in der Szene des ›Einzugs in Jerusalem‹ – macht sich östlicher, von Mönchen auf die Insel gebrachter Einfluß geltend. Die übrigen Fresken dieser Kirche folgen einem lokalen Stil, wie er vom 14. Jh. an gebräuchlich war. Der anschließende tonnengewölbte Bau ist dem Lokalheiligen *Ioannis Lampadistis* geweiht. Die Datierung der Wandmalereien des gemeinsamen Narthex ins 15. Jh. legt ein ähnliches Entstehungsdatum für die *Ioannis Lampadistis-Kirche* nahe. Diese Annahme wird unterstützt durch die Errichtung einer *lateinischen Kapelle* im Anschluß an die genannten Bauten am Übergang vom 15. zum 16. Jh. Hier kommt es zu einem ausgewogenen Verhältnis italienischer und byzantinischer Elemente in den etwa gleichzeitigen Malereien. Weisen auch die Formen, die Bewältigung der Tiefenräumlichkeit, auf die italienische Renaissance hin, so sind die Darstellungen vom ikonographischen Programm her (Akathistos-Hymnos, *S. 134*) wie auch die Inschriften byzantinischen Ursprungs. Mit aller Wahrscheinlichkeit hat es sich um einen mit der byzantinischen Malerei vertrauten Zyprioten gehandelt, der, wie viele Künstler der Insel, seine malerischen Fähigkeiten wohl auf italienischem Boden der zeitgenössischen Tendenz angeglichen hat.

15 Karyotis-Tal

Wo die Straßen vom *Olympos/Chionistra* von Westen (an den Asbest-Minen von *Pano Amiantos* vorbei), vom Kouris-Tal von Süden und von *Lagoudera/Kyperounta* von Osten zusammentreffen, führt der Weg nach Norden ins Karyotis-Tal (In manchen Karten und Beschreibungen trägt der Fluß den Namen *Karkoti* oder *Klarios*; auch wird das Tal zuweilen *Solea-Tal* genannt).

Neben dem Marathasa-Tal gehört das Karyotis-Tal zu den schönsten Tälern des nördlichen Troodos. Östlich des *Chionistramassivs* (Olympos) führt es nach Norden. Von hier aus erreicht man auch Asinou *(S. 165)* und Peristerona *(S. 167)*.

*** Kakopetria *(Κακοπετρία)*

Von Kakopetria, das seines typisch zypriotischen Dorfcharakters wegen zum nationalen Monument erklärt worden ist, zweigt ein Weg nach Westen ab, der zur wenige Kilometer entfernten **Kir-**

Erzengel stehen der thronenden Muttesgottes zur Seite. Die Fresken in der Apsiswölbung der Klosterkirche der Panagia tis Podithou in Galata (S. 164) entstanden Anfang des 16. Jh.

che Agios Nikolaos tis Stegis führt. Sie stand einst inmitten eines verlassenen Klosterkomplexes. Ihr Name leitet sich von dem Plankendach ab, das diese Kreuzkuppelkirche bedeckt. Baulicher Befund und Ausmalung gehen auf die Blütezeit byzantinischer Kunst am Ende des 10. Jh. zurück. Doch lassen sich auch noch Malereien bis ins 17. Jh. feststellen. Dazu gehören die Figuren der östlichen Pfeiler, ›Petrus‹ und ›Paulus‹ (1633). Lebensgroße Heilige, so die beiden Johannes-Darstellungen an der Nordseite des

Südwestpfeilers, und das in linearem Stil gehaltene ›Pfingstwunder‹ dokumentieren die Malerei des 14. Jh., die sich in Kuppel, südlichem Teil und Altarraum ausbreitet. Einen lokalen Stil zur Zeit der fränkischen Herrschaft repräsentiert auch die ›Geburt Christi‹. Im Gegensatz zur byzantinischen Kunst der Hauptstadt Konstantinopel, die im 11. und 12. Jh. noch hellenistisches Formengut tradiert, steht die Malerei auf Zypern nach dem 13. Jh. unter dem Einfluß östlicher Elemente, was auf die Zuwanderung von Mönchen aus Anatolien zurückgeführt wird. So ist die Muttergottes hier nicht in einer Höhle liegend dargestellt, sondern sitzt aufrecht im Typus der auf Zypern seltenen ›Galaktotrophousa‹, der ›nährenden Muttergottes‹. Eine Ikone gleichen Typs befindet sich im Kloster des Agios Herakleidios *(S. 179)*. Malereien des 12. Jh. nehmen den Südwesten der Kirche ein. Die frühesten, der 1. Hälfte des 11. Jh. entstammenden Fresken im Westteil der Kirche, darunter die ›Auferweckung des Lazarus‹ und der ›Einzug in Jerusalem‹, weisen Übereinstimmungen mit gleichzeitigen Malereien aus dem übrigen Byzantinischen Reich auf.

Unterhalb des Ortes Kakopetria steht in einem modernen Friedhof die **Kirche der Panagia Theotokos** mit Fresken des Jahres 1520, die in ihren Farben sehr gut erhalten sind.

⋆ Galata *(Γαλάτα)*

Nur ein kurzes Wegstück unterhalb von Kakopetria im Karyotis-Tal liegt Galata. In der Ortschaft selbst steht die vollständig ausgemalte **Kirche Agios Sozomenos** (1513), deren Malereien die Hand des *Symeon Axentes* verraten, der zu Beginn der Herrschaft der Venezianer (1489) in dieser Gegend tätig war. Ebenso verhält es sich mit der **Kirche der Agia Paraskevi** (1514).

Überdeutlich treten westliche Elemente in der unterhalb von Galata gelegenen *Kirche der Eleousa* hervor, die zum verlassenen **Kloster der Panagia tis Podithou** gehörte. Eine Inschrift an der Westfassade gibt Aufschluß über den Ursprung der 1502 erbauten Kirche: Sie wurde auf Kosten eines seit 1461 bekannten fränkischen Hauptmanns ›Demetre de Coron und seiner Gattin Helena‹ sowie anderer Stifter erstellt. Obgleich die Malereien dem byzantinischen Kanon folgen, zeigt die Ausführung doch starken Einfluß der italienischen Renaissance. Besonders deutlich wird dies an der Apsiswölbung mit der ›von Erzengeln flankierten Muttergottes‹. Eine stilistische Nähe zu den Malereien der sog. ›Lateinischen Kapelle‹ des Ioannis Lampadistis-Klosters in Kalopanagiotis *(S. 161)* liegt auf der Hand, besonders in der Bewältigung der Perspektive in der ›Kreuzigung‹ am äußeren Westgiebel. Man ist geneigt, in ihr die Kopie einer westeuropäischen Vorlage anzunehmen.

Nur wenig später als die Klosterkirche entstand der einst der *Allerheiligsten Gottesgebärerin und Jungfrau Maria* geweihte, heute als **Kirche der Erzengel** (Archangeli, Panagia Theotokos) bekannte Bau aus dem Jahre 1514. Er befindet sich nur unweit vom Kloster. Als Stifter sind in einer Inschrift ›Stefano Zacharia und seine Frau Luisa‹ genannt, ›für die der Leser beten möge‹, was deren Tod zur Zeit der Ausmalung nahelegt; denn für diese kamen die ebenfalls inschriftlich bezeugten ›Polo Zacharia und seine Frau Madelena und ihre Kinder‹ auf. Als Maler nennt sich *Symeon Axentes.* Die Inschrift befindet sich auf einer Deesis-Darstellung (Maria mit Christus und Johannes dem Täufer) über dem Nordeingang.

*** 16 Asinou *(Ασίνου)*

Von der Verbindungsstraße Troodos – Nikosia zweigt die Straße nach *Vizakia* ab. Dort biegt man ab und erreicht *Nikitari.*

Von Troodos aus wird man den kürzeren Weg über *Kato-* und *Pano Koutraphas* nach Nikitari wählen. Hier erkundige man sich nach dem Schlüssel für die Kirche der Panagia Phorviotissa von Asinou. Der Weg führt ab *Nikitari* etwa 5 km durch einen schattigen Kiefernwald. Die Kirche steht auf einer plateauartigen Lichtung.

Der Ortsname Asinou, eines noch bis ins Mittelalter existierenden Dorfes, geht auf die antike Stadt *Asine* in der Argolis (Peloponnes) zurück. Von dort kamen im 11. Jh. v. Chr. Emigranten nach Zypern und gründeten eine Siedlung gleichen Namens.

Kirche der Panagia Phorviotissa

Wie die meisten Kirchen des Gebirges ist auch diese mit einem Schutzdach versehen. Darunter verbirgt sich eine einfache tonnengewölbte Anlage mit Ostapsis, die von zwei in die Wand einbezogenen Nischen flankiert ist. Sie wurde in den Jahren 1105/06 auf Veranlassung des inschriftlich bezeugten Stifters Magistros *Nikephoros Ischyrios* errichtet. Jeweils zwei gegenüberliegende und in eine Art Gurtbogen aufgehende Mauervorsprünge teilen den Naos in drei Segmente, deren östliches das Bema bildet. Diese Mauervorsprünge, die ursprünglich bis zur Innenseite der die Apsis flankierenden Nischen vorkragten, wurden in späterer Zeit bis auf Apsisbreite ins Kirchenschiff vorgezogen; gleichzeitig wurden die Nischen abgetrennt und erhielten den Charakter von verkleinerten Prothesis und Diakonikon. Vermutlich gegen Ende des 12. Jh. hatte man der Kirche im Westen einen überkuppelten Narthex hinzugefügt. Der Haupteingang im Westen verfügt wie der Südeingang zum Naos über ein mit runden Gläsern versehenes Stucktympanon. Die übrigen Türen, von denen die in der Südapsis des Narthex schon früh wieder vermauert wurde, haben einen geraden Türsturz. Wie bei anderen Kirchen (Kirche der Panagia tou Arakou von Lagoudera, *S. 170*) bedeckte das Schutzdach, dessen Datierung ungewiß ist, auch hier eine Art Veranda oder Umgang um die Kirche.

Die Kirche gehörte einst zu dem noch bis ins 17. Jh. existierenden *Kloster von Phorvion* oder *der Phorvia*, von dem sie ihren Namen ›Kirche der Muttergottes Phorviotissa‹ erhielt. Die Bezeichnung leitet sich ab von der in den Mittelmeerländern weit verbreiteten Pflanzengattung der Euphorbiaceae (Wolfsmilchgewächse).

Die Fresken: Die in ihrem Bewegungsreichtum noch ganz in hellenistischer Tradition stehenden Fresken *(S. 64)* der Kirche der Panagia Phorviotissa stellen vom Erhaltungszustand wie von ihrer Vollständigkeit her eines der wichtigsten Beispiele mittelalterlicher Malerei auf der Insel dar. Entgegen früheren Publikationen, in denen von sieben bzw. vier verschiedenen Phasen der Ausmalung gesprochen wurde, scheinen nun nach gründlicher Säuberung und Restaurierung fünf Phasen festzustehen. Die Malereien der *frühesten Phase* (1105/06) befinden sich im Westteil des Naos, im Bema und vereinzelt an anderen Stellen. Hervorzuheben sind die ›Abendmahlsszene‹ in der Apsis sowie die ›Szenen aus dem Marienleben‹ im nördlichen und südlichen Blendbogen des Bema und über dem westlichen Ausgang des Naos. Die *2. Phase* fällt mit der Entstehungszeit des Narthex zusammen (Ende 12. Jh.) und ist auch dort zu finden: die Gestalt des hl. Georg in der Südapsis sowie Reste aus dem Eingang zum Naos. Die *3. Phase* muß dem 13. Jh. zugerechnet werden. Zu ihr gehören die ›hl. Anastasia mit Stifterin‹ (rechts neben dem hl. Georg in der Südapsis des Narthex), die ›von Erzengeln flankierte Muttergottes‹ in der Apsiswölbung des Naos sowie die Bemalung der Vorsprünge aus der Nord- und Südwestwand (unterer Teil der gegenüberstehenden Figuren Petrus und Paulus). Aufgrund der außergewöhnlichen Gestaltung des weit ausgreifenden Gewandes der ›Muttergottes mit den Stiftern‹ über der Georgsdarstellung in der Südapsis des Narthex wird ihr eine eigene *4. Phase* zugeschrieben. Der *5. Phase* schließlich gehören alle übrigen Malereien des Narthex und des Naos an, wobei die Bildfelder des Gewölbes von einigen Autoren in das 15., ja sogar 16. Jh. datiert werden. Bei der Restaurierung entdeckte Graffiti, die den Jahren 1446 bzw. 1450 zugerechnet werden müssen, liefern jedoch jeweils einen *terminus ante quem*, der eine allzu späte Datierung verbietet.

★ 17 Peristerona *(Περιστερώνα)*

Südlich der Fahrstraße von Nikosia in den Troodos, die durch das Solea- oder Marathasa-Tal führt, erstreckt sich an einem meist ausgetrockneten Flußlauf die Ortschaft Peristerona. Überragt wird sie vom Minarett der Moschee. Ins Auge fällt aber auch sogleich die Kirche der Heiligen Hilarion und Barnabas mit ihren fünf Kuppeln.

Kirche der Heiligen Hilarion und Barnabas

Wie ihre kleinere Schwester Agia Paraskevi in Geroskipos *(S. 144)* stammt auch diese Kirche aus dem 11. Jh. Sie folgt ebenfalls dem durch die Johanneskirche in Ephesos vorgegebenen *Mehrkuppeltypus*. Die *Patrone* der dreischiffigen basilikalen Anlage sollten nicht mit ihren berühmteren Namensvettern, dem Apostel Barnabas und Agios Hilarion, der sein Leben in Paphos als Einsiedler verbrachte, verwechselt werden. Die beiden Heiligen, deren Reliquien an Zyperns Nordküste gelangt und von einem gewissen Leontios nach Peristerona gebracht worden waren, lebten zur Zeit des Kaisers Theodosios II. (408–456 n. Chr.) in Kappadokien und waren nach ihrer Abkehr vom Militärdienst einer frommen Lebensweise gefolgt.

Von der einstigen **Innenausstattung** der Kirche, deren Kuppeln auf mächtigen Pylonen ruhen, ist nur wenig erhalten. Am Nordostpfeiler ist in Höhe der Ikonostase aus dem 16. Jh. das Fragment einer ›Muttergottes mit Christus‹ aus dem 12. Jh. erhalten. Am Nordwestpfeiler ist die Darstellung Davids aus dem 16. Jh. zu erkennen. Erwähnenswert ist die *Holztür* der Kirche, eine außergewöhnliche byzantinische Schnitzarbeit. Unter den

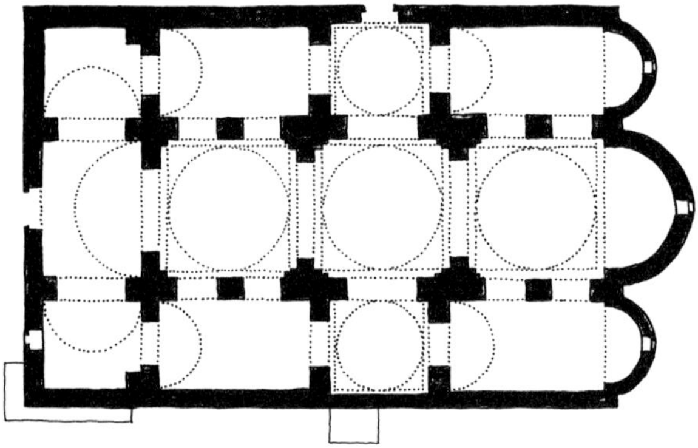

Peristerona: Kirche der Heiligen Hilarion und Barnabas, Grundriß (nach Enlart)

Ikonen fällt eine Darstellung ›Jesu im Tempel‹ aus der Zeit um 1520 auf: zwischen Maria und Symeon, der Jesus auf dem Arm hält, kniet der Stifter Zaphiris. Aus dem 17. Jh. stammt eine ›Muttergottes‹ vom Typus der Hodegetria, deren Gewand im Stil zeitgenössischer venezianischer Textilarbeit gehalten ist, sowie eine Darstellung Johannes des Täufers. Die übrigen Ikonen stammen wohl aus dem 15./16. Jh., weisen jedoch Spuren starker Übermalung auf.

Auf die Nutzung der Kirche zur Zeit der fränkischen Herrschaft – Peristerona gehörte zum Besitztum des Grafen von Jaffa – weisen die beiden *Grabplatten* sowie ein marmornes *Weihwasserbecken* hin. Ein mittelalterlicher getriebener *Metallteller* mit Hirschdarstellung und eine 1604 in Venedig gedruckte *Bibel* sollten nicht unerwähnt bleiben.

Das **äußere Erscheinungsbild** der Kirche wird durch Turm und Narthex in seiner harmonischen Ausgewogenheit erheblich beeinträchtigt. Beide wurden später hinzugefügt. Auf den stilgeschichtlichen Zusammenhang mit süditalienischen und französischen Bauten des Mittelalters sei auch hier noch einmal hingewiesen.

Bei einem lohnenden Spaziergang durch den Ort sollte auch der im Südwesten gelegenen **Kapelle der Agia Varvara** mit Fresken aus dem 16. Jh. sowie der **Moschee** ein Besuch gelten.

Kunst- und Bodenschätze: Die Pitsilia-Region

Obwohl der *Olympos (Chionistra)* mit 1951 m Höhe die Silhouette des Troodos-Massivs bestimmt, gehört er doch in die im Westen mit dem *Tripylos-Gipfel* (1362 m) beginnende und sich nach Osten in annähernd gleicher Entfernung fortsetzende Abfolge der Erhebungen: *Kykko* (1318 m), Olympos, *Adelphi* (1612 m), *Papoutsa* (1554 m) und *Kionia* (1423 m). Galt die voraufgegangene Beschreibung der waldreichen Westregion, so bezieht sich die nun folgende auf das erzreiche Areal um den Höhenkurort *Agros* zwischen den Adelphi- und Papoutsa-Gipfeln, das auch unter der Bezeichnung *Pitsilia-Region* bekannt ist.

Einige der schönsten und bedeutendsten ausgemalten byzantinischen Kirchen Zyperns sind hier in pittoresken Dörfern zu finden. Schmale, gelegentlich sogar mit schattenspendenden Weinranken überwachsene Wege führen durch die steilen Hänge, an denen die Häuser zu kleben scheinen. Meist ist die Ortsdurchfahrt die einzige befahrbare Straße des Ortes, und bei Gegenverkehr durch die farbenfroh lackierten Bedford-Überlandbusse bleibt meist nichts anderes übrig, als rückwärts die nächste Ausweichstelle anzusteuern. Die Architektur der Dörfer bleibt zumeist mangels hinreichenden Baugrunds, aber auch durch die Landflucht der jüngeren Bevölkerung in den vergangenen Jahrzehnten wie in *Paläochori (S. 173)* auf die traditionelle Bauweise beschränkt. *Phikardou (S. 174)* wurde deshalb inzwischen zum Nationaldenkmal erklärt. Auch weiter östlich, unterhalb des Kionia-Gipfels z. B. das *Machäras-Kloster (S. 174)*, und bis hinein in das auf Nikosia zuführende hügelige, kupfererzreiche Vorgebirge des Troodos gibt es Interessantes zu entdecken. Hier befand sich einst das antike Stadtkönigtum von *Tamassos* mit Zentrum beim heutigen Ort *Politiko (S. 177)*, neben *Enkomi (S. 301)* der wohl wichtigste kupferverarbeitende Ort Zyperns.

Für eine Fahrt in die Pitsilia-Region sollte wenigstens ein ganzer Tag eingeplant werden, vielleicht sogar eine Übernachtung in Agros; denn einmal verlangen die Besichtigungen der reich ausgestatteten Kirchen viel Zeit, andererseits sind trotz oder auch wegen des jüngst erfolgten Baubeginns einer breiten Fahrstraße, die Nikosia mit Agros verbinden wird, mühsam zu bewältigende Strecken zu überwinden. Sofern man nicht von Platres aus aufgebrochen ist, empfiehlt sich für die Rückfahrt nach Paphos oder Limassol die von Nikosia nach Süden führende Autobahn.

18 Lagoudera *(Lagoudhera, Λαγουδερά)*

*** Kirche der Panagia tou Arakou (Arakiotissa)

Ein kurzes Wegstück außerhalb des Ortes über einem sich nach Norden hin öffnenden Tal steht die Kirche der Panagia tou Arakou, auch Arakiotissa genannt. Es handelt sich um einen einfachen überkuppelten Bau byzantinischen Typs, dessen heutiges Erscheinungsbild durch ein scheunenartiges Satteldach geprägt ist, das bei Bergkirchen wohl schon seit fränkischer Zeit üblich war. Eine Inschrift über dem Nordeingang verrät, daß die Kirche 1192 durch eine Schenkung eines gewissen *Leon Authentes* errichtet werden konnte. Aus dieser Zeit stammen auch die Malereien. Ein Jahr nach der Eroberung der Insel durch Richard Löwenherz geschaffen, spiegeln sie noch reinsten konstantinopolitanischen Stil wider, wie er außerhalb Zyperns in den gleichzeitigen Fresken von Kastoria und Kurbinovo (Makedonien) zu finden ist. Es liegt also nahe, hier das Werk eines Künstlers der Reichshauptstadt unter der Beteiligung zypriotischer Schüler anzunehmen. Unter den Darstellungen bestechen vor allem der eindrucksvolle ›Pantokrator‹ in der Kuppel, die ›Himmelfahrt Christi‹ in der Wölbung über dem Bema, die ›Geburt Christi‹ an der Südwand, die der ›Auferstehung Christi‹ in der Enkleistra im Kloster des hl. Neophytos *(S. 131)* entspricht, und die ›thronende Muttergottes‹ in der Apsiswölbung, die von den Erzengeln flankiert wird. Neben weiteren Szenen aus dem Neuen Testament und den vier ›Säulen‹ der Christenheit – Christus, Maria, Petrus und Paulus – befinden sich zahlreiche Ganzfiguren oder Medaillons von Propheten und Heiligen im Bema und in den Bogennischen der Seitenwände. Die expressive Gestaltung der bewegten Figuren geht auf Vorläufer aus dem 11. und frühen 12. Jh. (Hosios Lukas in Griechenland und Asinou, *S. 165*) zurück und findet eine Parallele in der Himmelfahrtsszene der Apostelkirche in Perachorio *(S. 235)* aus dem 3. Viertel des 12. Jh.

Dank oder Bitte: Wächserne Votivgaben in der Kirche der Panagia tou Arakou in Lagoudera

19 Platanistasa *(Πλατανιστάσα)*

Waldreich und malerisch: Landschaft im zentralen Gebirgsmassiv der Insel

*** Kirche Stavros tou Agiasmati

In Platanistasa erkundige man sich am besten im Kafeneion an der Ortsdurchfahrt nach dem Schlüssel für die etwa 5 km unterhalb des Ortes gelegene Kirche. Die am 7. Oktober 1494 von *Philippos Goul* vollendeten Malereien gehören zu den schönsten der Insel. Der Maler, der auch die Kirche des Agios Mamas in Louvaras *(S. 173)* ausgemalt hat und mit Malereien im östlich gelegenen Paläochori *(S. 173)* und südwestlich gelegenen Pelendri in Verbindung gebracht wird, gilt als Repräsentant der Malerei des

›Geburt Christi‹: Die Malereien des Philippos Goul in der Kirche Stavros tou Agiasmati in Platanistasa zählen zu den schönsten der Insel

15. Jh. auf Zypern, die in der Bewältigung der Räumlichkeit und Perspektive den Bildern der gleichzeitigen italienischen Malerei nacheifert, in der Behandlung der Figuren jedoch den byzantinischen Kanon beibehält, wie er seit dem 13. Jh. unter kleinasiatischem Einfluß auf der Insel heimisch geworden war. Das Fehlen der Kuppel mit Tambour und ableitenden Pendentifs in dieser Kirche führte zu einer im Gegensatz zur Kreuzkuppelkirche stehenden Ausgestaltung. Unter einem antikisierenden Zahnschnittmotiv breiten sich an den Seitenwänden zwei Bildzonen aus, deren obere Szenen aus dem Marienleben und dem Leben Christi beinhalten. Im Feld darunter stehen lebensgroße Heilige. Der ›Pantokrator‹, der normalerweise die Kuppel ziert, befindet sich in der Giebelspitze der Ostwand. Darunter erkennt man die ›Verkündigung‹. Die ›von Erzengeln flankierte Muttergottes‹ nimmt die Apsiswölbung ein. In den Zonen darunter sind biblische Gestalten und Heilige, darunter Salomon, Isaias, Laurentius, David, Daniel und Stephanus sowie Kirchenväter dargestellt. Zwischen den Malereien von Philippos Goul fallen einige auf, die sich farblich unterscheiden; sie gehen auf einen späteren Maler

zurück. Ein Bild an der Südwand zeigt den Stifter der Kirche, Petros Peratis, mit seiner Frau Pepane, die dem thronenden Christus die Kirche übergeben.

* 20 Louvaras

Südlich von Platanistasa, etwas östlich der auf Limassol zuführenden Fahrstraße, liegt Louvaras mit der inmitten des Dorfes stehenden Kirche * **Agios Mamas**. Ihr Entstehungsdatum ist durch eine Inschrift über der Westtür belegt: Sie wurde 1455 auf Kosten des Oberpriesters Konstantinos errichtet und zu Lasten und auf großen Wunsch des Ioannis Kromides und des Herrn Georgios Pelekanos und deren Frauen Irini und Eleni im Jahr 1595 von *Philippos Goul* ausgemalt. Die Malereien umlaufen das Mauerwerk in drei Zonen. In der untersten sind eine Reihe Heiliger, unter diesen einige selten abgebildete Gestalten zu sehen. Das nahe der Ikonostasis auf die Südwand ›porträtierte‹ Bildnis Johannes des Täufers ist eine in stilistischer und maltechnischer Hinsicht bemerkenswerte Darstellung. Darüber befinden sich Szenen aus der Heilsgeschichte. In einigen davon ist nicht nur das jeweilige Geschehen geschildert, sondern im Sinne einer narrativen Fortführung auch das Folgegeschehen in der zweiten Szene repräsentiert.

* 21 Paläochori *(Παλαιοχώρι)*

Die bedeutendere der beiden Kirchen von Paläochori ist zweifellos die der * **Metamorphosis tou Sotiros** (Verklärung des Erlösers). Sie liegt oberhalb des Dorfes im Osten in Richtung Sykopetria. Nach bisheriger Auffassung stammt der Bau aus dem frühen 16. Jh. Das seine Süd- und Westwand umfangende Annexgebäude soll ein Jahrhundert später entstanden sein. Auch wenn eine Stifterinschrift kein verläßliches Entstehungsdatum zu liefern vermag, so ließ sich dennoch anhand der Wandmalereien mittels motivischen Vergleichs eine zeitliche Nähe zu den Kirchen in Platanistasa (1494; *S. 171*) und Louvaras (1495) vermuten. Auch zwischen den Malereien von Agios Mamas in Louvaras und der Kirche Archangelos – Panagia Theotokos in Galata (1513/14; *S. 164*) ist eine zeitliche Nähe nicht auszuschließen. Fraglich erscheint allerdings, ob der bislang vertretenen Überzeugung einer Entstehung im 2. Jahrzehnt des 16. Jh. gefolgt werden kann; denn unter qualitativen Gesichtspunkten dürfte der Verklärungskirche die Vorbildrolle zugesprochen werden müssen. Die Bewegtheit der Figuren im Einklang mit der sie umhüllenden Kleidung läßt einen Hauch antiker Figuralauffassung spüren. Die Behandlung von Körperlichkeit, wie sie in der Abfolge der ›Brot- und Weinreichung‹ der Abendmahlszene in der Hauptapsis erscheint und an der von Engeln flankierten ›Muttergottes‹ in der Apsiswölbung erkennbar ist, ist mit älteren Darstellungen vergleichbar: Elfenbeintafeln und Mosaiken des 6. (Ravenna, Monreale) bis 11. Jh. (Daphni bei Athen) sowie Handschriften des 12. Jh. und Ikonen und Wandmalereien des 14. Jh. (Protatonkirche des Karyes-Klosters, Berg Athos).

22 Phikardou

Von Paläochori nach Klirou, dort Abzweigung rechts nach Gourri/Phikardou und zum Macharas-Kloster

Um den Ortsnamen Phikardou rankt sich eine lokale Legende: Sie erzählt von *Rikardos*, einem reichen Kaufmann, der in der Wendezeit vom 17. zum 18. Jh. lebte und mit den Hirten der Gegend Handel trieb. Tatsächlich aber erscheint der Name des Dorfeigners Phikardos schon in einem Adelsregister des Archimandriten Kyprianos und dürfte auf den bei Steffano Lusignano erwähnten Thomas Ficardo zurückgehen. Dieser war Kanzler Jacques' II. und Caterina Cornaros und gehörte zu den adligen Großgrundbesitzern auf der Insel. 1978 wurde der Ort in das Register nationaler Altertümer aufgenommen und erhielt acht Jahre später von der Vereinigung europäischer Architekten und Stadtplaner den *Europa Nostra Award*. Diese Ehre verdankt Phikardou seiner beispielhaft erhaltenen zyprischen Dorfarchitektur des 19. Jh., die als Denkmal lokaltypischen kulturellen Erbes Aufmerksamkeit erregte. Besonders hervorzuheben sind die *Häuser des Katsionoros und Achilleas Dimitri.*

⋆ 23 Machäras-Kloster *(Makheras Monastery, Μονή Μαχαίρας)*

Sollte man nicht aus den Bergen über Klirou und Phikardou zum Machäras-Kloster aufbrechen, so kann man auch vom Pediaios-Tal über die Politiko/Tamassos benachbarten Orte Pera und Kambia, vorbei an Kapedes, das Kloster erreichen. Diese Region gehörte zum antiken Stadtstaat Tamassos.

Der Ort Phikardou wurde für die Bewahrung seiner historischen Dorfarchitektur mit dem Europa Nostra Award ausgezeichnet

Überbleibsel früheren Dorflebens: Das verlassene Philani in der Nähe des Machäras-Klosters

Nach längerer Bergfahrt erreicht man das in über 800 m Höhe gelegene Machäras-Kloster unterhalb des gleichnamigen Gipfels (1423 m) des Kionia-Höhenzugs. Es liegt am Ende eines Tales, das sich nach Norden hin öffnet und den Blick in Richtung Tamassos und Nikosia freigibt. Das Kloster, dessen Ursprünge sich bis ins 12. Jh. zurückverfolgen lassen, zeigt ein relativ modernes Erscheinungsbild. Gegründet wurde es von den Einsiedlern *Ignatios* und *Neophytos* (nicht zu verwechseln mit dem gleichnamigen Heiligen aus Levkara; *S. 210*), die von Kaiser *Manuel Komnenos* Zuwendungen und Ländereien neben dem Versprechen klösterlicher Unabhängigkeit erhielten. Diesem Akt war die Auffindung einer wundertätigen (wundenheilenden) Ikone durch die beiden Eremiten vorausgegangen. Ein in der Ikone steckendes Messer (nach einer anderen Legende ein die Ikone bewachendes Schwert) gab dem Kloster den Namen: *machairi* (= Messer). Im 14. Jh. bot das Kloster der Familie des fränkischen Königs Jacques I. Zuflucht vor einer Pestepidemie, die Zypern heimsuchte. Im Jahre 1892 zerstörte ein Brand die ehemalige Klosteranlage, die dann unter Verwendung fränkischer und venezianischer Motive im Stil des 19. Jh. wieder aufgebaut wurde.

Die heute mit Treibarbeit bedeckte Ikone, die unterhalb des Klosters an einer Quelle gefunden wurde, bildet eines der Pilgerziele. Ein anderes ist das ehemalige Versteck des EOKA-Widerstandskämpfers *Grigoris Pieri Afxentiou*, der es in den Wirren der 50er Jahre vorzog, »wie ein Hellene zu kämpfen und zu fallen« und sich nicht den Engländern zu ergeben, die ihn am 3. 3. 1957 in seinem Versteck bei lebendigem Leib verbrannten. Die Gedenkstätte befindet sich einige hundert Meter unterhalb des Klosters. Der Fußweg, der von hier aus durch das Tal des Vathystrada-Baches nach Politiko führt, wird im Andenken an den Nationalhelden **›Pfad des Afxentiou‹** genannt.

** 24 Politiko/Tamassos

Wer, von Nikosia kommend, die engen Ortsdurchfahrten scheut, der sollte gleich hinter Kato Devtera links abbiegen und durch das satte Grün der Obstplantagen bis Pera fahren, um von dort, sich nach rechts wendend, über Episkopio Politiko/Tamassos zu erreichen. Der vom Kloster Machäras Kommende biegt in Pera links ab. Von der einstigen Größe, zu der die Stadt Tamassos aufgrund ihrer reichen Kupfervorkommen einmal herangewachsen war, ist heute nicht mehr viel zu erkennen. Geblieben sind die Reste der *Königsgräber* und des *Astarte-Aphrodite-Tempels*. Die Zufahrt zu diesem Gelände zweigt kurz hinter dem Ortseingang links ab.

Geschichte: In Homers ›Odyssee‹ von Telemachos nach ihrem Ziel gefragt, antwortet ihm Pallas Athene in Gestalt des Mentes, sie steure mit ihren Genossen *»über das dunkle Meer zu unverständlichen Völkern, mir in Temesa Kupfer für blinkendes Eisen zu tauschen«*. Auch Strabon hebt den Erzreichtum des Stadtstaates Tamassos hervor. Und Ovid berichtet vom Tempelgarten der Aphrodite zu Tamassos, aus dem die Hippomenes übergebenen Äpfel stammten.

Archäologische Untersuchungen haben ergeben, daß das Gebiet von Tamassos bereits in vorgeschichtlicher Zeit besiedelt war. Über 50 Gräber aus dem Zeitraum von der 2. Hälfte des 3. Jahrtausends v. Chr. bis zum Ende der Phase Spätkyprisch II fanden sich vor allem im Bereich des *Lambertis-Hügels* südlich von Politiko. Im 7./6. Jh. v. Chr. muß die Stadt ihre erste große Blütezeit gehabt haben. Für die archaische Zeit liegt ein Zusammenschluß mit den Städten *Kition (S. 214)* und *Idalion (S. 236)* nahe. Am Ende des 6. Jh. v. Chr. wurde die Stadt – vermutlich im Zusammenhang mit dem ionischen Aufstand – zerstört. Importierte attische Keramik belegt Handelskontakte mit dem griechischen Festland für das 5. und 4. Jh. v. Chr. Seit dieser Zeit sind Kulte für Dionysos, Asklepios, Herakles, Zeus Ammon und vor allem für Astarte-Aphrodite im Bereich des heutigen Politiko belegt; ein Nymphen- und ein Artemis-Heiligtum gab es im benachbarten Pera. Dem phönikischen Einfluß auf die Stadt trug die Verehrung Apollons als semitischem Gott Reschef Lyyt Rechnung, worüber bilinguale Inschriften des 4. Jh. Auskunft geben. Eine noch engere Verbindung mit Kition wurde im selben Jahrhundert mit dem Verkauf von Tamassos durch *Pasikypros* an den König von Kition, *Pumiathon*, geschaffen. Vermutlich im Zuge der Erbfolgestreitigkeiten nach der Einnahme der Insel durch *Alexander d. Gr.* wurde Tamassos neuerlich zerstört. Unter Ptolemäern und Römern muß es jedoch dann noch einmal zu einer Nachblüte der Stadt gekommen sein, die vom 4. bis zum 1. Jh. v. Chr. andauerte. In den Jahren 45/46 n. Chr. besuchten *Paulus* und *Barnabas* auf ihrer ersten Missionsreise Zypern. Nach Tamassos begleitete sie *Herakleidios*, der nach seiner Bekehrung zum ersten Bischof von Tamassos geweiht wurde. Seine wie auch des *hl. Mnason* (vgl. Apostelgeschichte XXI, 16) Grabstätte soll sich in Tamassos befinden.

Aus frühchristlicher Zeit ist lediglich die Teilnahme einiger Bischöfe an Konzilen überliefert, 1210 ist letztmalig von einem Bischof die Rede, 1430 erwähnt *Leontios* von Machäras noch einmal den Ort. Seit dieser Zeit schrumpfte Tamassos auf seine heutige Größe des Dorfes Politiko.

** Die ›Königsgräber‹

Noch immer werden die Königsgräber als die bedeutendsten *»archaischen Zeugnisse der Insel für die monumentalisierende Nachbildung einer gemischten Stein-Holz-Architektur«* betrachtet (Watzinger). Umfangreiche Restaurierungsarbeiten erlauben den Zugang zu den beiden wichtigsten Gräbern XI und V, deren Steinschmuck allerdings zunehmend durch Salzausblühung bedroht ist.

Vom Eingang der Grabungsstätte aus erreicht man zuerst das **Königsgrab XI**. Ein Stufendromos führt zum Eingang der Grabkammer. Links und rechts flankieren vorgelegte Pfeiler mit ionisierendem Volutenkapitell den Eingang. Die im Vergleich zu Königsgrab V gedrungene Gestaltung läßt an eine Zweitverwendung der Bauteile denken. Durch einen niedrigen, mehrfach gestuften Eingang mit darüberliegendem Giebel in Form eines Entlastungsdreiecks gelangt man ins Innere der aus glattflächigen Platten bestehenden Steinkammer mit Sarkophag an der gegenüberliegenden Stirnseite.

Über eine reichere Ausgestaltung verfügt das **Königsgrab V**, das man ebenfalls über einen Stufendromos betritt. Unter einer Deckplatte mit zahnschnittartigen Balkenkopfmotiven befinden sich die hier schlanker gebildeten ionisierenden Pfeilervorlagen rechts und links der Eingangszone. Auch hier gelangt man in das Innere durch einen niedrigen Eingang mit gestufter Profilierung, der jedoch noch nicht in die eigentliche Grabkammer, sondern in eine Vorkammer führt. Seitliche Nischen täuschen mit in Stein gebildeten Verriegelungen Eingänge vor. Darüber befinden sich Blendfenster, darunter jeweils ein Schmuckfries mit fünf Ornamentfeldern. Ähnlich den Kapitellen am Eingang, werden sie von Voluten gebildet, aus denen Palmetten- und Lotusblütenmotive herauswachsen. Die ebenfalls eine Holzkonstruktion imitierende Dachgestaltung der Vor- und Grabkammer wird durch angedeutete Balken erreicht, zwischen die dreiteilige konkave Sparren gehängt sind. Der Sarkophag steht auch hier an der gegenüberliegenden Stirnseite der Grabkammer.

Lotusmotiv am Königsgrab V in Politiko/Tamassos

Beide aus dem 6. Jh. v. Chr. stammenden Gräber wiesen Spuren früherer Beraubung auf. Dennoch legen die verbliebenen Grabbeigaben sowie der architektonische Befund die Annahme nahe, daß es sich um fürstliche Gräber handeln müsse.

Ein weniger imposantes Bild bietet die Ausgrabung im Bereich des **Astarte-Aphrodite-Tempels** südlich der ›Königsgräber‹. Trotz bronzezeitlicher Streufunde müssen die Anfänge der Tempelanlage in archaischer Zeit gesucht werden. Sie befand sich nahe der Stadtmauer und war von umfangreichen mit dem Kult verbundenen Werkstätten umgeben. Die archäologischen Untersuchungen ergaben mehrere Bauphasen. Ungeachtet des zeitlichen Wandels blieb die Grundform der dreiteiligen Anlage, die dem Prinzip des salomonischen Tempels folgte (Hofraum, Heiligtum, Allerheiligstes = ulam, hechal, debir), bis in die späteste Nutzungsphase erhalten.

Die Zuweisung des Tempels an *Astarte-Aphrodite* ist durch Funde aus der Zeit vom 8./7. Jh. bis zum 4. Jh. v. Chr. belegt. Westlich des Tempels wurde erst vor einigen Jahren ein Altar festgestellt, der einer Inschrift zufolge nicht zum Astarte-Aphrodite-Heiligtum gehören kann. Ein 1889 gefundener Gefäßrand aus dem 1. Jh. v. Chr. oder späterer Zeit enthielt eine Weihinschrift an die *Meter Theon* (Mutter der Götter). Er liefert damit einen Hinweis auf einen sehr frühen *Magna Mater-/Kybele-(Hera-)Kult*. Eine mögliche Parallele findet sich in Tas Silg auf Malta, wo ein prähistorisches Heiligtum einer Muttergottheit von einem phönikischen Astartetempel und schließlich einem griechischen Heratempel abgelöst wurde.

⋆ Kloster des Agios Herakleidios

Grund für die Reise der Heiligen *Paulus, Barnabas, Markus* und den sie begleitenden *Herakleidios* dürften die vielen Juden hier in der Diaspora in den Kupferbergwerken um Tamassos und das gut ausgebaute Straßennetz der Insel seit römischer Zeit gewesen

›Stillende Muttergottes‹ im Kloster des Agios Herakleidios

sein. Herakleidios wurde Bischof von Tamassos. Zu ihm gesellte sich der nach Zypern zurückgekehrte *Mnason*. Nachdem die Heiligen zunächst in einer Höhle gelebt hatten, wurde noch zu Lebzeiten des Herakleidios eine erste Basilika errichtet. In Abwesenheit des hl. Mnason starb Herakleidios den Märtyrertod, worauf jener dessen Nachfolge antrat.

Um 400 entstand an der Stelle des Grabes des Heiligen, in dem nach dem Volksglauben auch Mnason beigesetzt worden war, eine dreischiffige Basilika, deren Säulen, Kapitellreste und Mosaikbodenfragmente noch im heutigen Kloster erhalten blieben. Nach Zerstörungen durch die Araber im Jahre 806 wurde die Basilika durch einen größeren Neubau ersetzt und über den vermeintlichen Gräbern der Heiligen eine Kreuzkuppelkirche als Mausoleum errichtet.

Nachdem das Kloster lange Zeit den Angriffen der Türken ausgesetzt war, wurde es im 18. Jh. instand gesetzt, bald darauf jedoch wieder verlassen. Die Bedeutung der Stätte für das Christentum auf Zypern veranlaßte im Jahre 1962 Erzbischof *Makarios III.*, Nonnen in dem verfallenen Kloster anzusiedeln. Mitte der 60er Jahre erfolgte eine weitgehende Restaurierung. Heute umfängt den Besucher dieser Stätte eine paradiesische Blütenpracht, und er wird gerne der Einladung der Nonnen zu einem Kaffee Folge leisten.

Zypern von A bis Z: Limassol zwischen Apollon-Heiligtum und Zementfabrik

Limassol, die zweitgrößte Stadt Zyperns, gibt bei weitem das schillerndste Bild der Städte im Süden der Insel ab. Schon vor der türkischen Invasion im Jahre 1974 verfügte die Stadt über den bedeutendsten Exporthafen. Aber nicht nur der Verlust des Hafens von Famagusta brachte Limassol einen neuerlichen Aufschwung. Auch die Zerstörung der Hotelstadt Varoscha im Süden Famagustas stellte einen weiteren Zugewinn für Limassol dar. Schon zuvor hatte die Stadt durch den Libanonkonflikt profitiert. Viele Libanesen hatten ihr Vermögen in Limassol in Immobilien investiert.

Dem Erscheinungsbild der Stadt kam diese Entwicklung freilich nicht zugute. Im Osten Limassols, weit über die Ruinen von *Amathous* hinaus bis zur Zementfabrik und zum Kraftwerk von *Moni,* entstand eine moderne Satellitenstadt mit Appartmenthochhäusern, Hotels, Versorgungseinrichtungen und Vergnügungsstätten, die dem Touristen suggerieren, alles, was er benötige, sei vorhanden.

Läßt man Limassol hinter sich, empfiehlt sich auf dem Weg nach Westen ein Abstecher in die **Obstplantagen** von *Akrotiri* und *Phasouri.* Zitrusfruchtplantagen erstrecken sich weiträumig

Auf dem Markt von Limassol: Überquellende Fülle an Obst, Gemüse, Fisch und Fleischwaren

rechts und links der von schattenspendenden Bäumen tunnelartig gesäumten Fahrstraße. Um die Plantagen betreten zu dürfen, ist jedoch die Erlaubnis des Betreibers einzuholen.

Alsbald ist die Schwemmlandebene des Kouris-Flusses bei *Episkopi (S. 191)* mit den umliegenden Ausgrabungsstätten von Agios Ermogenis, Kaloriziki, Serayia und – landeinwärts – Bamboula und Erimi am Fuße der zum Meer hin auf einem Felsplateau gelegenen *Akropolis von Kourion (S. 192ff.)* erreicht. Weiter westlich passiert man das *Stadion* und die *At Meydan-Basilika* sowie das *Apollon Hylates-Heiligtum* von **Kourion**.

Wenig später glaubt man sich nach England versetzt. Kurvenreich in stetigem Auf und Ab durchquert die Limassol mit Paphos verbindende Landstraße die exterritoriale *britische Militärbasis* von Episkopi, wo zypriotische Hoheitsrechte außer Kraft gesetzt sind. Hat man die letzte Höhe der Militärbasis hinter sich gelassen, überblickt man das hügelige Küstenvorland von *Evdimou*. Vor allem nach Eintritt der Dunkelheit erkennt man vor dem Hintergrund des vom *Kap Aspro* ausgehenden Gebirgsriegels an ihren Lichtern die Ortschaft *Pissouri (S. 202)*. Von dort aus ist es nicht mehr weit zu den den Kreidefelsen der Küste vorgelagerten *Petra tou Romiou (S. 203)*, der Sage nach der Geburtsort der Aphrodite.

⋆ 25 Limassol/Lemesos *('ΛΕΜΕΣΟΣ)*

In der lebhaften Altstadt Limassols, die von klassizistischen Bauten der Kolonialzeit und lokaler Architektur des einstigen Türkenviertels geprägt ist, hat die Neuzeit Einzug gehalten. Gesichtslose Wohnsilos finden sich ebenso wie postmoderne Auswüchse der Phantasie. Dennoch lohnt ein Bummel durch die von Läden, Dienstleistungsbetrieben und Werkstätten gesäumten Straßen der Alt- und Innenstadt Limassols: Schon allein der günstig zu erstehenden Lederwaren wegen. Auch für Nachtschwärmer ist angesichts der Fülle von Diskotheken, Bars und Tavernen gesorgt. Zwar verfügt die Stadt über eine großzügig angelegte Promenade am Meer. Ein Aufenthalt in den zum Meer hin gelegenen Restaurants wird jedoch sehr durch den stetig vorbeiströmenden Verkehr auf der dazwischen liegenden Straße beeinträchtigt.

Im Westen der Stadt, jenseits des die Altstadt beherrschenden mächtigen Mauerblocks des mittelalterlichen Kastrons, stößt man links der Kirche auf einige versteckt gelegene Fischrestau-

Limassol: Stadtplan

① Burg
★② Archäologisches Distriktmuseum
③ Öffentlicher Park und Zoologischer Garten
④ Metropolis-Kirche
⑤ Agia Napa-Kirche
⑥ St. Varnavas-Kirche
⑦ Röm.-kath. Kirche
⑧ Stadtbibliothek und Kulturzentrum
⑨ Allg. Krankenhaus
⑩ Touristen-Information
⑪ Jugendherberge
⑫ Markt
⑬ Öffentl. Verkehrsmittel

rants am Meer mit Blick auf die vor dem neuen Hafen auf Reede liegenden Fracht- und Tankschiffe. Hier im Westen Limassols liegt auch das Industriegebiet der Stadt, wo die landwirtschaftlichen Produkte des Landes zu Konsum- und Exportgütern verarbeitet werden. Erwähnenswert sind die Betriebe bekannter Weinerzeuger. Aus den Trauben der südlichen Troodoshänge wird neben verschiedenen Weinsorten auch ein milder Branntwein gewonnen, der wie der Sherry in Fässern im Freien auf riesigen Arealen reift, sowie der schwere Dessertwein, der seit Kreuzfahrerzeiten die Bezeichnung *Commandaria* trägt. Im allgemeinen wird von den Reiseveranstaltern eine Gelegenheit zur Besichtigung dieser Betriebe angeboten. Man kann sich aber auch direkt bei den Firmen nach Terminen erkundigen (zum Weinbau *siehe S. 202*).

In den Sommermonaten findet fast jede Woche irgendein Festival statt. Außer dem Carneval im Frühjahr und dem Weinfest im Herbst werden verschiedene Blumen-, Früchte- und Kulturfestivals veranstaltet. Besonders hingewiesen sei auf das *Limassol International Arts Festival* im Juni/Juli, das, 1965 als Folklore Festival ins Leben gerufen, sich im Laufe der Jahre allen darstellenden Künsten geöffnet hat und von internationalen Künstlergruppen besucht wird.

Geschichte der Stadt und Burg ① von Limassol

Zwischen den antiken Stätten von Kourion *(S. 190)* im Westen und Amathous *(S. 204)* im Osten liegt Limassol, das erst im Mittelalter Bedeutung erlangte. Die Geschichte der Stadt ist deshalb von dem einzigen Relikt dieser Epoche nicht zu trennen. Die ins 2. Jtsd. v. Chr. zurückreichenden spärlichen Funde aus dem Stadtgebiet geben keinen hinreichenden Aufschluß über das Aussehen der antiken Stadt Nemesos (auch die Bezeichnung Neapolis ist überliefert). Sie muß über lange Zeit im Schatten der östlich benachbarten Stadt Amathous gestanden haben; denn auch *Richard Löwenherz* landete im Jahre 1191 in Amathous, wo er seine Braut *Berengaria von Navarra*, von Isaak Komnenos bedrängt, *»draußen vor dem Hafen von Limezun antraf, schutzlos Wind und Wetter ausgesetzt«* (Benedikt von Peterborough, nach Thubron). Nach der Landung der Kreuzfahrer jedoch trat das bislang bedeutungslose Limassol die Nachfolge von Amathous an. Eine byzantinische Befestigung bestand bereits, wie Funde westlich der heutigen Burg bezeugen. Nach der Überlieferung hat Richard

Die Ruhe vor dem Sturm: Ihrer Vollendung entgegensehend sind die Einkaufspassagen von Limassol noch menschenleer

Berengaria in der zur Festung gehörenden Georgskapelle am 12. Mai 1191 geheiratet. Richard überließ die Burg zunächst den *Templern*, auf die auch der heutige Bestand in seinen Grundzügen zurückgeht. Nach dem Fall von Akkon 1291 wurde sie Hauptsitz der Templer. 1308 wurden sie mit dem päpstlichen Bannfluch belegt, und die Burg fiel wieder an die *Lusignans* zurück. 1330 richteten Überschwemmungen schwere Schäden an, 1373 überfielen Genuesen die Stadt. Zwischen 1414 und 1429 war Limassol Angriffen der Mamelucken ausgesetzt, die Burg verblieb jedoch den Lusignans, nachdem der gefangengenommene König *Janus* gegen Zahlung eines jährlichen Tributs freigelassen worden war. Er übereignete die Burg nun den *Johannitern*. Die große quadratische Westhalle aus dem 14. Jh. wurde zum gotisch ausgestalteten Kirchenraum und die Kapelle zum Gefängnis.

Im späten 15. Jh. war Zypern in die Hände der Venezianer gefallen, aber auch sporadischen Übergriffen der Türken ausgesetzt. Angesichts der drohenden Türkengefahr forcierten die *Venezianer* den Festungsbau auf der Insel. Auch Limassol wurde verstärkt, doch brach 1567 ein Teil des Neubaus durch ein Erdbeben zusammen. Ähnlich wie am Hafenkastell von Paphos kamen auch hier die Arbeiten zum Erliegen, da man sich auf die Stadtbefestigungen von Nikosia und Famagusta konzentrierte. 1570 zerstörten die Truppen *Lala Mustafas* die Stadt, den Rest besorgte ein Erdbeben im Jahre 1584. Lediglich die mit dicken Mauern umgebene Festung blieb teilweise erhalten und wurde von den Türken weiter benutzt. Sie errichteten den Turm am Eingang und reparierten die zerstörte Westwand der großen Halle.

Bis 1878 blieb die Burg in türkischem Besitz und wurde, wie auch unter der anschließenden britischen Herrschaft, als Gefängnis genutzt. Heute sind die Räumlichkeiten frei zugänglich und beherbergen ein *Museum* mit Fundstücken des Mittelalters.

* Archäologisches Distriktmuseum ②

Das Distriktmuseum enthält Funde vom Neolithikum bis zum Mittelalter. Interessant sind vor allem die chalkolithischen Funde der bei Kolossi *(S. 187)* gelegenen Siedlung Erimi, die dieser Epoche ihren Namen gab *(Erimi-Kultur)*. Neben Keramik, Schmuck, Münzen und Waffen aller Epochen beherbergt es auch Skulpturen, von denen besonders eine erst im Jahre 1978 entdeckte Gestalt des ägyptischen Gottes Bes ins Auge fällt. Sie stammt aus der *Palia Lemesos* genannten Ausgrabung beim Dorf Agios Tychonas, der ›Unterstadt‹ des antiken *Amathous (S. 204)*. Die bis auf Knie und Oberschenkel erhaltene Statue war wohl, wie die Aufstellung im Museum zeigt, in Frontalansicht gedacht. Mit angewinkelten Armen hält der mit satyrhaften Zügen versehene Gott vermutlich zwei junge Löwen. Auf den Wangen und am Bart sind noch Farbreste zu erkennen. Bereits 1873 hatte ein französisches Ausgrabungsteam ein entsprechendes Exemplar gefunden, das sich heute im Archäologischen Museum in Istanbul befindet. Damit ist von neuem der Kult dieses von Ägyptern und Phönikern verehrten Gottes für Amathous belegt (vgl. *S. 37*).

* 26 Kolossi *(Κολόσσι)*

Etwa 11 km westlich von Limassol liegt die ehemalige *Johanniter-Komturei* Kolossi. Man erreicht sie entweder auf der Hauptstraße in Richtung Ktima/Paphos über die Ortschaft Ypsonas, oder man wählt den etwas längeren, dafür aber reizvolleren Weg durch die *Obstplantagen von Phasouri.* Hier wurden seit 1933 von der Cyprus Palestine Plantation, einer Kooperative aus zypriotischen und israelischen Agrarspezialisten, vor allem Zitrusfrüchte angebaut, die einen der Hauptexportartikel des Landes darstellen. Charakteristisch für dieses Gebiet sind die als Windschutz dienenden Zypressen, die Wege und Felder begrenzen.

Weithin sichtbar: Der mächtige Hauptturm der Burg von Kolossi, deren Ursprung auf das 13. Jh. zurückgeht

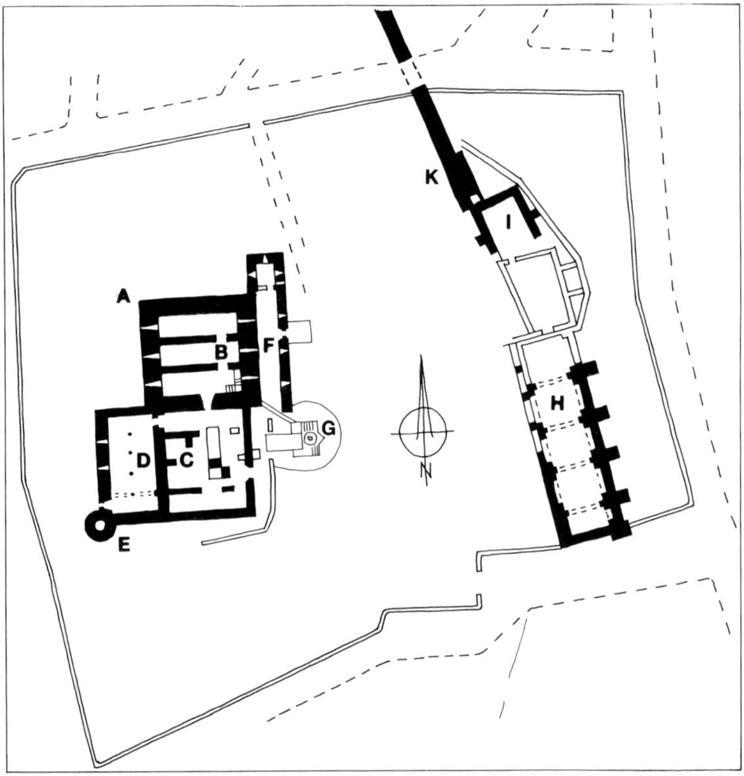

Kolossi: Burganlage, Grundriß (nach Megaw)

A Donjon
B Speicher
C Südkomplex
D Halle mit Mittelsäulenstellung
E Rundturm
F Östlicher Anbau
G Reste eines Turms
H Rohrzuckerfabrik
I Mühle
K Aquädukt

Die Geschichte der Burg von Kolossi beginnt schon vor der Errichtung des heute erhaltenen Baus. Hier soll der aus Amathous geflohene *Isaak Komnenos* sein Feldlager aufgeschlagen haben, nachdem er sich einem ersten Zugriff *Richards I. Löwenherz* entzogen hatte. Hier begann Isaaks Flucht, nachdem ein von Templern und Johannitern (auch Hospitaliter genannt) eingeleiteter Vermittlungsversuch fehlgeschlagen war. 1210 schenkte *Hugo I. von Lusignan* den bis dato einem gewissen *Garinus de Colos* gehörenden Besitz den *Johannitern*. Spätestens zu diesem Zeitpunkt muß eine erste Befestigungsanlage entstanden sein. Nach dem

Fall von Akkon im Jahre 1291 hatten sich Templer und Johanniter nach Limassol zurückgezogen. Die Johanniter richteten in Kolossi ihren Hauptsitz ein, bis er 1310 nach Rhodos verlegt wurde. Seitdem war Kolossi eine Komturei (Kommende) des Johanniterordens. Auf sie geht auch der Name *Commandaria* für den heute noch auf Zypern gekelterten schweren Dessertwein zurück, dessen Ursprung in den Weingärten der umliegenden Dörfer zu suchen ist.

Gegen die Angriffe der Genuesen im Jahre 1373 konnte die Burg noch erfolgreich verteidigt werden, durch die wiederholten Mameluckeneinfälle bis zum Jahre 1429 hatte sie aber starke Schäden erlitten. Um die Mitte des 15. Jh. wurde mit der Renovierung begonnen, mit der die Burg ihr bis heute bestehendes Erscheinungsbild erhielt. Verwalter des Besitzes war damals der Großkomtur *Louis de Magnac*. Sein Wappen befindet sich in Höhe des 1. Obergeschosses auf der Ostseite der Burg in einer kreuzförmigen, reliefierten Aussparung unter dem Wappen der Lusignanschen Königreiche von Jerusalem, Zypern und Armenien. Dieses wird flankiert von den Wappen zweier Ordensgroßmeister von Rhodos, Jean de Lastic (seit 1427) und Jacques de Milli (1454-1461). Im Jahre 1468 folgte auf Louis de Magnac der Engländer *John Langstrother*. 20 Jahre später wurde *Giorgio Cornaro* mit Kolossi entlohnt. 1570 fiel die Burg in die Hände der Türken; dennoch führten die Cornari noch bis 1799 den Titel des Großkompturs von Zypern.

Von der einst umfangreichen Burganlage steht heute nur noch der um 1450 errichtete mächtige Hauptturm, der **Donjon** (**A**). Im Untergeschoß dienten drei gewölbte Räume als **Speicher** (**B**). Zwei davon waren mit Zisternen versehen. Über eine rekonstruierte Treppe aus dem **Südkomplex** (**C**), der vermutlich Stallungen beherbergt hat und zu dem noch eine westlich anschließende **Halle mit Mittelsäulenstellung** (**D**) und in der Südwestecke ein kleiner **Rundturm** (**E**) gehören, erreicht man den hochgelegenen Zugang zum ersten Obergeschoß. Dieser war durch eine Zugbrücke gesichert. Außerdem befindet sich darüber eine von der Wehrplatte auskragende *Maschikuli* (Pechnase). Obgleich diese Vorrichtung auch in Frankreich schon im 11./12. Jh. auftaucht, wird sie auf Kreuzfahrereinfluß aus Palästina und Syrien zurückgeführt. Von den Räumen des ersten Obergeschosses enthält einer eine große *Herdstelle*. Wahrscheinlich befand sich hier die Küche. Zwischen Eingang und der zum darüberliegenden Stockwerk führenden Wendeltreppe sind Reste eines *Kreuzigungsfreskos* erhalten. Darunter erkennt man das *Wappen Louis de Magnacs*.

Die Wendeltreppe führt zu zwei großen hallenartigen Räumen im zweiten Obergeschoß. Die mit Ornament verzierten offenen

Kamine und die geräumigen Fensternischen deuten auf Wohn- und Repräsentationsräume des Großkomturs hin. Balkenlöcher am Wölbungsansatz lassen ein Zwischengeschoß erkennen, in dem sich möglicherweise, über Holztreppen erreichbar, die Schlafgemächer befanden. Die Wendeltreppe führt schließlich auf die in über 20 m Höhe gelegene *Wehrplatte*, von der aus man einen hervorragenden Blick über die gesamte Anlage und das umliegende Terrain besitzt.

An der Südostecke des Donjons sieht man die nach Osten halbrund abgeschlossenen **Reste eines Turms** (**G**) mit einem *Brunnen* im Innern, die den schlauchartigen östlichen **Anbau** (**F**) abschließen. Diese Fundamente gehörten offensichtlich zu dem Bau vor dem 15. Jh., in dem sich vermutlich einmal die Burgkapelle befand. Östlich davon sieht man ein längsrechteckiges, tonnengewölbtes Gebäude, die **Verarbeitungsstätte** (**H**) des einst neben dem Wein angebauten Rohrzuckers *(vgl. S. 152)*. Nördlich davon finden sich Reste einer **Mühle** (**I**), zu der über einen **Aquädukt** (**K**) Wasser vom nahegelegenen Kouris-Fluß herangeführt wurde.

*** 27 Kourion/Curium *(Κούριον)*

Fährt man von Kolossi auf der Route Limassol/Ktima nach Westen, erreicht man nach kurzer Wegstrecke das Dorf **Erimi**, einen der bedeutendsten Fundplätze chalkolithischen Kulturguts. Ihm folgt **Episkopi**, das ein besuchenswertes Museum für die jüngsten Funde der Umgebung, vor allem Curiums, besitzt.

Nordwestlich von Episkopi liegt **Sotira**, das man am besten über die zwischen Erimi und Episkopi in Richtung Troodos abzweigende Straße erreicht, indem man hinter der Ortschaft Kandou nach links abbiegt. Hier wurde eine der ältesten Siedlungen Zyperns gefunden *(S. 29)*.

Hinter Episkopi steigt die Straße zunächst leicht an. Hier zweigt zum Meer hin die neue Einfahrt zu den Ausgrabungen der antiken Stadt **Kourion**, in römischer Zeit Curium genannt, ab. Am besten fährt man bis in die Höhe der links liegenden Basilika in das Grabungsareal hinein.

Geschichte: Daß die Gegend um Kourion seit der Jungsteinzeit besiedelt war, zeigt die Ausgrabung von *Sotira*. Die Kupferzeit ist belegt durch die Funde von *Erimi*. Frühbronzezeitliche Relikte kamen in der Gemarkung *Phaneromeni*, östlich von Episkopi, zutage. Weitere Ausgrabungen konnten eine Siedlungskontinuität bis zum Ende der Bronzezeit belegen. Nach Herodot ist Kourion eine Gründung der *Argiver* von der Peloponnes gewesen. Tatsächlich wurden auch in der nordöstlich von Episkopi gelegenen Gemarkung *Bamboula* Reste einer Siedlung der peloponnesischen Achäer gefunden. Offensichtlich waren diese bereits mit der ersten Einwanderungswelle im 14. Jh. v. Chr. nach Zypern gekommen; weitere folgten im 12. Jh. v. Chr. Das Grab eines der frühen Könige von Kourion wurde in der *Kaloriziki-Ebene* entdeckt, die sich zwischen Episkopi, der Akropolis von Kourion und der Kouris-Mündung nach Süden hin erstreckt und bis in römische Zeit als Bestattungsareal benutzt wurde. Im nahegelegenen *Heiligtum des Apollon Hylates (S. 198)* kamen Funde aus dem 8. Jh. v. Chr. zutage. Eine Tributliste des assyrischen Großkönigs Sargon belegt die Unterwerfung für das Jahr 673 v. Chr. Unter persischer Herrschaft erlangte Kourion zweifelhaften Ruhm durch das Verhalten seines Königs *Stasanor*, der in der Schlacht bei Salamis 498 v. Chr. zu den Persern übergegangen war und damit zu deren Sieg über die kyprischen Stadtkönigtümer beigetragen hatte.

Unter Alexander d. Großen und seinem Nachfolger *Ptolemaios* erreichte Kourion seine große Blüte, die bis in römische Zeit erhalten blieb. Erst die schweren Erdbeben von 332 und 342 n. Chr. beeinträchtigten den Wohlstand der Stadt, dem schließlich gegen Ende der 60er Jahre des 4. Jh. wiederum durch ein Erdbeben ein Ende gesetzt wurde. Dennoch wurde die Stadt nicht aufgegeben, wie der Bau der großen Basilika aus dem 5. Jh. n. Chr. zeigt. Dies geschah erst durch die Einfälle der Araber im 7. Jh. Eine Goldmünze aus der Zeit des Kaisers Justinian II., die um 690 n. Chr. geprägt wurde, dürfte die letzte Phase dieses Bischofssitzes belegen.

In diese Zeit muß die Gründung von **Episkopi** fallen, dessen Name auf den späteren Bischofssitz hindeutet. Aus dem Jahre 1051 ist ein *Bischof Michael* bekannt. Unter *Amaury de Lusignan* wurden die griechisch-orthodoxen Bistümer aufgelöst. *Jean d'Ibelin*, der Graf von Jaffa, war Eigner des Gebietes um Episkopi im 13. Jh. Später fiel es, ebenso wie Kolossi, an *Giorgio Cornaro*, bis es schließlich die Türken eroberten.

1873 wurde Kourion erstmals archäologisch untersucht, wobei reiche Funde an den Tag traten. Seit 1933 bemühen sich amerikanische und zypriotische Archäologen um dieses Gebiet.

Die Akropolis (Areal III)

Über einem Wasserversorgungssystem, bestehend aus mehreren, z. T. beträchtliche Ausmaße erreichenden Zisternen und unterirdischen Zuleitungen aus frühhellenistischer Zeit, erstrecken sich die durch Erdbeben niedergelegten römischen Ruinen. Die sich

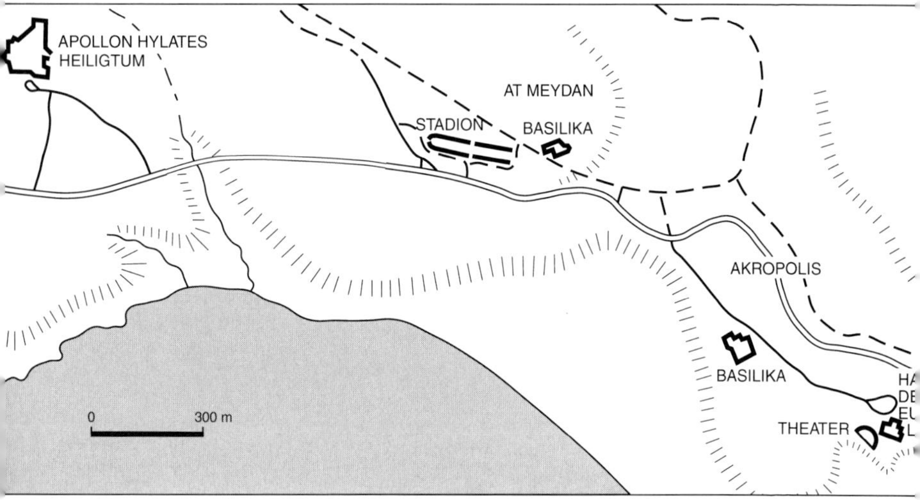

Kourion, Orientierungsplan

in ostwestlicher Richtung durch das Grabungsareal ziehende Wasserleitung aus Terrakottaröhren markiert die stratigrafische Grenze zwischen hellenistischem und römischem Befund. Auffallendste Zeugnisse der römischen Epoche sind die von den Ausgräbern an ihren ursprünglichen Platz verbrachten monolithen Säulen mit korinthischen Kapitellen. Sie gehören zur Kolonnade einer *Stoa*, die einem Forum (Agora) der 2. Hälfte des 2. Jh. n. Chr. zugerechnet wird. Von seiner Größe her als nicht weniger eindrucksvoll zeigt sich der im Nordwesten an die Stoa anschließende Gebäudekomplex. Relikte von reichem architektonischem Dekor, von Fresken und Mosaiken lassen zusammen mit einer dort gefundenen Inschrift den Schluß auf *Wohnhaus* oder *Amtssitz eines hohen Priesters* zu. Östlich dieses Gebäudes folgt im Winkel zur Stoa ein weiteres monumentales Gebäude mit einer Nischenkonstruktion im Inneren. Verschiedene Hinweise belegen hier den Standort eines *Nymphäums* aus dem 1. Jh. n. Chr. Auf die mittelalterliche Nutzung des einstigen Stadtareals als Kalksteinbruch weisen zwei in den Ecken des Apsidenraumes errichtete Kalköfen hin. Die im Jahre 1975 begonnenen Ausgrabungen der Akropolis dauern an.

Gebäude mit Gladiatoren-Mosaiken (Akropolis Areal II)

In nordwestlicher Richtung, noch vor der Fahrstraße von Limassol nach Ktima, sind Überreste eines Gebäudes zu erkennen. Es war mit Baderäumen, Hypokausten, Wasserbehältnissen und -leitungen ausgestattet und wurde wahrscheinlich gegen Ende des 3. Jh. n. Chr. errichtet.

Ein Raum enthält zwei Mosaikfelder mit *Gladiatorenszenen*. In einem der mit einem Mäanderband umgebenen Felder kämpfen die namentlich gekennzeichneten ›Margareitis‹ und ›Ellinikos‹ mit einem Kurzschwert miteinander. Auf dem zweiten Bild trennt ›Dareios‹ in purpurbesetzter Toga (Ritter oder Senator) die mit Krummdolch bewaffneten ›Lytras‹ und ›E . . .‹.

Während der von 1967–1974 andauernden Ausgrabungen hat man im Anschluß an den östlichen, die *Badeanlagen* beherbergenden Teil des Baues ein Gebäude mit zentraler apsidialer Halle entdeckt. Den diese flankierenden kleineren Räumlichkeiten schließt im Osten ein Peristyl mit ionischer Kolonnade an. Bemerkenswert sind die herzförmigen Pfeilerbasen in zwei Ecken. Die Nähe zu den Badeanlagen läßt vermuten, daß es sich bei diesem Gebäude um die Ratsversammlung (Curia, Boule) gehandelt hat, was auch der Grundriß der Anlage nahelegt.

Im Gebäude mit den Gladiatoren-Mosaiken: Die kämpfenden ›Lytras‹ und ›E...‹ werden von ›Dareios‹ getrennt

Gebäude mit Achilles- und Raub des Ganymed-Mosaiken (Akropolis Areal I)

Nur wenige Meter weiter, direkt Fahrstraße befindet sich das Achilles-Mosaik. Dargestellt ist der Augenblick, in dem Achilles durch die List des Odysseus seine Identität am Hofe des Lykomedes, des Königs von Skyros, preisgibt und sich dem Zug nach Troja anschließt. – Einige Schritte entfernt, im östlich gelegenen Abschnitt des dahinter anschließenden Gebäudekomplexes, liegen inmitten eines reich ornamentierten weiteren Bodenmosaiks die Fragmente eines Bildfeldes mit der Darstellung des ›Raubes des Ganymed durch Zeus in Gestalt eines Adlers‹.

* Die frühchristliche Basilika

Das erdbebenreiche 4. Jh. n. Chr., die Wiederverwendung heidnisch-römischer Elemente wie auch die Tatsache, daß römische Fundamente – wo immer es möglich war – die Substruktionen für den frühchristlichen Bau abgaben, und nicht zuletzt der Stil der Kapitelle und anderer bearbeiteter Marmorstücke lassen darauf schließen, daß die Basilika im 5. Jh. entstanden sein muß.

Im Grunde ist sie eine dreischiffige Anlage mit Säulenstellung an den *Scheidewänden* (**A**) und apsidialem *Mittelschiffabschluß* (**B**). Die die Seitenschiffe flankierenden *Katechumena* (**C**) sowie die Pastophorien zu beiden Seiten der Apsis – *Prothesis* (**D**) im Norden und *Diakonikon* (**E**) im Süden neben anderen Räumlichkeiten – und der die gesamte Breite der Anlage erfassende *Narthex* (**F**) lassen sie eher als fünfschiffige Anlage erscheinen. Ihre Länge beträgt etwa 55 m, ihre Breite etwa 37 m. Von der *Innenausstattung* sind Fragmente der Mosaikböden erhalten. Eine quadratische Säulenstellung im Mittelschiff zwischen der ersten und zweiten Arkatur von Osten her markiert den Platz des Altars mit dem ihn überspannenden Baldachin. An den Bögen zwischen dem fünften Säulenpaar sind Reste einer schrankenartigen Abgrenzung zu erkennen.

Entgegen dem üblichen Schema der frühchristlichen Basiliken mit in voller Breite des Narthex anschließendem Atrium, beschränkt sich dieses hier auf einen *Vorhof* (**G**) mit *Brunnenanlage* (**H**), der in seiner Breite nur die Hälfte des Mittelschiffs und das südliche Seitenschiff einnimmt. Der Hof scheint eher der nördlich folgenden *Kapelle* (**I**) zuzugehören, die ihrerseits wiederum Bestandteil einer differenziert ausgestalteten, wenigstens zweigeschossigen Repräsentations- und Wohnarchitektur ist –

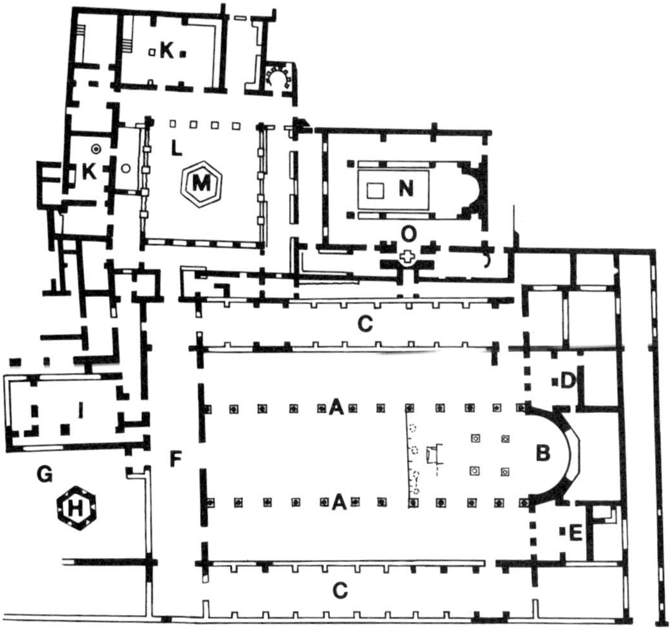

Kourion: Frühchristliche Basilika, Grundriß (nach Karageorghis)

A Säulenstellung an den Scheidewänden
B Apsis
C Katechumena
D Prothesis
E Diakonikon
F Narthex
G Vorhof
H Brunnenanlage
I Kapelle
K Bischofspalast
L Atrium
M Reinigungsbrunnen
N Taufbasilika
O Taufbecken

wohl des einstigen *Bischofspalastes* (**K**). Dieser umfaßt im Westen und Norden ein *Atrium* (**L**) mit sechseckigem *Reinigungsbrunnen* (**M**). Es ist in der vollen Breite des Narthex dem Exonarthex der nördlich, an die Basilika anschließenden *Taufbasilika* (**N**) vorgelagert. Als deren architektonisch interessantestes Relikt erweist sich das in den Übergangsbereich zur großen Basilika eingearbeitete kreuzförmige *Taufbecken* (**O**).

** Theater und Haus des Eustolios

Von der Basilika aus gelangt man nach Süden zum **Theater** von Kourion. Ein erster Bau wurde schon im 2. Jh. v. Chr. im griechischen Typus errichtet. Es gibt Hinweise auf eine ursprünglich kreisrunde *Orchestra* (**A**). Ebenso nahm das *Koilon* (**C**) früher mehr als den Halbkreis von 180° ein. Bereits in frühester römi-

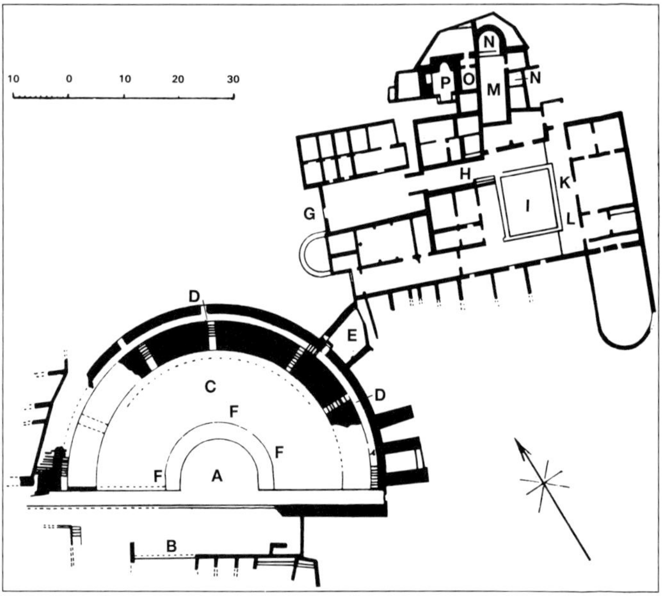

Kourion: Theater und Haus des Eustolios, Grundriß (nach Karageorghis)

Theater von Kourion	Haus des Eustolios	
A Orchestra	**G** Eingang	**N** Kaltwasserbecken
B Skene	**H** Mosaikfußboden	**O** Tepidarium
C Koilon	**I** Innenhof	**P** Caldarium
D Umgang	**K** Apollon-Inschrift	
E Treppenturm	**L** Christus-Inschrift	
F Unterste Sitzreihen	**M** Frigidarium	

scher Zeit wurde das Koilon durch die Errichtung eines *Skenengebäudes* (**B**) reduziert und auch die Orchestra zum Halbkreis verkleinert. Im 2. Jh. n. Chr. erhielt das Theater seine heutigen Ausmaße, die etwa 3500 Zuschauern Raum boten. Neu hinzugefügte Gewölbekonstruktionen wie der *Umgang* (**D**) hinter dem Koilon machten äußere Stützmauern erforderlich. Zwischen den beiden nördlichsten wurde ein *Treppenturm* (**E**) errichtet. Am Ende des 2. oder zu Beginn des 3. Jh. n. Chr. wurden Veränderungen vorgenommen, um Tierspiele veranstalten zu können. Dabei entfernte man die *untersten zwei Sitzreihen* (**F**), um den Zuschauern einen genügenden Sicherheitsabstand zu bieten, und

wandelte die Orchestra in eine *Arena* um. Die Arenamauer war mit einem Metallgitter versehen; unter ihr befand sich ein überwölbter Fluchtweg für die Kämpfer. Gegen Ende des 3. Jh. wurde die Anlage wieder in ein Theater verwandelt und blieb bis ins 4. Jh. in Gebrauch. Seit der Rekonstruktion (1961) finden hier wieder Aufführungen antiker Schauspiele und Folklore-Darbietungen statt. Verstreut über das Theaterarenal finden sich Reste der einst schmuckvollen Fassade des Bühnenhauses.

Für Freunde des antiken Schauspiels: Seit seiner Rekonstruktion finden im Theater von Kourion wieder Aufführungen statt

Unmittelbar östlich des Treppenturms beginnt der Gebäudekomplex des **Hauses des Eustolios** mit seinen zugehörigen Bädern. Man betrat das Haus von Westen (**G**). Links der großen Eingangshalle (wahrscheinlicher ein Hof) lagen die Wohnungen der Bediensteten. Durch einen Korridor mit der Inschrift ›Tritt ein... und Glück für das Haus‹ im *Mosaikfußboden* (**H**) gelangte man in einen peristylartigen *Innenhof* (**I**). Auf drei Seiten besitzt er im Portiko Mosaiken. Eines davon gibt den Namen des ›Eustolios‹ wieder, des Erbauers ›dieser kühlen, windgeschützten Zuflucht‹, auch ›Apollon‹ wird genannt, der in Kourion verehrt wurde (**K**). Eine weitere *Inschrift* erwähnt ›Christus‹ als Fundament des Hauses (**L**). Das Haus, dessen Räume sich noch nach Süden und Osten erstreckten, war ursprünglich wohl als Privatsitz gedacht, wurde aber nach Errichtung der Badeanlagen auch öffentlich genutzt. Die Mosaikböden waren offensichtlich erst in den ersten Jahren des 5. Jh. fertiggestellt. Zu diesem Zeitpunkt hatte man auch mit dem Bau der *Bäder* begonnen. Nördlich des Peristyls gelangt man in den großen zentralen Raum, das mit Mosaiken ausgelegte *Frigidarium* (**M**). Zentrum des einen Mosaiks bildet ein Rebhuhn, das von verschiedenen Vögeln umgeben ist. Das andere zeigt – wohl als Hinweis auf den Erbauer – Ktisis, die ›Verkörperung schöpferischen Geistes‹, mit dem Maß eines römischen Fußes in der Hand. Den nördlichen Abschluß des Frigidariums bildet ein apsidiales *Kaltwasserbecken* (**N**). Im Westen schließen *Tepidarium* (**O**) und *Caldarium* (**P**) an. In letzterem sind noch die Warmwasserbecken erhalten. Nördlich der Badeanlagen liegt ein größeres Wasserreservoir (über den Ablauf der Badeprozedur vgl. auch *S. 114*).

*** Stadion und Apollon Hylates-Heiligtum

(Temple of Apollo, ΝΑΌΣ ΑΠΟΛΛΩΝΟΣ)

Etwa 2 km auf der Fahrstraße in Richtung Ktima biegt nach rechts eine Einfahrt zum **Stadion** ab. Die U-förmige Anlage bot auf ihren sieben Sitzreihen etwa 6000 Besuchern Platz. Die drei Eingänge befanden sich jeweils an den Seiten und in der Mitte des runden Endes im Westen. Im Osten sind noch die Startvorrichtungen für die Laufwettkämpfe zu erkennen. Im 2. Jh. n. Chr. erbaut, wurde das Stadion bis ins frühe 5. Jh. benutzt.

Begibt man sich am Ostende des Stadions nach Norden und folgt der ersten Abzweigung nach rechts, gelangt man zur sog. **kleinen Basilika** in der Gemarkung *At Meydan*. Auch sie bildet mit den Katechumena eine fünfschiffige Anlage, der in voller Breite ein Atrium mit Reinigungsbrunnen vorgelagert ist. Hier entdeckte Fundstücke belegen die Existenz römischer wie griechischer Glaubenstradition. Auf der Unterseite einer Bodenplatte der Basilika fand man die Darstellung Amymones, Poseidons und eines Satyrs an der Quelle von Lerna; und eine Weiheinschrift zu Ehren Demeters und ihrer Tochter Kore in griechischer und kypro-syllabischer Schrift mag als Hinweis auf die griechischen Siedler gelten, die Kourion gegründet haben *(S. 191)*.

Nur wenige hundert Meter auf der Fahrstraße weiter zweigt kurz hinter einer Linkskurve die Zufahrt zum **Apollon Hylates-Heiligtum** ab. Hier wurde bereits seit archaischer Zeit Apollon in seiner Funktion als ›Beschützer der Wälder‹ (Hylates) verehrt,

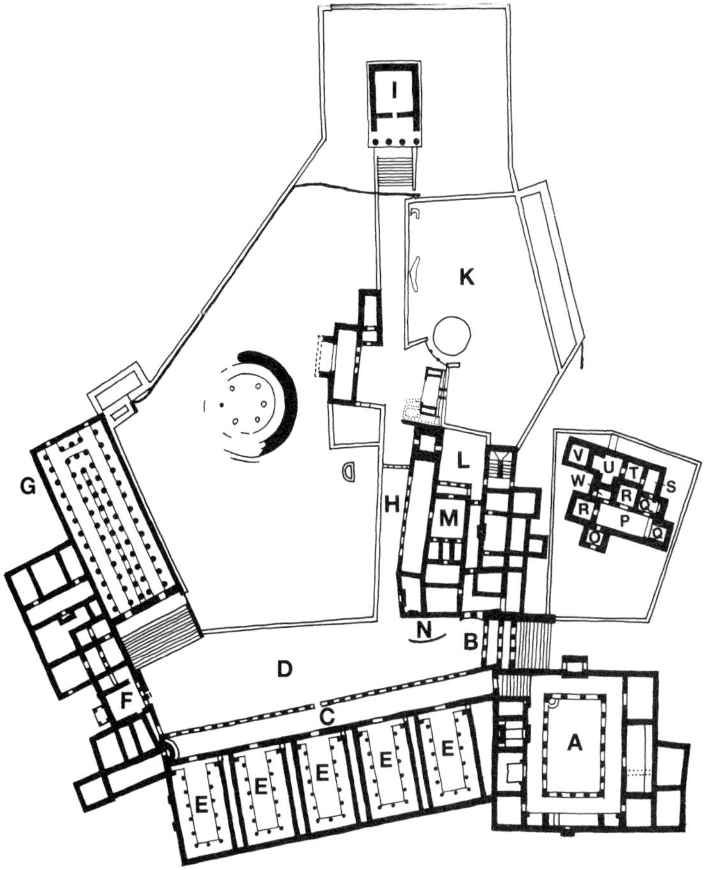

Kourion: Apollon-Hylates-Heiligtum, Grundriß (nach Karageorghis)

A Palästra
B Curium-Tor
C Südportikus
D Innenhof
E Südhallen
F Paphos-Tor
G Nordwest-Halle
H Gepflasterte Straße
I Apollon-Tempel
K Archaischer Bezirk
L Vorhof
M Priesterwohnung
N Vothros (Graben mit Votivgaben)
O Vestibül der Bäder
P Frigidarium
Q Kaltwasserbecken
R Apodyterium
S Tepidarium
T Sudatorium
U Caldarium
V Praefurnium
W Unctuarium

die dieses über dem Meer gelegene Plateau und große Teile der Insel bedeckten. Das heutige Erscheinungsbild des Heiligtums geht auf römische Zeit (1. und 2. Jh. n. Chr.) zurück. Nach neueren Funden ist die Anlage, obwohl sie durch die Erdbeben des 4. Jh. beschädigt worden war, bis ins späte 5. Jh. benutzt worden.

Blick auf die Südhallen im Apollon-Hylates-Heiligtum von Kourion

Rundgang

Bevor man den Temenos, den Heiligen Bezirk, betritt, der von einer zu Beginn unserer Zeitrechnung errichteten Mauer umgeben ist, gelangt man zu einer *Palästra* (**A**). Um einen peristylen Innenhof mit umgebenden Portiken gruppieren sich verschiedene Räume. Eine hier gefundene Statue legt nahe, daß es sich um eine Übungsstätte für ein Ballspiel gehandelt haben könnte. Die umliegenden Räume, die einmal dem Aufenthalt der Athleten gedient haben, müssen einem Funktionswandel unterzogen worden sein; denn vermauerte Fenster und Einlaßstellen für Türverriegelungen lassen auf eine Verwendung als Schatzhäuser schließen. In der Nordwestecke des Hofes steht noch ein riesiger flacher *Steinpithos* unbestimmter Funktion. Aus dieser Ecke führen Stufen parallel zum nördlich anschließenden *Curium-Tor* (**B**) in den *Südportikus* (**C**) des einst gepflasterten *Innenhofs* (**D**). Der Portikus dorischer Ordnung schließt fünf ebenfalls mit dorischen Säulen versehene gleichartige *Räume* (**E**) ab. Sie besitzen ein umlaufendes Podest, das entweder zur Ablage von Votivgaben oder dem Aufenthalt der Gläubigen diente.

Am Ende des Portikus angekommen, wendet man sich nach rechts, passiert das links liegende *Paphos-Tor* (**F**) und steht vor den breiten Stufen der sog. *Nordwest-Halle* (**G**). Nach ihren Fundamenten besaß sie wohl eine ähnliche Funktion wie die fünf Südhallen (**E**). Westlich, das Paphos-Tor flankierend, liegen Räume undefinierter Zweckbestimmung.

Begibt man sich von hier aus wieder nach Osten, stößt man auf die nach Norden auf den *Apollon-Tempel* (**I**) zuführende *gepflasterte Straße* (**H**). Einem römischen Podiums-Tempel vom Typus des Prostylos entsprechend, ist er mit breiter Freitreppe und Viersäulenfront auf diese Straße hin ausgerichtet. Dem heutigen, die 2. Hälfte des 1. Jh. n. Chr. widerspiegelnden Erscheinungsbild der Teilkonstruktion mit nabatäischen Kapitellen ging ein Bau spätklassischer oder frühhellenistischer Prägung voraus. Um 370 n. Chr. wurde er durch ein Erdbeben zerstört.

Auf dem Weg zurück nach Süden liegt links zunächst der *archaische Bezirk* (**K**), dessen früheste Schicht nach neueren Untersuchungen ins 6. Jh. v. Chr. zurückreicht. – Gegenüber im Westen, im Areal zwischen Nordwest-Halle, Apollon-Tempel und Innenhof liegt ein für den Mittelmeerraum einzigartiges *kreisrundes Monument*. Etwa 18 m im Durchmesser, besteht es aus einem ringförmigen Steinfundament, von dem ein Drittel recht gut erhalten ist. Im Innern sind sieben Gruben in den gewachsenen Fels gearbeitet. Aufgrund von Terrakottafiguren, die wie im Tanz einen Baum umringen, geht man davon aus, daß in den Gruben heilige Bäume gepflanzt waren und daß sich die reigenartige Prozession auf dem umgebenden Steinweg bewegte. – Zurück auf der Tempelstraße, folgt auf den archaischen Bezirk ein Gebäudekomplex römischer Zeit; ein mit *Vorhof* (**L**) und Säulenportikus versehenes Gebäude war vermutlich die *Priesterwohnung* (**M**). Biegt man an der Einmündung der Straße in den Hof nach links, passiert man zunächst eine halbrunde Grube. Es handelt sich hier um einen *Vothros* (**N**) (= Graben), in dem eine Vielzahl von Votivgaben seit dem 5. Jh. v. Chr. gefunden wurde. Verläßt man den Temenos durch das Curium-Tor (**2**), gelangt man zu den nördlich der Palästra gelegenen *römischen Bädern*, die von Süden her betreten wurden und deren Raumabfolge – *Vestibül* (**O**), *Apodyterium* (**K**), *Frigidarium* (**L**) mit *Kaltwasserbecken* (**Q**), *Tepidarium* (**S**), *Sudatorium* (**T**), *Caldarium* (**U**) *Unctuarium* (**W**) – dem Badevorgang entsprach *(s. S. 114)*. Vom *Praefurnium* (**V**) aus wurde die Anlage beheizt.

28 Pissouri und Petra tou Romiou

Pissouri

Πίσω ορία (piso oria) = hinter den Bergen: Davon leite sich der Name ab, besagt die glaubwürdigste der drei Versionen, die der Volksmund in Pissouri bereit hält. Angesichts mameluckischer Piratenüberfälle auf die Küstenorte der Insel erscheint diese Erklärung plausibel. Ursprünglich nämlich habe sich der Ort in der heute von Weingärten bedeckten Ebene befunden, die sich bis zur Bucht mit dem *Pissouri Beach Hotel* erstreckt. Eine kleine Taverne an der ersten Weggabelung nicht weit von der Landstraße nach Limassol markiert die Stelle. Und dort, wo sich heute *Weingärten* erstrecken, haben einst Johannisbrotbäume gestanden und sind riesige Melonen geerntet worden. Erst seit wenigen Jahrzehnten widmet man sich dem Weinbau.

Aus den fleischigen Schalen der Früchte des *Johannisbrotbaums* (lat.: Ceratonia), die, noch unreif geerntet, beim Trocknen ihre Süße entwickeln, wurde Sirup (auf Zypern der sog. Kaftanhonig) gewonnen. Weiterhin verwendete man das Johannisbrot zur Herstellung von Branntwein und schon in der Antike als Viehfutter. Alte, früher einsam am Strand von Pissouri stehende massive Steinbauten dienten einst als Verladestation zur Verschiffung der landwirtschaftlichen Güter. Heute werden sie zum Bewohnen hergerichtet oder als Taverne durch stetig wachsende Ferienbungalowsiedlungen bedrängt.

Bei Fortsetzung dieses Trends sollte es nicht verwundern, wenn in absehbarer Zeit Pissouri ein neuer Renditewandel bevorstünde: Tourismus statt Weinbau. Im einige Kilometer oberhalb der Bucht an den Hang geschmiegten und tatsächlich vom Meer her kaum einsehbaren Dorf zeichnet sich dieser Wandel schon ab. Noch vor wenigen Jahren abseits der vielbefahrenen Durchgangsstraße Limassol – Paphos ein vom Tourismus noch unberührter Fleck – von einigen, vor allem britischen ›Insidern‹ abgesehen –, ist der Ort heute schon von weitem an den Bungalowkomplexen zu erkennen, die die ihn überfangenden Höhen einnehmen. Schon jetzt drängt sich die Frage auf, wie lange noch der durch seine Lage und seine Bewohner gleichermaßen liebenswerte Ortskern der touristischen Überfremdung standhalten wird. Die Qualität ortsansässiger Gastronomie, gleich ob im Dorf oder in Strandnähe, hat sich dem neuen Trend glücklicherweise noch nicht angepaßt.

Die Umgebung Pissouris bietet neben dem Müßiggang am

In den Gebieten um Paphos und Pissouri gedeihen die Trauben, aus denen die besten Weißweine Zyperns gekeltert werden

Strand auch Gelegenheit zu Wanderungen, zu kurzen selbständigen oder auch z. B. vom Hotel organisierten Ausflügen in die Dörfer des Landesinneren, wo man Interessantes über das Leben der Winzer und Techniken des Weinbaus erfahren kann.

Petra tou Romiou

Von Pissouri aus nach Westen in Richtung Paphos erreicht man nach 5 km mit einer Talfahrt, die im Meer zu enden scheint, und anschließenden, immer neuen Ausblicken auf die Kreidefelsen der Steilküste die Petra tou Romiou, d. h. ›Felsen des Romäers‹, also des Oströmers bzw. Byzantiners. Der schon in Paphos in Erscheinung getretene Held *Digenis* hat hier der Überlieferung nach islamische Piratenschiffe versenkt, indem er ihnen schwere Felsen entgegenschleuderte. Interessant ist, daß einer dieser Felsen heute den Namen der *Aphrodite* trägt – einmal mehr ein Beispiel dafür, wie ortsbezogene Mythen sich in ihren Bedeutungen verändern können. Was für den ägäischen Aphrodite-Mythos gilt, wird hier nämlich auf die aus christlicher Zeit stammende Digenis-Sage übertragen: Hier betrat Aphrodite Zypern, die im benachbarten Paläa Paphos *(S. 146)*den dort ansässigen orientalischen Ischtar- bzw. Astarte-Kult verdrängte – und entsprechend verdrängte Digenis fremde islamische, nach zeitgenössischem Verständnis also heidnische Elemente durch seine Heldentat.

29 Amathous *(Αμάθους)*

Hat man, von Limassol aus in östlicher Richtung fahrend, das *Amathous Beach-Hotel* hinter sich gelassen, erreicht man nach kurzer Wegstrecke den rechts der Straße freistehenden turmartigen Rest der Stadtmauer von Amathous.

Geschichte: Die spärlichen Funde lassen kaum die Geschichte der im Altertum berühmten Stadt erahnen. Eine Besiedlung in der Eisenzeit ist durch Gräber belegt. Von den im Zuge der dorischen Wanderung nach Zypern verschlagenen Mykenern wurde Amathous kulturell nicht durchsetzt. Durch den **Theseus-Ariadne-Mythos** liegen jedoch Verbindungen zu Kreta nahe. Plutarch greift eine Erzählung *Paeons von Amathous* auf, nach der die hochschwangere Ariadne nach einem Seesturm von Theseus auf Zypern an Land gesetzt worden und in Amathous in den Wehen gestorben sei. Theseus spendete den Amathousiern Geld für eine jährlich im Monat ›Gorpiaios‹ (2. September) zu vollziehende Opferhandlung, bei der *»ein Jüngling im Bett zu liegen und aufzuschreien hat, wie es die Frauen während der Geburtswehen zu tun pflegten«*. Vielleicht erklärt dieser aus dem kretisch-minoischen Zusammenhang gebildete Mythos das Vorkommen eines gleichgerichteten syro-phönikischen Kultes. Auf einem reliefverzierten bemalten Sarkophag aus dem 7./6. Jh. v. Chr., der sich heute in der Cesnola-Collection im Metropolitan Museum New York befindet und der aus Amathous stammt, sind auf den Schmalseiten ›Bes‹, der Begleiter der ›Toëris‹, der Schützerin des Bettes, dargestellt, sowie vier Frauen ›in der Haltung der großen Göttin‹ *(s. auch S. 37)*. Die Darstellung einer solchen Figur auf einem Sarkophag, der offensichtlich für einen Mann bestimmt war, scheint jenem Bereich der Vermischung verschiedener kultischer Traditionen zu entstammen, die für Amathous als minoischen, eteokyprischen und phönikischen Ursprungs belegt sind. Die Vermischung des weiblichen und männlichen Prinzips tritt auch in einer Überlieferung des Macrobius zutage, der über eine Statue der ›Aphrodite Amathousia‹ berichtet, sie gleiche einem bärtigen Hermaphroditen in Frauengewändern mit einem Zepter in der Hand. Die symbolische Darstellung der Androgynie im Kleidertausch von Priestern und Priesterinnen, Herodots Erwähnung von *Enarees* (Verschnittenen) im Aphroditekult, all dies belegt den konservativen Zug der Eteokyprer von Amathous in bezug auf östliche Religionen.

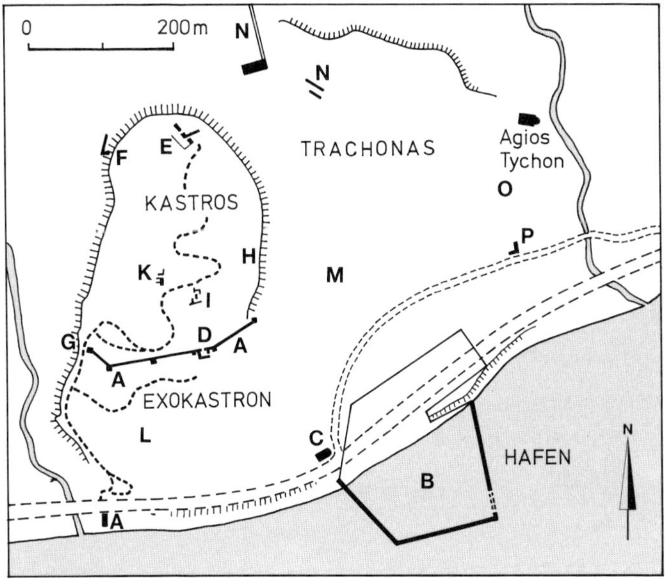

Amathous, Orientierungsplan (beschriebene Objekte fettgedruckt)

A Stadtmauern
B Hafen
C Frühchristliche Basilika
D Toranlage und Isis-Aphrodite-Votivgabendepot
E Aphroditetempel
F Archaisches Scherbendepot von Votivgaben
G Votivgabendepot eines Grottenheiligtums
H Grotte und Treppenaufgang
I Öffentliches Gebäude (Lagerhaus)
K Fundamente des 2. Jh. v. Chr. bis 7. Jh. n. Chr.
L Hypsistos-Heiligtum
M Unterstadt
N Aquädukt und Wasserversorgung
O Polychromes Marmor-Opus-Sectile (Thermen oder Basilika?)
P Theater?

In klassischer Zeit dagegen deuten mehrere Tempel, die olympischen Göttern geweiht waren, auf die Übernahme griechischen Kulturguts hin. Funde verweisen auch auf Kontakte mit Rhodos und der griechischen Siedlung *Naukratis* in Ägypten. *Androkles*, König von Amathous, schloß sich im Nachfolgestreit Alexanders d. Gr. Ptolemaios an. Die Blüte der Stadt hielt auch in römischer und byzantinischer Zeit an, erlitt dann aber durch die sich mehrenden Arabereinfälle im 7. Jh. n. Chr. erste Einbußen ihrer einstigen Größe. Als *Richard Löwenherz* 1191 Amathous zerstörte, war das Schicksal der Stadt besiegelt. Es bleibt zu hoffen, daß künftige Ausgrabungen mehr Licht in das Dunkel der Geschichte einer der ›reinsten‹ kyprischen Städte bringen.

Stirnseiten eines reliefverzierten Sarkopharges aus Amathous (Metropolitan Museum, New York)

Das Stadtareal

Etwa 200 bis 300 m nach Passieren des **Stadtmauerrestes** (**A**) sind die im Meer liegenden Ruinen des **Hafenbeckens** (**B**) erreicht. Unterwasserarchäologen konnten dort zahlreiche Mauerreste und Schiffswracks feststellen. Gegenüber an Land wurde 1966 eine **frühchristliche Basilika** (**C**) ausgegraben. Weitgehend aus lokalen Baumaterialien erstellt, verfügte sie doch über eine kunstvolle Ausgestaltung. Weiße korinthische Marmorkapitelle zeugen von der Kunstfertigkeit der Handwerker. Außerdem weisen Funde von Mosaiksteinen auf eine Innenausgestaltung der Wände hin, wie sie fragmentarisch noch in den Kirchen in Kiti *(S. 227)* und Lythrankomi *(S. 311)* erhalten ist.

Landeinwärts erhebt sich die *Akropolis* von Amathous. Neben einem Mauerzug mit Befestigungstürmen hat man eine ausgeprägte **Toranlage** (**D**) gefunden, deren Bestandteile ins endende 7. Jh. n. Chr. datieren und somit der Zeit der arabischen Invasionen zuzurechnen sind. Die wohl wichtigste Entdeckung innerhalb der Mauern ist die nunmehr seit 1977 gesicherte Existenz eines wahrscheinlich späthellenistischen **Aphrodite-Tempels** (**E**) auf der Akropolis. Während der frühen 80er Jahre vorgenommene Rekonstruktionsversuche zeigen, daß der Aphrodite-Tempel von Amathous mit seinen nabatäischen Kapitellen überraschende Übereinstimmungen mit dem Apollon-Hylates-Tempel von Kourion aufweist *(S. 198)*.

Die Ausgrabungen von *Palia Lemesos*, der landeinwärts gelegenen **Unterstadt** (**M**) von Amathous, erreicht man über die zwischen Limassol und Amathous gelegene Abzweigung zum Dorf *Agios Tychonas* (Ayios Tykhonas).

★ 30 Chirokitia und Kalavassos

★ Chirokitia *(Khirokitia, Χοιροκιτιά)*

Auf halbem Wege zwischen Larnaka und Limassol – jeweils etwa 30 km entfernt – liegt in unmittelbarer Nähe der Straße die Stätte der *neolithischen Siedlung* Chirokitia *(S. 27)*. Bei einem Rasthaus mit Tankstelle biegt man nach Norden ins Tal des Maroni-Flüßchens ab und erreicht kurz hinter einer Brücke rechts den Eingang der Ausgrabungen. Auf einem Fußweg kann man die an einem steilen Südhang gelegene Siedlung aus Rundbauten *(Tholoi)* ersteigen. Vom Gipfel des Hügels aus hat man einen guten Überblick über die für neolithische Siedlungen charakteristische Lage an einem Flußlauf.

Fast geradlinig zieht sich ein breites Mauerband vom Tal aus bergan. Die Lage mitten durch die Siedlung legte den Schluß auf einen befestigten Fußweg nahe, auf dem Wasser vom Fluß den durch Erosion stark gefährdeten Hang hinauf transportiert wurde. Beiderseits dieser Mauern standen bienenkorbförmige Lehmziegelbauten. Jüngsten Grabungsergebnissen zufolge muß nun davon ausgegangen werden, daß der vermeintliche Weg eine *Befestigungsmauer* war. Die Ausgrabungen im **Areal IV**, westlich der Mauer, brachten einen Abschnitt eines weiteren, offenbar noch stärkeren Mauerbandes zutage (**K**). Zudem hatte man festgestellt, daß die Tholoi westlich des bisher angenommenen ›Weges‹ jüngeren Datums als die östlich gelegenen Bauten sind. Offenbar hatte der Bevölkerungszuwachs eine Erweiterung des Ortes in die einzig mögliche Richtung erfordert; eine Art Vorstadt war entstanden, die ihrerseits wiederum eingefriedet wurde.

Die Häuser der Siedlung weisen unterschiedliche Größen auf und verfügen teilweise über Fundamente von Binnenkonstruktionen. Rekonstruktionsversuche ergaben, daß diese pfeilerhaften Gebilde Stützen für eine Art Zwischengeschoß gewesen sein müßten. Auf dem Boden der Häuser befanden sich Herdstellen, Sitzbänke und Tische. Darunter, in den Böden, hatte man die Verstorbenen begraben.

In einem der Häuser (**F**) fand man in acht nacheinander neu aufgeschütteten Böden 26 *Gräber von Erwachsenen und Kindern*. Anthropologische Untersuchungen zeigten, daß die Lebenserwartung der Bewohner von Chirokitia bei den Männern durchschnittlich bei 35 Jahren lag, die der Frauen bei 33,5 Jahren. Die Gräber, die oft an den Herdstellen der früheren Bodenschicht angelegt waren, besaßen unterschiedliche Größe. Der Tote war je-

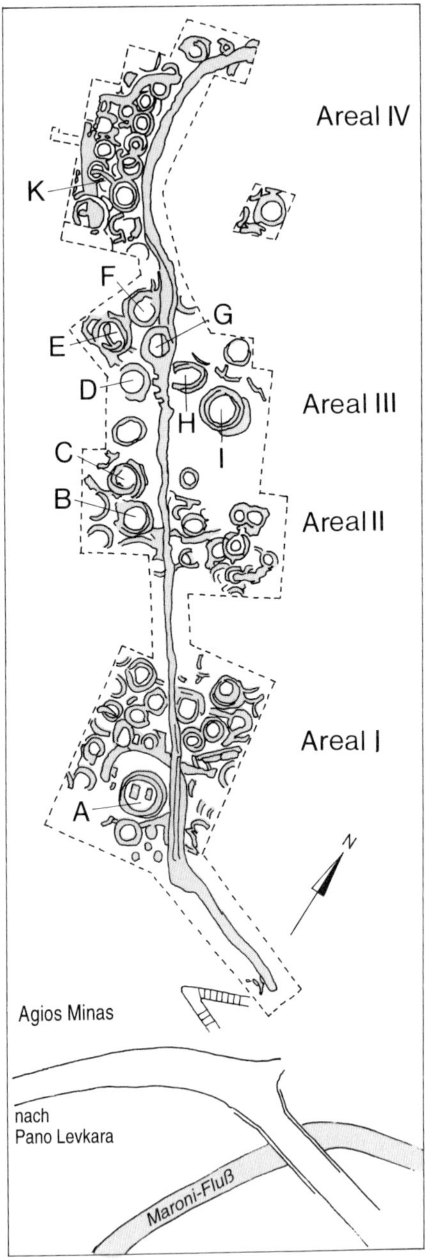

doch in der Regel in zusammengekauerter Stellung, auf der Seite liegend, begraben worden. Die Tatsache, daß die Leichen mit schweren Steinen bedeckt waren, mag ihren Grund im Glauben an das dämonenhafte Weiterleben der Vorfahren besitzen. An ein Weiterleben nach dem Tode gemahnen aber auch die *Grabbeigaben*: Schmuck, Vorratsgefäße samt Inhalt, Werkzeuge und kultisches Gerät wie Opferschalen und Andesitidole. Auch tauchen in den Gräbern erste Keramik-Stücke auf; das früheste ist der Kopf eines Idols aus ungebranntem Ton. In den Schichten der 2. Hälfte des 4. Jtd. v. Chr. treten Schalen der ›Combed Ware‹ hinzu. Daß die Bewohner der Jagd nachgingen, beweisen zahlreiche Obsidianfunde wie Klingen und Pfeilspitzen. Es gibt aber auch Hinweise auf eine frühe Agrarkultur wie auf die beginnende Domestizierung von Tieren. Diese Entwicklung, die für Chirokitia für das frühe 6. Jtd. v. Chr. aufgrund von Radiokarbonuntersuchungen (C 14) belegt ist, hatte in Palästina, Syrien, Nordmesopotamien und Kilikien bereits im 9. und 8. Jtd. v. Chr. eingesetzt; deshalb war vermutlich auf Zypern eine schon ausgeprägte Kultur ansässig geworden.

Die sich in vier Areale längs des Steinweges gliedernden Ausgrabungen werden vom Besucher von dem Fußweg im Südwesten eingesehen. Dominierender Bau im **Areal I** ist

Chirokitia: Grabungsgelände, Orientierungsplan (nach P. Dikaios)

eine große *Tholos* (**A**). Sie hat einen Durchmesser von 9 m, die 1,50–2,50 m dicken Mauern inbegriffen. Zum Hang hin schützte sie eine halbrunde Stützmauer. Im Innern der Tholos haben sich zwei der mächtigen, die Zwischendecke tragenden Pfeiler erhalten.

Im **Areal II** bestimmen wiederum zwei größere Tholoi das Bild. **Tholos B** besitzt ebenfalls Stützen im Innern. In **Tholos C** dagegen machte man einen der bemerkenswertesten Funde: Das Grab einer Frau mittleren Alters enthielt neben Steingefäßen eine sehr gut erhaltene Halskette aus Karneolperlen und Röhrenmuscheln (dentalium). Beide Häuser gehören der mittleren Siedlungsphase an. **Tholos D** im **Areal III** ließ bei den Ausgrabungen eine Mischbauweise aus Stein und sonnengetrockneten Ziegeln erkennen. Die schon früh zerstörte und mehrere bauliche Veränderungen aufweisende **Tholos E** besaß entsprechend A und B Stützen im Innern. **Tholos F**, die sogar noch die Kurvatur des Daches erkennen läßt, enthielt die erwähnten 26 Gräber. Auch läßt sich hier der Eingang nachvollziehen, der über dem Bodenniveau lag und innen wie außen über Stufen betreten wurde.

Zwei größere Tholoi sieht man jenseits des Steinweges. **Tholos H** enthielt das Grab einer Frau mit einer Halskette aus Muscheln und Steinperlen. Die Kette mit den Karneolperlen wurde in **Tholos I** gefunden. Hier enthielt eine zweite Bestattung ein reliefiertes Gefäß. **Tholos G** reicht ein Stück in den Steinweg hinein. Hier kam auf einer früheren Schicht eine Herdstelle zutage, die möglicherweise öffentlich genutzt wurde. Schließlich erreicht der Besucher das **Areal IV**, das bereits am Nordhang des Hügels liegt, der dort steil zum Maroni-Fluß abfällt.

Kalavassos *(Καλαβασός)*

Nur wenige Kilometer westlich von Chirokitia führt eine Straße in das am Eingang des Vasilikos-Tales gelegene Kalavassos, das neben Chirokitia als eine der bedeutendsten prähistorischen Fundstätten Zyperns gilt. Auch die Anfänge von Kalavassos reichen bis in die Jungsteinzeit zurück. Erst vor wenigen Jahren wurde ein bedeutender, die Frühzeit von Kalavassos bestätigender Fund gemacht: Im südlich von Kalavassos gelegenen Grabungsareal von *Tenta* wurde ein vollständig erhaltenes Kinderskelett aus dem 7. Jtd. v. Chr. entdeckt. Bei den neolithischen Häusern von Kalavassos-Tenta handelt es sich wie in Chirokitia um Rundbauten (Tholoi); auch sie entstammen der Zeit der vorkeramischen Jungsteinzeit. Gegenüber Chirokitia hat sich in Kalavassos jedoch eine länger währende Phase der Siedlungskontinuität feststellen lassen. In den Gemarkungen *Agios Demetrios*, *Agious* sowie im *Dorf Kalavassos* selbst wurden bronzezeitliche Bauten und Gräber gefunden. Eines der Gräber von Agios Demetrios enthielt eine Vielzahl von Grabbeigaben aus Gold.

Aus archäologischer Sicht nicht weniger wertvoll ist die Entdeckung differenziert angelegter Architekturkomplexe, die samt der in ihnen zutage gekommenen Funde Aufschluß über die Lebensgewohnheiten im bronzezeitlichen Zypern vermitteln. Ein in Kalavassos-Agios Demetrios gefundenes spätbronzezeitliches Haus gliedert sich rechtwinklig um einen annähernd quadratischen Innenhof. Der Grundriß ähnelt als bereits weiter entwickelte Form einem Bau der mittleren Bronzezeit in Kalopsida *(vgl. S. 34 und 301)*.

31 **Pano Levkara** *(Pano Lefkara, Πάνω Λεύκαρα)*

Entweder von Chirokitia aus über Vavla bzw. das Agios Minas-Kloster oder über den von Autobahn wie Landstraße bei Skarinou abzweigenden Weg wird Pano Levkara von Süden her erreicht. Als etwas schwieriger erweisen sich die Zufahrten über Lythrodontas von Norden oder Kornos von Osten.

Auf einem Bergrücken vor der Kulisse der Berge des Pitsilia-Gebiets gelegen, besitzt das Dorf mit seinen weithin leuchtenden roten Dächern einen eigenartigen Reiz. In den engen Gassen scheint ein Teil des Familienlebens ins Freie verlegt zu sein. So sitzen an den heißen Tagen die Frauen des Ortes im Schatten der Häuser vor den Türen und fertigen die bekannten *Levkaritika*, Hohlsaumstickereien, an. Man erzählt, daß 1481 *Leonardo da Vinci* die Insel besucht und Levkaraner Spitzen für das Altartuch des Mailänder Doms erworben habe.

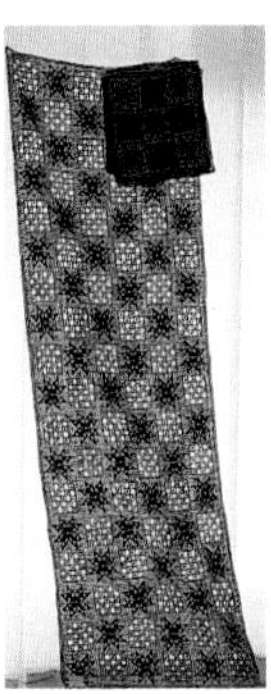

Der Besucher des Ortes wird bald einen der ebenso geschäftstüchtigen wie freundlichen Bewohner – zuweilen schon vor Erreichen des Dorfes – gefunden haben, der ihn in sein Haus führen wird, um ihm die Produkte der Frauen vorzuführen. Levkara ist jedoch nicht nur wegen seiner Stickereien berühmt; es gibt auch eine stattliche Zahl von *Gold- und Silberschmieden*, deren Hämmern durch die geöffneten Fenster zur Straße dringt. Auch hier ist beim Kauf Vorsicht vor importierter Ware angeraten.

Im Schatten der Häuser versammeln sich die Frauen, um die feinen Hohlsaumstickereien zu fertigen, für die Levkara berühmt ist

Mosaik, Moschee und Mönche: Larnaka, Zyperns Tor zur Welt

Wer heute mit dem Flugzeug nach Zypern reist, landet in der Regel auf dem Larnaca International Airport. Nach der Schließung des Flughafens von Nikosia im Jahr 1974 ist Larnaka zum internationalen Luftverkehrsknotenpunkt zwischen Europa und dem Nahen und Mittleren Osten avanciert. Früher einmal Militärflugfeld mit Holz- und Wellblechbaracken – so sahen bis vor wenigen Jahren noch die provisorischen Abfertigungsgebäude aus – präsentiert sich der Flughafen nun im neuen architektonischen Gewand, das seiner Bedeutung Rechnung trägt.

Auch innerhalb des Landes bildet Larnaka eine Art Drehscheibe, auf der die Ströme der Fluggäste in die Tourismusregionen bei Limassol im Westen und Agia Napa im Osten dirigiert werden. Larnaka knüpft in seiner Funktion als internationaler Dreh-und Angelpunkt an seine aus dem letzten Jahrhundert rührende Tradition als Sitz europäischer Konsulate und Handelsniederlassungen an. Schon in seinen 1769 in Lucca erschienenen ›Viaggi per l'isola di Cipro‹ zählt der italienische Abbé *Giovanni Mariti* in Larnaka konsularisch vertretene Kolonien von sechs europäischen Nationen: England, Frankreich, Neapel, Toskana, Venedig und Ragusa (Dubrovnik). So wie die Toskana vom englischen Konsul mitvertreten wurde, teilten sich die anderen die Vertretung der Österreicher, Dänen, Schweden, Niederländer und Genuesen. Trotz seiner diplomatischen Bedeutung ist Larnaka nie über den Rang einer Provinzhauptstadt hinausgelangt. Erst der Bau größerer Hotelanlagen auch in der Nähe der Stadt ließ sie über ihre Eigenschaft als Zielort für den Luftverkehr hinaus bekannt werden. Da sich jedoch die Hotels vorwiegend dem Strandtourismus verschrieben haben, hat diese Expansion im ländlichen Umfeld kaum Spuren hinterlassen. Außerhalb der sommerlichen Hochsaison bleiben selbst *Chala Sultan Tekke* *(S. 225)* und *Kiti* *(S. 227)* für viele Zyperntouristen terra incognita. Der Bergkegel des *Stavrovouni-Klosters*, der wie ein Wächter die Gegend überragt und fast von allen Orten der Region als weithin sichtbarer Markstein der Orientierung dient, hat durch seine restriktive Besucherpolitik an Attraktivität eingebüßt. Schlimmer noch ist es um Ausflugsziele wie *Pyrga, Perachorio, Alampra* und *Dali/Idalion* bestellt *(S. 236)*. Erfreut sich die Königliche Kapelle von Pyrga noch des einen oder anderen ›Royal

Chapel‹-Hinweises, so findet man bei den übrigen Denkmälern antiker und byzantinischer Provenienz weder einen Hinweis auf die Art noch auf den Ort. Neugier und Hartnäckigkeit sind hier die Erfolgsgarantien zur Auffindung der Denkmäler, da exakte Wegbeschreibungen oft nur von kurzfristiger Gültigkeit sind. Ganz anders mag es sich beim Dörfchen *Kornos (S. 234)* verhalten, das für viele aufgrund seines an antike Tradition anknüpfenden Töpferhandwerks zum bleibenden, weil in Form eines Souvenirs mitnehmbaren ›Begriff‹ wird.

Landschaftlich birgt der südlich von Nikosia einsetzende und die Küstenregion von Kophinou im Westen bis zum britischen Militärstützpunkt von Dekelia im Osten einnehmende dreieckige Landstrich zunächst nichts Spektakuläres. Unterzieht man sich jedoch – selbst bei Verzicht auf den Klosterbesuch – der Mühe, mit dem Fahrzeug (!) den Stavrovouni-Bergkegel zu erklimmen, eröffnet sich in etwa 700 m Höhe ein beeindruckender Rundblick, der Aufschluß über die Vielfalt der Landschaft zu vermitteln vermag und der sich zudem je nach Witterung, Jahres- oder Tageszeit in sehr unterschiedlicher Weise darbieten kann. Über das hügelige Küstenvorland im Westen schweift der Blick zu den Bergen der Pitsilia-Region. Sie geht mit einigen Tafelbergen in der Gegend des antiken Tamassos und stillgelegten Kupfertagebaustätten, in deren Wasserfläche von unwirklichem Türkis- bis Azurblau sich der Himmel spiegelt, in die Kornkammer Zyperns, die Mesaoria-Ebene, über. Ganz in der Ferne wird sie von der Pentadaktylos-Kette abgeschlossen. Man glaubt die Lage Nikosias ausmachen zu können. Vom Vordergrund aus jedoch erstreckt sich bis in den Bereich nördlich von Larnaka im fahlen Kalkfarbton ein dünenartiges Karstgebiet. Wer im Hochsommer, vor allem um die Mittagszeit, von Larnaka aus auf einer Landstraße die Fahrt nach Pyrga antritt, wird sich in den staubigen windstillen Senken wüstenartigen Temperaturen ausgesetzt sehen und möglichst rasch dem Bad im Meer zustreben. Im Gegensatz zu den westlichen Inselregionen, wo ein stetiger Westwind vom Meer her bläst, erhält man hier, landeinwärts von Larnaka im Schatten des Troodos-Massivs, einen ersten Eindruck der klimatischen Verhältnisse im Zentrum der Insel.

⋆ 32 Larnaka *(ΛΑΡΝΑΞ, Larnaca, Larnax)*

Ähnlich Limassol hat auch der Hafen von Larnaka, einst der drittgrößte der Insel nach Limassol und Famagusta, durch die türkische Besetzung Famagustas einen Aufschwung erlebt. Dazu kam auch hier ein Zuwachs an Tourismus mit zahlreichen Hotelneubauten. Obwohl mittlerweile von einem Neubaugürtel umgeben und von modernen Geschäftshäusern durchsetzt, hat die Altstadt dennoch viel von ihrem teilweise provinziell anmutenden Charakter bewahrt. Wesentlich geprägt wurde das Stadtbild zur Zeit der türkischen Herrschaft auf der Insel, als sich hier die Konsulate etablierten. Auch die Herrschaft der Briten hat bis heute – nicht zuletzt durch den nahe gelegenen exterritorialen Stützpunkt von *Dekelia* – ihre Spuren im Stadtbild hinterlassen. So finden sich über die Altstadt verstreut, vor allem aber an der Hafenpromenade, *klassizistische Bauten der Kolonialzeit.* Die Hafenpromenade besitzt darüber hinaus mit ihrem von Palmen gesäumten, breiten Sandstrand einen besonderen Reiz; denn hier befinden sich zu beiden Seiten der *Athens-* und *Ankara-Street* unzählige Restaurants und Cafés, die bis in die Nacht hinein von reger Betriebsamkeit erfüllt sind. Während sich die Lokale in der nördlichen Athens-Street am internationalen Publikum orientieren, findet man südlich bis in die Ankara-Street hinein kleinere Lokale mit einheimischen Spezialitäten sowie Kebab-Bratereien. Wer dagegen einen Einkaufsbummel vorzieht – Larnaka ist für seine Silber- und Goldschmiedearbeiten sowie für Lederverarbeitung bekannt –, wird sich in der *Zenon Kitieus Street* und den seitlich abzweigenden Gassen umsehen.

Am Pfingstmontag ist Larnaka das Ziel vieler Zyprioten, die hier das *Kataklysmos-Fest* begehen. Eigentlich im Gedenken an Noahs Rettung nach der Sintflut gefeiert – aber auch zu Ehren der Panagia des Meeres –, läßt dieses Fest Anklänge an antike Bräuche durchscheinen. Verschiedentlich wurde es mit ›Anthesterien‹-Feiern zu Ehren des Dionysos, in Verbindung gebracht. Andere sehen einen Zusammenhang mit dem Aphrodite-Kult; denn auch sie war Schützerin der Seefahrt.

Geschichte: Auch wenn mit Chirokitia *(S. 207)* eine Besiedlung dieses Teiles der Insel schon für die Jungsteinzeit belegt ist, reichen die frühesten Funde aus dem Gebiet des heutigen Larnaka, das auf den Ruinen der antiken Stadt *Kition* errichtet wurde, nur bis zum Ende der Frühen Bronzezeit zurück. Aber auch diese Epoche ist lediglich durch Gräber erschlossen, eine dazugehörige Siedlung konnte bisher nicht nachgewie-

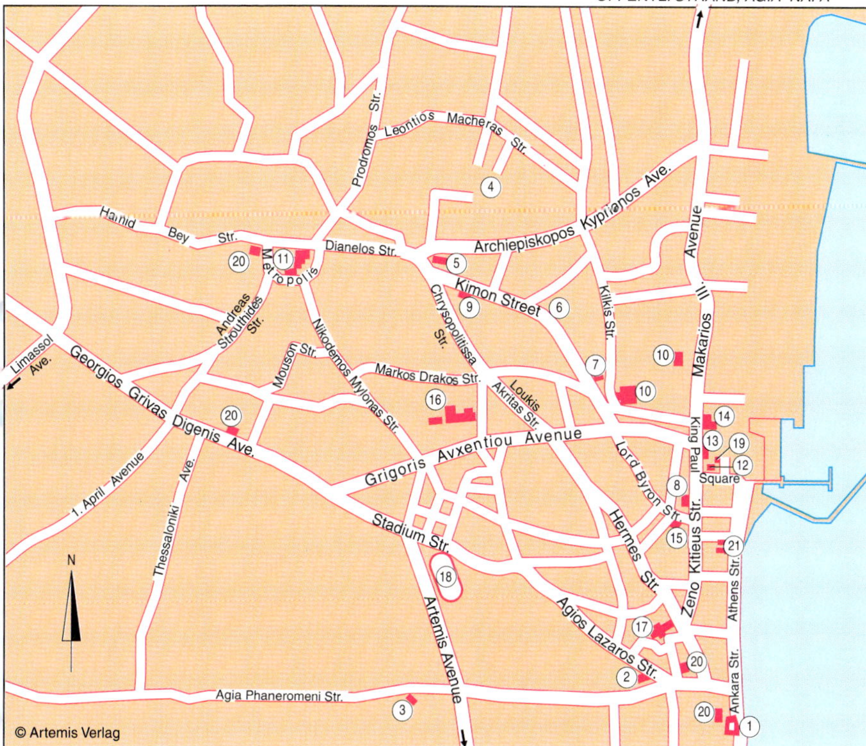

Larnaka: Stadtplan (beschriebene Objekte fettgedruckt)

① **Türkische Festung**
*② **Agios Lazaros-Kirche**
③ **Agia Phaneromeni-Kirche**
*④ **Grabungsareale I – IV (Astarte-Tempel)**
⑤ **Chrysopolitissa-Kirche**
⑥ **Akropolis von Kition**
*⑦ **Archäologisches Distrikt-museum**
*⑧ **Sammlung Pierides**
⑨ **Aquädukt**
⑩ Kath. Josefs-Konvent und Kirche
⑪ Sotiros-Kirche und Bischofssitz
⑫ Touristen-Informationsbüro
⑬ Postamt
⑭ Distrikt-Polizei
⑮ Telefon- und Telegrafenamt
⑯ Krankenhaus
⑰ Markt
⑱ Zenon Stadion
⑲ Service-Taxi
⑳ Moscheen
㉑ Busbahnhof

sen werden. Mittelbronzezeitliche Funde belegen jedoch eine Siedlungskontinuität bis zur Spätbronzezeit. In den unter den Häusern der Phase Spätkyprisch II entdeckten frühbronzezeitlichen Gräbern kamen reiche Elfenbein-, Gold-, und Fayencefunde zutage. Kaum vertreten ist lokalkyprische Keramik, dagegen eine Menge mykenischer Gefäße und ägyptisch beeinflußter Gegenstände wie Karneolperlen, Skarabäen und Rollsiegel. Kupferschlacke, Schmelztiegel und Tonröhrensysteme deuten auf umfangreiche *Kupferverarbeitung* während des 14. und 13. Jh. v. Chr. Am Ende des 13. Jh. kam es zu einem Bruch in der Geschichte der Stadt. Enthielten Gräber der früheren Phase noch mykenische III b-Keramik, so sind in den Häusern der darauffolgenden Phase, die über wesentlich stärkere Substruktionen verfügten, mykenische III c 1-Scherben gefunden worden. Man kann deshalb davon ausgehen, daß zu jener Zeit hier wie in Enkomi *(S. 301) achäische Kolonisatoren* siedelten. Auf eine Beeinträchtigung durch die sog. *Seevölker* lassen in Neubauten gefundene Mykenisch III c 2-Scherben schließen, die auch die Ankunft einer neuen Siedlerwelle bezeichnen. In diese Zeit der griechischen Einwanderungen fällt auch der Ersatz der einstigen Lehmziegelstadtmauer durch eine Mauer kyklopischer Bauart, deren Reste sich in unmittelbarer Nähe des Tempelareals fanden. Eine weitere Zerstörung der Stadt um 1075 v. Chr. ging vermutlich auf ein Erdbeben zurück. Auf den Trümmern wurden zwar noch einmal Häuser im Stil der geometrischen Epoche errichtet, doch blieb dieser Ort seit etwa 1000 v. Chr. unbewohnt. *Phönikische Siedler* aus Tyros übernahmen das zerstörte Heiligtum um 800 v. Chr. und bauten darauf einen *Astarte-Tempel*. Kition blieb nun bis 312 v. Chr. phönikisch. Der Versuch des athenischen Feldherrn *Kimon*, Kition aus der Hand der mit den Persern kollaborierenden Phöniker zu befreien, scheiterte 449 v. Chr. an seinem Tod. Funde aus hellenistischer und römischer Zeit sind bisher kaum entdeckt worden, doch stammt einer der berühmtesten antiken Philosophen der hellenistischen Zeit aus dieser Stadt: *Zenon von Kition*.

In frühchristlicher Zeit, erzählt die Legende, sei Lazarus nach seiner Auferweckung in Bethanien von den Juden vertrieben worden. Das Schiff, in dem er ausgesetzt worden sei, hätte ihn nach Zypern getragen, wo er in den 30 Jahren seines zweiten Lebens ein Bistum errichtet habe. Angriffe der Araber führten jedoch zu dessen Aufgabe. Erst in mittelbyzantinischer Zeit lebte die Stadt unter dem Namen *Larnaka* (larnax = Sarkophag) wieder auf. Während der Kreuzzüge war die wegen der Salzseen *Salines* genannte Stadt ein wichtiger Einschiffungshafen für die Pilger, dessen Bedeutung durch die Einnahme von Famagusta durch die Genuesen im Jahre 1373 noch anwuchs. Unter den Türken, die von hier aus zum Zug gegen Nikosia gerüstet hatten, wurde die Stadt durch die Einrichtung ausländischer Konsulate diplomatisches Zentrum der Insel. Der internationale Charakter der Stadt wird heute durch den *Larnaca International Airport* als Anflugsziel oder Durchgangsort in den Nahen und Mittleren Osten beibehalten. Auch Schiffsagenturen und Handelskontore richteten sich in Larnaka ein.

Die Philosophie des Zenon von Kition

EXKURS ▼

Um 336 v. Chr. geboren, kam Zenon, möglicherweise Halbphöniker, im Jahre 314 als Kaufmann nach Athen. Hier schloß er sich zunächst dem Zyniker *Krates* aus Theben an, der, in Opposition zur Zivilisation, die Bedürfnislosigkeit propagierte. Von dessen Lehren jedoch unbefriedigt, wurde er Schüler des *Stilpon* aus Megara, dessen gemilderter Zynismus die Leidenschaftslosigkeit (Apathia) als höchstes Ziel des Weisen aufstellte. Noch vor 300 v. Chr. gründete Zenon eine eigene Schule, die sich nach der von Polygnot mit Fresken ausgestalteten *Stoa poikile* (= bunte Halle) auf der Agora von Athen benannte. Auf die Einteilung der Philosophie in Logik, Physik und Ethik wandten die *Stoiker* (Hallenphilosophen) folgenden Vergleich an: Die **Logik** sei die Umzäunung eines Gartens, in dem die **Physik** als dessen Bäume stehe, auf denen als das eigentliche Wertvolle die **Ethik** als Frucht wächst. Zur Verwirklichung der stoischen Ethik könne es nur kommen, wenn der Mensch sich als oberstes Ziel, das ihm innere Befriedung und Glück bringen kann, die Einstimmigkeit mit sich selbst setzte . Dies sei über die **Tugend** zu erreichen. Auch wenn die Tugend in der Selbstgenügsamkeit bestünde, so seien von diesem individual-ethischen Standpunkt aus – da ja der Mensch in einer Gemeinschaft lebe – Freundschaft, Ehe und Staat nicht zu verwerfen, sofern sie sittlich gestaltet oder zu gestalten seien. Denn da in allen Menschen eine und dieselbe Vernunft lebe, könne es im Grunde nur ein Gesetz, ein Recht und einen Staat geben. Auf dieser kosmopolitischen Grundlage hat Zenon selbst das *Ideal eines Weltstaates* entworfen, in dem keine Gerichtshöfe, Tempel, Gymnasien und Tauschmittel mehr nötig sind.

Türkische Festung ①

Am südlichen Ende der palmengesäumten Hafenpromenade erblickt man rechts in unmittelbarer Nähe eines Minaretts die Mauern des türkischen Kastrons von Larnaka. Es wird vermutet, daß die seit 1979 wieder zugängliche Anlage aus dem Jahr 1625 auf Mauern venezianischer Zeit errichtet wurde. Durch einen doppelstöckigen Torbau gelangt man in den Innenhof, den linker Hand nur die Mauer vom Meer trennt. Daran schließt ein höherer Wehrbau an, dessen Untergeschoß sich mit einem Spitzbogen zum Hof hin öffnet. In dem dahinter befindlichen Gewölbe lagert eine Vielzahl antiker Ankersteine aus Kition. Aber auch ein vermutlich dem Mittelalter zuzurechnender, beschädigter Metallanker ist zu sehen. Die Stirnseite des Hofes mit mehreren heute verschlossenen Räumen (Vorratsräume, Stallungen?) passierend, gelangt man zum Aufgang in den oberen Wehrgang. Im Hof führt der Weg an zwei mittelalterlichen Kanonenrohren vorbei zurück zum Torbau. Links ersteigt man über eine Treppe das Obergeschoß, in dem ein kleines *Museum* eingerichtet ist. Auf großen Schautafeln wird die Geschichte Kitions nachgezeichnet, die durch Funde seit der Bronzezeit dokumentiert ist. Auch wird man über die Grabung in Chala Sultan Tekke *(S. 225)* informiert.

*Agios Lazaros-Kirche ②

Etwas weiter östlich, an der Agios Lazaros-Straße, befindet sich die Kirche, die ihren Namen einem im Jahre 890 an dieser Stelle entdeckten Grab verdankt, das den Namen *Lazarus* trug. Seitdem gingen Klerus und Bevölkerung Zyperns davon aus, daß es sich um das Grab jenes auferweckten Lazarus handele, der der Legende zufolge Bischof von Kition gewesen sei. Unter der Regierung des byzantinischen Kaisers Leon VI. (865–911) wurden die wertvollen Reliquien nach Konstantinopel verbracht; 1203 verschleppten sie Kreuzfahrer nach Marseille. Über der Grabstätte wurde eine über 30 m lange und annähernd 20 m breite dreischiffige Anlage errichtet. Der ursprüngliche äußere Zustand der Kirche ist durch das Hinzufügen des mächtigen Glockenturms mit reichem architektonischem Dekor und der die Kirche im Süden flankierenden Loggia stark verändert worden. Besser läßt sich der bauliche Befund im Innern der Kirche nachvollziehen. Hier erkennt man die auf starke Pylonen auslaufenden Pendentifs, die vom Quadrat zum runden Tambour der Kuppel überleiten. Jeweils an den Ecken der Pylonen zum Mittelschiff hin wurde in Ansatzhöhe der Längs- und Quertonnengewölbe ein aus dem antiken Kition stammendes korinthisches Kapitell ver-

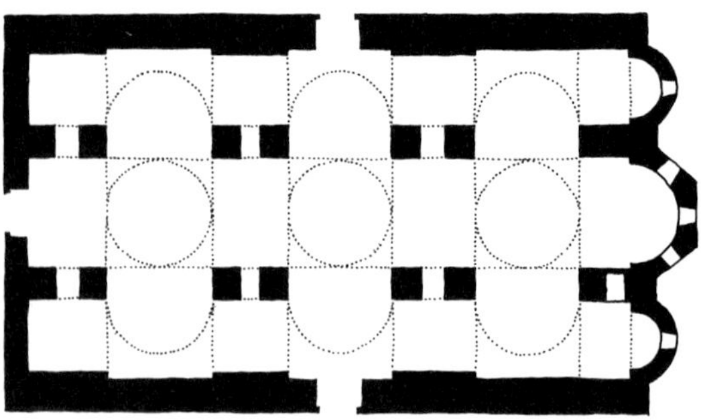

Larnaka: Grundriß Agios Lazaros-Kirche, (nach C. Enlart)

Blickfang der Agios Lazaros-Kirche in Larnaka ist ihr reich dekorierter Glockenturm

mauert. Von Grund- und Aufriß her besitzt dieser Bau eine Entsprechung im ebenfalls früher über drei Kuppeln verfügenden Kloster des hl. Barnabas *(S. 304)* und gehört somit in die Reihe der Mehrkuppelkirchen *(s. S. 56)*. Im Laufe der Geschichte war dieser Bau aus dem 10. Jh. unterschiedlichen Besitzern zugeeignet. Im Mittelalter Benediktinerkloster, schien der Bau auch armenischen Christen als Gotteshaus gedient zu haben; 1570 wurde er von den Türken konfisziert, bereits 1589 wieder ausgelöst und in der Folgezeit für Gottesdienste im orthodoxen und lateinischen Ritus genutzt. Die *Grabstätte des Lazarus* befindet sich unter dem Diakonikon (südl. Ostabschluß der Kirche).

In westlicher Richtung, auf der nach ihr benannten Straße, erreicht man die **Phaneromeni-Kirche** ③. Dieser Verehrungsstätte der Agia Phaneromeni werden Wunderwirkungen nachgesagt. Das unterirdische Kirchlein fand Platz in einem Kammergrab vorhellenistischer Zeit, das aus zwei Räumen besteht.

*Die Grabungsareale I–IV ④

Nordwestlich der Altstadt erstrecken sich in unmittelbarer Nähe des anglo-amerikanischen Friedhofs die Ausgrabungen des antiken Kition.

Areal I liegt der Chrysopolitissa-Kirche ⑤ am nächsten und umfaßt einen *Gebäudekomplex der Spätkyprisch II-Phase*. In den Höfen befanden sich wie bei entsprechenden Häusern in Enkomi und Ugarit/Syrien Kammergräber, die neben beträchtlichen Mengen mykenischer IIIb-Keramik Alabastergefäße, Goldschmuck, Rollsiegel, Elfenbeinschnitzereien und Fayenceobjekte – darunter das großartige blaue Rhyton – enthielten. 1976 entdeckte man *Kupferwerkstätten* derselben Epoche. Drei miteinander verbundene Räume enthielten Schmelzöfen, Brunnenschächte und Kupferschlacke. Um 1200 v. Chr. wurden über diesen Häusern neue errichtet, die jedoch nur bis etwa 1000 v. Chr. bewohnt waren. Mögliche Siedlungsspuren der geometrischen bis hellenistisch-römischen Zeit könnten durch den Bau einer Anlage in römischer Zeit (Bäder?) zerstört worden sein.

Areal II befindet sich nordöstlich von Areal I und bildet den größten Ausgrabungskomplex. Angelehnt an die im Norden in leichter Krümmung abschließende *Stadtmauer* (**1**) mit zwei großen rechteckigen *Bastionen* (**2**) und einer *Fahrstraße* (**3**) davor, auf der noch Wagenspuren sichtbar sind, liegt ein umfang-

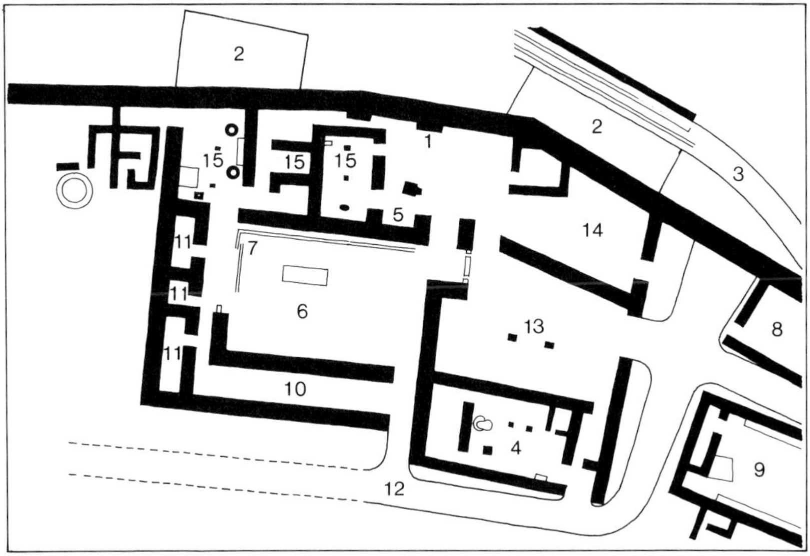

Larnaka: Grabungsareal II, Orientierungsplan

1 Stadtmauer
2 Bastionen
3 Fahrstraße
4 Tempel 2
5 Tempel 3
6 Tempel 1
7 Kanalsystem
8 Tempel 4
9 Tempel 5
10 Korridor
11 Allerheiligstes
12 Straße im Süden
13 Temenos B
14 Temenos A
15 Kupferwerkstätten

reicher **Heiliger Bezirk** mit mehreren Tempeln, Hofanlagen und Werkstätten. Die frühesten architektonischen Überreste gehen auf das beginnende 13. Jh. v. Chr. zurück. Es handelt sich hierbei um die *Tempel 2* (**4**) und *3* (**5**), wovon letzterer kaum mehr sichtbar ist. Beide gehörten einem nahöstlichen Typus mit rechteckigem Hof im Osten und kleinem Allerheiligsten im Westen an. Der Hof vom Tempel 2 war mit einer zweifachen Säulenreihe von je drei Säulen versehen, was eine Überdachung der Randzonen nahelegt. An der Wand zum Allerheiligsten lag ein Brandaltar. Zwischen den beiden Tempeln – im Gebiet des heute sichtbaren *Tempels 1* (**6**) – waren zahlreiche kleine runde Löcher in den Fels gearbeitet, die teilweise durch ein *Kanalsystem* (**7**) verbunden waren. Wahrscheinlich handelte es sich um einen aus dem Nahen Osten bekannten Heiligen Garten mit Blumen und Büschen. Unmengen von Kupferschlacke, die im Tempelbereich gefunden wurden, deuten auf die Verarbeitung des Metalls schon zu jener Zeit hin.

Nach der Zerstörung der Anlage gegen Ende des 13. Jh. wurde das Areal von den peloponnesischen Siedlern neu bebaut. Die erhaltenen Reste stammen vorwiegend aus dieser Zeit. Die frühere Lehmziegelstadtmauer wurde durch eine *kyklopische Mauer* (**1**) ersetzt, die aus einer Doppelreihe riesiger Steine mit Lehmziegelaufbau bestand. Abdrücke von Steinen, die in phönikischer Zeit beseitigt worden sind, weisen auf eine Toranlage in der Stadtmauer zwischen den *Tempeln 4* (**8**) und *5* (**9**) hin. Sie stammen ebenso wie die Bastionen aus der Zeit um 1200 v. Chr. *Tempel 4* besaß einen langrechteckigen Hof im Westen mit Mittelsäulenstellung und ein Allerheiligstes im Osten. Dieses bestand aus zwei Räumen, in denen wichtige Funde gemacht wurden, u. a. ein *Elfenbeinschatz*, der neben einer Opium(?)pfeife Beschläge in Form eines springenden Löwen und der Gestalt des ägyptischen Gottes Bes enthielt. Zwei Reihen von jeweils vier Säulen im Hof des *Tempels 5* deuten an, daß dieser über zwei Portiken verfügte, wogegen der mittlere Teil unter freiem Himmel lag. Der schmale Raum im Westen bildete hier das Allerheiligste. In dieser Zeit wurde auch *Tempel 2* (**4**) auf seinen alten Fundamenten wiedererrichtet und erfuhr nur geringe Abwandlungen in seinem Aufbau. Über *Tempel 3* (**5**) entstand die umfassende Anlage des *Tempels 1* (**6**). Sie enthielt einen großen Hof, an den im Süden ein offenbar für Prozessionen genutzter *Korridor* (**10**) anschloß. Nach Westen hin wurde der Tempel von einem aus drei Räumen bestehenden *Allerheiligsten* (**11**) abgeschlossen. Zugang hatte man entweder von der *Straße im Süden* (**12**), von dem nördlich an Tempel 2 anschließenden *Temenos B* (**13**) oder von dem an diesen wiederum im Norden angrenzenden *Temenos A* (**14**). Außerdem gab es im Westen der Nordwand des Tempels 1 eine Verbindung zu den dort gelegenen *Kupferwerkstätten* (**15**) aus der Zeit um 1200 v. Chr. Man geht davon aus, daß diese Räume ungedeckt waren, um den beim Schmelzen und Verarbeiten entstehenden Abgasen durch den Südwind ungehinderten Abzug zu ermöglichen. Lediglich der im Osten gelegene Raum war wohl zur Hälfte überdacht, worauf die Mittelstützenstellung hindeutet. Auch *Temenos B* (**13**) verfügte über Stützen von noch unbestimmter Funktion. Zwei rechteckige Säulenbasen mit offensichtlich zugehörigen Kapitellen mit gestuftem Profil wurden im Hof entdeckt. Submykenische Keramik der Gattung Proto-White Painted legt für die Zeit um 1150 v. Chr. eine zweite Welle festlandsgriechischer Einwanderer nahe, was sich auch in wenigen baulichen Veränderungen niedergeschlagen hat. Keramik der White Painted I-Ware zeigt, daß das Heiligtum im Areal II nach dem Erdbeben um 1075 v. Chr. noch bis zu seiner Aufgabe um 1000 v. Chr. benutzt wurde. Erst die am Ende des 9. Jh. eintreffenden *Phöniker* nutzten Areal II wieder als Heiligtum. Sie bauten *Tempel 4* (**8**) und *5* (**9**) in leicht veränderter Form wieder auf und übernahmen *Tempel 1* (**6**) in seiner Grundstruktur. Doch wurde nun der Südkorridor in das Gebäude einbezogen und das Allerheiligste in einen einzigen schmalen Raum umgewandelt, der drei Zugänge hatte. Am mittleren befanden sich zwei mächtige Pfeilerbasen, die an die freistehenden Pfeiler ›Jachin‹ und ›Boaz‹ im salomonischen Tempel in Jerusalem erinnern. Nord- und Südportikus wurden von je zwei Säulenreihen aus Holz getragen, die nach einem Brand kurz nach der Errichtung durch je sechs gemauerte Pfeiler an den inneren Interkolumnien ersetzt wurden. Eine spätere Wiederherstellung des Tempels um 650 v. Chr. führte zur Aufteilung der Tempelanlage in drei Schiffe, da man die Interkolumnien ausfüllte. Die Nebeneingänge zum Allerheiligsten wurden verschlossen. Um 450 v. Chr. erfuhr der Tempel 1 noch einmal Umbauten, bei denen der Tempelhof weiter unterteilt und die Tempel 4 und 5 beseitigt wurden. 312 v. Chr. brannte er nieder.

Areal III liegt in unmittelbarer Nähe des Areals I. Es zeigt Reste einer *hellenistischen Badeanlage*. Außerdem fand man Gräber von der Spätkyprisch II–III-Periode sowie eines aus klassischer Zeit.

Areal IV erstreckt sich auf einem unbebauten Grundstück an der *Kilkis-Straße*. Nach Aufdeckung eines sehr gestörten Grabungsbefundes, der trotzdem eine mögliche Deutung der Mauern als sog. Seetor in der Stadtmauer zuließ, das die Stadt mit dem Hafen verband, mußte diese Stelle wieder zugeschüttet werden. Ein hier gefundenes, rechteckiges Gebäude wird in klassische Zeit (um 450–312) datiert, so daß es mit den Wirren der Jahre der Befreiungsversuche von den Persern in Verbindung gebracht werden kann.

Die Akropolis ⑥

Etwa auf halbem Weg zwischen Distriktmuseum ⑦ und der Chrysopolitissa-Kirche ⑤ überquert man, der *Kimon-Straße* folgend, die einstige Akropolis, die vom Museum aus zur *Bamboula-Höhe* allmählich ansteigt. Der beklagenswerte Erhaltungszustand dieses Terrains geht auf die Maßnahme der Briten zurück, die 1879 den hier lagernden antiken Schutt zur Trockenlegung des Sumpflandes im Norden der Stadt abtransportierten. Ausgrabungen brachten im Jahre 1930 Herakles-Statuen an den Tag, was zu der Vermutung führte, hier habe sich zur Zeit der Phöniker ein offenes Heiligtum befunden.

* Archäologisches Distriktmuseum ⑦

Das neu erbaute Distrikt-Museum, das nach den umfangreichen Ausgrabungen seit Ende der 60er Jahre notwendig wurde, da die Räumlichkeiten im ehemaligen türkischen Kastron zur Aufnahme des Fundmaterials nicht mehr ausreichten, enthält Gegenstände vom Neolithikum bis zum Mittelalter. Neben Objekten aus dem antiken *Kition* sind Funde aus *Chirokitia* (*S. 207*; neolithische Steinwerkzeuge, Schmuck, Gefäße) und Skulpturen aus *Arsos*, einem nördlich von Larnaka gelegenen Aphrodite-Heiligtum, ausgestellt. Auch Funde aus *Pyla* und anderen kleineren Plätzen werden gezeigt. Eine Dokumentation stadtgeschichtlicher Funde und der Grabung in *Chala Sultan Tekke (S. 225)* befindet sich in der Burg an der Hafenpromenade *(S. 217)*.

* Sammlung Pierides ⑧

Eine bereichernde Ergänzung zu den Sammlungen des Archäologischen Distriktmuseums bildet die Sammlung Pierides im Hause der seit Generationen verschiedene Länder konsularisch vertretenden Familie, dem heutigen königlich-schwedischen Generalkonsulat auf Zypern, in der *Zenon Kitieus Straße*. Viele ausländische Wissenschaftler hat das Haus beherbergt seit der Gründung der Sammlung durch *Demetrios Pierides* (1811–95), einer als Wissenschaftler und Diplomat herausragenden Persönlichkeit der Insel. Die Sammlerleidenschaft seiner Nachfahren hat die Kollektion nicht nur erhalten, sondern noch beträchtlich erweitert, so daß man heute Steinwerkzeuge der Jungsteinzeit, Idole der Kupferzeit, bronze- und eisenzeitliche Funde, die Vielfalt archaischer Keramikproduktion, Terrakotten der archaischen bis hellenistischen Zeit und vereinzelte Stücke der Stein- und Metallbildnerei unterschiedlicher Epochen neben mittelalterlicher Keramik betrachten kann. Daneben sei auf die umfangreiche Sammlung historischer Landkarten Zyperns hingewiesen, die neben Dokumenten aus der Geschichte des Konsulats die Wände bedecken.

In der Nähe von Larnaka in Richtung Limassol überbrückt ein etwa 150 m langer **Aquädukt** ⑨ eine links der Straße sich öffnende Talsenke. Noch bis 1939 war dieses Bauwerk aus der Zeit der türkischen Herrschaft auf der Insel (1745) in Gebrauch.

Imposant und standhaft: Der türkische Aquädukt bei Larnaka diente noch bis 1939 als Wasserleitung

⋆ 33 Chala Sultan Tekke

(Hala Sultan Tekke, Τεκες Χαλα Σούλταν)

Auf dem Weg zwischen der Stadt Larnaka und dem Larnaca International Airport erstreckt sich rechts der Fahrstraße die große im Sonnenlicht gleißende Fläche des *Salzsees von Larnaka.* An den Ufern der mit Salzschlamm gefüllten, flachen Mulde finden sich im Winter Flamingos und andere Wasservögel ein. Bis zum Spätsommer verdunstet die Flüssigkeit, und das Schürfen des Sal-

Die Grabmoschee von Chala Sultan Tekke südwestlich von Larnaka

zes beginnt. Tragesel bringen es zu den die Straße flankierenden Halden. Wie eine Fata Morgana erscheint dann die sich hinter dem Salzsee erhebende Grabmoschee mit dem sie oasenähnlich umgebenden Palmen- und Zypressenhain. Kurz hinter der nach links führenden Zufahrt zum Flughafen zweigt, dem Ufer des Salzsees folgend, ein Weg nach rechts ab, auf dem man nach wenigen hundert Metern diese islamische Stätte erreicht. Hier befindet sich, eingebettet in eine klosterähnliche Anlage (Tekke), der Grabschrein der *Hala Sultan* (türk.; Chala ist die Umschreibung des Neugriechischen, das den H-Laut nicht kennt) oder *Umm Haram* (arab.), der ›geehrten Mutter‹. Zuweilen als Tante oder Pflegemutter Mohammeds bezeichnet, scheint Umm Haram eine Tante von Mohammeds engem Vertrauten *Anas ibn Malik* gewesen zu sein. Als Frau des Statthalters von Palästina, *Ubada*, begleitete sie diesen im Gefolge des Sultans *Muawija* zur Zeit des Kalifen Osman im Jahre 647 n. Chr. beim Eroberungszug auf Zypern. Ein Sturz vom Maultier setzte ihrem Leben an dieser

Stelle ein Ende. Die Ausgestaltung der Grabstätte in ihrer heutigen Form mit der Errichtung einer Moschee wurde 1816 vom türkischen Gouverneur der Insel, *Seyyit Emir Effendi*, vorgenommen. Schon 1760 waren Sicherheitsvorkehrungen an dem das Grab markierenden **Trilithen** notwendig geworden. Vor einigen Jahren erneut unternommene Versuche, den in etwa 5 m Höhe liegenden Meteoritstein zu sichern, zeigten, daß die ihn stützenden Elemente teilweise aus Quadern und auch aus Holz bestehen. Es handelt sich also schwerlich um einen ›echten‹ Trilithen. Der Volksmund erzählt, die Steine hätten sich am Vorabend des Begräbnisses der Umm Haram aus der Nähe von Jerusalem wegbewegt und seien nach Zypern geschwommen. Eine andere Legende berichtet, Engel hätten sie vom Sinai gebracht. Nach einer dritten Version schließlich sei der querliegende Stein nachts von Mekka nach Zypern gekommen und habe lange Zeit über der Grabstätte geschwebt, bis man ihn, da er eine Bedrohung für die hier betenden Gläubigen darstellte, mit zwei Stützen versehen habe.

Vom Parkplatz aus gelangt man über einen durch Gärten führenden Zugang ins Innere des Gebäudekomplexes. Dieser schließt eine Gartenanlage aus Palmen, Zypressen und Zitrusbäumen ein; in seiner Mitte steht ein *Brunnenhaus*. Rechts, am Eingang zur *Moschee*, zieht man die Schuhe aus und begibt sich ins Innere des von einer Kuppel überwölbten Gebäudes. In dem mit Matten und Teppichen ausgelegten Raum befindet sich nach Mekka hin eine Nische in der Wand, der Mihráb, eine Art mystisches Tor. Daneben führen Stufen zum Mimbar, der Kanzel, empor. Auch gibt es eine Empore für die weiblichen Besucher der Moschee. Eine Tür an der gegenüberliegenden Wand führt zum verhüllten *Grab der Umm Haram*. In einem Seitentrakt sind reich verzierte Marmorgräber von prominenten Gläubigen aus der arabischen Welt zu sehen.

*** 34 Kiti *(Κίτι)*

Kommt man von der Nebenstraße nach Chala Sultan Tekke auf die Hauptstraße zurück, biegt man nach rechts ab und erreicht nach etwa 5 km Kiti. Das Dorf, das seinen Namen zweifellos vom antiken Kition ableitet, mag in seinen Ursprüngen auf Bewohner der antiken Hafenstadt zurückgehen, die sich vor den drohenden Arabereinfällen im 7. Jh. n. Chr. hierher zurückgezogen hatten. Zahlreiche spätantike Fragmente architektonischen Dekors, die man in der Umfassungsmauer der bald nach der Ortseinfahrt an einer Straßenkreuzung halbrechts erscheinenden Kirche der Panagia Angeloktistos vermauert hat, legen dies nahe. Dennoch blieb auch diese Siedlung nicht von der Zerstörung verschont; einzig in der Kirche findet man noch Relikte dieser frühen Zeit vor.

*** Kirche der Panagia Angeloktistos

Der in seinem heutigen baulichen Befund unterschiedlichen Epochen entstammende und dadurch unübersichtlich erscheinende Kirchenbau muß einen relativ frühen Vorläufer besessen haben. Von diesem sind Reste des östlichen Abschlusses erhalten: die Mittelapsis und rudimentäre Mauern der Seitenapsiden. Dieser Bau wurde vermutlich Opfer der Arabereinfälle, und man errichtete auf seinen Mauern in der zweiten (mittel-)byzantinischen Phase einen Neubau, der, was die Höhe des Kirchenraumes betrifft, den früheren Dimensionen angeglichen wurde. Ein Vergleich mit anderen Bauten des 10. Jh. auf Zypern, z. B. der Agios Lazaros-Kirche in Larnaka *(S. 218)* und der Kirche des Agios Varnavas-Klosters *(S. 304)*, legt auch für die Kirche der Panagia Angeloktistos (= ›von Engeln erbaut‹) einen längergestreckten Grundriß mit entsprechender Erweiterung der Anzahl der Kuppeln nahe. In ihrer äußeren Erscheinung dürfte diese Kirche am ehesten der Kirche des Varnavas-Klosters geglichen haben. Eine spätere Datierung des zentralen Kirchenraums erscheint somit fraglich. Ein in jedem Falle späteres Erscheinungsbild geben die Annexbauten wieder, deren frühester, die Kapelle im Norden, im 12. Jh. errichtet wurde. Die Erweiterung der Kirche nach Westen durch den narthexartigen Anbau, der im Dach ein zweites Querhaus nachvollzieht, geschah erst um 1960. Älteren Datums wiederum ist der heute als Narthex benutzte Anbau im Süden der Kirche. Die unterhalb des Glockentürmchens angebrachten Wappen belegen, daß es sich um eine Privatkapelle der einflußreichen Familie *de Gibelet* gehandelt hat. Von der Gewölbekonstruktion her – Kreuzgewölbe mit auf Dienstkonsolen auflaufenden Rippen – etwa vergleichbar mit dem Kastron der Lusignans in Kouklia *(S. 146)*, La Covocle, stammt auch dieser Bau aus dem 13. Jh. Eine bei der Restaurierung des Fußbodens

Anziehungspunkt der Kirche der Panagia Angeloktistos in Kiti: Das berühmte Apsismosaik der Madonna mit Kind

ΗΑΓΙΑ + ΜΑΡΙΑ +
ΜΙΧΑΗΛ
ΓΑΒΡΙΗΛ

gefundene Grabplatte gehörte, wie die Inschrift verrät, zum Grab der ›Dame Simone, Tochter von Sire Guillame Guers, Frau von Sire Renier de Gibelet‹. Sollte es die Gemahlin jenes *Renier de Gibelet* gewesen sein, der im Jahre 1195 eine Gesandtschaft *Amaury de Lusignans* vor den Reichstag in Gelnhausen geführt hatte?

Im Innern der Kirche befindet sich das bekannte **Mosaik der von den Erzengeln flankierten Muttergottes**. Erst nach Freilegung der Einfassung über der Apsis im Jahre 1952 konnte die Kontroverse um die Datierung des Mosaiks beigelegt werden. Ging man früher davon aus, es handele sich um ein nachikonoklastisches Beispiel, so mußte man ihm nun aufgrund des spätantik anmutenden, spielerischen Umgangs mit Figuralmotiven (Enten, Papageien, Hirsche) ein wesentlich früheres Entstehungsdatum zugestehen. Mit dem Mosaik war ein zweiter Beweis für einen Vorläuferbau gefunden. Die Muttergottes präsentiert sich dem Betrachter frontal, auf einem schemelartigen Podest stehend. Unterstützt durch das Motiv des Kontraposts, schwingt ihr Gewand unter dem auf ihrem linken Arm getragenen Christusknaben leicht aus. Diese Darstellung der Muttergottes im Typus der Hodegetria gilt als einziges vorikonoklastisches Beispiel des altbyzantinischen Hodegetriatypus. Als Besonderheit muß auch die Betonung der Menschlichkeit des Christuskindes hervorgehoben werden, die sehr im Gegensatz zur üblichen Darstellung der göttlichen Natur im gleichsam alterslosen Christus steht, wie dies in der Kirche der Panagia Kanakaria *(S. 311)* zum Ausdruck gekommen war. Auch die Erzengel Michael (links) und Gabriel (rechts) unterscheiden sich von der üblichen Darstellungsweise. Lebhaft bewegt, eilen sie auf die Muttergottes zu. In ihren Händen tragen sie Zepter und die von einem Kreuz bekrönte Weltkugel. Ihre aus Pfauenfedern bestehenden Flügel besitzen Parallelen in den Malereien des 10. Jh. in Faras (Ägypten). Dies stützt die verschiedentlich ausgesprochene Annahme, in Kiti seien Mosaizisten aus Alexandria tätig gewesen.

Neben spärlichen Resten von Wandmalereien aus dem 11./12. Jh. befindet sich in der *Ikonostasis* eine Ikone des Erzengels Michael. In der Ausarbeitung der Physiognomie macht sich der Einfluß der kretischen Malerschule bemerkbar, die sich im 15. und 16. Jh. auch über Griechenland und Serbien ausbreitete. Eine fast identische Kopfgestaltung dieses Erzengels befindet sich in den Wandmalereien in der Klosterkirche Manasija/Serbien (1407–18).

⋆ 35 Stavrovouni-Kloster *(Μονή Σταυροβουνίου)*

Nördlich von Kophinou verläßt man die Limassol mit Nikosia verbindende Autobahn am Abzweig Kornos/Pyrga, um auf der parallel verlaufenden Landstraße wieder in Richtung Kophinou fahrend nach Osten zum Kloster Stavrovouni abzubiegen. Von Kophinou kann man natürlich auch gleich die Landstraße nehmen, sofern man von Larnaka kommend nicht schon das nördlich gelegene Pyrga *(S. 233)* besucht hat. In jedem Fall hat man schon von weitem den das Kloster tragenden Bergkegel im Auge.

Um es gleich vorwegzunehmen: Frauen ist der Zutritt zum Stavrovouni-Kloster nicht mehr gestattet. Überhaupt stellt sich das in früheren Jahren Frauen wie Männern gleichermaßen gastfreundliche Kloster als Trutzburg eines reaktionären orthodoxen Glaubens dar, der seine Entsprechung bestenfalls in der Tradition der ebenfalls Frauen verschlossenen Hochburg der Orthodoxie, der griechischen Mönchsrepublik auf dem Berge Athos, findet. Wenngleich nachvollziehbar ist, daß der Klerus über Jahre hinweg angesichts der häufig nur strandadäquate Kleidung tragenden Besucherinnen um die Moral seiner Novizen fürchten mußte, so ist dennoch der plötzliche Umschwung zu dieser diskriminierenden Besucherregelung kaum zu verstehen; war es doch eine Frau gewesen, die, mit Teilen des Heiligen Kreuzes und dem Kreuz des reumütigen Schächers versehen, vom Seesturm an die Küste Zyperns verschlagen, das Kloster gegründet hatte. Die *hl. Helena* hatte diesen Ort, an dem sich in der Antike ein Aphroditetempel befunden haben soll, zum Bau des Klosters auserwählt, das seitdem den Namen Stavrovouni (= Kreuzesberg) trägt.

Seit dem Jahre 327 war das Kloster einer der wichtigsten christlichen Wallfahrtsorte auf der Insel. Unter der Herrschaft der Lusignans zogen Benediktiner-Mönche ein. 1426 wurde das Kloster von Mamelucken zerstört und geplündert. Erst während der Zeit der Türkenherrschaft lebte es wieder auf. Das heutige Erscheinungsbild der Anlage geht auf das 17./18. Jh. zurück und wurde auf früheren Resten errichtet.

Darauf deutet vor allem die mit zwei Kuppeln versehene Kirche hin, die in ihrem Grundriß Züge der Mehrkuppelkirchen des 11. Jh. trägt. Sie liegt eingebettet in einen *Zellentrakt* wehrhaften Charakters, der auch einen Innenhof umschließt, zu dem man von Westen durch den Eingangstrakt aufsteigt. Unter der gesam-

Vom Stavrovouni-Kloster bietet sich ein herrlicher Panoramablick über den Südosten der Insel

ten Anlage befanden sich vier *Zisternen*, die den Wasserbedarf während des ganzen Jahres deckten. Unter der Kirche liegt auch eine *Krypta*, in die die Gebeine der verstorbenen Mönche drei Jahre nach ihrem Tod verbracht werden. Eine *Geheimkrypta*, die den Mönchen in Zeiten der Bedrohung Zuflucht bot, war von ausländischen Ausgräbern entdeckt und die dort verborgenen Klosterschätze verschleppt worden. Heute dient sie als Kapelle der Heiligen Konstantin und Helena, der Gründerin des Klosters. Obwohl nach der wechselvollen Geschichte des Klosters der Verbleib der einstigen Reliquie in Frage zu stellen ist, dient man in Stavrovouni noch immer dem Kreuzeskult. Besondere Schätze des Klosters sind ein holzgeschnitztes Kreuz mit oktogonaler Basis in Holz, das ein gewisser *Georgios Laskaris* im Jahre 1476 gefertigt haben soll. Es trägt eine Metallverkleidung, die Szenen aus dem Leben Christi ausspart. Ein größeres silberbeschlagenes Kreuz soll ein Stück der Kreuzesreliquie enthalten.

Wie schon gesagt, lohnt die Fahrt auf den Berg auch ohne Klosterbesuch. Es muß deshalb bei der Abfahrt auch nicht unbedingt ins Kloster der Agia Varvara (Barbara) eingekehrt werden – eine Metochie des Stavrovouni-Klosters. Mit nicht zu übersehenden

Werbemitteln lädt der ikonenmalende Mönch Kallinikos in seine immer als ›open‹ deklarierte Werkstatt ein. Doch schon ein Blick durch den Zaun, der sein Geschäft umgibt, macht deutlich, daß – bei aller Berücksichtigung sich auch bezüglich der kanonisch gebundenen Ikonenmalerei wandelnder Zeiten – zwischen einer restaurierenden Ikonenmalerei, wie sie im Chrysorogiatissa-Kloster *(S. 138)* betrieben wird, und einer restaurativen Ikonenmalerei im hier verfolgten Sinne mannigfache Unterschiede bestehen. Während die eine auf das Formengut der jeweiligen Epoche zurückgreift, der die Malerei entstammt, so bemüht sich die andere, den kanonischen Motiv- und Formenapparat der subjektiven zeitgenössischen Gestaltauffassung zu unterziehen. Diese Ikonenmalerei läuft dabei zwangsläufig Gefahr, entweder die Tradition der vor allem seit dem 19. Jh. üblichen unreflektierten Rezeption westlichen Formenguts fortzusetzen oder unter Beibehaltung der Motiv-und Formkanonik einem formalisierten, leblosen Gestaltungsschematismus zu huldigen.

36 Pyrga *(Πυργά)*

Nach Pyrga gelangt man von Limassol aus über die Straße nach Nikosia, indem man an dem zweiten von Kornos in die Hauptstraße einmündenden Weg nach rechts abbiegt. Von Larnaka kommend, empfiehlt sich der von der Straße nach Limassol abzweigende Weg über Kalochorio und Agia Anna.

Am Südwestrand des Dorfes Pyrga liegt nur wenig abseits der Straße die der hl. Katharina geweihte sog. **Königliche Kapelle**. Auf rechteckigem Grundriß wurde hier eine einschiffige Anlage mit etwas eingezogenem Giebelaufsatz errichtet. Die Ecken und Öffnungen des Gebäudes sind mit sorgfältig behauenen Steinen gearbeitet. Das spitzbogige Gewölbe im Innern der Kapelle wird durch drei auf Dienstkonsolen auflaufende Rippen in zwei ungleiche Joche unterteilt. Die Rippen zeigen noch Bemalung in Form der Wappen der fränkischen Königreiche von Zypern und Jerusalem. Reste der die Kirche einst ausfüllenden *Wandmalereien* sind ebenfalls erhalten. Ihre Zerstörung mag auf die Niederlage des Königs Janus gegen die Mamelucken bei Chirokitia im Jahre 1426 zurückgehen. Noch 1896 fand man eine Inschrift, die die Entstehung des Baues in das Jahr 1421 datiert. Sollte dem so sein, dann wären die im unteren Teil der zerstörten Kreuzigungsszene knienden Stiftergestalten *Janus* und *Charlotte von Bourbon*, seine zweite Frau, die er zehn Jahre zuvor geheiratet hatte. Übrige Szenen zeigen, daß sie nicht allein die Stifter waren; denn in den neutestamentarischen Szenen taucht verschiedentlich auch ein römisch-katholischer Bischof auf. Die Inschriften in den Malereien gehören einem mittelalterlichen Französisch an. Die Ikonographie der Bilder ist jedoch rein byzantinischen Ursprungs, dagegen lassen sich stilistisch auch andere Einflußbereiche feststellen: Italienische Prägung zeigen die ›Panagia‹ vom Typus der Hodegetria und Reste der ›Verkündigung‹ an der Westwand, romanische Züge dagegen die Darstellung des ›Letzten Abendmahls‹ und der ›Fußwaschung‹. Besonders in den Szenen des Marienlebens kommt rein byzantinisches Formengut zur Sprache. Sollten hier nicht mehrere Hände am Werk gewesen sein, dürfte es sich um einen einheimischen (byzantinischen?) Künstler gehandelt haben, der entweder durch Reisen oder die Kenntnis westlicher Handschriften mit westlichem Formengut vertraut geworden war.

Bevor man diese Stätte verläßt, sollte man noch einen Blick auf den südlichen Türsturz und den kleinen sich darüber erhebenden Glockenturm werfen; der Türsturz trägt eine Ritzinschrift mit dem französischen Namen ›Bazoges‹, der Glockenturm mittels zweier vorkragender Steine mit Löchern Vorrichtungen zur Befestigung von Bannern.

★ 37 Kornos *(Κόρνος)*

Wer den Weg nach Kornos von Pano Levkara *(S. 210)* aus antritt, dem sei – sofern er nicht ein geländegängiges Fahrzeug besitzt – von dem direkten Weg abgeraten. Besser nimmt man die etwas nördlich gelegene Route (zwei Abzweigungen nach links nach Lythrodontas) über Delikipio oder die üblichen Anfahrten von der Limassol mit Nikosia verbindenden Straße nördlich von Kophinou.

Kornos ist wegen seiner Handarbeiten bekannt: Hier werden *Tonwaren* hergestellt. Und was einige Forscher schon vor längerer Zeit behauptet haben, scheint sich zu bestätigen: daß nämlich die Töpferei schon in prähistorischer Zeit von Frauen betrieben wurde. Prähistorisch mutet auch die einfache Töpferscheibe an, und der Schmuck der Gefäße und deren Bezeichnungen lassen eine lange Tradition erkennen. So trägt eine Kanne ›Hände‹ und ›Ohren‹, die ›Brust‹ des Gefäßes ist mit ›Warzen‹ versehen, und der Schmuck des Halses wird als ›Halskette‹ empfunden. In ihrer verspielten Vielfalt von figürlichem Schmuck stehen die heute gefertigten Gefäße in nichts ihren bronzezeitlichen Vorläufern

nach. Nach dem Modellieren werden die Kannen und Krüge zunächst luftgetrocknet, anschließend gebrannt. Auch hierbei folgt man der antiken Tradition; denn die Form der in Kornos benutzten Brennöfen gleicht denen, die von korinthischen Täfelchen des 6. Jh. v. Chr. bekannt sind.

Das Modellieren der Töpferware ist in Kornos Frauensache

38 Peracherio und Alampra

(Perakhorio, Πέρα Χωριό, Αλάμπρα)

Auf halbem Weg zwischen Nikosia und Kophinou liegen an der nach Süden führenden Landstraße nach Limassol dicht beieinander die Dörfer Perachorio und Alampra. Im Südwesten des Dorfes **Perachorio** steht die winzige *Kirche der Heiligen Apostel.* Sie gehört dem Typus der einschiffigen Kuppelkirche an, der auf Zypern öfter vorkommt. Ausnahmsweise besitzt hier die Kuppel keinen Tambour, so daß das Licht nur durch Tür, halbrunde Öffnungen darüber und die Fenster der Apsis in die Kirche fällt, die mit Fresken aus dem 3. Viertel des 12. Jh. geschmückt ist. Diese präsentieren sich in einem recht eindrucksvollen, gefälligen Stil, der sich durch das lebhafte, geradezu ›barocke‹ Spiel der Gewänder auszeichnet. Trotz künstlerisch wertvoller Arbeit sind technische Mängel nachweisbar. Da der für Fresken notwendige feuchte Untergrund bei der Bemalung schon weitgehend getrocknet war, sind Gesichter und übrige freie Körperteile, die gewöhnlich zum Schluß gemalt wurden, ohne Farbe. Dennoch üben gerade sie einen gewissen Reiz aus; denn hier kann die sorgfältige Vorzeichnung vor dem Auftragen der Farbe studiert werden. Die wichtigsten Fresken sind der von einer Engelprozession umgebene ›Pantokrator‹ in der Kuppel, eine stehende ›Muttergottes‹ in der Apsis, die von den ›Aposteln Petrus und Paulus‹ als Patronen der Kirche begleitet wird, sowie die ›Kommunion der Apostel‹ und sechs stehende ›Kirchenväter‹. Unter den Malereien im Kirchenschiff besticht die Darstellung der ›Himmelfahrt Christi‹, die gleichzeitig den künstlerischen Trend wiedergibt, dem der Maler folgte. Der Gegensatz in der Bewegung von Gewändern und Körpern ist als Phänomen auch in der gleichzeitig entstandenen Kathedrale von Montreal (Sizilien) zu beobachten, ein Zeichen für die Aktualität der Malerei dieser vergleichsweise unbedeutenden Kirche in Perachorio.

Das Dorf **Alampra** liegt südlich von Perachorio, etwas abseits der Hauptstraße, und ist über eine schmale Zufahrt nach Westen zu erreichen. Im Südwesten der Ortschaft auf dem Hügel *Moutes* wurden beachtliche *Architekturreste* einer in die frühe Mittlere Bronzezeit (etwa 2000–1900 v. Chr.) zu datierenden Siedlung gefunden. Metallfragmente und Gerätschaft zur Kupferverarbeitung belegen eine ortsansässige Metallverarbeitung. Es darf deshalb auf eine Siedlung von einiger Bedeutung geschlossen werden, die möglicherweise der wichtigste Vorläufer der östlich gelegenen, gegen Ende der Bronzezeit besiedelten Ortschaft Idalion war.

39 Dali/Idalion *(Dhali, Δαλί/Ηδάλιον)*

Östlich von Perachorio liegt Dali, das antike *Idalion*. Von Larnaka aus wählt man den Weg in Richtung Nikosia, vorbei an Aradippou, über Lymbia. Bevor die Straße nach links in den Ort einschwenkt, befinden sich rechts des Weges einige Gräber. *Di Cesnola* berichtet, er habe davon Tausende im Bereich von Idalion ausgegraben. Wenngleich diese Zahl übertrieben erscheinen mag, so gibt sie doch einen Hinweis auf die einstige Bedeutung dieser Stadt, die, in der Spätbronzezeit gegründet, zu einem der bedeutendsten kyprischen Stadtkönigtümer wurde. Wesentlich beeinflußt wurde das Wachstum der Stadt durch die achäischen Kolonisatoren und die durch sie hervorgerufene Mischkultur bodenständiger kyprischer und mykenisch/minoischer Elemente. So fand man hier einen der Siedlung Agia Irini im Norden der Insel entsprechenden Kultplatz der Späten Bronzezeit. Ähnliche überdachte Hauskapellen gibt es auch in minoischen Palästen und Wohnhäusern. Funde der geometrischen bis archaischen Zeit belegen eine Siedlungskontinuität der Stadt, die nach Einrichtung eines phönikischen Stadtkönigtums in Kition *(S. 214)* in die innerkyprischen Wirren verstrickt wurde. Verbindungen mit dem östlichen Festland weist auch der Kult der *idalischen Aphrodite* auf. Er war hier – stärker noch als in Paläa Paphos *(S. 146)* – mit dem Tod ihres Liebhabers Adonis verbunden. Beider Sohn Golgos gilt als Gründer der östlich von Idalion gelegenen Stadt Golgi. Neben diesem phönikisch beeinflußten Aphrodite-Kult gab es aber auch griechische Götterverehrung. Hinweise darauf fanden sich im Bereich der antiken Akropolis südlich des heutigen Dorfes. Hier stehen auch noch monumentale *Reste der antiken Stadtmauer*, die aufgrund von Scherbenfunden ins frühe 5. Jh. v. Chr. zu datieren ist. Sie verfügt über die beachtliche Höhe von 6 m und war an ihrer breitesten Stelle 8 m stark. Möglicherweise war sie von *Stasikrates* als Schutz gegen die Phöniker Kitions errichtet worden, die Idalion schließlich einnahmen. Ein vor einigen Jahren im westlichen Ausgrabungsbereich entdecktes Gebäude könnte das königliche Verwaltungszentrum oder ein Palast gewesen sein. Die Ausgrabungen werden fortgeführt.

Pubs, Cafés, Restaurants und Nachtclubs: Das einst verträumte Fischerdorf Agia Napa hat sich für den Ansturm badefreudiger Touristen gerüstet

★ 40 Agia Napa *(Ayia Napa, 'Αγια Νάπα)*

Wer einmal Zyperns südöstlichste Region bereist hat, wird den Anblick der von der Pflugschar aufgeworfenen, rotbraun glänzenden Erdschollen nicht vergessen und bei jedem Marktgang anhand der ihnen anhaftenden Erdreste die zyprischen Kartoffeln unter allen anderen herausfinden. Im **Kokkinochora**, im *Land der roten Erde*, wo heute bis zu drei Ernten Kartoffeln eingefahren werden und reichlich Gemüse geerntet wird, lebten vor Millionen Jahren noch Zwergnashörner. Ihre Knochen fand man in einer Höhle in der Nähe des *Kaps Pyla*.

Jetzt bevölkert vor allem in den Sommermonaten eine andere Spezies die Region: Touristen, die sich – bis auf ein Minimum – der Bekleidung entledigt haben, offensichtlich zur Gewinnung einer dem Landstrich angepaßten roten Tarnfarbe. Seit den frühen 80er Jahren spricht man auf Zypern vom Sündenbabel der Insel. Als Baderegion damals entdeckt, erlebte das einst verschlafene Fischerdorf *Agia Napa* mit ›Minimarket‹ und ›Hyperagora‹ (Supermarkt)) samt der es umgebenden Region von *Potamos* über *Protaras* bis *Paralimni* einen kaum zu überbietenden Boom im Bereich des Tourismus. Engländer, Skandinavier und – gemessen an der regionalen Verteilung über ganz Zypern – vor allem Deutsche strömten nunmehr in ein Areal, das eher durch Kartoffeln und die Sandstrände seiner Küste als durch Relikte vergangener Kulturen geprägt ist.

Grund für den Boom war der Verlust des benachbarten Badestrandes von Varoscha im Jahr 1974. Welchen Grad an Wachstumssteigerung quasi aus dem Nichts der Ort zu verzeichnen hatte, mag die Tatsache belegen, daß noch 1979 das Grecian Bay Hotel die Küste am Hafen für sich allein beanspruchen konnte und das Nissi Beach Hotel noch weit vor den Toren des Ortes lag. Jetzt prägen flächendeckend Hotel- und Bungalowanlagen das Bild von Agia Napa, Protaras, Pernera usw. Die zugehörigen Versorgungseinrichtungen und Vergnügungsstätten ließen nicht lange auf sich warten, und mit ihnen schmolz der provinzielle Charme dahin.

Heute repräsentiert Agia Napa neben seinen vielgerühmten Stränden mediterrane Tourismusindustrie in internationalisierter Form. Selbst auf das den alten Dorfkern wie eine Gallionsfigur dominierende asiatische Restaurant muß man nicht verzichten. Sehen und Gesehenwerden bestimmt das Leben auf den Straßen und Plätzen, und lediglich im namengebenden Kloster der Agia

Napa vermag man noch etwas von der Ruhe wahrzunehmen, die auch der Ort einmal kannte.

*Kloster der Agia Napa

Die Klosterlegende erzählt von einem Jäger, der einst die in einer Höhle versteckte *Ikone der Muttergottes* fand. Daraufhin wurde die Höhle zu einer Kapelle umgestaltet. In venezianischer Zeit errichtete man ein Kloster. Nach einer im Jahre 1754 kopierten Inschrift geht seine Entstehung auf das Jahr 1530 zurück. Zwischenzeitlich war das Kloster Durchgangsdomizil für Flüchtlinge aus dem Norden, heute dient es als Ort ökumenischer Begegnung. Eindrucksvolles Zeugnis venezianischer Baukunst ist der mächtige doppelgeschossige Torbau mit seinem architektonischen Schmuck. Der Innenhof wird einerseits durch die mächtigen Arkaturen des umliegenden Klostertraktes, andererseits durch das **Brunnenhaus** in seiner Mitte bestimmt. Unter der Kuppel über einem quadratischen, nach allen vier Seiten durch Spitzbögen offenen Bau steht ein achteckiges Brunnenbecken. Seine Außenseiten sind durch Girlanden geschmückt, die durch provinzielle Erotendarstellungen unterbrochen werden. An Vorder- und Rückseite des Brunnens befinden sich eine männliche und eine weibliche maskenartige Darstellung. Der Volksmund glaubt in ihnen die Gründerin des Klosters, eine venezianische Adlige, und deren Vater zu erkennen. In Verlängerung des Torbaus schmiegt sich rechts, vorbei an dem wasserspeienden Eberkopf, die durch ihren späteren überlängten Turm weithin sichtbare Kirche an den Fels. An die mit Sitzbänken versehene Eingangshalle venezianischen Ursprungs schließt nach Osten eine Kapelle für den lateinischen Ritus an. Geradeaus führt eine Treppe in die eigentliche **Höhlenkirche** hinab, den Fundort der Ikone.

Die genaue Herkunft des marmornen Eberkopfes ist bisher nicht geklärt. Sechs vergleichbare Skulpturen aus der Istanbuler St. Polyeuctes-Kirche, die auf eine Stiftung der Jahre zwischen 524 und 527 zurückgeht, scheinen zumindest über Alter und kunsthistorischen Zusammenhang seiner Entstehung Aufschluß zu geben. Wie das Haupt des Ebers nach Zypern gelangte, muß dagegen noch offen bleiben. Mit größter Wahrscheinlichkeit wurde das Stück im Rahmen des 4. Kreuzzuges auf die Insel gebracht (so wie die in S. Marco in Venedig verbauten Spolien aus der St. Polyeuctes-Kirche, die ganz unzutreffend als ›pilastri acritani‹ bezeichnet werden).

Noch sind die Netze leer: Fischer an der Küste von Agia Napa

*Die Umgebung von Agia Napa

Auch wenn sich das Umland im allgemeinen dem Trend Agia Napas angepaßt hat, so findet der aufmerksame Reisende dennoch in den Dörfern durchaus sehenswerte Kirchen, von denen hier *Agios Georgios* in **Xylophagou** und ein Bau in franko-byzantinischem Stil in **Sotira** erwähnt sein sollen.

Zwischen Sotira und Xylophagou zweigt in Liopetri ein Weg zur Mündung des ***Potamos tis Xylophagou** ab (zuweilen auch Potamos tis Liopetris genannt; Potamos = Fluß). Man gelangt auch auf der Küstenstraße von Agia Napa aus dorthin. Potamos bietet außerhalb der Hochsaison noch heute die pittoreske Idylle eines Fischerdorfes, die man früher gern Agia Napa zugesprochen hat. Am Rande der Mündung dümpeln die bunten Fischerboote im Süßwasser des Flusses. Manche sind zum Anstrich oder zu Reparaturen am Ufer aufgebockt. Zum farbigen Bild tragen auch die am Strand gelagerten vielfältigen Gerätschaften der Fischer bei. Häuser gibt es nur wenige, da die Fischer aus den landeinwärts gelegenen Dörfern kommen. Doch gibt es zwei Fischrestaurants, in denen man nach fangfrischem Fisch fragen sollte.

Nimmt man die nördlich von Agia Napa nach Xylophagou abzweigende Straße, biegt etwa nach 3 km rechts ein Weg nach Sotira ab. Nach einem weiteren Kilometer ist die **Kapelle der Agia Varvara** erreicht. Das kleine rechteckige Gebäude mit Apsis gehört zu den seltenen gotischen Monumenten auf Zypern und strahlt dazu einen ungewöhnlichen Reiz aus. Sie wurde gegen Ende des 15. Jh. errichtet und gehörte vermutlich zu einem mittelalterlichen Landgut.

Fährt man von Agia Napa aus in entgegengesetzter Richtung zum *Kap Greco* und von dort nach Norden, so hat man zunächst am Kap vor allem im Frühjahr die Gelegenheit, sich auf einem **Naturlehrpfad** mit der lokalen Fauna vertraut zu machen. Auf dem Kap stand einst ein Tempel der Aphrodite, von dem Strabon berichtet. Eine Besichtigung der Ruinen ist allerdings nicht möglich, da sie auf dem Areal der Radar-Station liegen.

Zwischen Protaras und Paralimni prägt eine Vielzahl von Windrädern die Landschaft, die fälschlicherweise als **Tal der Windmühlen** bezeichnet wird. Sie erfüllen heute eher dekorative Zwecke; die Funktion als Wasserpumpen ist schon seit Jahren durch tuckernde Dieselmotoren abgelöst, wenn nicht gar durch Pipelines schon gänzlich überflüssig geworden. Der See bei **Paralimni** ist im Sommer ausgetrocknet. Im Herbst und im Frühjahr bietet er eine ideale Zwischenstation für Zugvögel, die für die Bewohner der Umgebung wiederum eine ideale Bereicherung der Speisekarte darstellen. Beccafico oder Ambeloubulia ist eine der – zumindest früher – traditionellen Speisefolgen des zypriotischen Meze: eingelegte Vögel, die mitsamt Knochen verzehrt wurden.

An der Grenze zum türkisch okkupierten Norden der Insel liegt **Derinia**. Wegweiser im Ort führen den Touristen zu Stellen, von denen aus man (am besten mit einem Teleobjektiv oder Fernglas) einen Blick auf die ›Geisterstadt‹ *Varoscha* werfen kann: ein deprimierender Anblick unbelebter Betonarchitektur, an der der Zahn der Zeit bereits seine Spuren hinterlassen hat.

Leuchtende Farben und vielfältige Formen: Zyprische Blütenpracht

Treffpunkt von Orient und Okzident: Nikosia

Gleich von welcher Seite man sich der Hauptstadt Zyperns mit ihren über 200 000 Einwohnern nähert, es bietet sich das Bild einer stetig wachsenden Stadt. Überall in den weitläufigen Vorstadtsiedlungen entstehen neue Wohnblocks, Villen, Gewerbebetriebe und Handelsniederlassungen. Die Lage der Stadt in einer Senke des Flusses *Pediaios* im Westen der *Mesaoria-Ebene* begünstigt die Möglichkeit eines offenbar grenzenlosen Wachstums. Dies trifft für den zur Republik Zypern gehörenden Süden ebenso wie für den türkisch besetzten Norden der Stadt zu, die von den Einheimischen Levkosia bzw. Lefkoscha genannt wird. Die recht unterschiedliche Entwicklung der beiden Stadtteile war im Grunde jedoch schon seit 1964 zu erkennen, als sie durch eine auf dem Stadtplan mit dem Farbstift gezogene ›Green Line‹ getrennt und den beiden Volksgruppen jeweils zugewiesen wurden. Während Nikosia-Süd zu einer weltoffenen wirtschaftsorientierten Handels- und Verwaltungsmetropole mit Regierungssitz heranwuchs, stagnierte Lefkoscha-Nord im Status einer – wie sich inzwischen zu bestätigen scheint – türkischen Provinzhauptstadt. Auch die jüngst vor der Silhouette der *Beşparmak-Dağları* (Pentadaktylos-Gebirge) emporragenden Hochhäuser an der nördlichen Peripherie Lefkoschas vermögen nicht darüber hinwegzutäuschen.

Geschichte der Stadt: Zwar fanden sich in der *Mesaoria* bei Kythräa *(S. 279)* und *Denia* Reste aus der Jungsteinzeit, aber eine Besiedlung des Areals der heutigen Stadt Nikosia wurde erst für die frühe und mittlere Bronzezeit nachgewiesen. Erste Erwähnung fand *Ledra,* wie die Siedlung früher genannt wurde, in einer Aufstellung der den Assyrern tributpflichtigen Städte der Insel im 7. Jh. v. Chr. Als relativ kleines Stadtkönigtum muß es im Laufe des 6. Jh. v. Chr. zusammen mit Kythräa/Chytri dem Königtum von Salamis *(S. 290)* einverleibt worden sein. Der von *Leukos* (Levkos), einem Sohn Ptolemaios' Soter I., zu Beginn des 3. Jh. v. Chr. gegründete Stadtstaat wird an der Stelle des noch heute von Türken wie Griechen Lefkoscha bzw. Levkosia bezeichneten Ortes vermutet. Unter diesem Namen findet er auch noch in byzantinischer Zeit Erwähnung. Die Bezeichnung Nikosia erscheint erstmals beim Aufstand der Inselbewohner gegen die Templer-Ritter zu Ostern 1192. 1197 wurde Nikosia römisch-katholisches Erzbistum. Unter fränkischer Herrschaft erlebte die Stadt eine große Blüte. Eindrucksvolle Relikte dieser Zeit haben sich in der Altstadt erhalten. Schaden nahm die Stadt erst nach der Niederlage des Königs *Janus* gegen die *Mamelucken* bei Chirokitia *(S. 207)* 1426.

Der König wurde gefangen, der Königspalast in Nikosia niedergebrannt. Zur Zeit der *venezianischen Herrschaft* wurde zunächst die Wallanlage von Nikosia verstärkt. Um 1567/68 betraute die Signoria den *Conte Giulio Savorgnano* mit dem Ausbau der Stadt, die schon damals immense Ausmaße, viele Parks, Plätze, Paläste und schätzungsweise 250 Kirchen hatte. Er zog jedoch vor, den Umfang der Stadt drastisch zu reduzieren. Um freies Schußfeld für die Kanonen zu erhalten, wurde alles außerhalb der neuen Festungsanlage dem Erdboden gleichgemacht. Auf diese Weise gingen viele Zeugnisse der fränkischen Herrschaft auf Zypern verloren. Darunter befand sich auch das berühmte Kloster des hl. Domenikus, die Grabstätte der Lusignans, die in der Nähe des heutigen Paphos-Tores (früher Porta Domenica) stand.

Am 25. Juli 1570 stand das türkische Heer *Mustafa Paschas* vor den Toren der Stadt. Die Belagerung dauerte bis zum 9. September. Bis zur Übernahme der Insel durch die Engländer im Jahre 1878 blieb auch Nikosia türkisch. Die christlichen Kirchen wurden in Moscheen umgewandelt. Aus der gotischen Kathedrale Nikosias St. Sophia wurde die Selimiye (Selim-Moschee), aus der Agios Nikolaos-Kirche ein Tuchmarkt, der Bedesten. Auf den Trümmern der Stadt entstanden nun Einrichtungen der Türken, die einen Teil der Sehenswürdigkeiten im türkischen Altstadtkern bilden. Erst nach 1878 begann sich der Zustand auf der Insel zu konsolidieren, und Nikosia wuchs allmählich in seine heutige Bedeutung als Hauptstadt der Republik Zypern hinein.

*** 41 Nikosia – Der südliche Teil

(Nicosia, Levkosia, Levkoscha, ΛΕΥΚΩΣΙΑ)

Stadtplan auf der Umschlaginnenklappe hinten

Der Besucher erlebt den Alltag einer pulsierenden modernen Stadt, die im Süden geprägt ist durch Läden und Supermärkte, Straßencafés und Bürobauten. Leuchtschriften werben für internationale Unternehmen und Fluggesellschaften – wobei solche aus dem Vorderen Orient überwiegen. Auf den Bürgersteigen nimmt man ein emsiges Treiben der Angestellten auf Dienstgängen, der Handwerker und der dazwischen immer wieder durch ihre blauen Uniformen auffallenden Schüler wahr, während man sich auf der Straße in Kolonne durch die Stadt treiben läßt. Hat man schließlich den Festungsring der Altstadt erreicht, empfiehlt es sich, das Auto auf einem der im Festungsgraben befindlichen Parkplätze abzustellen und die Altstadt zu Fuß zu erkunden; denn auch die beiden außerhalb liegenden Sehenswürdigkeiten, das *Zypern-Museum* ① und die *Staatliche Kunstgalerie* befinden sich in unmittelbarer Nähe der Festungsmauern. Am besten beginnt man mit dem Besuch dieser beiden Einrichtungen, da sie viel Zeit erfordern bzw. letztere nur am Vormittag geöffnet ist. Über den zwischen beiden Museen gelegenen *Elevtheria Square* (Freiheits-Platz) betritt man die *Ledra Street*, die Einkaufsmeile Nikosias. Im Winkel zwischen Ledra Street und Konstantinos Paleologou Avenue liegt die *Laiki Gitonia* ②, ein in traditioneller zyprischer Bauweise rekonstruiertes und restauriertes Stadtviertel als touristisches Zentrum der Altstadt. Durch diese Maßnahme ist seit den achtziger Jahren das Leben in die schon fast verlassene südliche Altstadt zurückgekehrt.

*** Zypern-Museum ①

Es liegt außerhalb der Altstadt in der Nähe des Paphos-Tores und gehört unbedingt ins Besichtigungsprogramm. Hier läßt sich am besten die jahrtausendealte Geschichte der Insel anhand der ausgestellten Objekte nachvollziehen und ein umfangreicher Überblick über die kulturelle Tradition gewinnen. Bereits 1883 wurde ein Museum gegründet. Nachdem 1905 das Gesetz zur Erhaltung der Antike in Kraft getreten war, wurde mit dem Aufbau des heutigen Museums begonnen; 1924 war er vorläufig abgeschlossen. Bald machten jedoch zahlreiche Funde in- und ausländischer Grabungen Erweiterungen notwendig, aber selbst seit Eröffnung des neuen Saals im Jahre 1972 muß ein Teil der Fundstücke im Magazin bleiben. Eine von Wissenschaftlern vieler Länder benutzte Bibliothek vervollständigt diese Forschungsstätte kyprischer Kultur und Geschichte.

Die Sammlung: In **Raum I und II** sind die Funde der Jungsteinzeit und Kupfersteinzeit ausgestellt *(Abb. S. 30)*. Breiten Raum nehmen in *Chirokitia (S. 207)* entdeckte Steinwerkzeuge, -idole und Gefäße ein. Neben diesen Gegenständen aus der Zeit um 5800 v. Chr. tritt erste Keramik auf, die dann die Kupferzeit kennzeichnet. Hier sind vor allem die Fundplätze *Sotira* und *Erimi (S. 190)* vertreten. Seit jüngster Zeit ist auch der spektakuläre *Hortfund* der frühbronzezeitlichen Siedlung bei *Kissonerga-Mosphilia (S. 127)* ausgestellt, der einen seltenen Einblick in die rituellen Gewohnheiten der Bewohner gewährt. Der Fund liefert einen Beleg für die Verwendung von zwei unterschiedlichen Skulpturenschemata in der Erimi-Kultur: Während das eine für Bestattungsbräuche reserviert war, blieb das andere der kultischen Praxis vorbehalten. Verschiedene Anzeichen – wie das Vorkommen weiblicher Statuetten im Zusammenhang mit einem Gebäudemodell – weisen auf ein der Muttergottes geweihtes Heiligtum hin, das schon in der vorurbanen Periode

Nikosia, die geteilte Stadt, breitet sich in der Flußsenke des Pediaios immer weiter aus

bestanden hat. Für den westzyprischen Bereich könnte das eine Art Vorläufer für den späteren Aphroditekult bedeuten. Modelle und Schautafeln mit Fotografien der Fundorte runden das Bild dieser frühen Epochen ab. Keramikfunde aus Ampelikou sind bereits der frühesten Bronzezeit zuzurechnen. Noch dominiert die lokalkyprische Keramik der Red-Polished-Ware. Auch wird ein Hang zu figuralen Darstellungen an den Tonmodellen und verzierten Gefäßen aus der Nekropole von Vounous deutlich. – Der langgestreckte **Raum III** beherbergt Funde der Bronze- und Eisenzeit. Neben einer recht eigenwilligen kyprischen Kultur entwickelten sich in diesen Epochen nicht weniger eigenwillige Mischformen, die durch Handels- und Migrationskontakte mit den umliegenden Festlandsvölkern zustande kamen. Ägäischen Einfluß zeigen große bemalte *Kratere* wie der ›Zeus-Krater‹ aus *Enkomi (Abb. S. 36)* neben einheimischen Produkten, die wiederum aus mykenischen Gräbern auf Zypern stammen. Bronzezeitliche Bezüge zum östlichen Festland lassen sich an dem Fayencerhyton aus *Kition* und zum Griechenland der geometrischen bis klassischen Zeit anhand der schwarz- und rotfigurigen Vasenimportstücke ablesen.

Raum IV bietet der Skulpturengruppe aus *Agia Irini* Platz, die hier in ihrer Fundlage wieder angeordnet wurde *(Abb. S. 43)*. Diese Terrakotta-Figuren der Gattung ›Koroplastik‹ gehören bereits in die archaische Zeit *(S. 146)*. Hier steht auch jener im Aphrodite-Heiligtum von *Paläa Paphos/Kouklia (S. 146)* gefundene konische Stein.

Raum V enthält Weihegaben aus verschiedenen kyprischen Heiligtümern von der archaischen bis zur römischen Zeit. Herausragende Werke sind hier vor allem der *Frauen-Kopf* aus dem Aphrodite-Heiligtum in *Arsos*, ein Stück des beginnenden 3. Jh. v. Chr., das die Rezeption gestalterischer Elemente des griechischen Bildhauers Skopas erkennen läßt, sowie die berühmte *Aphrodite von Soli (Abb. S. 6)*.

Im **Raum VI** dominiert die mächtige *Statue des römischen Kaisers Septimius Severus* (193–211 n. Chr.). Das Bronzebild stellt den Kaiser mit Porträtkopf in heroischer Nacktheit griechischer Athleten dar. Es wurde, in viele Teile zerbrochen, in der Nähe der antiken Stadt Chytri, dem heutigen *Kythräa (S. 279)*, gefunden und restauriert. Einen Kontrast zu dem überlebensgroßen Kaiserstandbild bilden die Kleinfunde, die vom regen kulturellen Austausch mit den angrenzenden Küstenländern zeugen.

Die *kyprische Metallurgie* bestimmt das Bild in **Raum VII**. Neben dem einzigen auf Zypern entdeckten Dreifuß-Bronzekessel ägäischen Typs findet man hier auch die Bronzekuh aus *Vouni (Abb. S. 45)* sowie den ›Gehörnten Gott‹ von *Enkomi (S. 301)* vor. Auf die Bedeutung der Kupfervorkommen Zyperns weisen Kupferbarren und die auf einem solchen stehende ›Barren-Gottheit‹ mit erhobenem Speer hin. Die Metallfunde werden ergänzt durch Kleinfunde und das nach seinem Diebstahl in Kouklia wiederaufgefundene *römische Mosaik* mit der Darstellung ›Ledas mit dem Schwan‹.

Von Raum VII führen Stufen in ein Untergeschoß **(Raum VIII)**, in dem Gräber verschiedener Epochen der Fundsituation gemäß rekonstruiert wurden. Eine Nachbildung des Eingangs zum Königsgrab in *Tamassos (S. 177)* seitlich der Treppe zeigt dessen ursprünglichen Erhaltungszustand. Eine zweite Treppe führt hinauf in **Raum XII**, der den reichen Funden der Königsnekropole von *Salamis (S. 290)* vorbehalten ist. Links ist ein Raum Studien zur antiken Metallurgie gewidmet. Gegenüber befindet sich die *Bibliothek*.

Die auf dem Rückweg in Raum VII links und rechts des Korridors liegenden **Räume IX** und **X** enthalten Grabplastik von der archaischen bis hellenistischen Zeit und *Schriftdenkmäler*, darunter die Weiheinschrift an die griechische Göttin Hera, die den Namen des paphischen Königs Nikokles in kyprosyllabischer Schrift trägt und beim Agia Moni-Kloster *(S. 141)* gefunden wurde. *Großplastik* der römischen Epoche wird in **Raum XIII** durch Statuen vom Gymnasium in *Salamis* repräsentiert.

Der den Rundgang abschließende **Raum XIV** thematisiert nochmals die frühen *kyprischen Religionen*. Den matriarchalischen Fruchtbarkeitskult vorderasiatischer Prägung dokumentieren Brettidole mit Ritzornamentik, die sog. vogelköpfigen Gottheiten mit Kind und die Terrakottagruppe einer Geburtsszene. Als kretisch-minoischen Ursprungs dürfen die sich auf einen Stierkult beziehenden wie auch die der kretischen Göttin mit erhobenen Armen nachempfundenen Terrakotta angesehen werden.

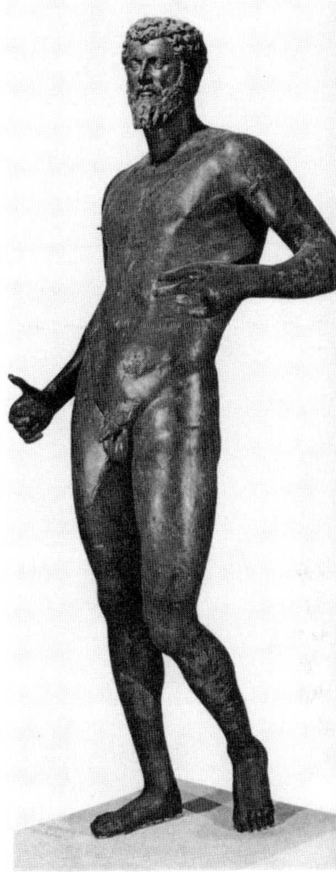

Der römische Kaiser Septimius Severus in der Pose eines Athleten

Auf dem Weg zum Haus des Chatzigeorgakis Kornesios gelangt man über den Elevetheria Square in das Stadtviertel **Laiki Gitonia** ②, das für Fußgänger reserviert ist. Hier befindet sich in der Hippokrates Street das der Stadtgeschichte gewidmete **Leventis-Museum**. In den 80er Jahren wurden die Häuser, die die schmalen Gassen säumen, wieder hergerichtet oder rekonstruiert und vermitteln einen Eindruck vergangener zyprischer Stadtarchitektur. Laiki Gitonia ist heute ein touristisches Zentrum der Altstadt.

Haus des Chatzigeorgakis Kornesios ③

Zwischen Laiki Gitonia und Erzbischöflichem Palast steht in der Patriarchis Gregoris Street das Haus des 1809 hingerichteten Dragoman Hadji *Georgakis Kornesios (vgl. S. 71)*. Dieser in seiner Grundsubstanz augenscheinlich in venezianische Zeit zu datierende, zweigeschossige Steinbau entspricht mit seinen Erweiterungen typologisch dem zypriotischen Herrenhaus (Archontiko). Oberhalb des Haupteingangs zeigt ein venezianisches Relief einen geflügelten Markuslöwen. Darüber wurde in die Rahmungen aus Profilleisten ein geschlossener Holzerker einbezogen. Im Gegensatz zu dem Fassadenschmuck aus Stein dürfte dieses Element – trotz seiner Anklänge an venezianische Loggien – türkischer Provenienz sein. Über einem Korridor (Portio) mit Andeutung eines typisch venezianischen Mezzaningeschosses gelangt man in einen kleinen Hof, das Zentrum zypriotischer Hausanlagen. Ein Treppenaufgang führt ins Obergeschoß, das in seinem rückwärtigen Bereich aus traditionell zypriotischem Fachwerk besteht.

* Neuer Erzbischöflicher Palast mit Ikonenmuseum und Agios Ioanniskirche ④

In der südöstlichen Altstadt am Archiepiskopos Kyprianos Square liegen der neue Erzbischöfliche Palast und die Agios Ioannis-Kirche. Der moderne Palast, der 1961 seinen nördlich gelegenen Vorläuferbau ablöste, ist byzantinischer Architektur nachempfunden. Er beherbergt die *Erzbischof-Makarios III.-Stiftung*. Die seit 1982 für die Öffentlichkeit zugängliche **Ikonensammlung** ist eine Zusammenführung zuvor unter unzulänglichen konservatorischen Bedingungen aufbewahrter Objekte byzantinischer Kunst aus der Zeit des 8.–18. Jh. Neben Werken aus verschiedenen Kirchen Nikosias findet man solche u.a. aus Kakopetria *(S. 163)*, Asinou *(S. 166)* und Lagoudera *(S. 170)*. Die Sammlung bietet somit ein breitgefächertes Spektrum byzantinischer Malerei auf Zypern. Sie wird ergänzt durch Werke europäischer Malerei und Graphik zur griechischen Mythologie, antiken Baukunst und neugriechischen Geschichte des 19. Jh.

Die **Agios Ioannis-Kirche** gehörte einst zu einem im 15. Jh. errichteten Benediktiner-Kloster. Das Gebiet war seit dem frühen 13. Jh. im Besitz der Franken, die hier ihre Könige bestatteten. In der von Johannitern zu Ehren ihres Patrons errichteten Kirche fand Hugo I. nach seinem Tod im Jahre 1218 seine letzte Ruhestätte. An diese Zeit erinnert das Wappen der Lusignans über dem Westportal. Während der Mameluckeneinfälle 1426 verließen die Benediktiner das zur Kirche gehörende Kloster, das noch vor

Einnahme der Insel durch die Türken 1570 von griechisch-orthodoxen Mönchen übernommen wurde. Die offenbar bei der Eroberung Nikosias zerstörte Kirche wurde 1665 wieder hergerichtet und 1730 Sitz von Erzbischof Silvestros. Aus dieser Zeit stammen auch die Wandmalereien der Kirche, die nun dem Evangelisten Johannes geweiht war. Die *Fresken* zeigen im Norden Szenen der Schöpfung, im Süden die Auffindung der Gebeine des Agios Varnavas nach dem Traum des Bischofs Anthemios. Besonders eindrucksvoll ist die Darstellung des ›Jüngsten Gerichts‹ über dem Ausgang im Süden.

⋆ Volkskunstmuseum im alten Erzbischöflichen Palast ⑤

Nur durch einen schmalen Zwischenraum getrennt, liegt nördlich der Agios Ioannis-Kirche der ehemalige Benediktiner-Klostertrakt und spätere Sitz des griechisch-orthodoxen Erzbischofs von Zypern. Das Gebäude spiegelt äußerlich lokalzypriotische Architektur wider; innen sind noch Teile fränkischer Architektur erhalten. Im Erdgeschoß ist das Volkskunstmuseum eingerichtet. Im Obergeschoß haben die Gesellschaft für Zypern-Studien und das Zypriotische Forschungszentrum Raum gefunden. Nicht zuletzt ihr Verdienst ist die Einrichtung dieses Museums.

Die Sammlung: Man betritt das Museum von Osten durch einen Portiko mit Arkatur und einer Galerie darüber. Es schließt sich ein Raum mit Mittelsäulenstellung an, der Aufsichtsbüro und Ausstellungsraum für das *Weberhandwerk* bildet. Schon im Portiko fand sich *ländliches Gerät*, wie Dreschschlitten, Mühle und Ölpresse. Durch einen reliefierten Bogen fränkischer Provenienz, der in seinem Schmuck Parallelen im Franziskanerkonvent von Nea Paphos *(S. 100)* besitzt, gelangt man zunächst in eine Passage mit einer Verkündigungsszene aus dem 16. Jahrhundert. Wie der anschließende Raum enthält sie *Schnitzereien* aus verschiedenen Kirchen. Dies war das Zentrum der mittelalterlichen Klosteranlage. Holzarbeiten und *Trachten* bietet der Raum rechts von der Passage. Der Weg führt geradeaus in einen langgestreckten Raum mit Bogenfenstern. Hier dominieren *bäuerliches Mobiliar* und *textile Handarbeiten,* u. a. *Levkaritika-Asproploumia (Abb. S. 211)*; außerdem befindet sich hier eine Walnußholztruhe aus erzbischöflichem Besitz, die mit dem byzantinischen doppelköpfigen Adler geschmückt ist. Rechter Hand lag der ehemalige Zellentrakt der Klosteranlage. In seinem ersten Raum sind Objekte der *städtischen Kultur* ausgestellt. Trachten aus kostbaren Stoffen und Schmuck liegen neben luxuriösem Kleingerät des Alltags. Kleinteile, z. T. für den kirchlichen Gebrauch, nehmen den nächsten Raum ein. Die bekannten *Phithkiotika*, Stickereien mit rotem und blauem Garn auf

Woll- oder Baumwollstoffen, die ihren Namen von der Ortschaft Phiti westlich des Chrysorogiatissa-Klosters ableiten, sind im nächsten Raum zu sehen. Anschließend sind handgewebte *Vamvakera* (Vamvaki = Baumwolle) und andere *Wollprodukte* ausgestellt. Es folgt *Keramik* aus Phini, Kornos, Famagusta und Lapithos. Am Kopf der langen Halle hat man ein für einen *zypriotischen Haushalt* typisches Objektensemble zusammengestellt. Im links anschließenden Raum findet man eine umfangreiche Trachtensammlung.

Nördlich des Volkskunstmuseums ist ein kleines **Museum** dem *EOKA-Kampf* gewidmet. Kehrt man zum Archiepiskopos Kyprianos-Platz zurück, erblickt man im gegenüberliegenden Gebäudekomplex das **Pankyprische Gymnasium**, die älteste und berühmteste Bildungseinrichtung Zyperns. Gegenüber beginnt die Apostolos Varnavas Street, in deren Nr. 19, dem alten Elektrizitätswerk (I Palia Ilektriki), sich seit Januar 1994 das **Volkszentrum der Künste Nikosias** (*Dimotiko Kentro Technon Lefkosias*) befindet. Hier werden Wechselausstellungen zeitgenössischer Kunst gezeigt. Über die Trikoupis- und Lefkastreet gelangt man an der gleichnamigen Straße zur **Phaneromeni-Kirche, -Bibliothek und -Ikonensammlung** ⑥. Die Phaneromeni-Bibliothek besitzt eine umfangreiche Sammlung von Literatur über Zypern sowie eine bedeutende Ikonensammlung, die als Phaneromeni-Collection bekannt ist.

Griechisch-zypriotischer Grenzposten an der ›Green line‹ Nikosias

*** 42 Die türkisch besetzte Altstadt Nikosias

Der türkisch besetzte Teil der Altstadt Nikosias ist nur über ein zu beantragendes Eintagesvisum *(siehe S. 322)* von der ›Republik Zypern‹ aus zu erreichen. Freien Zugang hat dagegen derjenige, der in den 1983 zur ›Türkischen Republik Nordzypern‹ erklärten, allerdings völkerrechtlich nicht anerkannten, türkisch besetzten Norden der Insel, eingereist ist.

Der durch Barrikaden abgetrennte und nicht für jeden zugängliche Norden zeigt sich in der ihn seit jeher prägenden Betriebsamkeit. Hinter der von griechisch-zypriotischem und türkischem Militär bewachten und von UN-Truppen kontrollierten Grenze spürt man wenig von internationaler Atmosphäre, dafür um so mehr einen Hauch des Orients: der Ruf des Muezzin aus den Lautsprechern der Minarette der *Selimiye* (St. Sophia) ⑦, basarähnliche Atmosphäre in der nahe gelegenen Markthalle, orientalische Klänge aus den Transistorradios der Werkstätten und die Anpreisungen fliegender Händler mit Obst und Backwerk, dazu allerlei Wohlgerüche aus den nur zimmergroßen Kebabbratereien. Es gibt eine Menge anzusehen, und hier ist es noch reizvoller, zu Fuß durch die gewachsene, noch lebende Altstadt zu bummeln. Zwar wird mancher alte Ziegelbau durch Betongußbauten ersetzt und findet sich manche architektonische Scheußlichkeit, doch sollte man auch hier die Anstrengungen der Denkmalpflege würdigen, die sich um die Rückführung des *Büyük Hans* ⑫ in seine alte Zweckbestimmung als Herberge bemüht. Keinesfalls versäumen sollte man gegen ein geringes Verzehrentgelt den Blick von der Dachterrasse des *Saray-Hotels* am Kemal Atatürk Square über die Dächer der Altstadt, aus denen die Selimiye herausragt, bis hin zu den Hochhäusern des modernen Nikosia nach Norden. Dort auf den Hängen des Beşparmak-Dağları, ist unter der aus Steinen gebildeten Flagge der Türkei neben der der ›Türkischen Republik Nordzypern‹ zu lesen: »Ne Mutlu Türküm Diyene« (Wie glücklich, ein Türke zu sein).

*** Kirche der hl. Sophia ⑦
(heute: *Selim-Moschee, Selimiye Mosque, Selime Cami*)

Im Zentrum der Altstadt von Nikosia liegt die einstige Krönungskirche der Könige von Zypern, die Kirche der hl. Sophia. Ein kleinerer Vorläuferbau war bereits um 1193 an dieser Stelle begonnen worden, in dem *Amaury de Lusignan* 1197 zum König von Zypern gekrönt wurde. 1209 wurde der Grundstein zu dem heute noch sichtbaren Bau gelegt; 1326 fand die Weihe statt. Dennoch waren die Baumaßnahmen nicht abgeschlossen; denn im Jahre 1347 gewährte eine päpstliche Bulle den Arbeitern einen Ablaß von 100 Tagen. Vermutlich wurde zu diesem Zeitpunkt noch an der Vorhalle gebaut. Nicht auszuschließen ist, daß am Bau auch *Eude de Montreuil*, der Baumeister des hl. Ludwig, beteiligt war, der sich 1248/49 einige Monate auf der Insel aufgehalten hatte. Die Kathedrale, deren Grundzüge am ehesten an der Westfassade und im Innenraum nachvollziehbar sind, erlitt im Laufe der Zeit zahlreiche Schäden, u.a. bei dem Mameluckeneinfall 1426 und durch Erdbeben in den Jahren 1491 und 1547. Unter den Türken wurde sie ihres Skulpturenschmuckes beraubt und in eine Moschee umgewandelt. Bereits 1571 krönten zwei Minarette die unvollendeten Westtürme. Aus der von den Griechen Agia Sophia genannten Kathedrale wurde die *Ayasofya-Moschee*. 1945 erhielt sie den Namen *Selim-Moschee* (nach Sultan Selim II.).

Die **Architektur** präsentiert sich in der für gotische Bauwerke auf Zypern charakteristischen gedrungenen Form, die am deutlichsten in den flachen Dächern von Mittel- und Seitenschiffen hervortritt. Wie bei französischen Wallfahrtskirchen sind die Seitenschiffe als Chorumgang um den östlichen Abschluß des Langhauses herumgeführt. Es besteht aus sechs Jochen, deren spitzbogige Kreuzrippengewölbe über mit Wirteln versehene Dienstbündel auf die Kämpferplatte der mächtigen Rundpfeiler auflaufen. Seinen Abschluß findet das Langhaus in einem polygonalen Chorhaupt, das auf vier schlanken, offensichtlich antiken Säulen ruht. Gemäß den flachen Dächern der Seitenschiffe setzt oberhalb der mehrfach profilierten Scheidbögen gleich der Lichtgaden an, der aus paarweise und vierfach gegliederten Fenstern besteht. Die Seitenschiffe erhalten ihr Licht durch große, hoch in der Blendarkatur sitzende Fenster. Die kleineren Fenster darunter wurden später eingefügt. Unter dem reich gegliederten Westfenster befindet sich eine Biforien-Galerie mit oberem Dreipaßabschluß. Im Boden der Moschee, der allerdings mit Teppichen bedeckt ist, sieht man Grabplatten mittelalterlicher Würdenträger; ebenso in der dem hl. Thomas von Aquin geweihten Kapelle, die vom zweiten Joch aus zugänglich ist.

Einstige Krönungskirche der Könige von Zypern: Die gotische Kathedrale der hl. Sophia in der türkisch besetzten Altstadt Nikosias hat sich zur Selim-Moschee gewandelt

Die Vorhalle läßt noch ein wenig vom einstigen Skulpturenschmuck am Außenbau erahnen. Außer den kleinen Figuren in den Archivolten des Hauptportals ist keine Figuralplastik erhalten; ihre Nischen und Konsolen stehen leer. Beeindruckend sind die an den Ein- und Durchgängen durch Dienstbündel mehrfach kantonierten Pfeiler. Der Raum zwischen den Türmen im Obergeschoß der Eingangshalle bildete eine Art *Prunkterrasse*, von der aus der Adel feierlichen Prozessionen vor der Kathedrale beiwohnen konnte.

Kirche des hl. Nikolaus der Engländer ⑧ (heute: *Bedesten*)

Südlich der Sophienkirche liegt die Kirche des hl. Nikolaus der Engländer. Obwohl der Bau in sehr schlechtem Erhaltungszustand ist, gilt er als architektonisches Kuriosum. Von der byzantinischen Kirche des 12. Jh. (Chrysatheistria-Kirche) haben sich die beiden südlichen Seitenschiffe und ein Teil von der Wandmalerei erhalten, der den hl. Andreas zeigt. In fränkischer Zeit (13./14. Jh.) wurde der Bau erweitert; er enthielt ein größeres Mittelschiff mit einer von einem hohen Tambour getragenen Kuppel über der Vierung. Somit gehört er zur Gruppe der Kuppelbasiliken byzantinischer Tradition. Architektonisches Dekor erhielten auch die nun geschaffenen Eingänge an der Nordseite. Neben einem kleineren Portal mit Marientodrelief im Türsturz fällt vor allem das dem Hauptportal der Sophienkirche nachempfundene Portal des Nordquerhauses ins Auge. Wappen venezianischer Familien über dem Hauptportal zeugen von der Zeit der Venezianer auf Zypern, in deren Verlauf die Nikolauskirche griechisch-orthodoxe Metropolis gewesen sein soll. In türkischer Zeit wurde die Kirche als Getreidespeicher und Markthalle genutzt. Aus dieser Zeit rührt auch die Bezeichnung Bedesten (= überdachter Basar).

Gegenüber dem Ostchor der Sophienkirche befindet sich die 1829 gestiftete **Sultan Mahmud II.-Bibliothek** ⑨ *(Sultan Mahmud II. Kütüphanesi)*. Sie enthält einige Tausend persische, arabische und vor allem türkische Werke, darunter auch türkische Handschriften. Etwa 50 m östlich der Sophienkirche steht das **Stein-Museum** ⑩ *(Musée Lapidaire* oder *Jeffery Museum, Lapidari Müzesi-Venedik Evi)*. Es ist in einem venezianischen Haus aus dem 15. Jh. untergebracht. Mittelalterliche Grabsteine und Architekturfragmente der zerstörten Paläste werden hier ausgestellt. Bemerkenswert ist der Sarkophag der Familie *Dampierre* und der Grabstein *Adams von Antiochien* aus dem 13. Jh.

Nur wenige Meter weiter nördlich liegt die **Kirche der hl. Katharina** ⑪ (heute: *Haidar Pascha-Moschee, Haydar Paşa Cami*). Sie stammt aus dem 14. Jh. Von den Türken wurde sie in eine Moschee umgewandelt, jedoch haben Teile des architektonischen Dekors diese Veränderung unbeschadet überstanden.

** Büyük Han ⑫ *(Großer Hof)*

Nur wenige Schritte westlich der Sophienkirche liegt in der Asmalti-Street der Große Hof. Verschiedenen Quellen zufolge soll er unmittelbar nach der Einnahme der Insel durch die Türken in den Jahren 1571/72 als Unterkunft für Handelsreisende mit ihren Tragtieren errichtet worden sein. Die in osmanischer Zeit entstandene Karawanserei entspricht in ihrer Anlage kleinasiatischen Vorbildern schon des seldschukischen 10. Jh. Um einen Innenhof, dessen Zentrum eine Masdschid (Ort des Sichniederwerfens; islamische Kapelle mit Brunnen für rituelle Waschungen) einnimmt, gliedert sich ein zweigeschossiger arkatierter Gebäudetrakt. Im Untergeschoß befanden sich Lagerräume und Stallungen, während das Obergeschoß für Gasträume genutzt wurde. Wie auch die Moscheen (Cami: Ort des Versammelns) nicht allein Kultbauten des islamischen Mittelalters waren, sondern eng verbunden waren mit dem täglichen Leben der Menschen, so dürfen *»auch die Medresen und Karawansereien nicht als reine Zweckbauten verstanden werden. Sie waren fromme Stiftungen, das heißt Geschenke der Sultane und ihrer Wesire für das Gemeinwohl. Die Stiftung solcher gemeinnütziger Bauten ist ein islamisches Gebot«* (U. Vogt-Göknil).

Nördlich des Büyük Han der Asmalti Street folgend, stößt man direkt auf den **Kumarcilar Han** ⑬ (*Hof der Glücksspieler*; Sitz der türkisch-zypriotischen Altertümerverwaltung). Auch er gehört zu den ›Hotels‹ der Türkenzeit, den Karawansereien, und folgt, wenngleich geringeren Ausmaßes, dem gleichen architektonischen Schema.

Kloster der tanzenden Derwische/Türkisches Museum ⑭ *(Mevlevi Tekke, Mevlevihane, Türk Etnografya Müzesi)*

Folgt man der Kyrenia Avenue (Girne Caddesi) nach Norden, dann erreicht man kurz vor dem Kyrenia-Tor das rechts der Straße liegende ehemalige Kloster der tanzenden Derwische, in dem heute das Türkische Museum untergebracht ist. Das Kloster wurde im 18. Jh. von Anhängern der Mevlâna Celâlettin Rumi

Beschaulich und betriebsam: Straßenszene im türkisch besetzten Teil Nikosias

(1202–73), eines in Persien geborenen Dichters türkischer Abstammung, gegründet. Der Orden der ›kreisenden‹ Derwische wurde wegen seiner reaktionären Haltung von Kemal Atatürk im Jahre 1925 verboten. Ihr ekstatischer Tanz sollte das Kreisen der Sphären nachvollziehen, wobei die Hände die Aufnahme des Segens von oben und seine Verbreitung nach unten auf die Erde symbolisierten. Heute beherbergt das Kloster eine Sammlung türkischer Volkskunst.

Benediktinerinnen-Abtei ›Unsrer lieben Frau von Tyros‹ ⑮
(Heute: *Armenische Kirche*)

Bevor man die Altstadt von Nikosia verläßt, sollte man noch einen Blick in die ehemalige Benediktinerinnen-Abtei in der Nähe des Paphos-Tores werfen. Der gotische Bau des 14. Jh. befindet sich in relativ gutem Erhaltungszustand. Am Ostende des Kreuzgangs ist der Grabstein der 1340 verstorbenen ›Äbtissin des Kreuzes von Antiochien und Unsrer lieben Frau von Tyros‹, *Eschiva de Dampierre*, eingefügt. Auch den Boden des Kirchenraumes bedecken mittelalterliche Grabsteine. Von den Türken zunächst als Salzspeicher benutzt, wurde die Kirche dann den Armeniern übergeben. Türkische und europäische Elemente der Architektur und Ausstattung vereint das Hauptgebäude des armenischen Klosters, das sich heute in Privatbesitz befindet.

»Winzig, sauber, bunt und schön«: Girne/Kyrenia

Lawrence Durells vor nunmehr vierzig Jahren vorgenommene Charakterisierung der Hafenstadt an der Nordküste am Fuße der *Beşparmak Dağları* (Pentadaktylos-Gebirge) trifft auch heute noch zu. Der alte Ortskern, der wie ein Amphitheater das Halbrund des Hafenbeckens in der Nachbarschaft der mächtigen Hafenfestung umgibt, hat sich seit mehr als 20 Jahren im wesentlichen kaum verändert. Die Hafenpromenade bietet sich blitzsauber, tagsüber durch die Sonnenschirme, abends dann durch eine Vielzahl von Glühbirnen bunt und – mit welcher sentimentalischen subjektiven Wertung auch immer – schön dar.

Der Besucher der Republik Zypern, der sich, mit Eintagesvisum versehen, Girne als Ziel eines – über die türkisch besetzte Altstadt von Nikosia hinausgehenden – Ausflugs auserkoren hat, wird nur eine Ahnung vom Reiz der Stadt erhalten. Man muß die Stadt vom schmeichelnden Licht der Morgensonne bis in das bunte Farbenspektrum des Glühbirnenmeeres der Nachtstunden erlebt haben. Wer jedoch seinen Urlaub in einer der außerhalb der Stadt angesiedelten Anlagen verbringt, der sollte, so oft es ihm möglich ist, die Hafenatmosphäre einfangen. Und sei es nur, um zumindest in den dunklen Abendstunden, dem ständigen Trillerpfeifen wachhabender Soldaten in benachbarten Kasernen zu entfliehen.

Ein Vergnügen besonderer Art: Wer würde nicht an Kyrenias Hafen promenieren wollen

Überhaupt ist – wie schon in der geteilten Hafenstadt – Militär bis in die entlegensten Winkel Nordzyperns präsent. Und es kommt immer wieder vor, daß der Tourist – im Mietwagen die Umgebung Girnes erkundend – von am Straßenrand postierten Militärpatrouillen kontrolliert wird, und sei es nur, um auf eine vielleicht mitgeführte Zigarette angesprochen zu werden. Dies passiert freilich weniger in der Nähe vielbesuchter Sehenswürdigkeiten wie bei der *Burg St. Hilarion (S. 263)* oder der *Bellapais-Abtei (S. 274)* als bei Ausflügen in landschaftlich attraktive Gebiete jenseits von *Morphou (S. 268)* in der Umgebung von *Soli (S. 269)* und *Vouni (S. 271)*. Auch auf der Suche nach dem heute in militärischen Sperrgebieten liegenden *Agios Ioannis Chrysostomos-Kloster* unterhalb der *Burg Buffavento (S. 278)* oder der *Achiropiitos-Klosterkirche* beim antiken *Lambousa (S. 266)* muß man mit argwöhnischen Blicken der Militärs rechnen.

Aus anderen Gründen nicht un-, so doch schwer zugänglich und zunehmendem Verfall preisgegeben, stellt sich derzeit das zum Ziegenstall umgewidmete *Antiphonitis-Kloster (S. 280)* dar. Da – abgesehen von Bellapais und dem Barnabas-Kloster bei Famagusta – von türkisch-zypriotischer Seite offenbar keinerlei Hinweise auf Denkmäler des christlichen bzw. griechisch-orthodoxen Glaubens erfolgen, erweist sich die Suche trotz bester verfügbarer Landkarten oftmals als schwierig. Verständigungsprobleme mit Neusiedlern vom anatolischen Festland tragen das ihre dazu bei. Ebenfalls aus Gründen mangelnder Ausschilderung kann es vorkommen, daß man sich aufgrund innerdörflicher Umstrukturierung unversehens im weglosen Areal zwischen Schaf- und Ziegenpferchen wiederfindet. Doch sollte all dies den Besuchern Nordzyperns nicht entmutigen, sich die Orte der Umgebung Girnes zu erobern.

*** 43 Kyrenia/Kerynia *(Girne, ΚΥΡΉΝΕΙΑ)*

Kyrenia, Girne, wie es die Türken nennen: Es fällt schwer, den Ort nicht als den reizvollsten der Insel darzustellen. Und es ist kaum nachvollziehbar, daß er immer die kleinste Distrikthauptstadt der Republik Zypern blieb. Zwar hatten seit ihrem Auftauchen auf der Insel Briten Kyrenia als Sommerwohnsitz auserkoren, aber erst die Teilung der Insel und die Konzentration auf Girne als der türkischen Küste nächstgelegener Hafen hat der Stadt einen Aufschwung verliehen. Von dessen Ausmaß kann man sich am besten einen Überblick von der Höhe der *Burg*

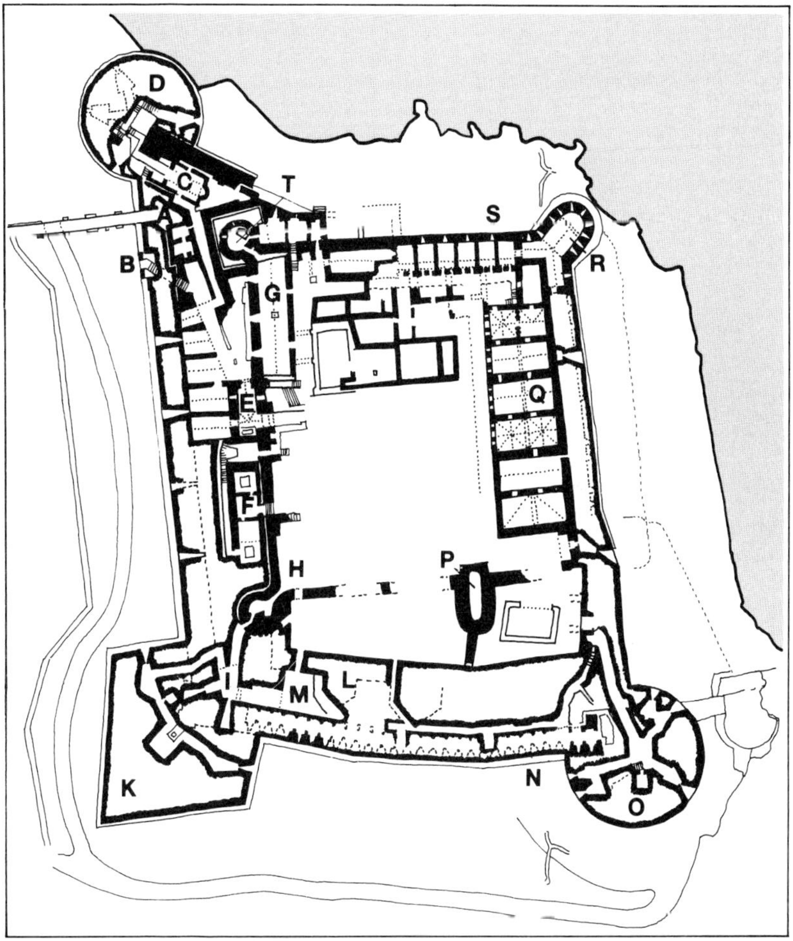

Kyrenia: Burg, Grundriß (nach Megaw)

A Eingang
B Ausfalltor
C Byzantinische Kapelle
D Nordwestturm
E Fränkische Wachstube
F Gefängniskammern
G Raum aus dem 13. Jh.
H Byzantinischer Rundturm
I Geschützkammer
K Bastion
L Fünfeckige Bastionen
M Vorhof
N Wehrgang
O Pulvermagazin
P Hufeisenförmiger Turm
Q Wohngemächer mit Schiffswrackmuseum
R Nordostturm
S Nordmauer
T Nordwestturm

Kleine Pause im Blütenteppich vor der Burg von Kyrenia

St. Hilarion (S. 263) verschaffen. Westlich und östlich von Girne und sogar bis in die Anhöhen der Beşparmak Dağları hinein erstrecken sich die Appartement- und Hotelanlagen, die mit ihren abendlichen Animationsprogrammen den Gedanken an den eigentlichen Urlaubsort vergessen machen. Noch immer aber gilt, daß wer sehen und gesehen werden will, sich der abendlichen Flanierpromenade am Hafen aussetzen muß. Wem jedoch die fast familiär quirlige Atmosphäre der dort angesiedelten Restaurants und Bars nicht behagt, dem sei ein Gang in die hinteren Ränge der Stadt anempfohlen. Schon in Höhe der Moschee findet man Lokale mit wunderschönen, ruhigen Innenhöfen, um sich lukullischen Genüssen hingeben zu können. Und wem auch das nicht behagt, der versucht es vielleicht im traditionellen Dome-Hotel – oder im zugehörigen Spielkasino.

Geschichte der Stadt und Burg von Kyrenia:

Die Vorgeschichte des Umlandes von Kyrenia reicht bis in die Jungsteinzeit zurück. Stärkeren Bevölkerungszuwachs erhielt das Gebiet in der mittleren und späten Bronzezeit, aus der mehrere Fundplätze bekannt sind. Sie zeigen Einflüsse der gegenüberliegenden kleinasiatischen Küste, gegen Ende der Bronzezeit auch solche der achäischen Einwanderer. Verdienst der Achäer war es, daß das antike *Kerynia* sich als selbständiges Stadtkönigtum bis zu seiner Einnahme durch Salamis im Jahre 312 v. Chr. halten konnte. Die vorausgegangene Belagerung durch *Seleukos* beweist, daß die Stadt schon befestigt gewesen sein muß. Einige Gräber und die Wellenbrecher vor der Burg sind aus römischer Zeit erhalten. Seit Konstantin war Kyrenia Bischofssitz. Relikte aus dieser Zeit finden sich in den Hafenbefestigungen und der Burgkapelle. 1191 sandte *Isaak Komnenos* Frau und Tochter nach Kyrenia, als er von *Richard Löwenherz* bedrängt wurde. Die damalige Burganlage bestand wohl schon während der Araberelnfälle in der Mitte des 7. Jh. und war später nur verstärkt worden.

Nach ihrer Einnahme durch *Guy de Lusignan* spielte die Burg schon in den frühen Jahren der fränkischen Herrschaft eine bedeutende Rolle. Wie die Burg Kantara *(S. 306)* war sie in die Auseinandersetzungen zwischen *Friedrich II.* und *Henri I.* verstrickt. Die Kaisertreuen konnten die Burg lange halten. Als sie schließlich 1233 wieder in den Händen der Franken war, wurden erste Veränderungen der byzantinischen Anlage vorgenommen. Vermutlich nach dem Fall von Akkon 1291 erfolgte ein größerer Umbau. Nord- und Ostflügel wurden vollkommen erneuert, der Südmauer noch eine weitere Mauer vorgelagert. Diese Maßnahmen, die durch die Belagerung der Genuesen nach 1373 stark beeinträchtigt wurde, dauerten bis zum Ende des 14. Jh. Nach 1385 wurde die Burg Lieblingssitz *Jacques' I.*, der während der Mameluckenangriffe Familie und Familienbesitz hier untergebracht hatte. Nachdem die Burg der Belagerung widerstanden hatte, geriet sie 1460 erneut in Bedrängnis, als *Jacques II.*, der Bastard, seinen Herrschaftsanspruch gegenüber Carlotta durchzusetzen versuchte, und fiel schließlich vier Jahre später. Unter der venezianischen Herrschaft wurde die Burg erneut verstärkt, vor allem im Westflügel und an den massiven Türmen im Nordwesten und Südosten. 1560 entstand die Südwestbastion.

Nachdem Nikosia an die Türken gefallen war, wurde die Burg 1570 aufgegeben. Unter britischer Herrschaft diente sie als Gefängnis. 1950 wurde sie der Altertümerverwaltung unterstellt; 1955 benutzten sie britische Soldaten im Kampf gegen die EOKA. 1959–74 unterstand sie wieder der Altertümerverwaltung, die hier das **Schiffswrackmuseum** einrichtete, das auch von den türkischen Behörden weitergeführt wird.

Rundgang in der Burg

Man betritt die Burg von Westen, unmittelbar südlich des Nordwestturms, über eine Brücke, die zu dem ursprünglich durch eine Zugbrücke gesicherten *Eingang* (**A**) führt. Rechts des Aufgangs führt eine Treppe zu einem *Ausfalltor* (**B**), nach links zweigt der Zugang zur *byzantinischen Kapelle* (**C**) ab. Dieser Bau des 12. Jh. enthält Bestandteile einer früheren, möglicherweise in der Nähe gelegenen frühchristlichen Basilika. In venezianischer Zeit diente er als Aufgangshalle zum Nordwestturm. Verläßt man die Kapelle durch ihren Westausgang, kommt man an den alten byzantinischen und fränkischen Außenmauern vorbei in den runden *Nordwestturm* (**D**) mit Geschützkammern auf verschiedenen Ebenen. Durch den Nordausgang der Kapelle (**C**) kann man ein in venezianischer Zeit noch bis zum Dach der Kapelle aufgefülltes Areal betreten. Zurück im Aufgang, stößt man auf die *fränkische Wachstube* (**E**) mit dem Grab Sadik Paschas von Algier, der als Befehlshaber der türkischen Flotte während der Eroberung 1570 gestorben ist. Hier liegt auch der Eingang zum Innenhof. Gegenüber fällt die mächtige Fassade des fränkischen Ostflügels auf. Ebenfalls fränkischen Ursprungs sind die Grundmauern im Norden. Die den Innenhof nach Westen begrenzende, einstige byzantinische Außenmauer war in fränkischer Zeit durchbrochen worden. Die dahinter liegenden *Kammern* (**F**) dienten zweifellos als Gefängnis. Die Geschosse darüber bargen Wohnräume zur Zeit der Lusignans.

Der vermutlich älteste Bauteil aus fränkischer Zeit dürfte der große, an die byzantinische Innenwand angelehnte *Raum* (**G**) aus dem frühen 13. Jh. sein. Vom einstigen *byzantinischen Rundturm* (**H**) in der Südwestecke des Hofes führte ein Zugang zu einer venezianischen *Geschützkammer* (**I**) an der Südwestecke der Burg, ehe ihr die größere *Bastion* (**K**) im Jahre 1560 vorgesetzt wurde. Von der Geschützkammer gelangt man nach Osten in einen Bereich außerhalb der byzantinischen Mauern mit ihren vorgelegten *fünfeckigen Bastionen* (**L**), der zusammen mit den fränkischen Mauern eine Art *Vorhof* (**M**) bildete. Die Venezianer schütteten den gesamten Bereich auf, um eine etwa 22 m breite Verteidigungsplattform zu erhalten. Ein fränkischer *Wehrgang* (**N**), der sich über die gesamte Breite der Südfront erstreckt, hat sich in seiner ursprünglichen Form an seinem Ostende erhalten, da er dort in den venezianischen Südostturm einbezogen wurde. Dieser enthielt neben verschiedenen Geschützkammern auch ein *Pulvermagazin* (**O**).

Im südlichen Teil des Hofs sind noch Reste der byzantinischen Mauern mit einem *hufeisenförmigen Turm* (**P**) zu erkennen, der heute eine Zisterne enthält. Im Osten und Norden ist die fränkische Anlage weitgehend ungeklärt. Die Verbindung zwischen den *Wohngemächern* (**Q**) im Osten und im äußeren Wehrgang wurde von den Venezianern aufgeschüttet; im Norden läßt sich das Bild durch den Einbau neuzeitlicher Gefängniszellen nicht recht nachvollziehen. Nord- und Ostflanke der Burg wurde ne-

ben den Wehrgängen durch den *Nordostturm* (**R**) geschützt, der heute noch den höchsten Punkt der gesamten Anlage bildet. Ungeachtet der neuzeitlichen Umbauten im Innern steht die *Nordmauer* (**S**) noch in voller Höhe. Sie folgt dem Verlauf der byzantinischen Mauer, was im ehemals quadratischen, fränkischen *Nordwestturm* (**T**) mit seinem runden byzantinischen Kern ablesbar ist.

Gesunken im 4. Jh. v. Chr. – Gelandet im Schiffswrack museum: Handelsschiff mit Ladung

Innerhalb der Festung befindet sich auch das **Schiffswrackmuseum** (**Q**), in dem u. a. ein griechisches Schiff des 4. Jh. v. Chr. mit einem Teil seiner Ladung besichtigt werden kann. Es war 1968 durch ein amerikanisches Archäologenteam bei Kyrenia geborgen und später restauriert worden.

★★ 44 Burg St. Hilarion

(St. Hilarion Castle, Άγιος Ιλάρυων)

St. Hilarion erreicht man über die Verbindungsstraße Nikosia – Kyrenia, indem man in der Nähe der Paßhöhe über das Beşparmak/Pentadaktylos-Gebirge nach Westen abbiegt.

In die Reihe der Burgen *(S. 278 und 306)*, die Zypern gegen Angriffe von Norden her schützen sollten, ist auch St. Hilarion einzugliedern. Auch hier waren die Übergriffe, vor allem durch die

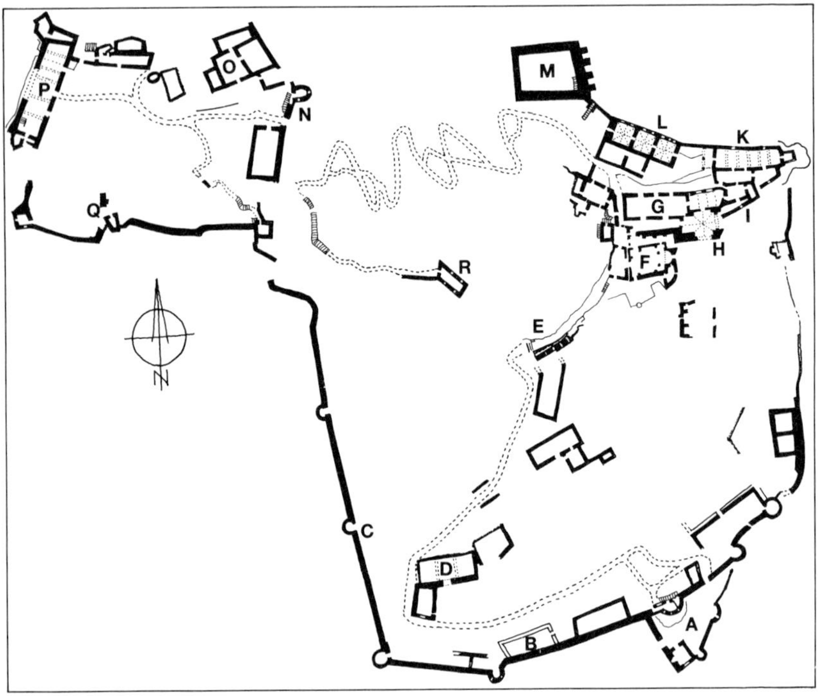

Burg St. Hilarion, Grundriß

A Zwinger
B Zisterne
C Byzantinische Mauer
D Stallungsgebäude
E Torweg
F Kirche
G Halle
H Belvedere
I Küchentrakt
K Königliche Wohnräume
L Kasernengebäude
M Becken
N Eingang
O Wirtschaftsgebäude
P Königliche Gemächer
Q Berggipfel
R Prinz Jean's-Turm

Seldschuken, nach Wiedereingliederung der Insel in das Byzantinische Reich für den Ausbau maßgebend. Erste Hinweise auf die Burg, die an der Stelle eines ehemaligen Klosters errichtet worden war, sind aus der Zeit Richard Löwenherz' erhalten, da Anhänger von Isaak Komnenos sich hier verschanzt hatten. Die Franken nannten die Burg *Dieu d' Amour,* abgeleitet von *Didymoi* (= die Zwillinge), den zwei Bergkuppen der Oberburg. Als

Friedrich II. auf Zypern landete, wurde die Burg verstärkt; sie blieb vier Jahre lang bis 1232 in die Auseinandersetzungen der Königs- und Kaisertreuen verwickelt. Danach wurde sie Sommerresidenz der Lusignankönige. Noch einmal geriet sie in die Streitigkeiten um die Herrschaft auf Zypern. *Jean von Antiochien*, der vom Adel als Nachfolger Peters I. vorgesehen war, jedoch von dessen Frau *Eleanor von Aragon* erbittert bekämpft wurde, hatte sich in die Burg zurückgezogen. Eleanor verstand es, sein Mißtrauen gegenüber seiner bulgarischen Leibwache zu wecken, die daraufhin von dem erbosten Fürsten von der Burg St. Hilarion in einen Abgrund gestoßen wurde. Mit dieser Tat war auch sein eigenes Schicksal besiegelt. Die Venezianer ließen die Burgen im Pentadaktylos-Gebirge schleifen.

Die Burganlage gliedert sich in drei Abschnitte; den untersten betritt man gleich nach Passieren des *Zwingers* (**A**). Der Weg führt zunächst nach Westen, parallel zur südlichen Umfassungsmauer, an der u. a. eine große *Zisterne* (**B**) liegt. Wo die mit Rundtürmen bestückte *byzantinische Mauer* (**C**) bergwärts nach Norden biegt, wendet sich der Fußweg um ein ehemaliges *Stallungsgebäude* (**D**) nach Nordwesten und beginnt, steil anzusteigen. Hat man diesen Teil, in dem Pferde und Soldaten untergebracht waren, durchwandert, kommt man zum *Torweg* (**E**) des mittleren Abschnittes, der in fränkischer Zeit mit einer Zugbrücke verschlossen werden konnte. Über eine steile Treppe steigt man zur *Kirche* (**F**) des einstigen Klosterkomplexes empor, deren mächtige Kuppel von acht Stützen getragen wurde. Dieser ›Acht-Stützen-Typus‹ ist in dem nahe gelegenen Antiphonitis-Kloster *(S. 280)* noch erhalten, im Agios Chrysostomos-Kloster *(S. 278)* und der Kirche von Margi bei Myrtou bereits zerstört. Die geographische Nähe dieser Orte läßt auf eine Lokalvariante schließen, die auch in Griechenland seit dem 11. Jh. Verbreitung fand. Nördlich der Kirche führen Stufen zu einer Passage hinab, die die Überleitung zur *Halle* (**G**) bildet. Diese diente vermutlich als Refektorium des Klosters. Im Osten schließt das *Belvedere* (**H**) an die Passage an. Die große Halle und der östlich gelegene *Küchentrakt* (**I**) wurden nach Norden von viergeschossigen *königlichen Wohnräumen* (**K**) und einem *Kasernengebäude* (**L**) abgeschlossen.

Verläßt man den mittleren Burgbereich, so liegt zunächst nördlich des Weges ein großes offenes *Becken* (**M**). Ein gewundener Pfad zieht sich nun nach Westen zur Oberburg empor. An deren turmbewehrtem *Eingang* (**N**) schließen im Norden *Wirtschafts-*

gebäude (**O**) an. Der Innenhof wird nach Westen von *königlichen Gemächern* (**P**) abgeschlossen. In deren Westwand ist ein Maßwerkfenster mit seitlichen Sitzbänken erhalten, das sog. ›Fenster der Königin‹. Nach Süden steigt das Gelände noch einmal stark an. Vom 732 m hohen *Gipfel* (**Q**) hat man den besten Überblick über Burg und umliegendes Land. Bevor man wieder zum mittleren Abschnitt der Burganlage zurückkehrt, sollte man den Abstecher zum *Prinz Jean's-Turm* (**R**) wagen, von dem die Leibwache hinabgestürzt worden sein soll.

45 Lapithos/Karavas-Lambousa

(Lapta/Alsancak, Λάπηδος)

Fährt man von Girne/Kyrenia nach Westen, erreicht man nach Passieren einiger reizvoller Badebuchten Alsancak/Karavas, das links der Straße liegt. Hier zweigt meerwärts ein Weg zur Stätte der antiken Stadt **Lambousa** ab, die im 8. Jh. v. Chr. gegründet worden sein soll. In römischer und byzantinischer Zeit erreichte sie eine hohe Blüte, wurde jedoch von den Arabern im 7. Jh. v. Chr. völlig zerstört. Im Mittelalter erlebte sie noch einmal eine kurze Blütezeit. Heute ist von der einstigen Pracht der Stadt nur noch wenig erhalten. Lediglich die auf militärischem Areal stehende und deshalb unzugängliche *Klosterkirche Achiropiitos* (= nicht mit Händen erbaut) läßt ahnen, daß Lambousa einmal eines der zypriotischen Bistümer war. Sie steht an der Stelle einer frühchristlichen Basilika, deren außen siebeneckige und innen runde Apsis freigelegt wurde. Der Kreuzkuppelkirche des 14. Jh. wurde ein überkuppelter Narthex sowie ein Exonarthex im 15. Jh. hinzugefügt. An fränkischem Baugut sind noch Teile des Marmorbodens vom Vorläuferbau in der Kirche zu sehen. Südöstlich der Klosterkirche befindet sich die *Felsenkapelle des Agios Evlambios*. Hier wurde der vor plündernden Arabern versteckte ›Silberschatz von Lambousa‹ gefunden, dessen Hauptbestandteil Silberschalen mit den Szenen aus dem Leben Davids bilden und der heute über das Zypern-Museum *(S. 244)*, das Britische Museum und das Metropolitan-Museum verteilt ist.

Ein unvergleichlicher Fernblick bietet sich über die Mauern der Burg St. Hilarion hinweg

Folgt man der Straße nach Westen, erreicht man über eine Linksabzweigung den Ort **Lapta/Lapithos**. Der Name ist identisch mit dem eines arkadischen Berges (Peloponnes); dies deutet auf eine achäische Gründung. Frühgeometrische Gräber der Umgebung lassen auf kultische Menschenopfer schließen, ein Brauch, der für Zypern seit der Jungsteinzeit belegt ist. Auf die einstige Existenz eines Heiligtums der Aphrodite, die Gebärenden Beistand leistet, deutet der Fund einer der Zeit um 500 v. Chr. entstammenden Terrakotta-Kleinplastik. Die Geburtsszene zeigt eine Gruppe von drei Frauen: Von einer wird die Gebärende von hinten umfaßt, während sich die andere (Hebamme) über ihren Schoß beugt (Zypern-Museum, Nikosia).

Schon vor den Achäern muß die Gegend um Lapithos besiedelt gewesen sein, wie Funde seit der Kupfersteinzeit belegen (Besonders auffallend ist das häufige Vorkommen von Brettidolen und kupferstein-/frühbronzezeitlicher Philia-Keramik, deren Kerngebiet nur wenig südlich liegt).

Bevor die Küstenstraße sich wieder nach Süden ins Landesinnere Richtung Lefkoşa/Nikosia und Morphou/Güzelyurt wendet, kommt man nach **Karşiyaka/Vasilia**, der Stätte einer weiteren bronzezeitlichen Nekropole der Philia-Kultur.

46 Morphou *(Güzelyurt, Μόρφου)*

Über Lapta/Lapithos und Camlıbel/Myrtou hinaus erreicht man die äußerst fruchtbare Senke in der Bucht von Morphou/Güzelyurt. Neben Gemüse und allerlei Obst werden hier in erster Linie Zitrusfrüchte angebaut, verarbeitet und exportiert. Einen bedeutenden Wirtschaftsfaktor bildeten bis 1974 die im Südwesten der Bucht gelegenen Pyritminen von *Skouriotissa* und *Mavrovouni*, die nicht zuletzt durch eine Schilderung des römischen Arztes Galenus seit der Antike bekannte Stätten der Eisensulfatgewinnung sind.

Die Besiedlung der Gegend um Morphou reicht zurück bis in die Frühe Bronzezeit, als vermutlich westanatolische Siedler eingewandert sind. Die durch die Funde von Philia/Serhadköy, östlich von Morphou, belegte Kultur weist Gemeinsamkeiten mit westanatolischen Produkten der Zeit um 2300 v. Chr. auf. Das bewog eine Reihe von Forschern, ihr einen eigenen Platz in der kyprischen Chronologie zwischen Kupfersteinzeit und Früher Bronzezeit zuzuweisen. Weitere bronzezeitliche Fundorte sind

Myrtou/Camlıbel und die Nekropole **Toumba tou Skourou** nördlich von Morphou. Auch die im Zypern-Museum in Nikosia ausgestellte Gruppe archaischer Klein- und Großterrakotten stammt aus dieser Gegend. Ihr Fundort Agia Irini/Akdeniz liegt nördlich von Morphou.

Übrige Funde nicht nur der Umgebung findet man im **Naturhistorischen und Archäologischen Museum** der Stadt. Es stellt sich als eine Zusammenführung ehemals in griechisch-zypriotischem Besitz befindlicher Privatsammlungen, des geplünderten Magazins der Ausgrabungen von Toumba tou Skourou und nach 1974 gezeitigter Funde dar. Darunter befindet sich eine römische Statuette aus dem 2. Jh. n. Chr. vom Typus der fruchtbarkeitsspendenden vielbrüstigen Artemis von Ephesos.

Das Museum ist im ehemaligen Bischofssitz unmittelbar neben der **Kirche des Agios Mamas** untergebracht, die ebenfalls nach 1974 zum Museum – für kirchliche Kunst – umgewidmet wurde. Der dem auf einem Löwen reitenden, auf Zypern sehr populären Heiligen geweihte Bau aus dem 3. Jahrzehnt des 18. Jh. ist reichlich mit Bestandteilen seines gotischen Vorläufers versehen. Die reich verzierte Ikonostase aus dem 17. Jh. verfügt im unteren Teil über Reliefs venezianischer Kunst des 16. Jh., die mit Fruchtmotiven versehen sind. Über die Legende des zunächst steuerhinterziehenden, dann löwenbändigenden und schließlich deswegen von Steuern befreiten Heiligen gibt eine Bildfolge über seinem Grab in der Nordwand Aufschluß. An der Stelle des früher zu einem Kloster gehörenden Kirchenbaus soll einst ein Aphrodite-Tempel gestanden haben.

⋆ 47 Soloi/Soli *(Gemikonağı/Karavostasi, Σόλοι)*

Verläßt man Güzelyurt/Morphou in südwestlicher Richtung, erreicht man einige Kilometer vor Gemikonağı/Karavostasi die Küste. Hier, wo heute die Förderbänder der Erzverladestation ins Meer hinausragen, befand sich einst – wie die heutige Ortsbezeichnung besagt – der ›Anlegeplatz der Schiffe‹, der Hafen des westlich benachbarten Soloi (röm.: Soli).

Geschichte: Dem Mythos zufolge war Soli von *Akamas*, einem Sohn des Theseus und Geliebten der Aphrodite *(S. 137)*, gegründet worden. Strabon berichtet, Athener hätten um 600 v. Chr. die Stadt gegründet; den Namen soll ihr König *Philokypros* gegeben haben, der sie auf Rat des griechischen Philosophen *Solon* hier anlegte. Frühestes archäologisches

Schlicht, aber farbenfroh: Mosaikfußboden in den Resten der frühchristlichen Basilika in Soli

Zeugnis ist die nahe gelegene kupferstein-/frühbronzezeitliche Siedlung Ampelikou. Historisch ist belegt, daß sich Soli unter persischer Herrschaft seit dem Ende des 6. Jh. v. Chr. neben Kourion *(S. 190)* und Amathous *(S. 204)* zu einem der bedeutendsten Stadtkönigreiche entwickelt hat. *Onesilos von Salamis* gelang es, auch Soli auf die Seite der Städte zu ziehen, die sich gegen die Perser erhoben. Trotz der Niederschlagung des Aufstands muß das stark griechisch orientierte Soli auch weiterhin Widerstand geleistet haben. Zur besseren Überwachung der Stadt ließ der perserfreundliche König *Doxandros von Marion (S. 42)* den benachbarten Palast von Vouni errichten. 344 v. Chr. verweigerte Soli im Verein mit anderen Städten den Persern den Tribut und schlug sich schließlich auf die Seite *Alexanders d. Großen*. Aus römischer Zeit ist bekannt, daß Kaiser Augustus *Herodes d. Großen* mit den Kupferminen von Soli belehnte, was zu einem Anstieg der jüdischen Bevölkerung führte. Deshalb dürfte der Apostel Paulus auch in dieser Gegend missionarisch tätig geworden sein. Obwohl Soli im Verlauf der Arabereinfälle im 7. Jh. starken Schaden genommen hatte, verweisen Reiseberichte des frühen 18. Jh. noch auf umfangreiche Tempel- und Toranlagen. Heute ist davon kaum noch etwas zu sehen; denn die Stadt wurde u. a. als Steinbruch für den Bau der Hafenanlagen von Port Said in Ägypten benutzt.

1929 begonnene Ausgrabungen brachten ein **hellenistisch/römisches Theater** zutage, das sich mit seiner *Cavea* in den Nordabhang eines Hügels einschmiegt. Von seiner einstigen Pracht haben sich nur Säulen aus verschiedenfarbigem Marmor und Teile der Fassade erhalten. In seinem heutigen Zustand ist das Theater weitgehend restauriert. Auf dem nahe gelegenen Hügel entdeckte man einen Aphrodite und Isis geweihten **Tempel**, von dem eine im Zypern-Museum in Nikosia *(S. 244)* aufbewahrte Reliefplatte mit einer Amazonenkampfdarstellung stammt.

Nordöstlich des Theaters stieß man 1966/67 auf die Reste einer mit Mosaikboden versehenen **frühchristlichen Basilika**. Der über 30 m lange Bau hatte drei Apsiden. Münzfunde belegen seine Entstehungszeit für die 2. Hälfte des 4. Jh. n. Chr. Nach der Zerstörung war auf seinen Fundamenten eine kleinere mittelalterliche Kirche errichtet worden. Zufallsfunde wie der bekannte Torso der *Aphrodite von Soli (Abb. S. 6)* lassen auf weitere Erkenntnisse bei zukünftigen Grabungen in dem ausgedehnten Stadtgebiet hoffen.

** 48 Vouni *(Βούνι, Αίπεια)*

Einige Kilometer westlich von Soli ragt rechts der Fahrstraße ein Bergkegel über 250 m empor. Folgt man der Abzweigung nach rechts, gelangt man nach kurvenreicher Fahrt auf das Gipfelplateau mit dem 1928/29 ausgegrabenen **Palast von Vouni**.

Geschichte: Heute als ›Palast des Berges‹ (vouno = Berg) bekannt, muß der antike Name dieser Stätte im Bereich der Spekulation bleiben. Lange hat man angenommen, sie mit *Aepia* identifizieren zu können, das unter dem Einfluß *Solis* stand. Diese Annahme wurde jedoch durch die archäologischen Untersuchungen widerlegt, die keine Reste aus der Zeit vor dem 5. Jh. zutage förderten. Möglicherweise gehörte der Palast zur benachbarten Stadt Soli, zu deren Überwachung er ja errichtet worden war. Die griechenfreundliche Stadt Soli war nach fünfmonatiger Belagerung 498 v. Chr. von den Persern wieder unterworfen und *Doxandros von Marion*, ein treuer Gefolgsmann der Perser, zur Überwachung eingesetzt worden.

Die **I. Bauphase** aus dem frühen 5. Jh. v. Chr. spiegelt lokalkyprische Architektur wider, die Gemeinsamkeiten mit nordsyrisch/anatolischen Bauformen (Liwan-Typus) aufweist. Die **II. Bauphase** dient der Erweiterung durch Annexbauten in der Ostecke der Gesamtanlage. Mit der **III. Bauphase** (um 449 v. Chr.) setzte jedoch eine gründliche Umorientierung des Baues ein, die einen Herrscherwechsel vermuten läßt. Damals landete der athenische Feldherr *Kimon* mit einer Flotte auf Zypern und setzte den König von Marion ab. Die neue Herrscherdynastie hielt Vouni über 70 Jahre, bis der Palast um 380 v. Chr. einem Brand zum Opfer fiel. Während dieser Zeit war oberhalb des Palastes ein *Tempel der Athena* mit benachbarten Schatzhäusern errichtet worden. Im Palast selbst ist eine **IV. Bauphase** an nur unwesentlichen Umbauten feststellbar.

Der Besucher betritt die **Palastanlage** von Süden. Links der Mitte, an der Südwestflanke, befindet sich der Eingang zum Palast der Bauphasen I und II. Durch den Haupteingang kommt man in einen *Repräsentationsbau*, der aus einer dreiteiligen Raumanlage mit dominierendem Mitteltrakt (**1–3**) besteht.

Von dort führt eine breite Treppe hinunter in den an drei Seiten von Säulen umgebenen *Zentralhof* (**4**) mit einer Brunnenanlage. Eine seltsam geformte Stele dürfte wohl als Brunnenwinde gedient haben. Um den Hof sind *Wohnräume* (**5–13**) gruppiert. Drei lagen über einer Zisterne (**5–7**), ein weiterer war durch eine Zwischenwand getrennt (**11**) und weist Spuren einer ins Obergeschoß führenden Holztreppe auf, der anschließende (**12**) verfügt noch über das aufstrebende Lehmziegelmauerwerk. Sie geben zusammen mit dem Repräsentationsbau (**1–3**) den kyprischen ›Liwan-Typus‹ wieder, dessen Ursprünge im Vorderen Orient liegen. Die Ostecke dieses Baues nahmen *Badeanlagen* ein, wobei Raum **14** als *Caldarium* und Raum **15** als *Frigidarium* dienten. In der II. Bauphase wurden sie durch ein *Sudatorium* und den südöstlich anschließenden *Beheizungsbau* (**16**) erweitert. Damit liegt eine der frü-

Wasserversorgung in 250 m Höhe: Schöpfanlage im Palast von Vouni

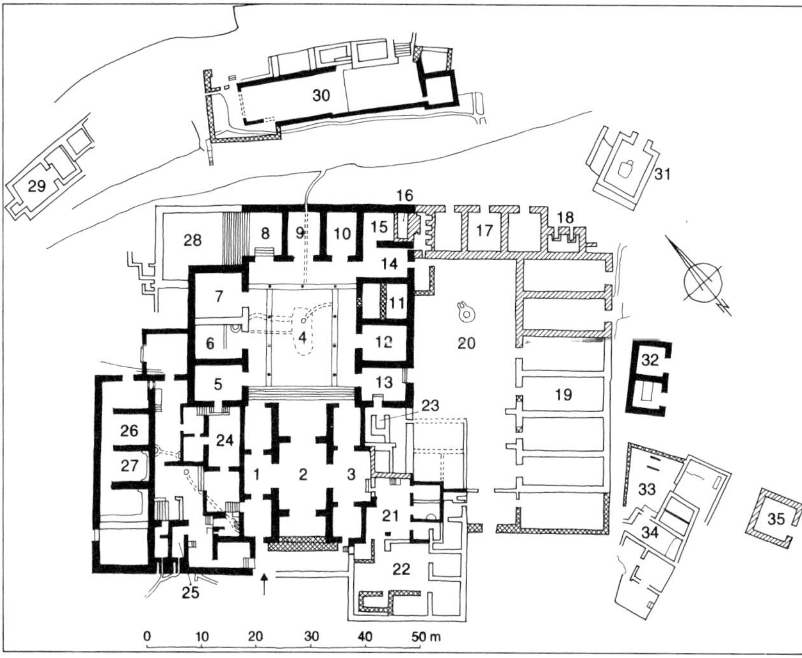

Vouni: Palastanlage, Orientierungsplan (nach Karageorghis)

1-3 Repräsentationsbau
4 Zentralhof
5-13 Wohnräume
14 Caldarium
15 Frigidarium
16 Beheizungsbau
17 Lagerräume
18 Latrine
19 Lagerräume
20 Bewirtschaftungshof
21 Innenhof
22 Küchentrakt
23 Treppensubstruktion
24 Wohnräume
25 Badezimmer
26, **27** Lagerräume
28 Haupteingang der dritten Bauphase
29 – **35** Heiligtümer aus den verschiedenen Bauphasen

hesten antiken Badeanlagen (5. Jh. v. Chr.!) vor. Mit der Erweiterung der Badeanlage ging der Bau von *Lagerräumen* einher (**17**). Die seltsam geformte Anlage im Anschluß daran könnte eine *Latrine* (**18**) gewesen sein.

Den Südostflügel bildeten weitere *Lagerräume* (**19**), die den *Bewirtschaftungshof* (**20**) mit der Schöpfanlage umschlossen. Nach Südwesten hin schloß ein *Küchentrakt* (**22**), der sich ebenfalls um einen *Innenhof* (**21**) gruppierte, die Wirtschaftsanlage ab. Er zeigt bauliche Veränderungen aus allen vier Bauphasen. Hier fand man den berühmten ›Schatz von Vouni‹ unter einer *Treppensubstruktion* (**23**).

Nach Westen schließen *Wohnräume* (**24**), Badezimmer (**25**) und weitere *Lagerräume* (**26** und **27**) mit runden Löchern als Gefäßhalterungen im Boden die Liwan-Anlage ab. Die III. Bauphase brachte dann die Umorientierung, bei der der Haupteingang nach Norden verlegt wurde (**28**). Diese Verlagerung näherte den Bau in der Abfolge der Räume (28, 4, 1–3) nun dem griechischen ›Megaron-Typus‹ an. Um den Palast herum gab es einige Heiligtümer aus den verschiedenen Bauphasen. So gehören die Gebäude **30** und **32** der I. Bauphase an, **35** der II., **29** und **33/34** der III.; in Raum **34** ist eine *Waschvorrichtung* enthalten.

Auf der gegenüberliegenden Seite des Parkplatzes im Süden befindet sich auf einer kleinen Erhebung der *Athena-Tempel.* Er wurde im 3. Viertel des 5. Jh. errichtet. Durch zwei Vorhöfe im Osten, an die sich südlich die Schatzhäuser anschließen, betritt man den Tempel. Der im Westen angrenzende kleine Bau war später hinzugefügt worden. Hier kamen wertvolle Bronzefunde zutage, u. a. die kleine Bronzekuh *(Abb. S. 45)*, in der man eine Nachbildung der berühmten, jedoch nur literarisch überlieferten Kuh des Myron vermutet.

An der Küste im Westen sieht man einige Felsen, die die jungsteinzeitliche Fundstelle **Petra tou Limniti** markieren.

*** 49 Bellapais-Abtei

(Bellabayıs, Μπέλλαπάϊς, Bellapais Abbey)

Entweder über die Paßhöhe zwischen Girne/Kyrenia und Lefkoşa/Nikosia oder über die Ortschaft Ozanköy/Kasaphani erreicht man die fränkische Abtei Bellapais südöstlich von Kyrenia, die an der steilen Felsklippe eines Hochplateaus herrlich gelegen ist.

Geschichte: Nach dem Fall von Jerusalem im Jahre 1187, wo der Augustinerorden den Schutz des Heiligen Grabes versah, zogen sich die Mönche nach Zypern zurück und gründeten die seit 1205 bekannte *Abtei Unsrer lieben Frau vom Berge*. Von Hugo I. wurden sie mit Ländereien ausgestattet. Später schlossen sich ihnen ebenfalls aus Palästina kommende Prämonstratenser an, nach deren weißer Kutte das Kloster auch ›Weiße Abtei‹ genannt wurde. Dieser Name hat sich erhalten; als zur Zeit der Türkenherrschaft das Kloster der griechisch-orthodoxen Gemeinde übergeben wurde, weihte diese die Kirche der *Panagia Asprophorousa* der ›Muttergottes mit dem weißen Gewand‹. Das Kloster wurde so einflußreich, daß 1224 Papst Honorius III. und 1232 Gregor IX. den Abt zum Gehorsam gegenüber dem Erzbischof von Nikosia mahnen mußten. Aus

der früheren Ortsbezeichnung *Episkopia* wurde *Lapais* und schließlich *Abbaie de la Pais* (Abbaye de la Paix), von der sich der heutige Name *Bellapais* ableitet. Das dem Abt von Hugo III. (1267–84) verliehene Privileg, während der Messe die Bischofsmitra und außerhalb des Klosters Schwert und vergoldete Sporen zu tragen, deutet eher auf streitbare Fürsten als auf demütige Klosterbrüder. Hugos Nachfolger behielten die großzügige Unterstützung des Klosters bei, dessen Wohlstand erst durch die Genuesen Einbußen erlitt. Obgleich sich die Abtei unter venezianischer Herrschaft wieder erholte, setzte doch neben dem baulichen auch ein Verfall der Sitten ein. So berichtete im 16. Jh. der Provveditore *Bernardo Sagredo* der Signoria in Venedig von der *»Sünde, ein solches architektonisches Wunderwerk verfallen zu sehen«* und daß die Fratres Frauen hätten, mancher – wie ihm versichert wurde – sogar bis zu drei. Dem Einschreiten der Signoria kamen jedoch die Türken zuvor, die 1571 die Insel erobert hatten.

Ein Juwel gotischer Klosterarchitektur auf einem Hochplateau nahe der Küste: Die fränkische Abtei Bellapais

Von Westen führt ein *Zugang* (**A**), der von zwei kleineren Türen flankiert wird, in einen quadratischen Hof der Klosteranlage. Die Kragsteine dieses Eingangs trugen Evangelistensymbole. Links sind noch geflügelter Stier und Adler als Symbole der Evangelisten Lukas und Johannes sichtbar. Vom Hof aus gelangt man nach Osten in die *Vorhalle* (**B**) der Kirche des 13. Jh. Nischen in ihrer

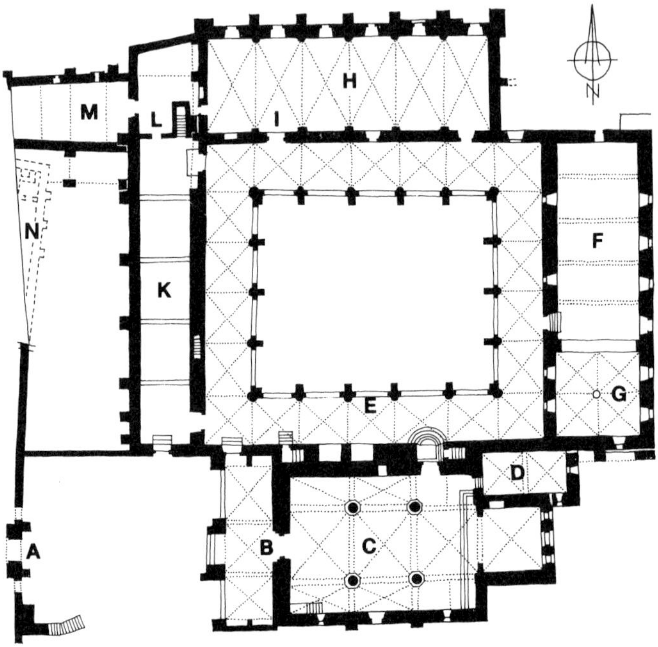

Bellapais-Abtei, Grundriß (nach Megaw)

A Zugang
B Vorhalle
C Kirche
D Sakristei
E Kreuzgang
F Gemeinschaftsraum
G Kapitelsaal
H Refektorium
I Haupteingang
K Cellarium
L Krypta
M Küche
N Gebäudereste

Nord- und Südwand waren als Grabstellen vorgesehen. Fragmentarische Malereireste in der Vorhalle schreibt man italienischem Stil des 15. Jh. zu. Die flachgedeckte *Kirche* (**C**) besteht aus einem Langhaus mit zwei Jochen und schmalen Seitenschiffen. Daran schließt ein Querhaus und ein quadratischer Chor an. Nördlich des Chors liegt die *Sakristei* (**D**). In der nördlichen Querhauswand führt eine Treppe (›Nachttreppe‹) ins Dormitorium. Eine zweite Treppe in der Nordwand führt auf das Dach der Kirche und in die Schatzkammer.

Über den Südflügel des *Kreuzgangs* (**E**) erreicht man im Osten des Klosters einen *Gemeinschaftsraum* (**F**), an den im Süden der *Kapitelsaal* (**G**) anschließt. Der Gemeinschaftsraum war mit einem einfachen Tonnengewölbe versehen, dessen Gurtbögen auf

Konsolen ruhten. Im Kapitelsaal gliederten sich vier Kreuzrippengewölbe, um eine zentrale, vermutlich spätantike Säule. Sieben oder acht Dienstkonsolen haben sich erhalten. An ihnen ist ein verspielter künstlerischer Geist ablesbar, da alle figural ausgestaltet sind und in einem Fall sogar ein antikes Motiv wiedergeben: ›Odysseus zwischen zwei Sirenen‹. Bei dem darüberliegenden *Dormitorium* handelt es sich zweifelsfrei um die von Hugo IV. errichteten ›wunderbaren Gemächer‹. Auch sie waren mit Kreuzrippengewölben versehen.

Über den nördlichen Teil des Kreuzgangs betritt man das *Refektorium* (**H**). Im Türsturz über dem *Haupteingang* (**I**) sind die Wappen der Lusignans als Könige von Zypern und Jerusalem angebracht. Auch dieser Teil der Klosteranlage stammt wie Kreuzgang und Ostflügel aus der Zeit Hugos IV. In der Nordwand führt eine in die Mauer eingelassene Treppe zur *Kanzel* empor, von der aus den Klosterbrüdern während der Mahlzeiten aus heiligen Schriften vorgelesen wurde. Aus den sechs Fenstern dieses sehr gut erhaltenen Gebäudes hat man einen schönen Ausblick auf die sich unterhalb des Steilabhangs erstreckende Küstenebene.

Vom Westflügel der Anlage ist nur wenig erhalten. Er beherbergte einst das *Cellarium* (**K**), die Wirtschafts- und Aufenthaltsräume der Laienbrüder. In seinem nördlichen Teil führt eine Treppe in die *Krypta* (**L**), in der Vorräte gelagert waren. Westlich, auf der Ebene des Refektoriums schließt die *Küche* (**M**) an. Reste eines Gebäudes aus der Anfangszeit des Klosters (**N**) hatten den umfangreichen Baumaßnahmen des 14. Jh. weichen müssen.

Man sollte sich für diesen Ausflug genügend Zeit nehmen und nach Besichtigung der Abtei Bellapais noch weiter fahren, auch wenn die Strecke etwas schwierig und langwierig ist. Über die Bergkette fährt man nach Süden. Bei der ersten Abzweigung biegt man nach Osten in Richtung Kaynakköy/Sychari und Taşkent/Vouno (Vounous), der Stätte des frühbronzezeitlichen Heiligtums, ab. Hier fand man das bekannte Temenosmodell mit der Szene einer kultischen Handlung *(Abb. S. 33)*. Weiter östlich folgt Güngör/Koutsoventis.

Ein kleinerer Abstecher von Bellapais aus führt nach Çatalköy/Agios Epiktetos, wo man Reste einer jungsteinzeitlichen Siedlung entdeckt hat.

50 Burg Buffavento und Agios Ioannis Chrysostomos-Kloster

(Buffavento Castle, Βουφαβένιο; Ayios Khrysostomos Monastery,. Μονή Χρυσοστόμου)

Dort, wo auf der Paßhöhe westlich des Fünffingerberges (Beşparmak/Pentadaktylos) zwischen Değirmenlik/Kythräa und Çatalköy/Agios Epiktetos eine Schotterstraße kreuzt, wählt man den Weg nach Westen. Scheinbar nie enden wollend, erreicht dieser über weite Strecken leicht ansteigende Weg nach etwa 6 km einen kleinen Parkplatz mit einem Olivenbaum. Rechts oberhalb erblickt man die Ruinen der **Burg Buffavento**. Ein Fußpfad führt in einer halben bis Dreiviertelstunde auf den 954 m hohen Gipfel. Die ›dem Wind trotzende‹ Burg wurde wie Kantara *(S. 306)* und St. Hilarion *(S. 263)* von den Venezianern geschleift. Auch für Buffavento gibt es erste Hinweise frühestens seit der Eroberung Zyperns durch Richard Löwenherz, als sie dem geflüchteten *Isaak Komnenos* Zuflucht bot. In der wechselvollen Geschichte der Insel unter fränkischer Herrschaft diente die Burg verschiedentlich als Gefängnis. Nur wenig ist von ihren einstigen Gebäuden erhalten.

Im Süden, unterhalb der Burg, liegt das **Agios Ioannis Chrysostomos-Kloster**, das zur Zeit vom Militär als Kaserne genutzt wird und somit nicht zugänglich ist. Der weithin sichtbare Klosterkomplex liegt etwa 2 km oberhalb von Güngör/Koutsovendis an dem zweiten, zur Burg führenden, jedoch nur mit amtlicher Genehmigung der Tourismusbehörde zu passierenden Weg. Die Anlage verdankt ihren Umfang der Ausbreitung des Klosterwesens im 11. und 12. Jh. Hier begann auch der *hl. Neophytos* seinen klösterlichen Lebensweg *(S. 131)*. Von den beiden nebeneinander liegenden Kirchen stammt die ältere südliche aus dem 11. Jh. Sie stürzte zu Beginn unseres Jahrhunderts ein und wurde durch den heutigen unscheinbaren Bau ersetzt. Einst gehörte sie zu den wenigen Acht-Stützen-Kirchen Nordzyperns. In der benachbarten einschiffigen, überkuppelten Kapelle, die der byzantinische Statthalter *Eumathios Philokales* hatte errichten lassen, entdeckte man bei Restaurierungsarbeiten Fresken aus dem 12. Jh.

⋆ 51 Kythräa/Chytri, Sourp Magar-Kloster und Antiphonitis-Kloster

Der ›Fünffingerberg‹ gab dem Pentadaktylos- oder Beşparmak-Gebirge an der Nordküste Zyperns seinen Namen

Kythräa/Chytri *(Değirmenlik, Κυθραία, Kythrea)* liegt südlich am Fuße des 740 m hohen Beşparmak-Gipfels. Als Chytri soll es im 12. Jh. v. Chr. von *Chytros*, einem Sohn des Akamas, gegründet worden sein. Tatsächlich reicht die Geschichte Chytris noch weiter in die Vorzeit zurück. Hier wurden Siedlungsreste aus der Jungsteinzeit entdeckt. Aufgrund des Wasserreichtums dieser Gegend blieb Chytri kontinuierlich besiedelt. Umfangreiche architektonische Relikte blieben nicht erhalten, doch stieß man auf eine bronzezeitliche Nekropole. Nordöstlich von Kythräa entdeckte man die Akropolis des antiken Chytri und ein Aphrodite-Heiligtum. Drei große aus einem Heiligtum bei Voni, südöstlich von Kythräa, stammende Statuen stehen im Zypern-Museum in Nikosia *(S. 244)*; ebenso die in dieser Gegend gefundene Monumentalstatue des römischen Kaisers Septimius Severus. Die nördlich des Ortes gelegene Quelle *Kephalovryson* versorgte bereits in antiker Zeit das Umland mit Wasser. Über 60 km lang war der **Aquädukt**, der von hier aus Constantia *(S. 290)* mit Wasser versah. Reste dieses Aquädukts sind noch beim Dorf *Yeniboğaziçi/Agios Sergios* zu sehen.

Von der Quelle führt eine Straße westlich um den Beşparmak-/Pentadaktylos-Gipfel zur Nordküste; zweigt man nach Osten ab, gelangt man zum **Armenischen Kloster Sourp Magar** und auf Waldwegen weiter zum Antiphonitis-Kloster. Das Sourp Magar-Kloster *(Armenian Monastery, Άγιος Μακάριος)* ist auch über die Paßhöhe westlich des Beşparmak zu erreichen *(S. 277)*, indem man den Weg nach Osten auf den Gipfel zu wählt. Zu dem dem Eremiten *Makarios* (309–404) geweihten Kloster gelangt man auch auf der von Girne/Kyrenia nach Osten führenden Küstenstraße über Karaağaç/Charcha (Khartzia, Chartsa) und das Antiphonitis-Kloster. Kommt man dagegen von Süden, muß man die Straße über Değirmenlik/Kythräa nehmen.

Das Kloster geht auf eine Gründung koptischer Christen aus Ägypten zurück, die es im Mittelalter dem Eremiten Makarios geweiht hatten. 1425 erhielten die Anlage armenische Christen, in deren Besitz sie bis heute blieb. Zum Fest des Heiligen ist sie ein beliebtes Pilgerziel, obwohl das klösterliche Leben längst erloschen ist. Die ursprüngliche Kirche wurde vermutlich durch ein Erdbeben zerstört und 1811/14 durch einen Neubau ersetzt. Als 1895/96 armenische Christen in der Türkei ermordet wurden, wurde das Kloster von dem in Nikosia gegründeten Waisenhaus als Sommersitz benutzt. Ein Denkmal in der Nähe des Klosters erinnert daran. Die Anlage ist heute Ruine.

Ein wenig Geduld muß man schon mitbringen, will man heute das ***Antiphonitis-Kloster** *(Αντιφωνητής)* aufsuchen. In Ermangelung eines Hinweises ist es schon nicht ganz einfach, den richtigen Abzweig von der von Esentepe/Agios Amvrosios zur Alevkaya/Halevka Forest Station führenden Straße zu finden. Auch das in einem meerwärts sich öffnenden Tal versteckte Kloster ist nicht ausgeschildert. Nach einer längeren Fahrt erreicht man eine Kreuzung. Zwischen den beiden linken auseinanderstrebenden Straßen fristet ein rostender Bilderstock aus Blech sein einsames Dasein. Er galt noch 1993 als einzige Orientierungshilfe. Wegweisern, vor allem mit griechischen Ortsbezeichnungen, ist hier im türkisch okkupierten Norden grundsätzlich zu mißtrauen, da sie oft beschossen, verbogen und verdreht in die falsche Richtung weisen. Möglicherweise ist selbst dieses letzte abzweigende Wegstück, das in den 70er Jahren noch mit dem Bus befahren werden konnte, je nach Jahreszeit sogar mit einem klei-

nen Jeep kaum zu bewältigen. Ein kleiner Spaziergang in dieser vom Duft der Pinien erfüllten Bergregion sollte aber zu verkraften sein.

Ziel oder Ausgangspunkt für Wanderungen: Das verlassene Antiphonitis-Kloster

Von der Konzeption her früherer Zeit entsprechend, scheint die Kirche doch erst im letzten Viertel des 12. Jh. erbaut worden zu sein. Im 14. Jh. erhielt sie den Narthex und im 15. Jh. die Loggia an der Südseite, die mit einem flachen Holzdach gedeckt war. Ursprünglich war die gesamte Kirche mit Malereien aus dem 12. Jh. bedeckt. Neben kläglichen Resten davon finden sich auch noch Spuren einer Übermalung aus dem 14. Jh. Versöhnt wird der Besucher jedoch durch die Tatsache, hier den letzten erhaltenen Bau des ›Acht-Stützen-Typus‹ auf Zypern vor sich zu sehen und nicht zuletzt durch die herrliche Lage des verlassenen Klosters inmitten der Kiefernwälder. Der Besuch ist noch immer sehr zu empfehlen.

Von gehörnten Göttern und gekrönten Häuptern: Enkomi, Salamis, Famagusta

Nicht einmal eine Viertelstunde Fahrtzeit voneinander entfernt liegen die drei Orte, deren durchaus ganz eigene ›Geschichten‹ auf eigentümliche Weise miteinander verbunden sind. *Enkomi/Alasia*, eines der frühesten Zeugnisse städtebaulicher Planung, bietet sich heute auf den ersten Blick als unübersichtliche Ausgrabung dar. Sie zeigt die Reste einer Siedlung, die bis zu ihrer Zerstörung im 12. Jh. v. Chr. die Geschicke der Insel mitbeeinflußte. Um 1050 v. Chr. wurde die Stadt endgültig verlassen, und der Aufstieg des benachbarten, ein Vierteljahrhundert zuvor gegründeten Salamis begann. Die Hinterlassenschaften aus römischer und frühchristlicher Zeit, die auf dem unermeßlich scheinenden Areal der 648 n. Chr. von Sarazenen verwüsteten Stadt *Salamis/Constantia* zutage kamen, stellen heute neben Nea Paphos *(S. 100)* und Curium *(S. 190)* die beeindruckendste Ausgrabung dar. Auf den Überresten der schon von *Ptolemaios II.* im 3. Jh. v. Chr. gegründeten Lagunensiedlung *Arsinoe* entstand nun *Ammochostos/Famagusta/Gazimağusa*. Die noch immer vom venezianischen Festungsring umschlossene Altstadt wurde als Krönungsort der Könige von Jerusalem wichtigste Station der Kreuzfahrer auf dem Weg ins Heilige Land. Famagusta steht also in der traditionsreichen Reihe aufeinanderfolgender benachbarter Städtegründungen an der Pediaios-Mündung.

›Gehörnter Gott‹ heißt die Bronzestatuette aus Enkomi, die im Zypern-Museum in Nikosia zu besichtigen ist

Als schiffbarer Fluß einst wirtschaftliche Lebensader der Mesaoria, bot der Pediaios günstige Voraussetzungen für den Seehandel mit den östlichen Küstenländern. Blickt man aus seiner Schwemmlandebene nach Norden, so läßt sich bei klarer Sicht die Erhebung mit der *Burg Kantara* ausmachen, von wo aus man einen sehr schönen Überblick über die Küsten der schmal nach Osten hin auslaufenden Karpas-Halbinsel, aber auch auf Mesaoria und auf die Pinienwälder der Beşparmak-Dağları in westlicher Richtung erhält.

*** 52 Famagusta *(Gazimağusa)* / Ammochostos *(ΑΜΜΌΧΩΣΤΟΣ)*

Da zum gegenwärtigen Zeitpunkt die Trennung zwischen griechisch- und türkisch-zypriotischem Areal in Famagusta keine Rolle mehr spielt, gibt es keinerlei Beschränkungen hinsichtlich des Zugangs zur Altstadt. Man hat von Salamis kommend die Möglichkeit, am Kreisverkehr auf dem *Ismet Inönü Boulevard* nach links über den *Topcu Boulevard* und *Cengiz Topel* einen Parkplatz in unmittelbarer Umgebung der Zitadelle anzusteuern. Kommt man aus Richtung Nikosia, kann man kurz hinter dem Platz mit dem Siegesmonument nach links durch das Land-Tor in die Altstadt einfahren. Vom Palm Beach Hotel aus wird man vermutlich den Weg entlang der Küste bis zum See-Tor, dem repräsentativsten Zugang zur Stadt, wählen.

Noch immer strahlt in Famagusta etwas vom Glanz vergangener Tage ab. Auch wenn die meist mittelalterlichen Kirchen 1571 dem Bombardement türkischer Artillerie nicht widerstanden haben - auch die Zahl ihrer Ruinen ist beeindruckend. Der Überlieferung gemäß sind sie der Rest der einst für jeden Tag des Kirchenjahres bestimmten Gotteshäuser. Blickt man von der Zitadelle am Hafen landeinwärts, dann überragt einer der wenigen erhaltenen Bauten, die Krönungskathedrale *St. Nikolaus*, heute der türkischen Bevölkerung als *Lala Mustafa Pascha-Moschee* dienend, wie zu Zeiten der Kreuzritter, Genuesen, Venezianer und Türken als dominierender Bau die Dächer der Altstadt. Einer Speerspitze gleich überragt ihr Minarett die Stümpfe der Doppelturmfassade. Noch immer liegen weite Teile des Stadtgebiets wie nach der Zerstörung brach. Insofern hat sich das Bild der Stadt kaum gewandelt. Ganz im Gegensatz zur lebhaften Umtriebigkeit der Altstadt Nikosias herrscht hier – sofern nicht gerade ein knatterndes Zweirad diesen Eindruck stört – provinzielle Beschaulichkeit. Deshalb sollte man auf eine Rundfahrt durch die Stadt verzichten und sich statt dessen die Sehenswürdigkeiten zu Fuß erwandern.

Markenzeichen alter und moderner Zeiten: Das Minarett der heutigen Lala Mustafa Pascha-Moschee von Famagusta überragt die abgebrochene Doppelturmfassade der einst christlichen Krönungskathedrale des hl. Nikolaus

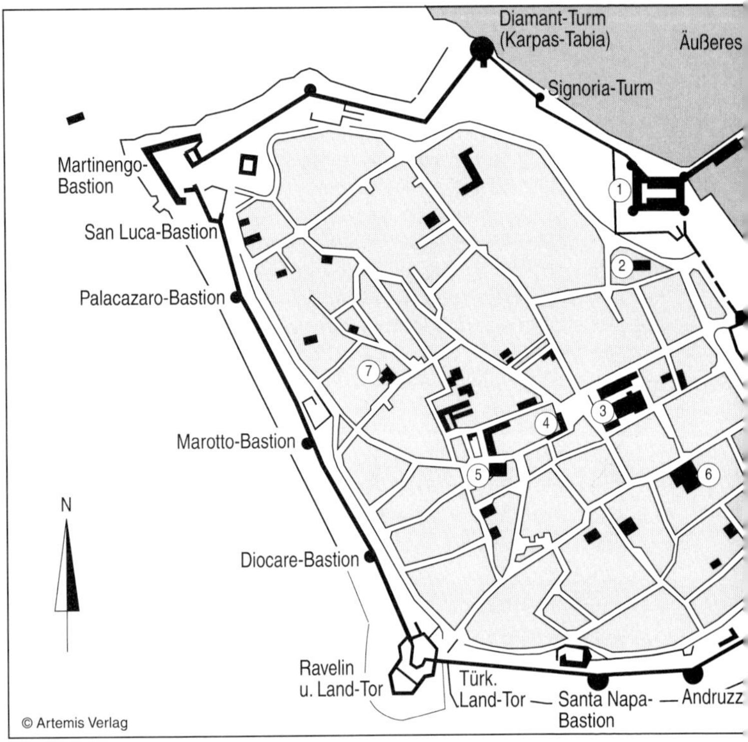

Gehörte bis 1974 der Besuch des langen feinsandigen Strandes an der Hotelzeile von *Varoscha* (Maraş) zum obligatorischen Programm eines Famagusta-Besuchs, so muß der heutige Besucher mit ca. 200 Metern am *Palm Beach Hotel* vorliebnehmen. Von dort darf er einen begehrlichen Blick auf die seit der türkischen Invasion ruinöse Beton- und Bettenburg in dem Niemandsland werfen, das von den UNFICYP kontrolliert wird. Varoscha stand und steht noch immer im Mittelpunkt politischer Streitfragen, wenn es um eine künftige Vereinigung der beiden Inselteile geht. Varoscha zurückzugewinnen, das sich einst in griechisch-zypriotischem Besitz befand, war bislang immer eines der vordringlichsten Ziele für die Vertreter der Republik Zypern bei den Verhandlungen mit den Repräsentanten der türkisch-zypriotischen Volksgruppe.

Geschichte: Als Gründung *Ptolemaios' II.* war *Arsinoe*, die auch hier nach seiner Gattin benannte Stadt, im 7. Jh. zur Bedeutungslosigkeit

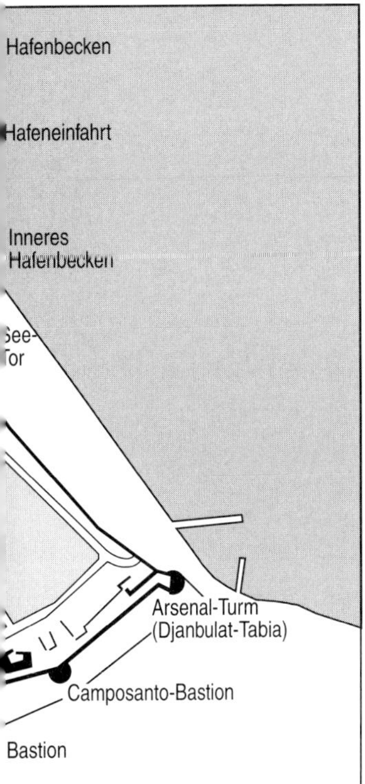

Famagusta: Altstadt, Orientierungsplan

- ★ ① Zitadelle, Iç Kale
- ② Kirche St. Georg der Lateiner
- ★★★ ③ Kathedrale des hl. Nikolaus (heute: Lala Mustafa Pascha-Moschee)
- ④ Palazzo del Provveditore
- ⑤ Kirche der Heiligen Petrus und Paulus
- ⑥ Orthodoxe Kathedrale Agios Georgios der Griechen
- ⑦ Kirche Agios Georgios Exorinos

herabgesunken und ihre Bauwerke vom Sand begraben, wie die Bezeichnung *Ammochostos* (= im Sand versunken) bezeugt. Die ersten Jahrhunderte ihrer Wiederbesiedelung verliefen ohne größere Ereignisse. Erst als 1136 *Ioannis II. Komnenos* Bewohner von Tell Hamdoun in Klein-Armenien nach Ammochostos umsiedelte, erlebte die Bevölkerung neuen Zuwachs, und als im 13. Jh. der Stern abendländischer Herrschaft in Palästina zu sinken begann, bot sich *Famagosta* oder *Famagusta*, wie Ammochostos in latinisierter Form nun hieß, als idealer Stützpunkt für den Orienthandel an. Die Dynastie der *Lusignans* regierte inzwischen Zypern als selbständigen Staat. Dieser erwies sich den aus Palästina und Syrien zurückkommenden Fürsten und Ordensbrüdern als ideales Aufnahmegebiet. Während Nikosia zur politischen Hauptstadt heranwuchs, steigerte sich Famagustas wirtschaftliche Bedeutung. Vor allem nach dem Fall von Akkon im Jahre 1291 und dem damit verbundenen Flüchtlingsstrom erhöhte sich die Einwohnerzahl auf etwa 70 000. Politische Bedeutung erwuchs Famagusta nun aus seiner Funktion als Krönungsstadt der Könige von Jerusalem. Hier residierten nun die Konsuln von Venedig, Pisa, Genua, Ancona, Montpellier, Narbonne und Barcelona; jeder versuchte den andern an Prunk zu übertreffen. Reisende jener Zeit fürchteten aufgrund des geschilderten märchenhaften Reichtums der Stadt um die Glaubwürdigkeit ihrer Berichte. Die Zahl der Kirchen – in der Bauweise der Ile-de-France, der Champagne und Südfrankreichs, aber auch in byzantinischem oder franko-byzantinischem Stil errichtet – soll die Zahl der

Tage des Jahres übertroffen haben. All dieser Prunk verfiel jedoch, als nach einer vorausgegangenen Plünderung der Stadt durch die Genuesen im Jahre 1373 und der Rückeroberung durch *Jacques II., den Bastard,* 1464 Famagusta schließlich im Jahre 1571 in die Hand der Türken fiel. Zunächst wurde ›Ungläubigen‹ der Zutritt zur Stadt untersagt, und bis in jüngste Zeit, auch schon vor 1974, war es griechisch-zypriotischen Bürgern nicht erlaubt, die Altstadt zu betreten.

* **Die Zitadelle, Iç Kale** *(Othellos Turm, Abb. S. 67)* ①

Als Viereckbau mit vier Rundtürmen an den Ecken weist das Hafenkastell Gemeinsamkeiten mit anderen Festungsbauten der Lusignans auf der Insel auf. Es wurde im 14. Jh. errichtet und bereits 1492 durch *Nicolo Foscarini* umgebaut. Da *Shakespeares* ›Othello‹ in einem ›Seehafen in Zypern‹ spielt, ging man davon aus, daß es sich dabei um den damals bekanntesten, nämlich Famagusta, handelte, dessen Fort auch Sitz des venezianischen Gouverneurs war. Eine Version sieht in dem ›Mohren von Venedig‹ den zwischen 1506 und 1508 als Vizegouverneur in Famagusta residierenden *Christoforo Moro*. Eine andere beruft sich auf ein im venezianischen Archiv verzeichnetes Urteil des Rates der Stadt, das für einen Soldaten, der ›Il Moro‹ genannt wurde, und zwei andere, die im Rang dem ›Jago‹ und ›Cassio‹ gleichstanden, die Verbannung nach Zypern bestimmte. Sicher scheint lediglich zu sein, daß Shakespeare als historische Vorlage eine Novelle des Venezianers *Giraldo Cinzio* benutzt hatte.

Nur sehr fragmentarisch stehen gegenüber dem Südwestturm der Zitadelle die Reste der früh-gotischen Kirche **St. Georg der Lateiner** ②, deren Entstehung man zur Zeit Ludwigs IX. des Heiligen (1226–70) ansetzen zu können glaubt. Denn auf dem 6. Kreuzzug (1246–54) hatte er hier Quartier bezogen. Die feine Ausarbeitung des größtenteils zusammengestürzten Bauwerks erinnert an die fast gleichzeitig entstandene Sainte-Chapelle in Paris (1243–48).

*** **Kathedrale des hl. Nikolaus** ③ (heute: *Lala Mustafa Pascha-Moschee, Lala Mustafa Paşa Cami*)

Dominierendes und von allen Seiten sichtbares Gebäude der Altstadt ist die lateinische Kathedrale des hl. Nikolaus. 1298 begann man mit der Ausführung, die 1326 beendet war. Im Gegensatz zu europäischen Bauten, die späteren Veränderungen unterworfen waren, liegt mit der Nikolaus-Kathedrale eines der reinsten gotischen Bauwerke vor, sieht man von dem 1571 hinzugefügten

Minarett und der Beseitigung des Skulpturenschmucks und der Malerei ab. Eindrucksvoller noch als an der Sophienkathedrale in Nikosia *(S. 251)* präsentiert sich hier die *Westfassade*, die bis in Höhe des dritten Turmgeschosses erhalten ist. Über dem breiten Mittelportal und den nur wenig schmaleren seitlichen Turmportalen – ohne Gewändefiguren und Archivoltenschmuck, jedoch mit reich ausgestalteten Maßwerktympana – erheben sich krabbengesäumte Wimperge. Sie reichen mit ihren Spitzen über das erste Horizontalgesims hinaus und sind mit Maßwerkrosetten und -dreipässen ausgefüllt. Flankiert wird die Fassade von zwei polygonalen *Treppentürmen*, von denen Ausgänge auf die schmale, dem zweiten Geschoß vorgelegte *Galerie* führen, die hier wie in Nikosia bei Krönungsfeierlichkeiten benutzt wurde. In den Türmen hinter der Galerie befindet sich jeweils ein schmales, zweifach gegliedertes, hohes Blendfenster. Dem Mittelportal entspricht das darüber liegende sechsgliedrige Maßwerkfenster. Das bekrönende Wimpergtympanon füllt ein monumentaler Dreipaß aus. Auf der Spitze dieses Wimpergs haben sich Reste der abschließenden Kreuzblume erhalten. Am dritten Turmgeschoß sind mehrfach profilierte, ebenfalls mit Wimpergen verse-

Ein Meisterwerk gotischer Baukunst: Die einstige Kathedrale des hl. Nikolaus in Famagusta ist seit 1571 Moschee der Moslems

hene Schallfenster zu erkennen. Nur wenig ragt die Minarettspitze über die Turmrelikte hinaus.

Hat man die in ihrer horizontalen und vertikalen Gliederung ausgewogene und an frühgotische Bauten erinnernde Fassade, die Elemente aus Reims und Amiens enthält, hinter sich gelassen und die dreischiffige basilikale Anlage betreten, findet man sich in dem weißen, lichtdurchfluteten **Inneren** wieder. Bedingt durch die flache Abdeckung der Seitenschiffe setzt gleich über den Scheidewänden ein Lichtgaden an, dessen weite Fenster an einigen Stellen in ihrer ursprünglichen Gliederung erhalten sind. Ohne Umgang ist das Chorhaupt gebildet, das das sechsjochige Langhaus abschließt und Bezüge zu St. Urbain in Troyes aufweist. Die Pracht der Westfassade findet eine Entsprechung in der architektonischen Auflösung der Seitenwände (diaphane Wandstruktur), wie sie am Außenbau trotz Beeinträchtigung durch das mächtige Strebewerk ablesbar ist. Vor allem der Ostabschluß mit Chor und Apsiden der Seitenschiffe besitzt noch sein reichhaltiges architektonisches Dekor mit wimpergbekrönten Maßwerkfenstern; sogar einige krabbenbesetzte Fialen mit Kreuzblumenabschluß haben sich erhalten.

Links vor der Kathedrale steht das **Denkmal für den türkischen Volksdichter Namik Kemal** (1840–88), der 1873–78 vom Sultan nach Zypern verbannt worden war und während dieser Zeit in einer Zelle des ehemaligen Palazzo del Provveditore (sog. ›Gefängnis Namik Kemals‹) lebte.

Palazzo del Provveditore ④

Gegenüber der Kathedrale, an dem teilweise mit arkatierten Gebäuden versehenen Vorplatz, stehen die Reste des Palazzo del Provveditore, des venezianischen Gouverneurspalastes. Neben einem in türkischer Zeit als Gefängnis dienenden Seitentrakt ist lediglich die dreitorige Portalzone erhalten, die in Renaissanceart einen Triumphbogen nachempfindet. Vier dorische Granitsäulen (aus Salamis, *S. 290*) sind einer aus Rustikamauerwerk bestehenden Wand vorgelagert, die am Bogenansatz der Torwölbung, in halber Höhe der Säulen, mit einem Gesims versehen ist. Über den Schlußsteinen der Bögen, deren mittlerer das Wappen des Gouverneurs *Giovanni Renier* aus dem Jahre 1552 trägt, zieht sich über der Kämpferzone der Kapitelle ein weiteres Gesims entlang. Der darüber liegende umgegliederte Architrav wird von einem über den Säulen verkröpften letzten Gesims abgeschlossen.

Kirche der Heiligen Petrus und Paulus ⑤

Die ursprünglich angeblich der hl. Katharina geweihte Kirche soll von einem reichen Kaufmann in der Mitte des 14. Jh. anläßlich des erfolgreichen Abschlusses eines einzigen Handelsgeschäftes erbaut worden sein. Möglicherweise beruht aber diese durch *Mariti* festgeschriebene Interpretation ›Simone Nostrano Negoziante‹ (Kaufmann Simone Nostrano) auf einem Irrtum. Denn frühere Schriften legen nahe, daß ›nostrano‹ eventuell auf einem Schreibfehler beruht und einst ›Nestorano‹ geheißen haben könnte, was diese Kirche als *nestorianische* ausweisen würde. In seinen Umfassungsmauern noch weitgehend intakt, spiegelt der Bau das merkantile Repräsentationsbedürfnis seiner Zeit wider. Der aus einer Mischung von byzantinisch-basilikalem und gotischem Stil errichtete Bau überstand das Bombardement Famagustas durch die Türken nahezu schadlos. Nach der Einnahme der Stadt wurde die Kirche zur *Sinan Pascha-Moschee*, später diente sie als Kartoffel- oder Getreidespeicher, heute als Stadtbücherei.

Verwegener noch als bei der Kirche der Heiligen Petrus und Paulus wurden bei der einstigen orthodoxen Kathedrale **Agios Georgios der Griechen** ⑥ gotische und byzantinische Formen gemischt. Man vermutet, daß der dreischiffige, überkuppelte Bau in architektonischem Wettstreit mit der Kathedrale des hl. Nikolaus *(S. 286)* von orthodoxer Seite errichtet wurde. Doch waren seine Baumeister noch zu sehr der byzantinischen Tradition verpflichtet, so daß die unzureichende Statik der Seitenwände zum Einsturz der Anlage unter dem Kanonenhagel der türkischen Artillerie beitrug.

1339 wurde die Kirche **Agios Georgios Exorinos** ⑦ von einem reichen Kaufmann als Kirche der Nestorianer errichtet. Sie ist einer der bedeutendsten Belege fur die Vielfalt der christlichen Sekten im mittelalterlichen Famagusta. Nachdem sie während der türkischen Besetzung der Insel als Kamelstall gedient hatte, wurde sie zu Beginn unseres Jahrhunderts von orthodoxen Christen erworben und dem *hl. Georg, dem Verbanner*, geweiht. Fragmentarische Fresken und Inschriften im Innern dieses trotz seiner gotischen Elemente gedrungenen Baus erinnern an seine früheren Besitzer, die im syrisch-mesopotamischen Raum beheimatet waren.

*** 53 Salamis/Constantia

(Σάλαμις/Κωνστάντια).

Eigentlich sollte Salamis/Constantia *Ammochostos* (=im Sande versunken) heißen: In Sichtweite von Famagusta an der weitschweifenden Bucht nämlich hat man dem Sand die beeindruckenden Relikte einer der antiken Großstädte der Insel entrissen. Seiner einstigen Bedeutung entsprechend, umfaßt die Stätte des antiken Salamis samt ihrer Nekropole ein umfangreiches Areal.

Meerwärts, südlich der Abzweigung nach Yeniboğaziçi/Agios Sergios, an der Famagusta-Karpas-Straße dehnen sich die Trümmer der Stadt aus. Man erschließt sie sich am besten von dem nahe beim Gymnasium gelegenen Restaurant aus. Wie in Famagusta empfiehlt es sich auch hier, den fahrbaren Untersatz stehen zu lassen und durch das Ausgrabungsareal zu spazieren. Ein wenig Zeit sollte man allerdings mitbringen, zumal das am Strand von Varoscha verhinderte Bad im Meer hier einen belohnenden Abschluß verspricht. Die Nekropole findet man aus Richtung Famagusta kommend linker Hand der Straße auf halbem Weg zwischen Stadtareal und Agios Varnavas-Kloster *(S. 304)*.

Geschichte: Funde aus Salamis und dem landeinwärts benachbarten Enkomi *(S. 301)* belegen, daß beide Siedlungen etwa 25 Jahre nebeneinander bestanden haben müssen. Neben archäologischen Zeugnissen berichtet der Mythos von der Gründung von Salamis. *Teukros*, Sohn des Telamon, des Königs der gleichnamigen griechischen Stadt Salamis, soll einst hier auf dem Rückzug von Troja gelandet sein und Zeus einen Tempel errichtet haben. Später habe er *Eune*, die Tochter des Kinyras, geheiratet. Wo auch immer seine Ursprünge gelegen haben, seit dem 11. Jh. v. Chr. jedenfalls spielte Salamis die führende Rolle unter allen ky-

prischen Stadtkönigtümern. Zu Beginn noch eine relativ begrenzte Stadt am Hafen mit einer Nekropole an ihrem westlichen Rand, breitete sie sich seit dem 8. Jh. v. Chr. nach allen Seiten hin aus. Die alte Nekropole wurde überbaut und eine neue angelegt, die bis zum etwa 3 km entfernten Kloster des Agios Varnavas reichte. Das ›dunkle Zeitalter‹ vom 18. bis zum 11. Jh. v. Chr. konnte noch nicht genügend aufgehellt werden. Dagegen vermitteln Grabfunde umfassende Kenntnis vom Lebensstandard im 8. und 7. Jh., der sich in den Bestattungsbräuchen spiegelt. Er wurde bestimmt durch die weitreichenden Handelsbeziehungen und zeigt Einflüsse der Hochkulturen Kleinasiens, des Vorderen Orients und Ägyptens. Daneben weisen die oft durch Nachbestattungen wiederverwendeten Gräber Elemente des achäischen Totenkults auf, die bis ins 4. Jh. reichen.

Ausgrabungen und Badestrand: Die antike Großstadt Salamis

Die Unterwerfung Zyperns unter die Herrschaft der Assyrer am Ende des 8. Jh. schlägt sich auch in Salamis im verstärkten Vorkommen vorderasiatischer Elemente nieder. Dokumentarisch belegt wurde die führende Rolle Salamis' durch die zur Zeit der ägyptischen Oberherrschaft geprägten Münzen des Königs *Euelthon* (560–525), auf denen er sich als Herrscher der ganzen Insel bezeichnet. Stärker als je zuvor war nun die Geschichte von Salamis mit der der Insel verknüpft: bei den Auseinandersetzungen mit den Persern, der Ionischen Revolte und den Streitigkeiten um die Nachfolge Alexanders des Großen. Mit der Herrschaft der *Ptolemäer* gab Salamis seine führende Rolle an Paphos ab. In römischer Zeit stieg seine Bedeutung wieder, wurde jedoch durch Erdbeben, die die Stadt 332 und 342 n. Chr., letzteres verbunden mit einer Flutwelle, heimsuchten, stark in Mitleidenschaft gezogen. Unter *Constantius II.* wurde sie auf beschränkterem Areal wieder aufgebaut und führte nun den Namen **Constantia**. Zur Zeit des Bischofs *Epiphanios* (368–403 n. Chr.) löste sie Paphos als Metropole der Insel ab. Doch sollte auch Constantia nur eine Dauer von knapp 300 Jahren beschieden sein; die Überfälle der Araber, verbunden mit verschiedenen Naturkatastrophen, setzten ihr um die Mitte des 7. Jh. ein Ende und führten zum Aufschwung des südlich benachbarten Ammochostos, des späteren Famagusta *(S. 283)*.

*** Gymnasion ①

Der heute sichtbare architektonische Befund stammt überwiegend aus römischer und frühbyzantinischer Zeit, hauptsächlich aus der Wiederaufbauphase nach den Erdbeben des 4. Jh. n. Chr. Zu jener Zeit wandelte sich der Name Salamis in Constantia, und die einst als Übungsstätte für Athleten dienende **Palästra** wurde in eine Anlage öffentlicher Bäder einbezogen. Man betritt den Komplex durch das *Südvestibül* (**A**), zwischen dessen beiden Säulen eine Inschrift in der Stufe an den hellenistischen Vorläuferbau aus der Zeit Ptolemaios V. Epiphanios (205–180 v. Chr.) erinnert. Die links anschließende Südwestecke der peristylen Anlage nimmt eine halbkreisförmige *Latrine* (**B**) ein, die 44 ›Consessores‹ Platz bot. Die ursprünglichen zehn Türöffnungen des *Westportikus* (**C**) zur Straße hin waren beim Umbau vermauert worden; im Innern wurde eine lange Sitzbank angebracht. Der 10x50 m messende Ostportikus wird im Norden und Süden von *Annexbauten mit Schwimmbecken* abgeschlossen. Im nördlichen (**D**) ist noch ein Teil der Skulpturen erhalten. Vom nördlichen und südlichen Ende des Ostportikus betritt man das **Hauptgebäude der Badeanlage** durch zwei mit achteckigen Wasserbecken versehene Räume (**E**). Im Anschluß an den nördlichen Übergangsraum befindet sich das *Praefurnium*, die Heizanlage (**F**). Daran

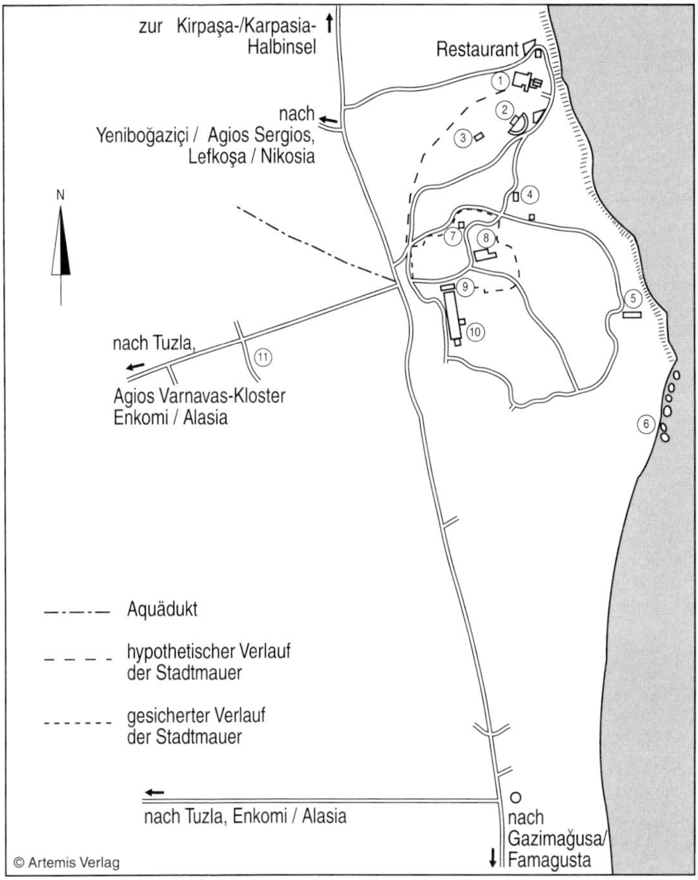

Salamis, Orientierungsplan

*** ① Gymnasion
** ② Theater
③ Römische Badeanlage
④ Römische Villa
* ⑤ Basilika Kampanopetra
⑥ Antike Hafenanlage
⑦ ›Granit-Forum‹
* ⑧ Agios Epiphanios-Basilika
⑨ Wasserreservoir ›Vouta‹
⑩ Zeus-Tempel
*** ⑪ Königsgräber

schließt sich die *Nordhalle* (**G**), einer der Heißräume, an. Den westlichen Abschluß des zentralen Baus, der als *Frigidarium* (**H**) diente, bildet ein Raum, der wegen der durchlaufenden Warmluftleitungen als *Tepidarium* (**I**) genutzt worden sein könnte. In der Nische in seiner Nordwand befindet sich eine Wandmalerei,

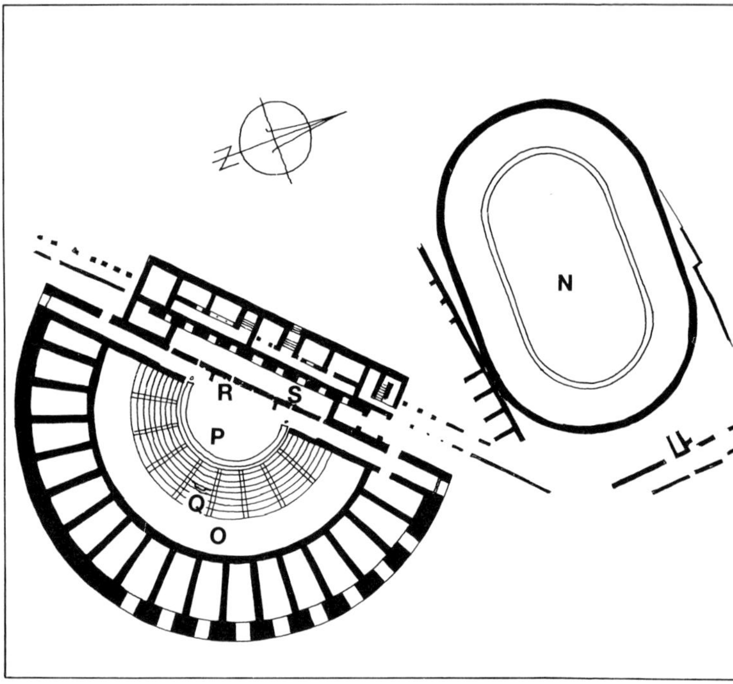

die Hylas darstellt, der die Einladung der Nymphen ablehnt. Ein weiterer Wandschmuck ist in der *Südhalle* (**K**), einem zweiten Heißraum, zu finden. Ein Mosaik zeigt ›Apollon und Artemis im Kampf gegen die Niobiden‹, ein anderes den Flußgott Eurotas in einem Bild der Sage von Leda und Zeus (Schwan und Eros).

An einen *tonnengewölbten Bau* (**L**) südlich der Südhalle der Bäder schließen die Stufen der Tribüne des kaiserzeitlichen **Stadions** (**M**) an. Westlich davon wurden Substruktionen eines römischen **Amphitheaters** (**N**) ausgegraben.

** Theater ②

Südlich des Amphitheaters öffnet sich die *Cavea* (**O**) des wahrscheinlich augusteischen Theaters nach Westen. Die 27 m breite *Orchestra* (**P**) besitzt einen Dionysosaltar, auf dem vor jeder Vorstellung geopfert wurde. Die früher etwa 20 m hohe Cavea mit über 50 Sitzreihen faßte ungefähr 15 000 Zuschauer; das Theater war eines der größten im Mittelmeerraum. Im mittleren (**Q**) der durch Aufgänge (Kerkides) getrennten neun Segmente des Zuschauerraums diente eine Verbreitung der Diazoma der Aufnahme der Ehrensitze der Stadtoberen. Etwa bis zu dieser Höhe war das Theater bei der Ausgrabung erhalten. Die spärlichen Reste

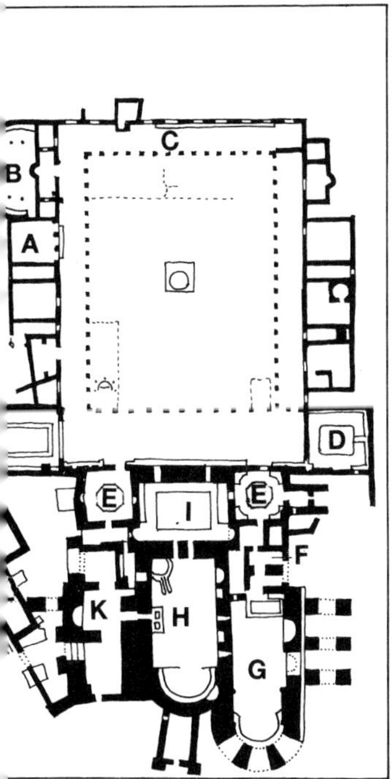

Salamis: Gymnasion, Amphitheater und Theater, Grundriß (nach Karageorghis)

A Südvestibül
B Latrine
C Westportikus
D Nördlicher Annexbau
E Räume mit Wasserbecken
F Praefurnium
G Nordhalle
H Frigidarium
I Tepidarium
K Südhalle
L Tonnengewölbter Bau
M Stadion
N Amphitheater
O Cavea
P Orchestra
Q Mittleres Zuschauersegment
R Proskenion
S Skene

des Bühnengebäudes geben immer noch Aufschluß über seine frühere Beschaffenheit. Die 40 m breite Front des *Proskenion* (**R**) war mit Fresken versehen, deren Reste sich in den Nischen fanden. Außerdem entdeckte man Statuen Apollons und der Musen sowie eine Inschrift, die Kaiser Hadrian als Wohltäter der Stadt nennt; sie schmückten einst die Rückwand der *Skene* (**S**). Ihre Säulen waren bei der Restaurierung der Palästra *(S. 292)* im 4. Jh. wiederverwendet worden.

Südwestlich des Theaters zur Stadtmauer hin liegen Reste massiver Mauern einer **römischen Badeanlage** ③. Wendet man sich an der Straßengabelung am Theater nach links, dann erreicht man die links der Straße liegenden Reste einer **römischen Villa** ④. In diesem bereits 1882 ausgegrabenen Bau fand man in einer Exedra einen *Mosaikboden* mit in Medaillons eingeschlossenen Tieren. Vermutlich gruppierten sich diese um das zentrale Bild des Orpheus.

An der Kreuzung südlich der römischen Villa wendet man sich meerwärts und kommt zu der in unmittelbarer Strandnähe gelegenen ***Basilika Kampanopetra** ⑤ aus dem 4. Jh. n. Chr. Sie gehört zu den umfangreichsten basilikalen Bauten des Mittelmeerraumes. Die im Prinzip fünfschiffige Kirche gliedert sich

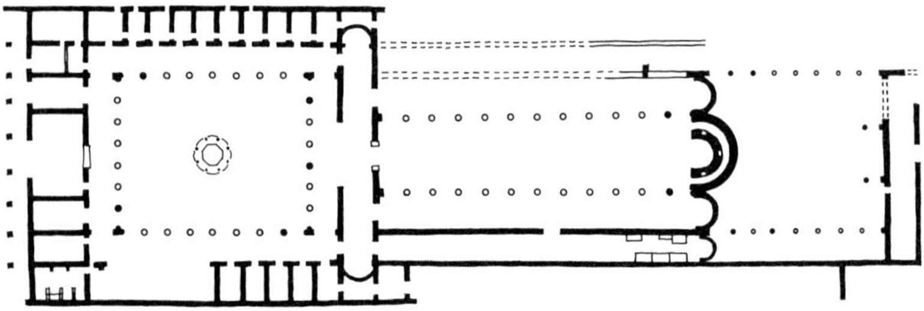

Salamis: Kampanopetra-Basilika, Grundriß

ähnlich der Basilika von Kourion *(S. 190)* in ein breites Mittelschiff mit sehr gut erhaltenen Stufen in der Apsis, zwei schmalere Seitenschiffe und flankierende Katechumena. Wie die Seitenschiffe verfügt auch der dem Bau in voller Breite vorgelagerte Narthex über Apsiden. Westlich grenzt ein von Säulen umgebenes Atrium mit achteckigem Reinigungsbrunnen an den Narthex. Ein ebenso breites gleichartiges Atrium ohne erkennbaren Brunnen schließt sich an. Auch meerwärts nach Osten hin ist der Kirche ein Atrium beigegeben. Möglicherweise dienten die Atrien in vorchristlicher Zeit als Palästren eines Gymnasions.

Südlich der Basilika Kampanopetra sind im Meer Reste der **antiken Hafenanlage** ⑥ zu erkennen. Dieser Ort ist Tauchsportlern besonders zu empfehlen. Kehrt man von der Basilika Kampanopetra zur Kreuzung zurück und biegt nach links ab, trifft man kurz darauf auf das rechts der Straße liegende sog. **›Granit-Forum‹** ⑦. Es erhielt seinen Namen nach zahlreichen umherliegenden Säulen aus ägyptischem Rosengranit. Teilweise sind sie bis zu einer Länge von etwa 5,5 m erhalten. Auf der gegenüberliegenden Straßenseite gibt es ein rundes Gebilde, von dem man vermutet, es sei eine Wasseruhr gewesen, wie sie in Griechenland seit der Zeit Alexanders des Großen, in Rom seit 293 v. Chr. (Plinius) öffentlich aufgestellt waren.

* Agios Epiphanios-Basilika ⑧

In diesem mit 58 m Länge und 42 m Breite größten bekannten Bau seiner Art auf der Insel vermutet man den Bischofssitz des *hl. Epiphanios* (368–403 n. Chr.). Das über 14 Interkolumnien verfügende Mittelschiff wird im Süden und Norden von jeweils einem annähernd so breiten und zwei sehr schmalen Seitenschiffen flankiert. Südlich der gut erhaltenen Zentralapsis schließt ein weiterer Kirchenbau in Breite der drei Seitenschiffe nach Osten hin an. Dieser ursprünglich basilikale Bau wurde vermutlich nach der Rückkehr der von Justinian II. nach Nea Justiniana (Justinianopolis) übersiedelten Zyprioten im Jahre 689 n. Chr. errichtet. Der Eingang zu dieser Kirche befand sich über einem marmoreingefaßten Grab, in dem man die letzte Ruhestätte des Epiphanios vermutet. Die Gebeine waren wahrscheinlich von Kaiser Leon dem Weisen (886–912) nach Konstantinopel gebracht worden, sollten sie nicht schon früher Plünderungen der Araber zum Opfer gefallen sein. Der Bauweise des 9. Jh. entsprechend, wurden dem Kirchenschiff starke Pfeiler eingezogen, die drei das Mittelschiff überragende Kuppeln trugen. Typologisch gehörte dieser noch im Mittelalter benutzte Bau in eine Reihe mit der benachbarten Kirche des Agios Varnavas-Klosters *(S. 304)* und der Lazaros-Kirche in Larnaka *(S. 214)*.

Weiter südwestlich liegt das nach seinem einstigen Gewölbe benannte **Wasserreservoir ›Vouta‹** ⑨, in dem das über den Aquädukt von Kythräa *(S. 279)* herbeigeführte Wasser gesammelt wurde. Drei Pfeilerreihen im Innern trugen das Dach dieser byzantinischen Vorrichtung, die durch ein Röhrensystem von der späteren Stadtmauer aus gespeist wurde, die im Süden vorbeilief.

Blickt man vom Reservoir nach Süden, so liegen zunächst die Reste der teilweise in die Zisterne einbezogenen Portalzone der **Agora** vor Augen, auch *›Stein-Forum‹* genannt. Den offenen Innenhof (228 x 55 m) der Anlage flankierten rechts und links Stein-Kolonnaden mit dahinterliegender Ladezone. Die korinthischen Säulen hatten eine Höhe von etwa 9 m und einen Abstand von 4,5 m zueinander. Ihre Kapitelle wurden aus zwei übereinanderliegenden Steinschichten gebildet.

Salamis: Agios Epiphanios-Basilika, Grundriß

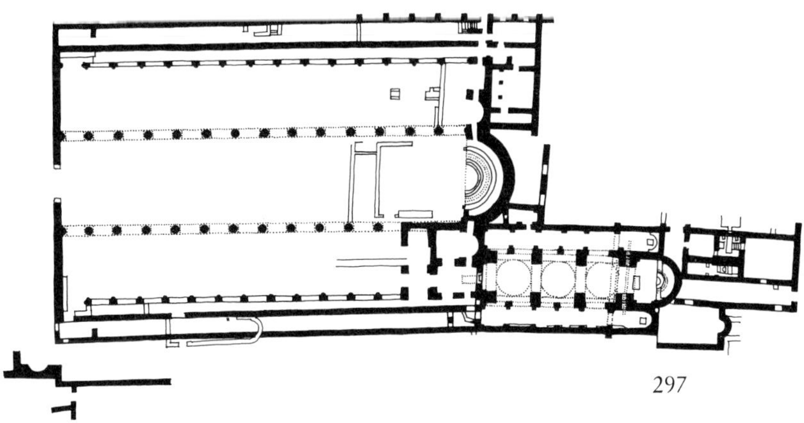

Am Ende der Agora im Süden erhebt sich das Podium des **Zeus-Tempels** ⑩, der durch eine zu Ehren von Augustus' Gattin Livia und dem Zeus geweihte Inschrift belegt ist. Unklar bleibt vorläufig, ob es sich um den Tempel des *Zeus Salaminos* handelt, eines der drei Heiligtümer, die 22 n. Chr. Asylrecht auf der Insel gewährten. Von Norden führte eine breite Stufenfront zu dem tiefen Portikus empor, an den die Cella anschloß. Sie war von einer Kolonnade umgeben, deren Säulen und Kapitelle die der etwa zeitgleichen Agora noch überragten.

*** Die Königsgräber ⑪

Hat man von Salamis-Stadt aus den Weg zum Agios Varnavas-Kloster eingeschlagen, ragt nach wenigen hundert Metern links der Straße das tonnengewölbte Dach des sog. Gefängnisses der hl. Katharina (Grab 50) aus der Ebene heraus. An der nachfolgenden Abzweigung nach links biegt man ab und fährt bis zum Büro der Aufsicht. Hier sind originalgetreue Rekonstruktionen eines Teils der Funde ausgestellt. Von hier aus erschließt man sich zu Fuß das Areal der Königsgräber.

Westlich der Zufahrtsstraße liegen die 1962/63 entdeckten Gräber 2 und 3. Das nördliche **Grab 2** erbrachte neben wertvollen Vasen- und Silberfunden den Hinweis auf Menschenopfer im Zusammenhang mit dem Totenkult des ausgehenden 8. und beginnenden 7. Jh. v. Chr. **Grab 3**, südlich davon, wies im Dromos die Mitbestattung von zwei Pferdegespannen auf. Ein im Wagenkorb steckendes Schwert mit Elfenbeinknauf, Scheide und Ledergurt gab Auskunft über die Bewaffnung des späten 7. Jh. v. Chr. Eine seitlich im Dromos abgestellte Amphore mit der Aufschrift ›von Olivenöl‹ erinnerte an achäische Totenbräuche.

Deutlicher wird der Lebensstandard der fürstlichen Bewohner von Salamis in den östlich der Zufahrt liegenden Gräbern. Nördlich des Aufsichtsbüros entdeckte man 1964 das reich ausgestattete Grab 47, in dessen 20 m langem und über 13 m breitem *Dromos* vier Stufen in das der Grabkammer vorgelagerte *Propylaion* hinaufführen. Die Grabkammer ist aus riesigen, bearbeiteten Steinquadern geschaffen. Nahe dem Propylaion fand man zwei durch ein Joch verbundene *Pferde*. Vom Wagen war nur ein Deichselabdruck erhalten. Ungefähr 1 m oberhalb des Dromosbodens fanden sich Reste einer Zweitbestattung: sechs geopferte Pferde mit Scheuklappen und Stirnbändern aus Elfenbein und Bronze. Die Beschaffenheit dieser Gegenstände wie die Pferdeopfer selbst besitzen Parallelen im Bestattungskult der Hethi-

ter, des mykenischen Hellas und sind auch bei Homer erwähnt *(s. S. 42)*.

Nordostlich von Grab 47 liegt **Grab 79** (1966 gefunden). Es ist das reichste Grab und spiegelte mit seiner Ausstattung wahrhaft fürstliches Inventar wider. Die Funde im Dromos lassen auf zwei Bestattungen schließen, eine vom Ende des 8., eine weitere vom Beginn des 7. Jh. Bei der zweiten Bestattung hatte man die beiden schon im Dromos vorhandenen Wagen zur Seite geräumt. Die zugehörigen Pferdeskelette wurden dabei erheblich beschädigt. Dagegen befinden sich die *Pferde* der zweiten Bestattung in situ. Das gut erhaltene Schirrzeug ähnelt assyrischen Vergleichsstücken. Ein Brustschild zeigt die Göttin *Ischtar/Astarte* im Typus der ›Potnia Theron‹, der Herrin der Tiere, auf zwei Löwen

Den Abstieg in eines der Gräber muß man nicht scheuen

Pferdeskelette aus den Königsgräbern von Salamis: Treue Gefährten des Grabherren auch auf dem Weg ins Reich der Toten

stehend und Löwen in der Hand haltend. Figürlichen Schmuck tragen auch die *Wagen*: Skulptierte Achsbolzen, Löwenkopfbeschläge und Standartenhalterungen weisen hohes künstlerisches Vermögen auf. Außerdem hatte man dem Toten elfenbeinbeschlagenes Mobiliar, zwei Throne und ein Bett sowie einen großen Bronzekessel mit Greifenprotomen mitgegeben.

Das nahe der Straße gelegene sog. **Gefängnis der hl. Katharina** *(Grab 50)* erbrachte neben Pferdebestattungen reiche Keramik des 7. Jh. Sein gut erhaltener Dromos ist gesäumt von geglätteten Quadern. Das einstige Giebeldach wurde in römischer Zeit unter anderer Zweckverwendung mit einem Tonnengewölbe versehen.

Der südlich der Königsgräber als *Cellarka* bezeichnete Bezirk enthält zahlreiche einfachere Gräber weniger begüterter Bewohner der Stadt.

★ 54 Enkomi/Alasia *(Tuzla, Έγκωμη/Αλάσια)*

Am Kreisverkehr vor dem Land-Tor der Stadtmauer von Famagusta wählt man die nächst der Mauer in Richtung Salamis und Karpas führende Straße. Vor Salamis biegt links die Straße nach Enkomi/Tuzla ab. Man erreicht es auch von Salamis über das Agios Varnavas-Kloster.

Vornehmlich dem archäologisch Interessierten werden sich die Ausgrabungen von Enkomi erschließen, die, identisch mit dem antiken *Alasia*, ein wenig landeinwärts unweit der Nekropole von Salamis und dem Kloster des Agios Varnavas liegen. Sie stellen in der Regelmäßigkeit der Straßenführung eines der frühesten Beispiele stadtplanerischen Denkens dar. Eine Besonderheit weist auch der jetzt *Tuzla* bezeichnete moderne Ort Enkomi auf. An seinem Ortsausgang hat man innerhalb eines eingezäunten Areals ein Kenotaphion, ein Scheingrab, gefunden, das den Untergang einer ganzen Dynastie belegt.

Geschichte: Mit dem Bedeutungszuwachs der Siedlung Enkomi, die gegen Ende der mittleren Bronzezeit das nur 15 km südwestlich liegende *Kalopsida (Çayönü)* als Machtzentrum ablöste, begann eine Abfolge von Stadtgründungen *(S. 290)*, die das Geschick der ganzen Insel beeinflußte. In unmittelbarer Nähe des *Pediaios* gelegen, bot Enkomi als Handelsstützpunkt die günstigeren Ausgangsvoraussetzungen. Seine Gleichsetzung mit dem in verschiedenen literarischen Zeugnissen des 2. Jtd. v. Chr. erwähnten *Alasia* scheint jetzt generell anerkannt zu sein. Jenes Alasia wird im Zusammenhang mit ägyptischen und hethitischen Kupferimporten erwähnt, die von Zypern stammen müssen. In der Mitte des 16. Jh. v. Chr. errichteten Festung von Enkomi fand man Reste von Verhüttungswerkstätten. Zu dieser Zeit setzte auch die Blütezeit der Stadt ein. Im 14. und 13. Jh. wurde sie mit einer starken Mauer umgeben. Aus dieser Zeit resultieren auch die reichsten Grabfunde. Nach der Zerstörung im letzten Viertel des 13. Jh. v. Chr., in dessen Schichten sich Mykenisch III c 1-Scherben fanden, die auf arqivischen Einfluß hindeuten, wurde die Stadt erneut befestigt, bis sie im 12. Jh. einer Katastrophe anheimfiel. Erdbeben im 12. Jh. ließen nur einen beschränkten Wiederaufbau zu. Nach erneuten Erdbeben zu Beginn des 11. Jh. v. Chr. wurde die Stadt um 1050 v. Chr. endgültig verlassen.

Nikokreon-Monument *(Grab 77)*

Systematische Ausgrabungen der Jahre 1965/66 brachten hier unter einem etwa 10 m hohen und 50 m breiten *Grabhügel* (Tumulus) weitab von seinem Zentrum eine 11,5 x 17 m umfassende rechteckige Plattform aus Lehmziegeln *(Exedra)* zutage. Jeweils vier Stufen führen von allen Seiten auf die Exedra hinauf, die an ihrer Westseite auch über eine Rampe verfügt. In der Mitte der Exedra fand man einen *konischen Steinhügel* von 5,7 m Breite und annähernd 2 m Höhe. Darunterliegende Lehmziegel deckten eine eingefaßte Brandstelle ab, in deren Asche wertvolle Gegenstände gefunden wurden. Das Fehlen der für eine solche ›Grabstelle‹ vorgesehenen Toten, dagegen das Vorkommen von Tonfiguren in Lebensgröße mit porträthaften Zügen rechtfertigten die Annahme, man habe ein *Kenotaphion* (Scheingrab) gefunden. Die zeitliche Übereinstimmung der Funde mit einem überlieferten historischen Ereignis, dem *Untergang der Teukrerdynastie* durch den Selbstmord des *Nikokreon* und seiner Familienangehörigen im Jahre 311 v. Chr., scheint letzteres zu bestätigen *(s. S. 47)*.

* Die Ausgrabungen des antiken Enkomi/Alasia

Etwa 1,5 km westlich vom heutigen Dorf links der nach Mutluyaka/Styllos weiterführenden Straße liegt das Ausgrabungsareal der antiken Stadt. War man zunächst davon ausgegangen, es handele sich um die Nekropole einer untergegangenen mykenischen Stadt, deren Lage unbekannt sei, so stellte man im Laufe der Grabungen fest, daß sich die Relikte der Stadt noch über denen der Nekropole befanden. Nach alter Tradition waren die Toten in Gruben unter den Wohnbauten bestattet worden. 1934 begann man mit einer Flächengrabung des Stadtareals, bei der die nachfolgend genannten, bedeutenden Gebäudekomplexe freigelegt wurden. Vom Eingang des Areals aus halte man sich zunächst links, wo man den etwas abseits liegenden Komplex des **Hauses der Bronzen** (**1**) erreicht. Dieser in der ersten Grabungskampagne entdeckte Bereich konnte anhand seiner Funde in das 12. Jh. v. Chr. datiert werden. Ungefähr 150 m südlich davon liegen Reste der *Stadtmauer*, die sich kreisförmig nach Nordwesten fortsetzt. Ein kleinerer Häuserkomplex gehört den letzten Tagen der Siedlung an. Begibt man sich westlich vom Haus der Bronzen nach Norden, kommt man zum südlichen Ende der *Nord-Süd-Tangente*, die nun in gleichen Abständen die rechtwinklig zu ihr verlaufenden Querstraßen durchschneidet. In diesem regelmäßigen Straßennetz, das zusammen mit der mächtigen Stadtmauer gegen Ende des 13. Jh. neu angelegt worden war, findet sich zuerst ein mit Säulenstümpfen im Innern versehener Bau (**2**), vermutlich des 13. Jh. v. Chr. Die Ausführung in regelmäßigen Quadersteinen läßt auf seine Funktion als *Heiligtum* schließen. Hat

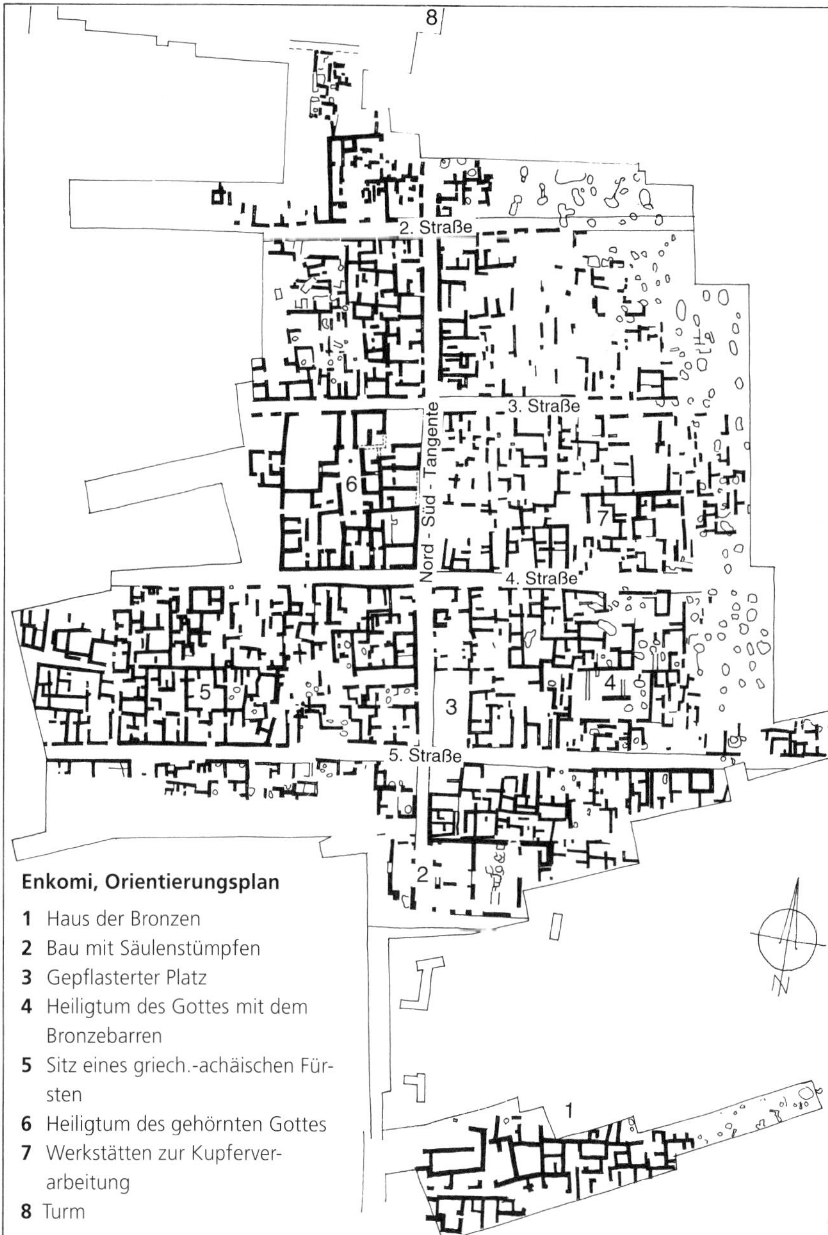

Enkomi, Orientierungsplan

1 Haus der Bronzen
2 Bau mit Säulenstümpfen
3 Gepflasterter Platz
4 Heiligtum des Gottes mit dem Bronzebarren
5 Sitz eines griech.-achäischen Fürsten
6 Heiligtum des gehörnten Gottes
7 Werkstätten zur Kupferverarbeitung
8 Turm

man nach Norden hin die 5. Straße überquert, öffnet sich rechts ein **gepflasterter Platz (3)**, der einzige bisher entdeckte öffentliche Platz der Stadt. 20 m weiter östlich befindet sich das **Heiligtum des Gottes mit dem Bronzebarren (4)**.

Westlich der Nord-Süd-Tangente fällt ein größerer Gebäudekomplex ins Auge. Er könnte mit seiner repräsentativen Fassade zur 5. Straße hin, mit Mitteltür und großen Fenstern, **Sitz eines griechisch-achäischen Fürsten (5)** gewesen sein. Nördlich davon, jenseits der 4. Straße, liegt das **Heiligtum des gehörnten Gottes (6)**. Der Bau besteht aus sauber behauenen Steinquadern, die ohne Mörtel aufeinandergeschichtet wurden.

Weiter östlich breitete sich ein *Handwerkerviertel* aus, das über umfangreiche **Werkstätten zur Kupferverarbeitung (7)** verfügte. Nördlich an das zwischen 3. und 2. Straße liegende *Wohn-, Werkstätten-* und *Gräberareal* schließt sich ein gleichartiges an, das schließlich vom Nordteil der *Stadtmauer* eingefaßt wird, die am Ende der Nord-Süd-Tangente über einen mächtigen rechteckigen **Turm (8)** verfügt.

★ 55 Agios Varnavas-Kloster

(Apostolos Varnavas Monastery, Μονή Απ. Βαρνάβα)

Knapp 2 km westlich der Königsnekropole befindet sich das Kloster des Heiligen und Apostels *Barnabas*. Da die Heiligenlegende erzählt, Barnabas sei durch aufgebrachte Juden in Salamis ums Leben gekommen, ging man davon aus, daß sein Grab – heute unter einem modernen Kreuzkuppelkirchenbau in der Nachbarschaft des Klosters – in der Nähe zu finden sein müsse. Während der Unabhängigkeitsbestrebungen der Kirche Zyperns von der Kirche von Antiochien hatte Bischof *Anthemios* von Salamis im Jahre 477 n. Chr. einen Traum, der ihm den Ort des Grabes offenbarte. Der damit erbrachte Beweis, daß die Kirche Zyperns apostolischen Ursprungs sei, führte auf ein Dekret des Kaisers *Zenon* zu der erwünschten Autokephalie. Selbst in ihrem heutigen Erscheinungsbild, das auf eine Anregung des Erzbischofs *Philotheos* aus dem Jahre 1756 zurückgeht, spiegelt die Klosterkirche wesentlich früheres Formengut wider. Der im 5. Jh. errichtete Bau wurde während der Arabereinfälle zerstört. Ein weiterer, das heutige Aussehen der Kirche deutlich prägender Bau stammte vermutlich aus dem 10. Jh., entspräche also der Reihe der Mehrkuppelkirchen, wie Agios Lazaros in Larnaka *(S. 214)* und – hypothetisch – Panagia Angeloktistos in Kiti *(S. 227)*. Bei der Restaurierung im 18. Jh. verzichtete man auf die Wiedererrichtung der dritten Kuppel, die östlich der heutigen Mittelapsis lag. Der unregelmäßige Abschluß der Kirche nach Osten, vor allem in den niedrigeren Seitenschiffen, ergibt ein weiteres Indiz für den ursprünglich längeren Bau. Auch im Innern gibt es Übereinstimmungen mit der Lazaros-Kirche, z. B. in der Verwendung antiker Kapitelle an verschiedenen Bogenansätzen.

Heute dient die Klosterkirche als *Museum* nicht allzu sehenswerter, wenig qualitätvoller Ikonen aus dem 19. und 20. Jh. Interessanter ist dagegen das im Mönchstrakt eingerichtete, **archäologische Museum** für Funde nicht nur aus der Umgebung des Klosters.

56 Trikomo *(Iskele, Τρίκωμο)*

Etwa 20 km nordwestlich von Famagusta – auf dem Weg zur Burg Kantara – liegt Iskele/Trikomo, das dem politisch Interessierten als Heimatort des EOKA-Führers *General Grivas* bekannt sein dürfte. Inmitten des Ortes fällt die aufgrund ihrer architektonischen Ausgewogenheit berühmte **Kirche des hl. Jakobus** (Agios Iakovos) ins Auge.

Interessanter ist jedoch die links der Ortsausfahrt gelegene **Kirche der Panagia Theotokos**. Sie gehört zu den frühesten Denkmälern der komnenischen Epoche auf Zypern. Die 1966 restaurierten Wandmalereien sind vergleichbar mit denen der Kirche der Panagia Phorviotissa in Asinou *(S. 166)* aus dem beginnenden 12. Jh. Aufgrund der Qualität der Malereien muß von einem (demselben?) offenbar aus der Hauptstadt Konstantinopel stammenden Künstler ausgegangen werden. Im Gegensatz zu späteren Malern treten auch hier noch antikisierende Momente in der Gestaltung zutage, so z. B. in der Szene des Zusammentreffens der Eltern Joachim und Anna aus dem Marienleben und in der Gestalt der Muttergottes in der Verkündigungsszene. In beiden Fällen dominiert die psychische Ausdrucksqualität noch den gestischen Schematismus früherer und späterer byzantinischer Malerei, und auch die gestalterische Durchorganisation der Figuren läßt in der Modellierung antike Reliefauffassungen anklingen. In Kontrast dazu stehen franko-byzantinische Malereien aus dem 15. Jh., wie z. B. die zu einer Himmelfahrtsszene gehörende Figur Christi in der Wölbung des nördlichen Seitenschiffs. Die Kirche ist heute als Museum christlicher Kunst gegen ein Eintrittsgeld zugänglich.

★★ 57 Burg Kantara *(Kantara Castle, Καντάρα)*

Von Gazimağusa/Famagusta aus über Trikomo bzw. von Kyrenia aus über die Küstenstraße bis Kaplica/Davlos und dann bergan auf kurvenreicher Strecke erreicht man Kantara *(Abb. S. 60)*.

Geschichte: Wie auch bei den im Pentadaktylos-Höhenzug (Beşparmak Dağları) weiter westlich gelegenen Burgen St. Hilarion *(S. 263)* und Buffavento *(S. 278)* gehen die Ursprünge von Kantara ins 10. Jh. zurück, als die Festungen von den Byzantinern gegen die noch immer drohende Arabergefahr errichtet wurden. Erstmals erwähnt im Zusammenhang mit der Eroberung Zyperns durch Richard Löwenherz im Jahre 1191, als *Isaak Komnenos* hier Schutz gesucht hatte, spielte die Burg in den Auseinandersetzungen der Anhänger *Friedrichs II.* mit *Henri I.* im Sommer 1229 eine Rolle. Die Gefolgsleute Friedrichs II., die sich unter Führung von *Gauvain de Chenichy* in Kantara verschanzt hatten, wurden schließlich durch *Anseau de Brie* zur Aufgabe gezwungen. Die Rückeroberung der Burg durch die Getreuen Friedrichs II. 1232 war nicht von langer Dauer. Trotz der Eroberung Nikosias und Famagustas durch die Genuesen blieb Kantara 1373 in den Händen der Königstreuen unter *Peter II.* Die heute sichtbaren Reste gehen mit aller Wahrscheinlichkeit auf die 1391 vorgenommene Verstärkung der Anlage zurück. Obwohl die Venezianer die Bedeutung der Burg erkannten, lag sie bereits 1562 in Trümmern. Denn das Interesse der Venezianer richtete sich verstärkt auf den Ausbau der Hafenfestungen und Stadtanlagen von Nikosia und Famagusta.

Man betritt die Burg von Osten durch den *Haupteingang* (**A**), der von zwei in Trümmern liegenden, rechteckigen Türmen flankiert wird, und gelangt in den von Norden und Süden durch zwei mächtige Türme geschützten *Zwinger* (**B**). Durch das Portal in der Mauer, die die Türme verbindet, betritt man die **Oberburg**. Dort sollte man sich zunächst nach links, nach Südwesten, wenden. Das Obergeschoß des den Zwinger flankierenden *Turms* (**C**) besitzt ein Kreuzgratgewölbe. Der im spitzen Winkel an den Turm anschließende Bau verfügt talseits über ein halbes Gewölbe. Im Obergeschoß zeigt ein Fenster nach Süden. Als nächstes folgen drei gleich große eingewölbte und *mit Schießscharten versehene Räume* (**D**) zur Sicherung der Südostflanke der Burg. Ein schmaler, sich verjüngender Raum diente als Latrine und ergänzte diesen Komplex.

Vorbei an einer hufeisenförmigen *Zisterne* (**E**) und anderen Gebäuderesten kommt man schließlich in die Südwestecke der Burganlage, die durch fünf gewölbte Kammern abgeschlossen wird. Die südlichste verfügt neben einer hufeisenförmigen Turm-

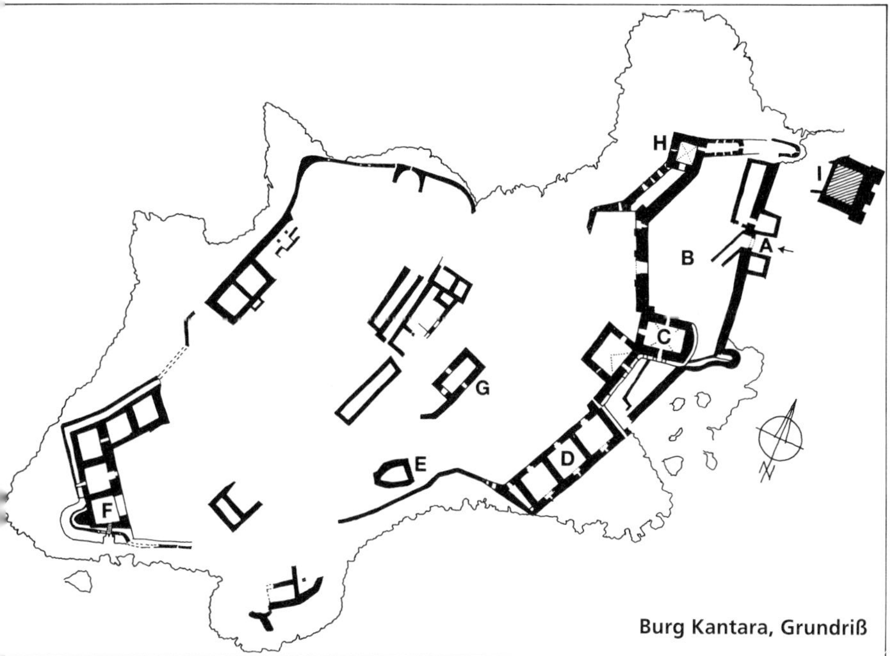

Burg Kantara, Grundriß

A Haupteingang
B Zwinger
C Turm
D Räume mit Schießscharten
E Zisterne
F Notausgang
G Raum der Königin
H Nordwestabschluß des Zwingers
I Bastion

vorlage auch über einen nach Süden führenden *Notausgang* (**F**). Die hier anschließende byzantinische Nordmauer ist weitestgehend zerstört, ebenso die in ihrer Nähe liegenden Zisternen und Gebäude. Besteigt man die Spitze des Berges, so erreicht man den legendären *Raum der Königin* (**G**), in dessen Südwand sich ein Fenster erhalten hat. Von dieser Stelle aus hat man einen guten Überblick über den nördlichen und östlichen Teil Zyperns. Vermutlich bestand von hier aus Sichtverbindung mit dem Wächter von Buffavento *(S. 278)*.

Steigt man in nordöstlicher Richtung abwärts, öffnet sich bald darauf der von einem rechteckigen Turm ausgehende zweiflügelige *Nordwestabschluß des Zwingers* (**H**). Beide Flügel sind mit Schießscharten bewehrt, der nördliche auch zum Zwinger hin. Von seinem halbrunden Turm im Osten bestand mit aller Wahrscheinlichkeit eine Verbindung zu der mächtigen vorgelagerten **Bastion** (**I**).

★★ 58 Karpasia *(Kirpaşa, Kirpascha, Καρπασια)*

Die einst nördlich von Dipkarpaz/Rizokarpaso bei den Ruinen der Kirche des Agios Philon im äußersten Nordosten Zyperns gelegene, antike Stadt *Karpasia* hat dem entlegensten Landstrich Zyperns ihren Namen gegeben. Karpasia oder türkisch: Kirpaşa, das ist die oft mit einem Pfannenstiel verglichene, in die nordöstliche Ecke des Mittelmeeres ragende Halbinsel. Eigentlich ist es eine überdimensionierte Landzunge, die sich von einer etwa zwischen Kaplica/Davlos an der Nordküste und Iskele/Trikomo nahe dem Golf von Salamis gedachten Linie nach Osten erstreckt. Dabei verlieren, wie von Kantara aus gut zu erkennen ist, die Beşparmak-Dağları allmählich an Höhe.

Die Küsten gestalten sich weniger schroff als in Richtung Kyrenia. Im Süden Karpasias überwiegen die Sandstrände bis hinaus zum *Kloster des Agios Andreas.* Dort verblüfft vor allem der kurz vor dem Kloster sich rechts eröffnende Blick auf die Dünenlandschaft der **Golden Sands**: Eine weit geschweifte Bucht mit einem Hunderte von Metern langen und -zig Metern breiten Sandstrand. Weit ins Land hinein begleiten die flache, leider auch hier durch angeschwemmten Unrat östlicher Festlandsnachbarn verunzierte Uferzone unzählige, teils ungewöhnlich hohe Dünen. – Und kein Hotel weit und breit zu sehen! Dies liegt daran, daß bereits 1983 diese durch Landflucht und seit 1974 mangelnde Infrastruktur geschwächte Region zum *Naturschutzgebiet* erklärt wurde – nicht zuletzt auch hier wegen der an den Sandstränden abgelegten Eier der Schildkröten. Als einer der letzten Winkel der Insel besitzt Karpasia noch eine Vielzahl von in freier Natur lebenden Tieren, wie z. B. die Wildesel. Auch seltene Pflanzen fristen hier in einer landschaftlich reizvollen Gegend ein ungestörtes Dasein, was vor allem dem Besucher im Frühjahr ins Auge fallen wird.

Aber auch der Kulturbeflissene kommt nicht zu kurz. Von Cayirova/Agios Theodoros aus empfiehlt sich ein Abstecher ins nördlich gelegene **Sazliköy/Livadia**. Etwas außerhalb des Ortes am Fuße eines Hügels am Rande der Felder steht die *Kirche der Panagia tis Kyras* (auch Panagia Kyra). Sie wurde im 10./11. Jh. auf den Resten einer frühchristlichen Basilika errichtet und besaß bis 1974, entsprechend der Kirche der Panagia Angeloktistos in Kiti *(S. 227)*, ein Apsismosaik aus altbyzantinischer Zeit. Mit ihrer gedrungenen kreuzförmigen Anlage gehört sie zu den interessantesten byzantinischen Bauten der Insel.

Am nordöstlichen Ende Zyperns: Die Kirche des Agios Philon auf der Halbinsel Karpasia

Vom weiter östlich gelegenen Ziyamet/Leonarisso aus erreicht man über eine Rechtsabzweigung Boltaşh/Lythrankomi mit der Kirche der Panagia Kanakaria und die südlich von Kuruova/Korovia gelegene Stätte der mittelbronzezeitlichen **Festung von Nitovikla**. Über Ziyamet/Leonarisso hinaus führt die Straße über Yenierenköy/Gialousa an die Nordküste der Halbinsel. Doch sollte man in Erwägung ziehen, sich eine der hier erstaunlich zahlreichen frühchristlichen Basiliken anzusehen und sich nach rechts nach **Agia Triada** (Agias Trias)/Sipahi orientieren. Am Ortsausgang liegen die Mauerreste, Säulenstümpfe und geometrischen Bodenmosaiken der dreischiffigen Basilika mit benachbarter Taufkirche, beide aus dem 6. Jh., offen zutage. Weiter nach Osten erreicht man die letzte Ortschaft **Dipkarpaz/Rizokarpaso**, in der noch immer ein griechisch-zypriotischer Bevölkerungsanteil seit 1974 ausharrt. Was seit jeher zyprische Ortschaften prägte – auffallend z. B. in Peristerona *(S. 167)* als Ort zweier Glaubensgemeinschaften –, das Nebeneinander von christlicher Kirche und islamischer Moschee, hier wird der religiöse Unterschied überdeutlich präsentiert. Wurde früher die Ortsdurchfahrt von der mit zwei Kuppeln versehenen *Agios Synesios-Kirche* bestimmt, die zeitweilig mittelalterliche Metropolitankirche des 1222 von Famagusta nach hier verlegten Bischofssitzes war, so wird diese heute von der unmittelbar oberhalb am Berghang neu errichteten, überdimensionierten *Moschee* überragt. Wenngleich man davon ausgehen muß, daß dieser Effekt nicht unbedingt erzielt werden sollte, so zeigt sich hier doch unfreiwillig ein augenscheinliches Beispiel der friedlichen Koexistenz beider glaubensgemeinschaftlich festgelegter Volksgruppen.

Ein kurzes Wegstück hinter der Agios Synesios-Kirche zweigt nach links ein Weg zu der am Meer gelegenen **Kirche des Agios Philon** ab. Diese im 9./10. Jh. ebenfalls auf den Trümmern einer Basilika des 5. Jh. errichtete Kirche ist in ihren architektonischen Details einzigartig auf Zypern. Erbaut aus regelmäßig behauenen Steinen mit profilierten Blendarkaturen, Fensterrahmungen und Tympana über den Eingängen, muß ihr Vorbild auf dem Boden der östlichen Küstenländer zu suchen sein. Die Kirche steht nördlich der Ruinen der 802 n. Chr. von den Arabern völlig zerstörten antiken Stadt *Karpasia*. Auf eine rege frühere Besiedelung dieser Gegend weisen die drei benachbarten Reste der überwölbten Basiliken **Panagia** und **Asomatos**, nordöstlich von Aphendrika, und **Panagia** südwestlich von Sycha hin. Alle drei

Bauten stammen in ihrer ursprünglichen Form aus frühchristlicher Zeit, wurden dann während der Arabereinfälle zerstört und unmittelbar nach Wiedergewinnung der byzantinischen Macht gegen Ende des 10. Jh. instandgesetzt.

Folgt man der aus Dipkarpaz/Rizokarpaso nach Südosten führenden Straße, gelangt man nach einigen Kilometern zum **Kloster des Agios Andreas** (Monastır), einer modernen Pilgerstätte (bis 1974), deren Anfänge jedoch in die Zeit der Missionsreisen des Apostels Andreas zurückreichen. Die Heiligenlegende berichtet, wegen Wassermangels an Bord habe er den Kapitän angewiesen, an dieser Stelle an Land zu gehen, an der man tatsächlich Wasser fand. Der Schiffsführer habe sich daraufhin bekehrt und zum Dank eine wertvolle Ikone gestiftet, die Grundlage für die spätere Klostergründung geworden sei. Über der Quelle hat man im 15. Jh. eine gotische Kapelle mit Mittelsäulenstellung und vier quadratischen Kreuzrippengewölben errichtet.

Nach weiteren 5 km ist das **Kap Apostolos Andreas** mit den vorgelagerten *Klides-Inseln* erreicht. Hier fanden sich Siedlungsspuren der präkeramischen Jungsteinzeit, die auf Handelskontakte mit der kleinasiatischen Küste hinweisen. In späterer antiker Zeit war das Kap der ›Aphrodite Akraia‹ geweiht.

⋆ 59 Lythrankomi *(Boltaşli, Λυθραγκωμη)*

Vor Ziyamet/Leonarisso zweigt rechts ein Weg nach Boltaşh/Lythrankomi ab.

Am Ortseingang links der Straße steht die – bis 1974 wegen ihrer Mosaiken der Kirche der Panagia Angeloktistos in Kiti *(S. 227)* gleichzustellende – **Kirche der Panagia Kanakaria**. Sie folgte einem frühchristlichen Vorläuferbau, der zur spätrömisch-byzantinischen Siedlung nördlich der Kanakaria-Kirche gehörte. Die spätere Kirche war Bestandteil eines *Klosters*, von dem noch ein Südtrakt erhalten ist. Dieser zweigeschossige Klostertrakt ist im Untergeschoß mit einer lokaltypischen Arkatur versehen, hinter der sich Stallungen und Lagerräume befunden haben. Eine Außentreppe führt ins Obergeschoß. Die Kirche der Panagia Kanakaria schließt den Komplex nach Osten hin ab. Ihr Vorläufer war eine Säulenbasilika, die in vielerlei Hinsicht den übrigen genannten der Karpas-Halbinsel entsprach *(S. 310)*, und stammte aus dem ausgehenden 5. Jh. Während einer Restaurierung wurde sie um 700 in eine Pfeilerbasilika umgewandelt. Diese Maßnahme besitzt Parallelen in vielen der von den Arabern zerstörten, danach aber wiedererrichteten Kirchen. Erdbeben um 1160 fügten der Kirche so großen Schaden zu, daß eine weitere Restaurierung notwendig wurde. Diese Arbeiten einschließlich der Ausmalung zogen sich bis ins 14. Jh. hin. Die Mehrzahl der erhaltenen Fresken gehört jedoch der späteren Restaurierung an, die nach einem schweren Erdbeben im Jahre 1491 vorgenommen wurde. 1750 stürzte die Kuppel ein und wurde 1779 unter Abt Chrysanthos repariert. Dieser Zeit entstammen auch die in die Narthex-Tonne eingelassenen bemalten Teller. 1888 wurde der Glockenturm hinzugefügt. Vom Beginn unseres Jahrhunderts sind weitere Erneuerungsarbeiten bekannt.

Wichtigstes kunsthistorisches Dokument in dieser Kirche waren bis 1974 die in der Apsiswölbung erhaltenen und zum Teil 1989 im Kunsthandel in den USA wiederentdeckten Mosaiken, die in das 2. Viertel des 6. Jh. datiert werden (vgl. Literaturhinweise *S. 334*). Die Erzengel Gabriel und Michael flankierten, ähnlich wie in Kiti, die hier jedoch auf einem von einer Mandorla umgebenen Thron sitzende ›Theotokos‹ (Gottesgebärerin) mit dem Christusknaben. Ein breites Ornamentband trennte diese zentrale Darstellung von einer Medaillonborte mit den Apostelköpfen. Diese dem ›Imago clipeata-Typus‹ der antiken Kunst folgende Darstellungsweise hat einmal mehr das Fortleben antiker Motive in der byzantinischen Kunst belegt.

Farbenkraft und Versuchung: Reife Orangen in Fülle

Glossar der verwendeten Fachbegriffe

Agora: Markt- und Versammlungsplatz im antiken Griechenland

Apodyterium: Auskleideraum einer Badeanlage

Apokryph: (griech. = verborgen). Nicht den anerkannten Schriften der Bibel zugehörig

Apsis: (griech. = Bogen, Krümmung). Auch Apside, →*Exedra;* Altarnische am →*Chorhaupt* mit halbrundem Abschluß

Architrav: Waagrechter Steinbalken über Säulen oder Pfeilern

Archivolte: Stirn und Laibung eines Rundbogens; innerhalb eines →*Gewändes* sich mehrfach wiederholend

Arkatur: Reihe von Bögen. Im Gegensatz dazu →*Kolonnade*

Asklepieion: Asklepios, dem Gott der Heilkunde geweihter Kultbau

Askos: Kannenartiges Gefäß, oft in Form eines Vogelkörpers

Atrium: Offener Zentralraum des römischen Hauses; von Säulen umstandener Vorhof einer →*Basilika* mit Reinigungsbrunnen in seiner Mitte

Baptisterium: Selbständiger, meist →*oktogonaler* Zentralbau, der als Taufkapelle meist westlich der Bischofskirche errichtet wurde

Basis: →*Säule*

Basilika: (griech. = Königshalle) Ursprünglich Markt- und Gerichtshalle, deren 3 bis 5 längsgerichtete Schiffe sich zur Mitte hin erhöhten, so daß durch die Wände der Seitenschiffe Licht einfallen konnte (→*Lichtgaden*)

Bastion: Aus der Festungsmauer vorspringendes Werk zur Aufstellung von Geschützen

Bauhütte: Werkstattverband an einem größeren Bauwerk tätiger Bauleute

Bema: (griech. = Altar). Durch die →*Ikonostasis* abgetrenntes Allerheiligstes im byzantinischen Kirchenbau

Biforium: Zweifachöffnung, Zwillingsfenster. Wandgliederungselement im mittelalterlichen Kirchenbau

Blende: (Blendarkatur, Blendfenster u. ä.). Der Mauer aufgelegtes architektonisches Motiv

Caldarium: Beheizter Warmbaderaum der →*Thermen*anlage

Cavea: Halbkreisförmiger Zuschauerraum des Theaters

Cella: Innerer, meist geschlossener Raum eines Tempels

Cellarium: Wirtschafts- und Wohntrakt der Laienbrüder innerhalb einer Klosteranlage

Chor: Für den Chorgesang der Geistlichkeit etwas erhöhter Platz am Ostende des Mittelschiffs einer Kirche. Er kann nach Osten hin gerade (platter Chor), mit Apsis oder →*polygonal* (Polygonchor) abgeschlossen sein. Zum Kirchenraum hin ist er meist durch den →*Lettner* abgetrennt

Christos Antiphonitis: ›Christus, der ein Echo gibt‹, meist mit lokaler Legende verbunden

Cloisonné: Zellschmelztechnik, bei der das Email in die durch aufgelötete Stege gebildeten Flächen gegossen wird

Cuneus: →*Kerkis*

Deesis: Bild des thronenden Christus als Weltenrichter; neben ihm knieend oder stehend die fürbittende Maria und Johannes der Täufer

Diakonikon: →*Pastophorien*

Diaphanie: Durchscheinender Charakter der gotischen Wandstruktur

Diazoma: Horizontaler Umgang im Zuschauerraum eines Theaters

Dienst: Viertel- bis dreiviertelkreisförmiges Säulchen, das einem Pfeilerkern angegliedert ist oder der Wand vorgelegte →*Gurte*, →*Rippen* oder →*Archivolten* aufnimmt. Zusammengefaßte Dienste nennt man Dienstbündel

Donjon: Zentraler, wehrhafter Hauptturm frz. Burgen, der dem Bergfried entspricht, jedoch wie der engl. Keep zum dauernden Wohnen eingerichtet ist

Dormitorium: Schlafsaal der Mönche, meist im Obergeschoß des östl. Klosterflügels

Dreipaß: Aus Dreiviertelkreisen (Pässen) bestehendes Motiv im gotischen →*Maßwerk*, das einem Kreis oder einem Dreieck einbeschrieben sein kann

Dromos: Seitlich eingefaßter Zugang zu einem Kammer- oder Kuppelgrab

En face: (frz.) Von vorn (gesehen)

Enkleistra: (griech. = abgeschlossener Bereich), Einsiedelei

Eteokyprer: Ureinwohner Zyperns

Exedra: Eigentlich Sitz oder Bank außerhalb des Hauses; bei Vitruv nach drei Seiten abgeschlossener Raum, während sich die 4. Seite meist zu einem Säulenhof hin öffnet. Archäologisch/kunstwissenschaftlich mißbräuchlich verwendet für halbkreisförmige Bänke und Apsiden, außerdem für Kultplätze mit halbkreisförmiger Anordnung von Statuen o. ä.

Exonarthex: In der Regel im Westen einer Kirche (dem →*Narthex*) vorgelagerte Halle

Fayence: Tonware mit wasserundurchlässiger Zinnglasur, die durch wenige ›Scharffeuerfarben‹ geschmückt werden kann, indem sich diese beim zweiten Brand mit der Glasur verbinden

Fiale: Schlankes, spitz auslaufendes Türmchen auf Strebepfeilern und →*Wimpergen*; ihr pyramidaler oberer Abschluß an den Kanten meist mit →*Krabben* besetzt und von einer →*Kreuzblume* bekrönt

Fresko: (ital. = frisch) Auf den ›frischen‹, noch nassen Putz aufgetragene Wandmalerei

Frigidarium: Kühlraum im römischen Bad mit Becken kalten und angewärmten Wassers

Galerie: Gedeckter, seitlich offener Gang als Laufgang an einer Fassade

Gebälk: Oberer Teil einer Säulenordnung, bestehend aus Architrav, Fries (→*Metopen/Triglyphen-Fries*) und (Kranz-) →*Gesims*

Gesims: Meist waagerechtes Bauelement, das eine Mauer in einzelne Abschnitte und auch vertikal gliedert

Gewände: Schräg geführte Einschnittfläche (Laibung) von Fenstern und Portalen. Es kann auch gestuft oder profiliert sein

Granary-Stil: (engl.: Kornspeicher-Stil). Mykenische Keramikgattung

Gurt, Gurtbogen: Quer zur Längsachse eines Gewölbes verlaufender, konstruktiver oder gliedernder Bogen

Hagiasterion: Klause
Heptagonal: →*Polygonal*
Hodegetria: →*Panagia*
Hypokausten: Fußbodenheizung

Ikone: Tafelbild im griechisch-orthodoxen Bereich mit Kultbildcharakter
Ikonoklasmus: Bildersturm; Bilderstreit und Zerstörung von Heiligenbildern in der byzantinischen Kirche vom 6.–9. Jh.
Ikonologie: Lehre vom Sinngehalt und Bedeutung der Bildinhalte
Ikonostasis: Den Altarraum (→*Bema*) vom Gemeinderaum (→*Naos*) trennende Bilderwand
Imago clipeata: Brustbild in Medaillonform
Impluvium: Sammelbecken für Regenwasser unter der Öffnung des Daches (*Compluvium*) eines →*Atriums* im römischen Haus
In situ: Lage zum Zeitpunkt der Auffindung
Interkolumnium: Lichter Säulenabstand

Joch: Der einem Gewölbefeld entsprechende Raumteil innerhalb einer Folge gleichartiger Gewölbeabschnitte, die in Richtung der Längsachse gezählt werden

Kämpfer: Zone, an der die Krümmung eines Bogens oder eines Gewölbes beginnt, häufig hervorgehoben durch eine hervorspringende profilierte Kämpferplatte
Kannelur: →*Säule*
Kanonisch: Einer vorgegebenen Regel entsprechend
Kantharus: Reinigungsbrunnen im →*Atrium*
Kantonierung: Sammlung von →*Dienst*bündeln um einen Pfeiler
Kapitelsaal: Raum meist im Ostflügel eines Klosters, in dem die Mönche ihre Weisungen erhalten; auch Versammlungsraum des Domkapitels
Katechumenon: Nebenraum einer frühchristlichen Basilika
Kathedra: Bischofstuhl in der Kirche; in frühchristlicher Zeit im Scheitel der →*Apsis* gelegen, flankiert von Sitzbänken des Klerus
Kapitell: →*Säule*
Kenotaphion: Scheingrab
Kerkis: Durch Treppen keilförmig zur →*Orchestra* eines Theaters hin orientierter Abschnitt im Koilon (→*Cavea*)
Koilon: →*Cavea*
Kolonnade: Folge von Säulen mit →*Architrav*. Im Gegensatz dazu →*Arkatur*
Kommende: (lat. Commandaria) das einem Amtsträger des Ordens zugewiesene Verwaltungsgebiet
Konsole: Vorkragender, zumeist profilierter oder figürlicher Tragstein
Kontrapost: Seit dem griech. Bildhauer Polyklet →*kanonische* Ausgewogenheit zwischen Ruhe und Bewegung des menschlichen Körpers durch Differenzierung in ›Stand-‹ und ›Spielbein‹ und dadurch hervorgerufene Asymmetrie der Schulterachse
Koroplastik: Großplastik aus Terrakotta
Krabbe: Auch Kriechblume; Ornament in Form eines plastischen

Blattes an →*Fialen* und →*Wimpergen*

Kragstein: Vorstehender Tragstein, einfachere Form der →*Konsole*

Krater: Altgriechischer Mischkrug mit breiterer Öffnung für Wasser und Wein

Kreuzblume: In Grund- und Aufriß kreuzförmiges, stilisiertes Blattgebilde als Krönung von →*Fialen*, →*Wimpergen*

Kreuzgang: Um den Rechteckhof der Klausur eines Klosters angelegter, in Arkaden geöffneter Gang

Kreuzkuppelkirche: Den Grundriß bildet ein dem Quadrat einbeschriebenes Kreuz. Über dem durch den Schnittpunkt der Kreuzesarme gebildeten Quadrat erhebt sich die Kuppel, die zur Überhöhung des Raumes auf einen →*Tambour* gesetzt sein kann. Überleitungen vom Quadrat des Grundrisses zur Rundung des Tambours sind durch →*Pendentifs* oder →*Trompen* gegeben

Krypta: Unterirdische Grab- oder Reliquienkapelle

Kuppelbasilika: Kirche mit →*basilikalem* Grundriß mit einem oder mehreren überkuppelten →*Jochen*

Kyprosyllabar: Noch nicht entzifferte Silbenschrift der →*Eteokyprer*

Laubengang: Auch *Loggia;* gewölbter Bogengang oder Halle aus Pfeilern oder Säulen an der Front eines Gebäudes (*Loggia*), auch im Hof (*Laubenhof*), auch zweigeschossig

Langhaus: Teil der Kirche zwischen Westbau und Vierung oder Chor

Lettner: Meist gegliederte Mauer zwischen Mönchschor und Laienraum in der Kirche

Lichtgaden: Fensterzone im oberen Teil des Mittelschiffs einer →*Basilika*

Liwan: Vorderorientalischer Palast-Typus, der durch den dreiteiligen Repräsentationstrakt im Anschluß an den Eingang charakterisiert ist, an den sich Hof sowie Wohn- und Wirtschaftsräume anschließen

Loggia: →*Laubengang*

Lünette: Meist dekoriertes Bogenfeld über Türen und Fenstern

Mandorla: Mandelförmiger, die ganze Figur umgebender Heiligenschein

Martyrion: Außerhalb des Kirchenbaus gelegene(s) Märtyrergrab (Kapelle)

Maßwerk: Geometrisch konstruiertes Bauornament zur Aufteilung des Bogenfeldes über der →*Kämpfer*linie, später auch zur Gliederung von Wandflächen und für Brüstungen

Mausoleum: Prächtig ausgestattetes Grabmal oder Grabkapelle

Megaron: Griechischer Palasttypus mit zentralem, von Säulen getragenem Repräsentationsbau

Mehrkuppelkirche: Erweiterung der →*Kreuzkuppelkirche* durch Streckung des Grundrisses und damit Erweiterung der →*Joche*, die mit Kuppeln versehen sind. Auch Seitenschiffjoche können überkuppelt sein

Metopen/Triglyphen-Fries: Wechselnde Abfolge von annähernd quadratischen, häufig reliefierten Feldern und Steinplatten mit zwei vollen und zwei halben senkrechten Rillen an den Rändern

Mihrab: Gegen Mekka ausgerichtete Nische in einer →*Moschee*

Mimbar: Kanzel in einer →*Moschee*

Minarett: Schlanker spitzer Turm einer →*Moschee* mit Plattform für den zum Gebet aufrufenden Muezzin

Mönchschor: Von der →*Vierung* aus nach Osten hin durch mehrere Joche erweiterter, meist durch einen →*Lettner* vom übrigen Kirchenraum getrennter →*Chor*

Monolith: Mächtiger, roh behauener Naturstein

Moschee: Islamischer Kultraum

Naos: Im griech. Tempel Raum für das Götterstandbild (→*Cella*); im byzantinischen Kirchenbau der den Gläubigen zugängliche Teil der Kirche, im Gegensatz zum →*Bema*

Narthex: Der byzantinischen Kirche nach Westen vorgelagerter Bau, in dem sich die Ungetauften aufhalten durften

Nekropole: (griech. = Totenstadt). Begräbnisstätte außerhalb der Siedlungen

Niello: Schon den Ägyptern bekannte Technik zur Hervorhebung von eingravierten Ornamenten. In die ausgehobenen Rillen wird eine schwärzliche Masse aus Silber, Blei, Kupfer, Schwefel und Borax eingefüllt

Noli me tangere: (lat. ›Rühr mich nicht an!‹) In der religiösen Kunst die Darstellung des Maria Magdalena erscheinenden Christus als Gärtner

Obergaden: →*Lichtgaden*

Oinochoë: (griech.) Weinkrug

Oktogon: Achteck; Zentralbau mit achteckigem Grundriß

Orchestra: Von der →*Cavea* (Koilon) eingeschlossene runde oder halbrunde Spielfläche im Theater

Palästra: Von einem →*Peristyl* umschlossener Übungsplatz für Athleten

Panagia: Allerheilige, Muttergottes; Beinamen u.a.: Hodegetria (Odigitria, die Wegweisende)

Pantokrator: Weltenrichter; Christusdarstellung in der Zentralkuppel byzantinischer Kirchen

Parodos: Seitlicher Zugang zur →*Orchestra* zwischen →*Cavea* und →*Skene* des Theaters

Pastophorien: Chornebenräume; nördl. *Prothesis* zur Vorbereitung des Meßopfers; südl. *Diakonikon* zur Aufbewahrung liturg. Gewänder und Geräte, Raum der Diakone

Pendentif: Hängezwickel; sphärisches Dreieck zur Überleitung vom quadratischen Grundriß des Unterbaus zum Fußkreis der Kuppel

Pentagonal: →*Polygonal*

Peristyl: →*Atrium*; die einen Hof umgebende Säulenhalle

Pfeilerbasilika: →*Basilika*; Trennung der Schiffe der Basilika durch Pfeiler

Pithos: Großes bauchiges Vorratsgefäß aus Ton

Podiums-Tempel: Röm. Tempel, der nur von einer Seite über eine breite Stufenfront betretbar ist

Polygonal: Vieleckig; Bezeichnung u. a. für →*Chor*abschluß und →*Tambour*: penta- (5), hexa- (6), hepta- (7), oktogonal (8)

Portiko: Von Säulen getragene Vorhalle

Praefurnium: Heizanlage röm. Bäder

Propylaion: Torbauten oder Eingangshallen, die auf monumentale Bauten zuführen

Proskenion: Spielplatz innerhalb der →*Orchestra* vor der →*Skenenwand*

Prothesis: →*Pastophorien*

Protom: Figürlicher Besatz eines Gefäßes o. ä.

Pylon: Pfeiler, Eckturm

Radiokarbonuntersuchung: Naturwissenschaftliche Methode zur Gewinnung einer absoluten Chronologie. Altersbestimmung organischer Substanzen anhand des in ihnen eingelagerten radioaktiven Kohlenstoffs C 14 durch Messung des Zerfallsprozesses seines Isotops

Refektorium: Speisesaal in einem Kloster

Rhyton: Trinkgefäß

Rippe: Vorstehender, →*gurt*ähnlicher Bogen eines Gewölbes

Rustikamauerwerk: Quadermauerwerk mit weitgehend unbehauenem Spiegel, Randschlag meist vorhanden

Sarkophag: (griech. = Fleischfresser). Aus Stein oder Ton gefertigter mit Relief oder Malerei geschmückter Sarg

Säule: Stützglied mit meist rundem Grundriß, bestehend aus *Basis*, *Schaft* und *Kapitell*. Der Schaft kann aus einem Stück (monolith) oder aus Trommeln bestehen und hat zumeist eine Verjüngung zum Hals hin. In halber Höhe kann eine ringförmige Unterbrechung eingesetzt sein (Bund, Schaftring oder Wirtel). Die Säulenschäfte sind gewöhnlich glatt oder kanneliert (mit Längsriefelung versehen). Bei Wandsäulen mit nur geringem Querschnitt und großer Höhe spricht man von →*Diensten*. Das antike *Kapitell* wird unterschieden als *dorisches*, *ionisches* und *korinthisches*. Das *dorische Kapitell* besteht aus einem weit ausladenden *Echinus* mit daraufliegendem *Abakus*; das *ionische Kapitell* ist gekennzeichnet durch die nach zwei Seiten auslaufenden *Voluten* (Schnecken), wogegen das *korinthische Kapitell* durch sein üppiges *Akanthus-Blattwerk* auffällt

Scheidbogen: Längs eines Gewölbes verlaufender, konstruktiver oder gliedernder Bogen, im Gegensatz zum →*Gurtbogen*

Schlußstein: Scheitelstein eines Bogens oder Hauptknotenpunkt der Rippen

Semi-: Halb; meist im Zusammenhang mit →*polygonalen* Baugliedern verwendet

Sgraffito: In noch feuchtes Material eingeritzte Zeichnung

Skarabäus: Käfer (Pillendreher); ägypt. Siegel in Form eines Skarabäus. Als Amulette in Griechenland und Italien nachgeahmt

Skene: Bühnenhaus des antiken Theaters

Spolien: Kunstwerke, die einem anderen Werk eingefügt sind

Stoa: Die →*Agora* säumende große Säulenhalle

Stratigraphie: Beobachtung und Dokumentation von Fundschichten bei Ausgrabungen

Stylobat: Die für die Säulen vorgesehene Grundfläche des Stufenunterbaus (Krepidoma) des antiken Tempels

Sudatorium: Warmluftraum der röm. Badeanlage

Swastika: Hakenkreuz als Ornament(band)

Tablinum: Hinter dem →*Atrium* gelegenes Schreibzimmer

Tambour: Zylinderförmiger oder →*polygonaler* Unterbau einer Kuppel, auch mit Fenstern

Temenos: Eingefriedeter Bereich eines Heiligtums

Tepidarium: Mäßig warmer Raum im röm. Bad

Terminus ante quem: Zeitlicher ›Grenzwert, vor dem‹ etwas geschehen ist

Terrakotta: (ital. = gebrannte Erde). Tonerde für Gefäße, Plastik, Bauplastik

Tetrastyl: Auf vier Säulen ruhend

Thermen: Röm. Badeanlage für Heiß- und Kaltbäder

Tholos: Rundbau; gleichermaßen verwendet für Wohn- und Sakralbauten

Tonnengewölbe: Un- oder nur durch →*Gurtbögen* gegliedertes Gewölbe

Torso: Eine nur versehrt erhaltene Statue, der z. B. Kopf und Arme fehlen

Trilithon: Gewöhnlich ein aus zwei aufrecht stehenden und darauf lastendem dritten Stein bestehendes Gebilde

Tumulus: Erdaufschüttung über Gräbern

Tympanon: Bogenfeld über einem Portal oder Fläche in einem Giebel

Triforium: In der Mauer ausgesparter Laufgang zwischen den Arkaden oder der Empore und der Fensterzone einer Basilika in Höhe der Seitenschiffdächer

Trompe: Trichternische zur Überleitung vom Quadrat zur Kuppel

Unctuarium: Raum für Massage und Salbungen im röm. Bad

Verkröpfung: Vorziehen eines Gebälks samt Fries und Gesims oder eines Gesimses und dgl. über einem vorstehenden Bauteil

Vierung: Durchdringung von Längs- und Querschiff vor dem Chor; die Vierung ist mit den anschließenden Räumen durch je eine weite Bogenöffnung über Pfeilervorlagen oder Mauerzungen verbunden

Volute: →*Säule*; spiral- oder schneckenförmiges Bau- oder Ornamentglied

Vothros: Auch Bothros; Weihegabendepot in Form einer Grube

Votivgabe: Weihe-, Opfergabe

Wimperg: Giebelförmige Bekrönung gotischer Portale und Fenster, die oft →*Maßwerk*schmuck zeigt und von →*Krabben*, →*Fialen* und →*Kreuzblumen* abgeschlossen wird

Wirtel: →*Säule*; →*Dienst*; ringförmige Unterbrechung einer Säule oder eines Dienstes

Xoanon: In der Regel menschengestaltiges, geschnitztes Kultbild aus Holz

Zahnschnitt: Zahnfries aus vor- bzw. zurückspringenden Steinen

Reiseinformationen – ›Die Blauen Seiten‹

Allgemeine Reisehinweise

Die politische Situation und ihre Auswirkungen

Zypern ist nicht gleich Zypern. Spätestens beim Gang ins Reisebüro wird man diese Feststellung noch machen müssen. Vor 1974 war mit der geografischen Bezeichnung selbstverständlich die ganze Insel erfaßt. Seitdem kann man entweder in die Republik Zypern reisen, die völkerrechtlich die ganze Insel repräsentiert, auch wenn sich de facto der Norden mit seiner Deklaration zur *›Türkischen Republik Nordzypern‹* nach der türkischen Invasion und Grenzziehung verselbständigt hat.

Besucher der Republik Zypern dürfen die Insel nur durch die offiziell zugelassenen Einreisehäfen betreten, d. h. durch den Internationalen Flughafen Larnaka oder die Seehäfen von Larnaka, Limassol und Paphos.

Die Seehäfen von Famagusta, Kyrenia und Karavostasi sowie der Flughafen von Ercan sind von der Regierung als verboten erklärt. Das Betreten der Republik durch die genannten Häfen ist nicht gestattet.

Andererseits gestatten in der Regel die Behörden der *Republik Zypern* einen eintägigen Aufenthalt (ohne Übernachtung!) im türkisch besetzten Teil der Insel. Dazu sollte man sich zwischen 8 und 12 Uhr am Checkpoint am Ledra-Hotel in Nikosia einfinden. Die Rückkehr muß auf jeden Fall vor 18 Uhr erfolgen. Ein zweiter Besuch des türkisch besetzten Teils wird zwar nicht gern gesehen, doch zumeist erlaubt. Das Tagesvisum kostet am türkischen Kontrollpunkt zur Zeit 1 CY£.

Besucher der ›Türkischen Republik Nordzypern‹ erreichen Nordzyperns Flughafen Ercan in der Regel mit Zwischenlandung in Istanbul, Izmir oder Dalaman. Autofahrer benutzen die Fähre von Tasucu/Silifke nach Girne (Kyrenia).

Eine Einreise in die *Republik Zypern* ist weder auf diesem Wege, noch über die anderen im besetzten Areal liegenden Häfen von Gazimağusa (Famagusta) und Gemikonagi (Karavostasi) gestattet.

Informationen vor Antritt der Reise

Umfangreiches Informationsmaterial senden die Niederlassungen der *Fremdenverkehrszentrale Zypern* auf Anforderung zu. Neben allgemein landeskundlichen Hinweisen und knapp gefaßten historischen Überblicken erweisen sich die Broschüren ›Wanderwege der Natur im Troodos‹ und ›Nature Trails of the Akamas‹ als hilfreich für botanisch Interessierte.

Ein *›Verzeichnis der Hotels, Reisebüros und Mietwagenunternehmungen‹* wie auch die *›Tourist Information‹* über die öffentlichen Verkehrsmittel (Möglichkeiten, Linien und Tarife) stellen wichtige Informationsquellen für den Individualreisenden dar und sollten ausdrücklich angefordert werden.

Republik Zypern: In Deutschland: Fremdenverkehrszentrale von Zypern, Kaiserstr. 50, D-60329 Frankfurt a. M.; Tel. (069) 251919, Fax: (069) 250288.

In Österreich: Fremdenverkehrszentrale Zypern, Walfischgasse 6/STG. 1/11, A-1010 Wien, Tel. (0222) 5121458, Fax: (0222) 5121462.

In der Schweiz: Fremdenverkehrszentrale Zypern, Gottfried Keller-Str. 7, CH-8001 Zürich, Tel. (01) 2623303, Fax: (01) 2512417.

›Türkische Republik Nordzypern‹: *Repräsentanz der Türkischen Republik Nordzypern*, Wikingerstr. 8b, 53332 Bornheim, Tel. (02236) 2283 (ab 17 Uhr).

Informationen vor Ort (Republik Zypern)

Nikosia: *Cyprus Tourism Organisation* (C.T.O.), Laiki Gitonia (östl. des Elevtheria-Platzes), Tel. (02) 444264. *Limassol*: 15, Spyrou Araouzou Str., Tel. (05) 362756. – *Limassol*: 35, George A' Str., Potamos tis Germasogeias, Tel. (05)323211.

Larnaka: Democratias Sq., Tel. (04) 54322. – *Larnaka*: Vasileos Pavlou Sq., Tel. (04) 654322. – *Internationaler Flughafen Larnaka*, Tel. (04) 654389.

Paphos: 3, Gladstone Str., Tel. (06) 232841. – *Internationaler Flughafen Paphos*, Tel. (06) 236833. – *Agia Napa*: Tel. (03) 721796.

Platres: Tel. (05) 421316.

Ein- und Ausreisebestimmungen

Paß- und Visa-Vorschriften: Sämtliche Personen, die in die *Republik Zypern* einreisen, müssen im Besitz eines gültigen Reisepasses bzw. Reisedokuments sein; diese sollten mindestens für sechs Monate gültig sein, bzw. drei Monate, wenn das Land, aus dem die Einreisenden stammen, über ein Konsulat in Zypern verfügt.

Für die Besitzer von Reisepässen aus der Bundesrepublik Deutschland, Österreich und der Schweiz ist für einen Aufenthalt von bis zu drei Monaten kein Visum erforderlich.

Bei der Ein- und Ausreise in die ›*Türkische Republik Nordzypern*‹ sollte man darauf bestehen, daß der jeweilige Sichtvermerk nicht in den Paß, sondern auf ein zusätzlich eingelegtes Blatt gestempelt wird.

Gesundheitsvorschriften: Nachweise über Impfungen werden nicht verlangt, sofern man nicht aus einem verseuchten Gebiet kommt.

Zollbestimmungen: Zollfreie Einfuhr besteht für Normalgepäck und Waren für den persönlichen Bedarf des Reisenden, ebenso für 200 Zigaretten oder 250 g Zigarren oder 250 g Rauchtabak, 1 l Spirituosen und 0,75 l Wein, übrige Waren im Wert von bis CY£ 25 (außer Juwelen).

Devisen können in unbeschränkter Höhe eingeführt werden. Einer Ausnahme unterliegen zyprische Pfunde, deren Betrag bei der Ein- und Ausreise CY£ 10 nicht überschreiten darf. Besucher, die Devisen im Wert von mehr als US$ 500 wieder ausführen möchten, müssen dies bei ihrer Ankunft in Zypern deklarieren.

Kraftfahrzeuge: Bis zu einem Aufenthalt von drei Monaten entfällt Zoll. Verlängerungsmöglichkeit um höchstens drei weitere Monate. Haftpflichtversicherung und internationale Zulassung sind erforderlich.

Tiere: Die Einfuhr von Hunden und Katzen ist problemlos. Es wird eine Bescheinigung eines Tierarztes verlangt, in der bestätigt wird, daß das Tier in den letzten 72 Stunden untersucht wurde und frei von Tollwut oder anderen ansteckenden Krankheiten ist. Diese Bescheinigung ist dem Veterinär-Beamten am Einreise-Hafen oder -Flughafen vorzulegen.

Flughafengebühr: Vor dem Rücktausch türkischer Lira achte man darauf, daß man pro Person TL 10000,- zurückbehält. Diese werden als Flughafengebühr beim Abflug in Ercan erhoben.

Bevölkerung, Religion und Sprache

1986 wurde die Bevölkerungszahl auf 670000 geschätzt, von der etwa 63% auf dem Land wohnen. Ungefähr 78,9% der Gesamtbevölkerung gehören der *griechischsprachigen*, 18,4% der *türkischsprachigen* Volksgruppe an. Heute nähert sich die Zahl der Inselbewohner 680000. Seit 1974 hat die türkisch-zypriotische Seite 20000–40000 Zuwanderer vom anatolischen Festland zu verzeichnen. Im Süden der Insel siedelten sich seit 1975, verstärkt seit 1983, immer mehr Libanesen an, die den Bürgerkriegswirren ihres Landes entflohen sind. Neben den beiden Hauptgruppen und den genannten Zuwanderern gibt es Minderheiten der *Armenier*, *Maroniten* (die Zahlenangaben bewegen sich um 3500 bzw. über 4000), etwa 17000 Briten und eine geringe Zahl Angehöriger anderer Länder, einschließlich der etwa 2300 UN-Soldaten. An ihrem ursprünglichen Wohnsitz verblieben nach 1974 mehr als 500 griechische und etwa 350 türkische Zyprioten. Nicht unbedeutend ist aber auch die Zahl zypriotischer Emigranten. Allein in London lebten schon vor der Trennung weit über 100000, seit Einmarsch türkischer Truppen in den Norden der Insel im Jahr 1974 sind von dort ca. 70000 türkisch-zypriotische Bürger ausgewandert.

Der Zugehörigkeit zu den Volksgruppen entsprechen auch die Zahlen der Religionszugehörigkeit. Griechisch-orthodoxe Christen sind zu sunnitischen Moslems im Verhältnis 4:1 vertreten. Die übrigen Bewohner gehören der armenischen, maronitischen, römisch-katholischen oder jüdischen Gemeinde zu.

Die beiden früher auf der ganzen Insel verbreiteten Sprachen *Griechisch* und *Türkisch* bilden seit 1974 jeweils die Hauptsprache in der völkerrechtlich anerkannten griechischsprechenden *Republik Zypern* und der 1983 ausgerufenen ›Türkischen Republik Nordzypern‹. Die meisten Zyprioten sprechen auch *Englisch*, das in den Sekundarschulen als erste Fremdsprache gelehrt wird. Auch der des Englischen Unkundige braucht den Besuch der Insel nicht zu scheuen, da in den touristischen Zentren zunehmend Deutsch gesprochen wird. Die herzlichste Aufnahme ist dem Reisenden jedoch gewiß, beherrscht er auch nur einige Worte der Sprache der jeweils besuchten Volksgruppe.

Klima und Wetter

Zypern hat durchschnittlich 340 Sonnentage im Jahr. Während man in den Wintermonaten im Troodos Wintersport betreiben kann, besitzen die Niederungen im Landesinneren und an den Küsten ein ausgewogenes und mildes Klima, das die Wassertemperaturen der Insel nicht unter 16° C sinken läßt.

Im Sommer dagegen können die durchschnittlichen Tageshöchsttemperaturen auf über 35° C ansteigen; das Wasser erwärmt sich auf ca. 28° C. Am heißesten ist es in den Sommermonaten Juli und August im Landesinneren mit Temperaturen, die teilweise 40° C übersteigen. Kühler ist es dagegen an der Küste; hier liegen die Durchschnittstemperaturen bei 32° C. Wer es dennoch auch in der warmen Jahreszeit kühler liebt, dem seien die Bergregionen – vor allem der Troodos – empfohlen. Hier verhindern kühle Nächte eine allzu rasche Erwärmung am Tage, und auch die schattigen Wälder bieten einen angenehmen Aufenthalt. Im Jahresdurchschnitt liegen die Temperaturen hier 3–9 °C niedriger als in den übrigen Regionen.

Verkehrsmittel und -wege

Schon bevor man eine Zypernreise antritt, sollte man sich überlegen, wie man die Insel zu bereisen gedenkt: mit Linienbussen, Landbussen, Sammel- oder Einzeltaxis oder einem Mietwagen. Am einfachsten ist es natürlich, sich einer der *angebotenen Rundfahrten* anzuschliessen. Das hat aber den Nachteil, daß Zeitpunkt und Dauer festgelegt sind. *Linienbusse* empfehlen sich nur bei größeren Strecken zwischen den Städten. Schwieriger noch ist es mit den *Landbussen* – Bedford-LKWs mit Fahrgastraumaufsatz –, da diese in der Regel Bauern und Arbeiter von den Dörfern in die Stadt bringen und nach Geschäftsschluß wieder zurückfahren. So bleibt das Taxi, das man als *Servicetaxi* zwischen den großen Städten (Fahrpreis im Durchschnitt 1 CY£ für 40 km pro Person) oder auch als *Einzeltaxi* benutzen kann.

Größte Freiheit genießt jedoch der Selbstfahrer mit einem *Mietwagen*. Schon bei der Reisebuchung empfiehlt sich die Nachfrage, da in der Hauptsaison oft nur schwer ein Mietwagen zu erhalten ist. Die meisten Reiseveranstalter stehen mit entsprechenden Autoverleihfirmen in Kontakt. Pro Tag kostet ein Mietwagen je nach Größe inkl. einer Kaskoversicherung ab etwa DM 65,- bei unbegrenzter Kilometerzahl, den Treibstoff nicht mitgerechnet.

An den *Linksverkehr* gewöhnt man sich rasch, nicht jedoch an die Straßenverhältnisse. Diese werden zwar stets als gut bezeichnet, doch trifft dies eigentlich nur auf den ›Highway‹ Limassol-Larnaka-Nikosia und die größere Orte oder Sehenswürdigkeiten verbindenden Landstraßen zu. Da der Schwerlastverkehr auch abgelegene Regionen erreichen muß, hat zuweilen sogar die breiteste Asphaltstraße tückische Spurrillen, die auf die sommerliche Hitze und den regen LKW-Verkehr zurückzuführen sind. Kleinere Landstraßen führen oft durch enge Ortschaften oder sind außerhalb dieser Orte nur in einer Wagenbreite asphaltiert; nicht nur auf kurvenreicher Strecke ist daher ein ausgiebiger Gebrauch der Hupe nötig. Zypriotische Gastfreundschaft sollte man nicht mit einem an mitteleuropäischem Straßenverkehr geschulten Starrsinn vergelten. Der Schotterrandstreifen seitlich der Straße läßt genügend Platz zum Ausweichen. Viel Zeit benötigt man für die nicht asphaltierten Bergstrecken. Bei solchen Touren läßt man sich besser von Ortskundigen leiten, da die Gefahr groß ist, sich zu verfahren.

Wichtige *Karten* sind auch die auf Zypern in allen Buchhandlungen erhältlichen ›Cyprus Tourist Motoring Map‹ oder die ›Survey Cyprus Administration and Road Map‹. Der *Führerschein* des Heimatlandes des Reisenden, der zum Führen des gemieteten Fahrzeugs berechtigt, wird auf Zypern anerkannt.

Unterkunft und Verpflegung

Zypern verfügt über ein ausgeprägtes Netz von Unterkünften verschiedenen Standards. Diese sind in *fünf Kategorien* von *5 Sternen* bis zu *1 Stern* unterteilt; daneben gibt es eine Vielzahl von *Unterkünften ohne Stern*, Pensionen (Guest Houses), Privatquartieren sowie mietbaren Bungalows und Ferienwohnungen (Flats). Es empfiehlt sich, entsprechende Reservierungen durch hiesige Reiseveranstalter vorzunehmen.

Neben den Restaurants und Bars der Hotels findet man überall auf der Insel Restaurants und Tavernen. Bei einigen Sehenswürdigkeiten sind sog. *Tourist Pavillons* eingerichtet, die auch über ein ausreichendes Speisenangebot verfügen.

Ein kleiner Imbiß kann auch an den *Kebab-Bratereien*, die man allerorts am Straßenrand findet, eingenommen werden. Für kleinere Pausen steht überall ein Kentron oder Kafeneion bereit, in denen man rasch mit den Einheimischen ins Gespräch kommt. Die Läden bieten ebenfalls ein reichhaltiges Angebot an Obst und allen Lebensmitteln.

Essen und Trinken

In vielem hat sich Zyperns Gastronomie kontinentalen Eßgewohnheiten angepaßt. Doch selbst in den Restaurants der Hotels wird die bekömmliche einheimische Küche gepflegt. In Bezug auf die ländliche Küche muß jeoch auf den ausgiebigen Gebrauch von Olivenöl hingewiesen werden. Da selbst in kleineren Tavernen die Speisekarte zumeist auch in Englisch abgefaßt ist, sei hier lediglich das für Zypern typische *Mezé* erwähnt, das kein Zypernreisender versäumen sollte.

Hierbei handelt es sich um eine Folge von etwa 14 nacheinander aufgetragenen Köstlichkeiten, von denen einige aufgezählt seien: *Aphelia* ist ein in Rotwein mariniertes gebratenes oder geschmortes Schweinefleisch; an Fischgerichten wird *Barbounia* (Barbe) und *Kalamari* (Tintenfisch) gereicht; *Tavas* ist in Tongefäßen gegartes, mit Zwiebeln und Gewürzkräutern zubereitetes Fleisch; mit Zwiebeln und Zimt gedünstetes Rind- oder Kalbfleisch nennt man *Stiphado*.

Andere **Fleischgerichte** sind *Schephtalia*, gegrillte Würstchen, *Kephtedes*, würzige Hackfleischbällchen, *Dolmades*, mit Reis und Hackfleisch gefüllte Weinblätter; Hackfleisch ist zusammen mit Kartoffeln, Auberginen und anderen Gemüsen sowie Kräutern im auflaufartig überbackenen *Moussaka* enthalten.

Neben *Chaloumi*, meist angebratenem Ziegenkäse, und *Feta*, frischem in Salzlake aufbewahrtem Schafskäse sowie dem landesüblichen mit Oliven garnierten Salat werden zu den Gerichten verschiedene **Soßen** serviert. *Tachina* ist eine Sesamtunke, die mit Kichererbsenbrei angereichert *Choumous* heißt; *Skordalia* wird mit Knoblauch, in Öl gerösteten Brotkrumen und Mandeln zubereitet; neben dem *Taramosalata*, zu einer gewürzten Soße vermahlenem Dorschrogen, fehlt auch nicht der auf Zypern zu fast allen Fleischgerichten gereichte

Giaourti (Joghurt), dem zuweilen Gurkenstückchen beigegeben sind.

Zu einem solchen Gericht sollte einer der herben, leichten Weiß- oder Rotweine der Insel getrunken werden. Auf den Insel produziertes Bier wird zu den Mahlzeiten ebenso gerne getrunken wie eine der reichlich vorhandenen Zitronen- und Orangenlimonaden (*Lemonada*, *Portokalada*) oder einer der -säfte (*Chimos*). Ein zu jeder Tageszeit übliches Getränk ist der mit einem Glas Wasser gereichte zypriotische Kaffee, den man nach seiner Zubereitung ohne Zucker (*sketos*), mit wenig Zucker (*metrios*) und süß (*glykos*) nennt.

Zyperns Weine

Im *Haus des Dionysos* in Nea Paphos *(S. 108)* zeigt ein Bodenmosaik ›Ikarios‹, den von Dionysos in die Kunst des Weinbaus eingeweihten König, und ›die ersten Weintrinker‹, die sich von ihm vergiftet glaubten und ihn deshalb erschlugen *(Abb S. 110)*. Heutzutage muß dies kein zyprischer Winzer mehr fürchten. Die Weine Zyperns gehören zu den Spitzengewächsen des östlichen Mittelmeerraumes. Schon anläßlich der sagenhaften Geburt Aphrodites ließen sich die Götter den ebenso sagenhaften, als *zyprischen Nama* bezeichneten Wein kredenzen.

Tatsächlich dürfte der Beginn zyprischen Weinbaues schon sehr früh im Bereich des Zweistromlandes zu suchen sein. Erste greifbare Zeugnisse des Weinbaues auf Zypern finden sich in der Vasenmalerei und in der antiken Dichtung. Zur Zeit der römischen Herrschaft rühmte man Größe und Schönheit der zyprischen Trauben. Marcus Antonius verglich bei der Übergabe der Insel an die Ägypter deren Herrscherin Kleopatra mit der Süße des zyprischen Nama.

Auch die Kreuzfahrer wußten die Qualität zu schätzen und erkoren den seit Jahrhunderten als lokaltypisches Erzeugnis bis heute bekannten *Kommandaria* zu ihrem Favoriten. Trauben, aus denen Champagne, Madeira, Tokayer und Marsala gewonnen werden, sollen aus Zypern stammen. Zu den frühen Abnehmern zyprischer Weine gehörten nämlich die heute selbst für ihren Weinbau bekannten Regionen: im Osten Ägypten, Syrien und Libanon, im Westen Burgund, Champagne, Piemont und Venedig – wo der Kommandaria aufgrund seiner Besonderheit Zollfreiheit genossen haben soll. Von Sultan Selim II. sagt man, er habe die Insel der Weine wegen erobert. Während der islamischen türkischen Herrschaft war der Weinbau jedoch quasi zum Erliegen gekommen.

Dennoch erblühte die Weinbaukultur aufs Neue als die Briten Zyperns Verwaltung übernahmen. Sie konnten an eine seit Richard Löwenherz bestehende und über Sir Walter Raleigh fortgesetzte Tradition der Wertschätzung zyprischer Weine anknüpfen. Und erst mit dem Beitritt Großbritanniens zur Europäischen Wirtschaftsgemeinschaft verminderten sich die zuvor bis zu bzw. über 90 Prozent ausmachenden Abnahmequoten zyprischen Weins und Traubenmosts.

Für den zyprischen Weinbau war dies ein herber Rückschlag. Doch mit der Modernisierung der Keltereibetriebe, der vorsichtigen Ausweitung der benutzten Rebsorten über die traditionellen *Mavro-* und *Xinisteri-Trauben* hinaus und der Erschließung neuer Abnehmerkreise wußte man diesen Verlust zu kompensieren. So ist heute noch immer nicht nur jeder dritte arbeitende Zypriote in der Landwirtschaft tätig, sondern ein ebenso großer Anteil der arbeitenden Gesamtbevölkerung mit der Herstellung von Wein befaßt. Der Bedeutung dieses Wirtschaftsfaktors entsprechen auch die systematisch organisierten Anbau- und Vertriebsstrukturen, wobei der Staat durch Einrichtung einer Marketingorganisation aus gutem Grund eine nicht unwesentliche Rolle spielt.

Wesentlichen Anteil am Erfolg zyprischen Weinbaus dürften allerdings die geografischen und klimatischen Verhältnisse haben. Durchschnittlich 340 Sonnentage im Jahr mit regenbringenden Westwinden in den Wintermonaten, die dem Boden ausreichend Wasser zuführen, ein ausgewogenes Klima, Gebirge vulkanischen Ursprungs mit ausgedehnten Südhängen – mit diesen Bedingungen besitzt Zypern für den Weinbau optimale Verhältnisse. Mit dem Festhalten an lokalen traditionellen Rebsorten und dem äußerst behutsamen Umgang mit neu eingeführten Sorten ist es Zypern gelungen, einen schädlingsfreien Weinbau betreiben zu können. Die Insel gilt als einziges reblausfreies Anbaugebiet der Welt, und so verwundert auch die Tatsache nicht, daß Zypern mit einem wenigstens 25prozentigen Anteil des Weinbaues an der landwirtschaftlichen Gesamtproduktivität das Land mit der höchsten Pro-Kopf-Anbauquote der Erde ist.

Welche Produkte bringt nun die zyprische Winzerei hervor? Basis sind die schon erwähnten traditionell angebauten roten Mavro- und weißen Xinisteri-, daneben auch die beiden roten *Marathephtiko-* und *Ophthalmo-Trauben*. So bekannte Rebsorten wie Malvoisie, Malaga, Riesling, Chiraz oder Cabernet Sauvignon findet man ebenfalls vor. Im Verhältnis der inzwischen angebauten Vielfalt an Rebsorten überwiegen die Rotweine. In den Weinbaugebieten der Distrikte Paphos und Limassol in den südlichen Ausläufern des Troodos sollte man die nicht zur Weiterverarbeitung bestimmten offenen Dorfweine (Village vines) probieren. Obwohl kräftig im Charakter, stellen sie sich meist als bekömmlicher heraus als konfektionierte Flaschenweine.

Ebenfalls Weinprodukte sind *Ouzo*, *Sherry* und *Brandy*, der für Zyprioten anläßlich eines opulenten Mahls ebenso unverzichtbar ist wie für den für Zypern charakteristischen *Brandy Sour*. Bei der Suche nach der dem individuellen Geschmack entsprechenden Zusammensetzung des Longdrinks sollte man von 100 Teilen Brandy, 75 Teilen Zitronensaft und einem Schuß (3 Teile) Angostura ausgehen. Kaltgestellt und je nach Vorliebe mit Soda und Eiswürfeln aufgefüllt, vergesse man nicht ein wenig frische Minze, die den herbfrischen Charakter des Getränks unterstreicht. Und schließlich, was dem Deutschen ein Trester, dem Franzosen ein Marc, dem Italiener ein Grappa, dem Griechen ein

Tsipouro – das ist dem Zyprioten ein *Zivania*. Hier ist allerdings Vorsicht angebracht. Man sollte ihn vor dem Kauf probieren – auch vorsichtig probieren! Denn bei manchem auf den Dörfern zum Verkauf angebotenen Zivania ist seine Herkunft von der Traubenmaische nicht einmal mehr zu erahnen. Sollte ein Liebhaber süßer, lieblicher Getränke des Dessertweins *Kommandaria* überdrüssig werden, sei ihm zur Abwechslung ein landesüblicher Orangenlikör, ein *Filfar*, empfohlen.

Bei aller verfügbaren Vielfalt alkoholischer Getränke sollte man sich vor allem an den dazu verlockenden heißen Sommerabenden nicht zum übermäßigen Genuß hinreißen lassen. Mit einem statistischen Mittelwert von zehn Litern im Jahr (1980) gehört Zypern, gemessen an Anbaufläche in Relation zur Gesamtfläche der Insel, zu den Anbauländern mit dem geringsten pro-Kopf-Konsum an Wein. Dementsprechend wird man äußerst selten mit einem, geschweige denn einer alkoholisierten Einheimischen konfrontiert – und dementsprechend fällt dann auch die Wertschätzung eines diesbezüglich maßlosen ausländischen Gastes aus.

Praktische Tips von A bis Z

Apotheken führen alle in Europa erhältlichen Medikamente. Man erkennt sie an dem roten Malteserkreuz und der Aufschrift APMAKEION - PHARMACY.

Botschaften und Konsulate: *Botschaft der Republik Zypern in der Bundesrepublik Deutschland*, Kronprinzenstr. 58, 53173 Bad Godesberg, Tel. (0228) 363336 und 363596. – *Konsulat der Republik Zypern*, Singerstr. 27 II, A-1010 Wien, Tel. (0222) 527555. – *Konsulat der Republik Zypern*, Talstr. 83, CH-8001 Zürich, Tel. (01) 2113023. – *Deutsche Botschaft*, Nikitaras Str. 10, Nikosia, Tel. (02) 444362. – *Österreichisches Konsulat*, Char. Mouskos Str. 4, Nikosia, Tel. (02) 462161. – *Schweizerisches Konsulat*, Olympos Str. 4, Latsia, Nikosia, Tel. (02) 382282. – Reisende in die ›Türkische Republik Nordzypern‹ erreichen die Deutsche Botschaft über eine vormittags besetzte Dienststelle in der Kasim Str. 15, Lefkoşa, Tel. (02) 75161.

Einkauf von Souvenirs
Häufiger noch als hierzulande findet man auf Zypern *Supermärkte*, die ein reichhaltiges Angebot lokaler wie auch importierter Ware bereithalten. *Fachgeschäfte*, gleich welcher Branche, brauchen den internationalen Vergleich nicht zu scheuen. Sie entsprechen westeuropäischem Standard. Ein besonderes Vergnügen bereitet der Einkauf in den *Markthallen* der größeren Städte, wo die heimischen landwirtschaftlichen Produkte angeboten werden. Auch kann man hier handgefertigte Holz- und Korbwaren kaufen, wie sie als traditionelles alltägliches bäuerliches Gebrauchsgut in den kunstgewerblichen Museen ausgestellt sind. Überhaupt legt man auf Zypern großen Wert auf die Beibehaltung traditioneller handwerklicher Fertigkeiten, was dem verzweifelt nach Reisemitbringseln fahndenden Urlauber als glückliche Fügung erscheinen mag. In Folge der 1950 von der Gesellschaft zyprischer Studien veranlaß-

ten Gründung des Volkskunstmuseums in Nikosia wurde der *Kunstgewerbedienst* ins Leben gerufen. In seinen Niederlassungen in Nikosia (Athalassa Ave. und Laiki Gitonia), Larnaka (Kosma Lasioti Str. 6), Limassol (Themidos Str. 25) und Paphos (Archibishop Makarios III Ave. 123) kann man sich über das Angebot informieren und auch einkaufen, sofern einen nicht die Entdeckerfreude in die jeweiligen Ortschaften führt, um in den kunsthandwerklichen Werkstätten selbst einzukaufen. Meist läßt sich eine solche Fahrt mit der Besichtigung einer in der Nähe gelegenen Sehenswürdigkeit verbinden.

So liegt das für seine *Hohlsaumstickereien* bekannte Levkara *(S. 210)* wie auch die *Töpferhochburg* Kornos *(S. 234)* ganz in der Nähe des Stavrovouni-Klosters *(S. 231)* im geografischen Dreieck zwischen Nikosia, Larnaka und Limassol. Nicht weit von Paphos *(S. 100)* entfernt liegt das für seine *Webwaren* berühmte Dorf Phiti. Schon die Ortsdurchfahrt von Geroskipos *(S. 144)* wirkt wie ein Schaufenster; *Korbflechtarbeiten*, *Tonwaren* und, nicht zuletzt, wahre Berge an *Loukoumia*, Süßigkeiten von der Art türkischen Honigs, kann man hier erwerben. Ebenfalls *Tonwaren* werden in Phini hergestellt, das wie Moutoullas *(S. 161)* im Troodosgebirge liegt. Hier ist das Zentrum der *Holzschnitzerei.* Heute werden jedoch mehr kleinformatige häusliche Gebrauchsgegenstände als kunstvoll verzierte Ikonostasen hergestellt. Die handwerkliche Metallbearbeitung ist ebenfalls in Levkara *(S. 210)* anzutreffen. Auch wenn sich schon einmal das eine oder andere importierte Billigwarenstück ins Sortiment einschleicht, so gibt es doch noch ausgeprägte Kunsthandwerker, die als *Silberschmiede* liturgisches Gerät ebenso wie Silberschmuck herstellen. Daß es im Bereich der kunstgewerblichen Produktion gelegentlich zu geschmacklichen Entgleisungen kommen kann, davor schützt auch die staatliche Förderung nicht. So bleibt es letztlich dem Urteilsvermögen des Käufers überlassen, ob er Bildmotive bronzezeitlicher Keramik in wahlloser Kombination auf einem Textilprodukt zu akzeptieren bereit ist, oder einen »St. Georg-Wandteppich aus Wolle in Naturfarben, nach einem Holzschnitt, dessen Original im Zyprischen Volkskunstmuseum zu sehen ist«, ersteht.

Fotografieren: Fotografierverbot besteht für die Demarkationslinie (Green Line), den UN-Übergang in Nikosia sowie für Militäranlagen jeglicher Art. Zuwiderhandlungen kann Beschlagnahmung des Filmmaterials zur Folge haben. Aufnahmen in Museen sind gegen Entrichtung einer Gebühr ohne Verwendung von Stativ und Blitzlichtgerät erlaubt. Für professionelle Aufnahmen muß die Genehmigung durch die Altertümerverwaltung schriftlich eingeholt werden.

Geldwechsel und Banken: Neben Banknoten werden auf Zypern sowohl *Reise-* und *Eurocheques* als auch *Kreditkarten* wie Diners Club, American Express etc. akzeptiert.

Die Banken sind einschließlich Samstag von 8.30-12 Uhr geöffnet, nachmittags geschlossen. In den touristischen Zentren erkundige man sich, welche Bank Sonderdienst für Touristen (meist von 15.30–17.30 Uhr) leistet.

Kleidung und Ausrüstung für Touren und Besichtigungen: Man kann natürlich Zypern nur wegen seiner Badestrände besuchen. Dafür reicht gewöhnlich Sommerkleidung aus Naturfasern und ein warmeres Kleidungsstück für die kühlen Abende aus. Wer jedoch die Insel auch im Inneren erkunden möchte, sollte außerdem über wärmere Kleidungsstücke verfügen, da es vor allem im Gebirge abends empfindlich kalt werden kann. Nicht nur Bergwanderer brauchen festes Schuhwerk; es ist auch für den Besuch der Ausgrabungsstätten von Vorteil. Für einen längeren Aufenthalt in der Sonne ist eine leichte Kopfbedeckung unverzichtbar.

Zugang zu Kirchen oder Klöstern wird gewöhnlich nur in dezenter Kleidung gestattet. Auch wenn Sonne und Temperaturen zum Gegenteil verleiten, sollte man sich so kleiden, daß das tief religiös geprägte Denken der Inselbewohner respektiert bleibt. Von Oktober bis Mai muß mit gelegentlichen Regenfällen gerechnet werden.

Ein Fernglas eröffnet manchen Blick von den Bergen in auch entlegene Täler. Eine Taschenlampe hilft, um die in schwer einsehbaren Winkeln der Kirchenarchitektur angebrachten, vom Ruß der Kerzen geschwärzten Wandmalereien in besserem Licht würdigen zu können.

Kultur und Unterhaltung: Möchte man über das umfangreiche Besichtigungs- oder breit gefächerte Sportprogramm des Tages hinaus noch etwas unternehmen, so bietet Zypern auch dem Nachtschwärmer genügend Möglichkeiten. Man erfährt sie an der Hotelrezeption oder in den örtlichen Büros der CTO (Cyprus Tourism Organisation). Folkloristische Musik- und Tanzdarbietungen sind in fast allen größeren Hotels einmal wöchentlich üblich. Darüber hinaus gibt es zahlreiche Restaurants und Bars mit derartigem Programm.

Medien: Es gibt auf Zypern zwei Radiostationen und eine Fernsehstation, die auch Programme in Englisch ausstrahlen. Nachrichten in deutscher Sprache sind über 603 KHz, 498m, VHF/FM 94,8 MHz außer So von 8-8.30 Uhr zu empfangen. Die *Cyprus Mail* und *Cyprus Weekly* sind auf Englisch erscheinende Tages- bzw. Wochenzeitschriften. Daneben sind auch deutsche Tages- und Wochenzeitschriften mit leichter Verspätung erhältlich.

Medizinische Versorgung ist auf Zypern durch die in den größeren Orten ansässigen Ärzte, Fach- und Zahnärzte gewährleistet, mit denen man sich auf Englisch verständigen kann. Manche haben ihre Ausbildung in Deutschland genossen und sprechen Deutsch. Sollte es, wie im Frühjahr 1994 in der zyprischen Presse verlautbart wurde, zu Unstimmigkeiten bezüglich des Verhältnisses von erbrachter ärztlicher Leistung und gefordertem Honorar kommen, setze man sich mit den zyprischen Gesundheitsbehörden und der ärztlichen Standesorganisation in Verbindung.

Sport: Mit seinen variationsreichen Küstenformationen bietet Zypern vor allem Wassersportlern reiche

Entfaltungsmöglichkeiten. Wer die Stille liebt, kann schwimmen, schnorcheln, tauchen, angeln oder sich mit Surfbrett oder Segelboot den quirligen Hotelbadestränden entziehen. Wer sich dagegen als resistent erweist gegenüber den zuweilen geradezu gigantischen Phonzahlen der motorisierten Wasserfahrzeuge, wird Wasserski, Paragliding (Fallschirmsegeln) oder im Geschwindigkeitsrausch den Wasser-Skooter vorziehen. Angeln kann man übrigens auch – allerdings nur mit einer Lizenz – in den zahlreichen Stauseen, in denen die Fischereibehörden Fischzucht betreiben.

Im Troodos wird die Möglichkeit geboten, die Bergwelt auf dem Rücken eines Ponys zuerkunden.

Dem Trend, auf das Auto zu verzichten, tragen inzwischen verbreitet Fahrradverleihe Rechnung. Allerdings soll nicht verschwiegen werden, daß Zyperns Straßen eher auf Autofahrer zugeschnitten sind, und die zunehmende Zahl der Radfahrer für die Einheimischen noch ungewohnt ist. Auch wenn das Wetter ganzjährig zum Radeln herausfordert, so ist es doch nur dem gelände-erprobten Radfahrer anzuraten; denn auf unwegsamerem Areal wird er sich nur allzu oft bei nicht zu umgehendem Verlassen des Asphalts wiederfinden.

Auf demselben verbleiben muß dagegen der Tenniscrack, der einen der hoteleigenen Plätze benutzt.

Und wer es exotisch mag, der wird in den Wintermonaten auf dem Chionistra/Olympos in annähernd 2000 Metern Höhe nicht auf eine Abfahrt auf dem dort mietbaren Ski verzichten wollen.

Stromspannung: 220-240 V Wechselstrom. Obwohl in den großen Hotels Adapter für die englischen Steckdosen (dreipolig) erhältlich sind, empfiehlt es sich, einen solchen von zu Hause mitzunehmen.

Telefonieren und Postämter: Die Postämter haben von 7.30–13.30 Uhr, Sa von 7.30–12 Uhr geöffnet. Ähnliche Öffnungszeiten haben die Dienststellen der *Cyprus Telecommunications Authority* (CYTA), von denen man, neben öffentlichen Telefonzellen und Hotels, fast alle europäischen Länder direkt anwählen kann. *Vorwahlen*: Bundesrepublik Deutschland 0049, Österreich 0043, Schweiz 0041.

Uhrzeit: Auf Zypern gilt osteuropäische Zeit, die der mitteleuropäischen um eine Stunde voraus ist. Durch die Einführung der Sommerzeit in vielen mitteleuropäischen Ländern gilt dies für das ganze Jahr.

Wandern: Schon seit Jahren ist Zypern aus den Katalogen einschlägiger Reiseveranstalter, die Wanderreisen anbieten, nicht mehr wegzudenken. Tatsächlich besitzt die Insel neben den inzwischen als Wanderwege oder Naturlehrpfade (nature trails) ausgewiesenen und, weil vielfach bekannten Roten abseits der Verkehrsstraßen, ein schier unerschöpfliches Terrain für Wanderer. Die Ausweisung weiter Gebiete im Troodosgebirge *(S. 156)* und auf der Akamas-Halbinsel *(S. 269)* als Naturschutzgebiete gibt dieser Entwicklung naturbezogener Urlaubsplanung Vorschub. Neben den von der Fremdenverkehrszentrale Zypern und der Forstwirtschaftlichen Abteilung seit 1992 bzw. 1993 herausgegebenen Broschüren ›Nature Trails of the Akamas‹ oder ›Wanderwege der Natur auf Troodos‹ widmen sich vor allem die Autoren G. Daniel sowie D. Döllhuber/W. Kaul der Erkundung Zyperns zu Fuß (siehe Literaturverzeichnis). Aus Sicherheitsgründen sollten Wanderer, die in entlegene Regionen aufbrechen, neben der Mitnahme entsprechender Ausrüstung und Verpflegung an das Hinterlegen einer Nachricht über die Wanderroute denken.

Wichtige Rufnummern:
Polizei, Feuerwehr, Ambulanz sind in allen Städten in der Republik Zypern unter der Rufnummer 199 zu erreichen. ›*Türk. Republik Nordzypern*‹: *Polizei/Erste Hilfe: Lefkosa*: (020) 71311 und 73441. – *Gazimagusa*: (036) 65310 und 65328. – *Girne*: (081) 52014 und 52266. – *Güzelyurt*: (071) 42140 und 42125. – *Lefke*: (078) 17423 und 17757. – *Y. Iskele*: (037) 12333 und 12319. – **Lapta**: (082) 18512 und 18322. – *Gemikonagi*: (077) 17322 und 17351.

Öffnungszeiten der Museen und Sehenswürdigkeiten

Republik Zypern

- 1 Paphos, *Archäologisches Distriktmuseum:* Sommer Mo–Sa 7.30–13.30 Uhr und 16–18 Uhr, Winter 8–13.30 Uhr und 15–17 Uhr, So 10–13 Uhr; *Sammlung Eliades* : Sommer 8–13 und 16–19 Uhr, Winter 15–17 Uhr
- 10 Geroskipos, *Volkskundemuseum:* Mo–Sa 7.30–13.30 Uhr
- 24 Tamassos: Sommer 9–12 und 16–19, Winter 9–13 und 14–16.30 Uhr.
- 25 Limassol, *Archäolog. Distriktmuseum: im* Sommer Mo–Sa 7.30–13.30 Uhr und 16–18 Uhr, Winter 8–13.30 Uhr und 15–17 Uhr, So 10–13 Uhr; *Burg:* Mo–Sa 7.30–13.30, So bis 19.30 Uhr
- 26 Kolossi, *Burg*: Mo–Sa 7.30–13.30, So bis 19.30 Uhr
- 27 Kourion, *Museum Episkopi*: Mo–Sa 7.30-13.30 Uhr
- 32 Larnaka, *Distriktmuseum:* tgl. 7.30–13.30 Uhr; *Sammlung Pierides:* Mo–Sa 9–13 Uhr
- 41 Nikosia, *Volkskunstmuseum*: im Sommer 8.30–16 Uhr, Winter 9–13 und 14–17 Uhr, Sa jeweils bis 13 Uhr; *Ikonenmuseum*: Sommer Mo–Fr 9.30–13 und 14–17.30 Uhr, Winter 9–13 und 14–15 Uhr, Sa bis 13 Uhr.

Alle übrigen Sehenswürdigkeiten sind in der Regel Mo–Sa von 7.30–19.30 oder von 7.30 Uhr bis Sonnenuntergang und So bis 13 Uhr geöffnet.

Beim Besuch von Klöstern muß mit einer längeren Pause zur Mittagszeit gerechnet werden. Im *Kloster Stavrovouni* wird seit einiger Zeit Frauen kein Einlaß gewährt. Gelegentliche jahreszeitlich bedingte geringfügige Abweichungen sind möglich. Wer sicher gehen möchte, erkundige sich bei den lokalen Büros der *Cyprus Tourism Organisation*.

›Türkische Republik Nordzypern‹

Die Museen sind in der Regel von 7.30–14 Uhr, das *Schiffswrackmuseum Kyrenia* 44 von 8–13 Uhr und 14.30–17.30 Uhr geöffnet. Die *Ausgrabungsstätten* sind tgl. von 8 Uhr bis Sonnenuntergang zugänglich, die *Burg St. Hilarion* 44 tgl. 8–16 Uhr.

Literaturhinweise

D. Alastos, *Cyprus in History. A Survey of 5000 Years*, London 1976

Aphrodites Schwestern und christliches Zypern. 9000 Jahre Kultur Zyperns (Ausstellungskatalog), Bremen 1987.

Archaeologica viva Nr. 3, März–Mai 1969: *Zypern am Ursprung seiner Geschichte*

P. Aström, *Die antike Kunst und Kultur Zyperns*, in: Frühe Randkulturen des Mittelmeerraums, Baden-Baden 1968, S. 57 ff.

Begriffslexikon der Bildenden Künste, 2 Bände., Braunschweig 1971

G. Binding, *Architektonische Formenlehre*, Darmstadt 1980

D. S. Bitsios, *Cyprus. The Vulnerable Republic*, Thessaloniki 1975

E. Bornemann, *Das Patriarchat*, Frankfurt 1975

H.-G. Buchholz u. V. Karageorghis, *Altägäis und Altkypros*, Tübingen 1971.

H. W. Catling, *Cyprus in the Neolithic and Bronze Age Periods.* Cambridge 1966

G. A. Christopoulos u. J. C. Bastias (Hg.), *Prehistory and Protohistory*, Athen 1974

C. D. Cobham, *Excerpta Cypria. Materials für a History of Cyprus*, Cambridge 1908

G. Daniel, *Landschaften Zyperns – ein Auto- und Wanderführer*, London 1987

Der Kleine Pauly, Lexikon der Antike, 5 Bde., Artemis Verlag München 1964ff.

L. P. di Cesnola, *Cypern, seine alten Städte, Gräber und Tempel.* Bericht über zehnjährige Forschungen und Ausgrabungen auf der Insel, 1879

D. Döllhuber/W. Kaul, *Zypern. Wanderungen auf der Insel der Aphrodite*, Fulda 1988

A. Drummond, *Travels*, London 1954

L. Durrell, *Bittere Limonen*, Reinbek 1962

Hans und Niki Edeneier (Hg.), *Zyprische Miniaturen. Eine Anthologie*, Köln 1987.

C. Enlart, *L'Art Gothique et la Renaissance en Chypre*, 2 Bde., Paris 1899.

Ders., *Gothic Art and the Renaissance in Cyprus*, (Reprint) London 1987

J. Gaitanides/S. Worm, *Ägäisches Trio. Kreta, Rhodos, Zypern*, Frankfurt 1983

E. Gjerstad, *Studies on Prehistoric Cyprus*, Uppsala 1926

Ders. u. a. in: *Swedish Cyprus Expedition* (SCE), Stockholm 1934–48

A. Grabar, *Byzanz*, Baden-Baden 1964

M. Grant, *The Ancient Mediterranean*, London 1969

J. Hackett, *History of the Orthodox Church in Cyprus*, London 1901

W. Helck, *Betrachtungen zur Großen Göttin*, München 1971

Hellenika, Heft 21/22, 1970/71, Zypern

G. Hill, *History of Cyprus*, 4 Bde., Cambridge 1940-54.

D. G. Hogarth, *Devia Cypria*, London 1889

G. Jeffery, *Cyprus under an English King in the 12th Century*, London 1973

N. Kadritzke/W. Wagner, *Im Faden-*

kreuz der NATO. Ermittlungen am Beispiel Cypern, Berin 1976

V. Karageorghis, *Archaeologia Mundi*: Zypern, Genf 1968

Ders., *Salamis. Die zyprische Metropole des Altertums*, Bergisch-Gladbach 1970

Ders., *Zypern Museum und archäologische Stätten auf Zypern*; in der Reihe: Die griechischen Museen, Athen 1975.

Ders., *Cypriote Antiquities in the Pierides Collection Larnaca Cyprus*, Athen o. J.

J. Koumoulides, *Cyprus and the War of Greek Independence 1821-1829*, London 1974

G. London u. a., *Töpferei auf Zypern/damals – heute*, Mainz 1989

H. Luke, *Cyprus. A Portrait and an Appreciation*, London 1957

Ders., *Cyprus under the Turks 1571-1878*, Oxford 1921.

E. Lusignan, *Description de toute l'ile de Chypre, et des Roys, Princes et Seigneurs* (bis 1572), Paris 1580

F. G. Maier, *Cypern. Insel am Kreuzweg der Geschichte*, Stuttgart 1964

Ders., *Alt-Paphos auf Zypern*, in: Antike Welt 2, 1971

G. Mariti, *Viaggi sull'Isola di Cipro*, 1769, Nikosia 1895. Engl. Übers. von C. D. Cobham 1909, repr. 1971.

L. de Mas Latrie, *Histoire de l'ile de Chypre sous la règne de la Maison de Lusignan*, 3 Bde., Paris 1852-61.

A. H. S. Megaw/E. J. W. Hawkins, *The Church of the Panagia Kanakariá at Lythrankomi in Cyprus. Its Mosaics and Frescos*, Washington, D. C. 1977

A. H. S. Megaw/A. Stylianou, *Zypern. Byzantinische Mosaiken und Fresken*, 1963

H. V. Morton, *In the Steps of St. Paul*, London 1936

W. Müller-Wiener, *Burgen der Kreuzritter im Heiligen Land, auf Zypern und in der Ägäis*, München-Berlin o. J.

K. Nikolaou, *Ancient Monuments of Cyprus*, Nikosia 1968

E. Oberhummer, *Die Insel Zypern*, München 1903

M. H. Ohnefalsch-Richter, *Griech. Sitten und Gebräuche auf Zypern*, Berlin 1913

M. Ohnefalsch-Richter, *Die antiken Cultstätten auf Kypros*, 1891

Ders., *Kypros, die Bibel und Homer*, Berlin 1893

C. W. Orr, *Cyprus under British Rule*, London 1972

A. Papageorghiou, *Masterpieces of Byzantine Art of Cyprus*, Nikosia 1965

M. Paraskevopoulou, *Traditions of the Popular Religious Feasts of Cyprus*, Nicosia 1982

E. J. Peltenburg, *Prähistorische Religion in Zypern, Der rituelle Hortfund von Kissonerga*, in: Antike Welt 3, 1988, 3 ff.

A. Pieridou, *Jewellery in the Cyprus Museum*, Nikosia 1971

R. von Ranke-Graves, *Griechische Mythologie*, 2 Bände., Reinbek 1960

S. von Reden, *Zypern*, Köln 1974

T. D. Rice, *The Icons of Cyprus*, London 1937

Ders., *Byzantinische Kunst*, München 1964

L. Ross, *Reisen nach Kos, Halikarnassos, Rhodos und der Insel Cypern*, 1852

K. Rüstem, *North Cyprus Almanack*, London 1987

S. Runciman, *Geschichte der Kreuzzüge*, München 1978

K. Spyridakis, *A Brief History of Cyprus*, Nikosia 1974

A. u. J. A. Stylianou, *Byzantine Cyprus as reflected in Art*, Nikosia 1948

Dies., *The Painted Churches of Cyprus*, London 1985

G. Tenekeides, *Zypern. Jüngste Geschichte und politische Perspektiven*, Genf 1966

C. Thubron, *Zypern*, München 1976

P. Tzermias, *Geschichte der Republik Zypern*, Tübingen 1991

U. Vogt-Göknil, *Die Moschee*, Zürich 1978

K. Vorländer, *Philosophie des Altertums*, Reinbek 1969

C. Watzinger, *Kypros, in: Handbuch der Archäologie*, 1. Textband, München 1939, S. 824 ff.

Register

Plan- und Objektnummern **Fettdruck** in eckigen Klammern; wichtige Textstellen *kursiv*.

Bildnachweis

Gunda Amberg/ O. Schraml, Gröbenzell: S. 9, 101; Bilderberg, Hamburg: S. 6, 65; Hartmut Czauderna,Gräfelfing: S. 5, 193, 210, 235, 240, 241; Klaus Gallas, München: S. 4, 13, 18, 22, 30, 33, 39, 57, 60, 67, 105, 107, 112, 125, 127, 133, 143, 160, 163, 171, 172, 175, 225, 229, 232, 245, 250, 263, 270, 272, 275, 279, 282, 287, 290/291, 299, 300, 309; A. Grubert, München: S. 313; A. F. Kersting, London: S. 187, 211, 219, 253, 256, 260, 267; J. Kinkelin, Worms (Bohnacker): S. 200; Look, München (Aldo Acquardo): Titelseite, Umschlag 1; Ministry of Communications & Works/Dept. of Antiquities (Cyprus-Museum), Nikosia: S. 27, 36, 43, 45, 247; Hans-Georg Pfeifer, Düsseldorf: S. 5, 14, 29, 49, 117, 122, 124, 130, 137, 139, 151, 155, 158, 170, 176, 179, 180, 181, 185, 197, 203, 226, 237, 257, 283; Ilse Schenk, München: S. 281; SZ-Bilderdienst, München: S. 78, 81, 89, 97; Verlagsarchiv: S. 52/53, 110, 142, 206

Karten und Pläne
Die Karten der vorderen und hinteren Umschlaginnenklappe sowie die Pläne und Grundrisse auf den Seiten 102/103, 109, 149, 157, 183, 192, 195, 199, 205, 215, 284/285, 293 zeichnete Achim Norweg, München; alle übrigen Karten und Pläne zeichnete Dieter Weber, München.

Die Deutsche Bibliothek – CIP-Einheitsaufnahme

Pfeifer, Hans-Georg
Zypern : Kultur und Geschichte, Landschaft
und Brauchtum auf der Insel der Aphrodite
Hans-Georg Pfeifer
München ; Zürich : Artemis und Winkler, 1994
ISBN 3-7608-0837-9

Reiseinformationen (›**Blaue Seiten**‹): Stand April 1994

Artemis & Winkler Verlag

Druck und Bindung: Neue Stalling, Oldenburg
Printed in Germany